陕西师范大学中国语言文学"世界一流学科建设"成果

陕西师范大学优秀著作出版基金资助出版

陕西师范大学中国语言文学

《经典释文》陆氏音系

王怀中 ———————— 著

中华书局

图书在版编目(CIP)数据

《经典释文》陆氏音系/王怀中著. —北京:中华书局,2019.12
(陕西师范大学中国语言文学"世界一流学科建设"成果)
ISBN 978-7-101-14195-5

Ⅰ.经…　Ⅱ.王…　Ⅲ.《经典释文》-研究　Ⅳ.H131.6

中国版本图书馆 CIP 数据核字(2019)第 244169 号

书　　名	《经典释文》陆氏音系
著　　者	王怀中
丛 书 名	陕西师范大学中国语言文学"世界一流学科建设"成果
责任编辑	葛洪春
出版发行	中华书局
	(北京市丰台区太平桥西里 38 号　100073)
	http://www.zhbc.com.cn
	E-mail:zhbc@zhbc.com.cn
印　　刷	北京瑞古冠中印刷厂
版　　次	2019 年 12 月北京第 1 版
	2019 年 12 月北京第 1 次印刷
规　　格	开本/920×1250 毫米　1/32
	印张 28¾　插页 2　字数 750 千字
国际书号	ISBN 978-7-101-14195-5
定　　价	148.00 元

总　序

　　陕西师范大学中国语言文学学科至今已经走过了 70 多年的发展历程。数代学人培桃育李、滋兰树蕙,在学科建设、人才培养、科学研究以及社会服务等方面取得了令人瞩目的成就,涌现出了一批蜚声海内外的硕学鸿儒,形成了"守正创新、严谨求实、尊重个性、兼容并包"的学术传统和"重基础训练、重理论素质、重学术规范、重人文教养、重社会实践、重能力提高"的人才培养特色,铸就了"扬葩振藻、绣虎雕龙"的学院精神。数十年来,全体师生筚路蓝缕、弦歌不辍,获得中国语言文学一级学科博士授予权,中国语言文学一级学科博士后科研流动站,中国古代文学学科也跻身于国家重点学科;建成"国家文科(中文)基础学科人才培养和科学研究基地",教育部、国家外国专家局"长安与丝路文化传播学科创新引智基地",教育部"2019 年全国普通高校中华优秀传统文化传承基地","陕西师范大学语言资源开发研究中心","陕西文化资源开发协同创新中心"等多个省部级科学研究平台;汉语言文学专业为教育部特色建设专业、陕西省名牌专业,入选陕西省"一流专业"建设项目,秘书学专业和汉语国际教育专业也入选陕西省"一流专业"培育项目;形成了从本科、硕士、博士到博士后完整的人才培养和科学研究体系,中国语言文学学科走上了稳健、持续发展的道路。

　　2017年，中国语言文学学科被教育部列入"世界一流学科"建设学科，迎来了难得的发展机遇。中国语言文学学科全体师生深知"一流学科"建设不仅决定着我校中国语言文学学科能否在新时代开创新局面、取得新成就、达到新高度，更关乎陕西师范大学的整体发展。在学校的正确领导下，各有关部门同心协力，兄弟院校及合作机构鼎力支持，文学院同仁更是呕心沥血、发愤图强，学科建设取得了显著成效。为了及时汇总建设成果，展示学术力量，扩大学术影响，更为了请益于大方之家，与学界同仁加强交流，实现自我提高，我们汇集本学科师生的学术著作（译作）、教材等，策划出版"陕西师范大学中国语言文学世界一流学科建设成果"丛书和"长安与丝路文化研究"丛书，从不同的方面体现我们的研究特色。

　　丛书的出版得到了陕西师范大学学科建设处、社会科学处以及有关出版机构的大力支持，在此一并致谢！

　　作为陆路丝绸之路的起点与丝路文化中心城市高校，我们既承载着历史文化的传统与重托，又承担着新时代的使命与责任。作为新时代的中国语言文学学科，既古老又年轻，既传统又现代，包容广博，涵盖古今中外的语言与文学之学。即使是传统的学术学科，也是一个当下命题，始终要融入时代的内涵。用一种人人参与、人人分享的形式，借助于具体可感的学术载体，传播中华优秀传统文化，发扬中华优秀传统文化，彰显中华现代文明，这是新时代人文社会科学工作者的重要使命。"士不可以不弘毅，任重而道远。""一流学科"建设永远在路上，中华优秀文化的发扬光大永远在路上。我们将不忘初心，不辱使命，努力前行！

陕西师范大学文学院院长　张新科

2019年10月30日

目　录

绪　论

　　《经典释文》三十卷，唐陆德明撰，是为《周易》、《尚书》、《毛诗》、《周礼》、《仪礼》、《礼记》、《春秋左氏传》、《春秋公羊传》、《春秋谷梁传》、《孝经》、《论语》、《老子》、《庄子》、《尔雅》等十四部经典的经文及其注文作音义的著作。其书按照经典的经文及其旧注的顺序，摘录出需要解释的文字来注音，通过注音达到释义明义的作用。

　　作者陆元朗，字德明，苏州吴县（今江苏苏州）人，南朝陈至唐初有名的经学家。历任陈、隋两代国子助教，后入唐，任国子博士，封吴县男。陆氏精于经学，著述丰富，除《经典释文》一书外，还有《老子疏》、《易疏》等。

　　陆德明广征博引，兼采众家，将《释文》撰写成为一部汇集汉魏六朝注释家对先秦经书注音、释义及校勘的著作。该书广泛收集了汉魏六朝二百三十余家的注音及大量的注释材料，同时校勘了各种版本的异同，保存了丰富的文字、声韵、训诂等方面的资料。该书集汉魏六朝音注之大成，对前代的注音训诂文字等材料具有总结性的意义。它不仅成为阅读古代文献的重要工具书，还为后人研究音韵、词义和文字提供了极为丰富而珍贵的资料，因而它既有很高的文献学价值，又有很高的语言本体研究价值。该书对于汉语史的研究，尤其是对于汉语语音史的研究具有重要的意义,受到了其后各代语言学家的高度重视。《四库全书总目》评其"所采汉魏六朝音切凡二百三十余家,又兼载诸儒之训诂,证各本之异同。后来得以考见古义者,注疏以外,惟赖此书之存。真所谓残膏剩馥,沾溉无穷者也"①。

《经典释文》全书三十卷,其中多数音切是陆德明遵照"典籍常用,会理合时"的原则,按照当时的实际语音确定或制定的,这些音切反映了公元六世纪后期至七世纪前期的语音情况。研究《经典释文》中陆氏的音切,可以构拟出该时期的声韵系统。由于《经典释文》保存了大量汉魏六朝时期的语音资料,所以它对于研究汉魏六朝时期的语音面貌以及对于探究汉语语音从上古到中古发展演变的轨迹也有着非常重要的作用。

一、《经典释文》的编撰目的及审音标准

《经典释文》(简称《释文》)编撰目的何在? 陆氏的审音标准是什么? 这些方面都是与本文密切相关的重要问题。

(一)《释文》的编撰目的

东汉一直到隋统一中国的一段时期是我国历史上的社会动荡时期,也是民族大融合时期,这一时期也是汉语语言的大变化时期。汉语在词汇、语法、语音等各方面都发生了较大的变化。研究这一时期的语言,可为建立完备的汉语发展史提供有用的资料。

自从东汉出现反切以来,学者们开始用它来为古籍注音。由于各家师承不同,所处时代及所操方言各异,所以各自使用的反

---

① (清)永瑢等《四库全书总目》卷三十三第 270 页,中华书局,1965 年。

切也往往不同,致使一个字出现了好几个不同的读音,经籍的注音处于一种"音韵锋出,各有土风,递相非笑"的混乱局面①。

早在隋朝建立之前,北方的颜之推、南方的陆德明等人即对这种现象提出过批评,要求建立起统一的正音规范。

陆德明在《经典释文·序录》中说②:

> 夫书音之作,作者多矣。前辈撰著,光乎篇籍,其来既久,诚无间然;但降圣已还,不免偏尚,质文详略,互有不同。汉魏迄今,遗文可见,或专出己意,或祖述旧音,各师成心,制作如面,加以楚夏声异,南北语殊,是非信其所闻,轻重因其所习,后学钻仰,罕逢指要。

为了适应这一需要,陆德明"以癸卯之岁"(陈后主至德元年,公元 583 年)"循省旧音,苦其太简,……遂因暇景,救其不逮,研精六籍,采摭九流,搜访异同,校之仓雅",撰成《经典释文》一书,以求达到正音的目的。

(二)陆氏的审音标准

陆德明对当时经籍注音混乱的局面极为担忧,所以他在编撰《经典释文》时制订了一套自己的辑音原则,试图建立起一个标准的正音规范。他在《经典释文·序录》中说③:

> 文字音训,今古不同。前儒作音,多不依注,注者自读,亦未兼通。今之所撰,微加斟酌。若典籍常用,会理合时,便即遵承,标之于首。其音堪互用,义可并行;或字有多音,众

---

① 王利器《颜氏家训集解》第 529 页,中华书局,1993 年。
② 陆德明《经典释文》第 1—3 页,上海古籍出版社,1985 年。
③ 陆德明《经典释文》第 1—3 页,上海古籍出版社,1985 年。

家别读,苟有所取,靡不毕书,各题姓氏以相甄识。义乖于经,亦不悉记。其或音、一音者,盖出于浅近,示传闻见,览者察其衷焉。

从文中可以看出,陆氏的辑音原则有以下几个层面:

(1)标准音

所谓标准音,就是陆氏"标之于首"并且没有标明注音人姓氏的音切。陆氏确定这类音的原则是"典籍常用,会理合时",即典籍中经常采用,并且合理合时的音读。对于不合乎该原则的注音,陆氏则按照当时的实际读音标上自己制定的音切,作为规范的读音。正如邵荣芬先生所指出的:《释文》中除了陆氏特别加以批评纠正而"标之于首"的音切之外,其他凡是标之于首而又不加姓氏的音切,都是陆氏的标准音(邵荣芬,1982)。如①:

德施,始豉反。與也。(P73)

則過,古卧反。諸經内皆同。(P73)

利見,如字。下皆同。(P73)

不偏,音篇。(P73)

相應,應對之應。《易》内不出者並同。(P75)

标准音是《释文》音切的主体,我们称之为"陆氏音"。

(2)又音

即附于标准音之后,用"又××反"、"又音×"或"又×"的形式标明的读音,我们认为这些读音也符合"音堪互用,义可并行"的原则。如:

不造,七到反。又曹早反。(P76)

---

①反切后括号中为上海古籍出版社 1985 年版《经典释文》的页码,同时在引用《释文》原文时使用繁体字,以避免反切用字相混,下皆同。

相近,附近之近。下近五同。又如字。(P77)

應援,于眷反。又音袁。(P78)

委仰,如字。又魚亮反。(P78)

併,步頂反。又并之去聲。(P1639)

(3)汉魏六朝音

指《释文》所录的标有注音人姓氏的音切。这些音切陆氏认为属于"众家别读",于是在这些音切前"各题姓氏"以便和标准音区分开来,例如:

大人造,鄭徂早反。爲也。王肅七到反。就也,至也。劉歆父子作聚。(P74)

上下,並如字。王肅上音時掌反。(P75)

有孚,徐音敷。信也。又作勇。(P79)

衍在,以善反。徐怡戰反。(P79)

此类音切上自汉代,下迄梁末,作者包括徐邈、刘昌宗、王肃等数百家。我们称之为"徐刘诸氏音"。

(4)或音、一音

这是陆德明认为"出于浅近"不为典要的读音。陆氏将其录于音内,用以"示传闻见"而已。

芃芃,薄工反。一音房逢反。(P465)

比詳,毗志反。下同。一音如字,云比校詳審。(P1485)

仆之,薄北反。一音赴。(P491)

爲罷,如字。一音芳皮反。(P465)

貪冒,亡北反。或亡報反。下同。(P1565)

之宵,丁甯反。或音如字。(P553)

不貳,吐得反。或音二。(P465)

二、《经典释文》音系研究状况

《经典释文》刊行以后，从唐代开始就陆续有人对它作整理、介绍、研究、评述，清代以后尤其是民国时期至今，对它的研究进入了繁盛期。纵览《释文》的有关研究资料，主要可分为三个大的方面：

1. 文献学方面的研究，主要是：（1）源流与版本方面的研究（如《释文》成书年代的考订、《释文》刊行版本及其流布情况以及对《释文》的介绍和评述等），（2）校勘与考据方面的成就，（3）唐写本《释文》残卷的研究，（4）《释文》所引录资料的原书、原著者考察。

2. 对《释文》自身及其所录材料的语言本体方面的研究，主要是：（1）对《释文》所录语言材料的考证，（2）有关《释文》语音系统的研究，（3）有关《释文》所引诸家音系的研究，（4）利用《释文》破读材料进行音变构词研究，（5）有关《释文》异文的研究。

3. 对《释文》全书体例的研究和阐发。

下面重点谈一下对《经典释文》语音材料本身的研究状况。国内外对于《释文》语音材料的研究主要有以下几个方面：

（一）对释文所代表的音系的研究和探讨

对《释文》所代表语音系统的研究上，目前主要有以下几种说法：

1. 长安音

此说法的主要代表人物是王力先生。

王力先生在《〈经典释文〉反切考》一文中说："《经典释文》虽不是韵书，但是反切繁多，我们可以从中窥见中国六世纪的语言

系统。拿此书的语音系统和《切韵》的语音系统相比较,足以证明
《切韵》实兼古今方国之音,而《经典释文》则代表当时中国的普通
话,可能就是长安音。"①在其《汉语语音史》中,他也认为:"现在
我们以陆德明《经典释文》和玄应《一切经音义》的反切为根据,考
证隋唐音系,这样就比较合理。……玄应从贞观十九年(645)到
龙朔元年(661)左右,一直在长安工作。他在书中屡次提到正音,
应该就是长安音。因此,本章所述的音系,应该算是第六世纪末
到第七世纪中期的语音系统。"②虽没有明说《释文》代表长安音,
但后面的话却暗示了《释文》也是代表了长安音。

2.金陵音

持此说的主要有林焘、邵荣芬、黄坤尧等人。

林焘《陆德明的〈经典释文〉》一文认为"《经典释文》所收的
‘标之于首’的音注基本上可以反映出当时的南音系统","估计可
能就是当时受到北音很大影响的所谓‘金陵音’"③。

邵荣芬《〈经典释文反切研究〉内容述要》一文认为陆氏反切
音系是当时南方的标准音系,也就是当时的金陵音系④。他与当
时以洛阳语音为基础的北方标准音系,也就是《切韵》音系是南北
并立的二大标准音系。在其专著《〈经典释文〉音系》一书中说⑤:

　　　　陆氏在改订旧音时必定以当时南方的标准语金陵话作

———————

① 王力《〈经典释文〉反切考》,《音韵学研究(第一辑)》第 23 页,中华书局,
　 1984 年。
② 王力《汉语语音史》第 164 页,中国社会科学出版社,1985 年。
③ 林焘《陆德明的〈经典释文〉》,《林焘语言学论文集》第 342 页,商务印书
　 馆,2001 年。
④ 邵荣芬《〈经典释文反切研究〉内容述要》,《汉字文化》,1990 年第 2 期。
⑤ 邵荣芬《〈经典释文〉音系》第 245 页,台北学海出版社,1995 年。

为定音的标准,而决不会拿苏州话作依据的。……

既然要避免方言影响,当然就以为着以标准语为依据了,这个标准对陆氏来说,就只能是当时的金陵话。

其后又说:

《切韵》音系是以洛阳话为基础的音系,南北朝时期洛阳音系是北方地区的标准语音系。陆氏音系是以金陵话为基础的音系,南北朝时期金陵音系时南方地区的标准语音系。这种两个标准语音系南北对峙的局面是当时的政治、文化因素造成的。虽然隋统一后金陵话作为标准语之一的地位逐渐衰落,但在南北朝时期它跟洛阳话差不多具有对等的权威。因此被我们重建起来的这个反映金陵音系的陆德明音系,就其实质和重要性来说,简直可以把它叫做《南切韵》。①

3. 读书音

持此说的主要有蒋希文、万献初等人。

蒋希文《〈经典释文〉音切的性质》一文认为"《经典释文》的反切代表的语音不是北方音","《经典释文》的反切是南朝经师读经的音"②。万献初《〈经典释文〉音切类目研究》一书中认为"即便是《释文》整理过的'首音'音切所暗含的音读系统,也不可能代表某时某地的口语'时音',只可能是多音并存的文献书面语的多层面读书音"③。"这个读书音系统可能接近当时大家读书时的通用读音,但不可能是某个当时的口语音系,《释文》中没有一个预定的代表当时某地口语的所谓'陆德明音系',更不可能代表'当

---

① 邵荣芬《〈经典释文〉音系》第 253 页,台北学海出版社,1995 年。
② 蒋希文《汉语音韵方言论文集》第 11—12 页,贵州人民出版社,2005 年。
③ 万献初《〈经典释文〉音切类目研究》第 346 页,商务印书馆,2004 年。

时中国普通话——长安音'或者'当时南方的标准音系——金陵音系'。"①

4.吴音

持此说的主要有周祖谟等人。

周祖谟《魏晋音与齐梁音》一文认为"顾野王、陆德明为吴郡人,曹宪、智骞为江都人,都属于吴音的范围"②。

(二)对《释文》某一个或几个语音方面的问题的探讨与研究

关于《释文》个别音类研究、对比研究、音韵性质讨论等论文较多,重要的有:方孝岳《论〈经典释文〉的音切和版本》(1979)、蒋希文《〈经典释文〉音切的性质》(1989)等文章讨论《释文》音切某些性质;邵荣芬《略说〈经典释文〉音切中的标准音》(1982)、《经典释文的重音音切》(1989)讨论《释文》的重音和标准音切;黄坤尧《经典释文的重纽现象》(1997)讨论《释文》复声母和重纽;罗常培《〈经典释文〉和原本〈玉篇〉反切中的匣、于两纽》(1939)讨论《释文》的"匣—于"两纽、寻仲臣和张文敏《〈经典释文〉的反切应是从邪分立》(1999)讨论《释文》"从—邪"声纽的分合;裴燮君《经典释文中"从、邪""船、禅"两读考》探讨"从、邪""船、禅"两读问题;笔者也曾发表相应的文章,讨论《释文》陆氏反切中的唇音声母问题(2006)。张文轩《试论陆德明的"叶韵"》(1983)和《论"叶韵"和"破读"的关系》(1984)专门探讨《释文》的"叶韵"问题等等。此外,港台与日本还有一些文章研究《释文》语音上某一方面的

———————

① 万献初《〈经典释文〉音切类目研究》第 347 页,商务印书馆,2004 年。
② 周祖谟《魏晋音与齐梁音》,《文字音韵训诂论集》第 66 页,北京大学出版社,2000 年。

问题。

（三）对《释文》音系的研究和探讨

罗常培曾系统研究《经典释文》音系（或称陆德明音系），他在《〈经典释文〉和原本〈玉篇〉反切中的匣、于两纽》（1939）一文中专门谈到了他三种系联《释文》声类的方法。在《我是怎样走向语言学研究之路的》的讲话稿中，也谈到"还有几件工作未完成"，第二件就是"《经典释文音切考》，声韵类已有百分之八十完成"①。可见罗先生是专意为《释文》作全面的音系研究的。当时的工作没有完成，直到 2012 年 5 月，以罗先生手稿为底本的《经典释文音切考》才经中华书局出版。《经典释文音切考》包含了罗先生《释文声类长编》、《释文韵类长编》、《经典释文直音编》和《经典释文音汇》四种遗稿，是罗先生整理《经典释文》的初步成果。该书的出版弥补了《释文》研究的缺憾，但遗憾的是罗先生只是系联出了《释文》的声韵类，并没能进一步讨论《释文》的声母和韵母系统。

方孝岳生前也"曾对《经典释文》一书加以分析和研究，将此书所录音切按中古韵书所分的韵部加以分类排比，以便与韵书作比较的研究，帮助读者了解六朝时读书音的反切系统。全书按《经典释文》所录经典音切，分为《周易》、《尚书》、《诗经》、《尔雅》、《庄子》反切等各部分"②。然书未见出，只是其弟子将书的序言及说明整理成文以遗作形式发表。

――――――――――――

① 罗常培《我是怎样走向语言学研究之路的》，《罗常培纪念论文集》第 443 页，商务印书馆，1984 年。
② 方孝岳遗作《论〈经典释文〉的音切和版本》编者按，《中山大学学报》，1979 年第 3 期。

现在所能见到的系统研究《释文》音系的专著有：王力的《〈经典释文〉反切考》、邵荣芬的《〈经典释文〉音系》以及沈建民的《〈经典释文〉音切研究》。

王力《〈经典释文〉反切考》一文，对《经典释文》的反切进行研究，主要结论如下：

1. 声母方面：认为在《释文》反切中，声母舌头舌上不分、轻唇重唇不分、神禅混用、从邪混用、床俟混用、精系与庄系混用、匣于喻混用。

2. 韵部方面：东冬钟混用，屋沃烛混用；江独用，觉独用；支脂之微混用；鱼虞模混用；齐祭混用；佳皆夬混用；泰灰咍混用；真谆臻欣混用；文魂痕混用；寒桓混用；删山混用；先仙元混用；萧宵混用；肴独用；豪独用；歌戈混用；麻独用；阳唐混用；庚耕清青混用；蒸登混用；尤侯幽混用；侵独用；覃谈混用；盐添严凡混用；咸衔混用。

3. 声调方面：平声还没有分化为阴平、阳平；浊上还没有变为去声。

邵荣芬在《汉字文化》1990 年第 2 期发表短文《〈经典释文反切研究〉内容述要》（后来出版时改名《〈经典释文〉音系》），简要介绍了他的研究结论：陆氏反切的声、韵、调类别，考得声母 30 个，韵母（不计重纽）舒声 79 个，入声 44 个，声调 4 个，并参照历史资料和现代方言，假定出声韵母的音值。

1995 年，邵先生《〈经典释文〉音系》一书在台北学海出版社出版，书中将《释文》标之于首并不题姓氏的陆德明的标准音考订为声母 30 个，他们是：帮滂并明、精清从心、端透定泥来、庄初崇生、章昌常书日、见溪群疑、晓匣、影以。将陆氏标准音的韵母归纳为舒声不计声调有韵母 78 个，入声韵母 42 个，共 120 个。声调为平上去入 4 个,不分阴阳。邵先生认为《释文》陆氏音系代表了金陵音系,认为这可以称作"南切韵"。

沈建民《〈经典释文〉音切研究》对《释文》的首音及异读作了专门研究。在对《释文》首音的研究上,将《释文》首音声类归纳为 32 个:帮(非)滂(敷)並(奉)明(微)、端(知)透(彻)定(澄)泥(娘)来、精清从(邪)心、庄初崇生、章昌禅日书船以、见溪群疑、影晓匣于。

将韵类归纳为 269 个,分别是平声 75 个、上声 69 个、去声 80 个、入声 45 个。但没有对韵母进行归纳。

(四)对《释文》所录汉魏六朝音注材料的研究和探讨

《释文》辑录了前代 230 余家的音注资料,且其所引音书在《释文》通行后多已亡佚,后人研究时,大多从《释文》中寻找所录诸家音切,为之整理语音系统。

陆志韦《古反切是怎样构造的》(1963),分别专题讨论了徐邈的反切、吕忱《字林》的反切、郭璞的反切,材料主要取自《释文》,可视为该类研究的早期代表。

日本学者坂井健一自 1959 年至 1973 年,发表研究《释文》所引诸家音切的系列论文,1975 年汇成《魏晋南北朝字音研究——经典释文所引音义考》一书在东京出版。上篇是各家音义本论,下篇是各家音资料列表。共讨论徐邈、李轨、刘昌宗等 20 余家的音切资料,归纳各家声类、韵类和声调。为《释文》所录诸家音切的研究做出了重大贡献。

蒋希文有《徐邈音切研究》(1999)一书专门讨论徐邈的音切。罗常培有《经典释文中徐邈音辨》(1984),黄坤尧(1991)也有徐邈音专论文章。

　　盘晓愚《〈经典释文〉中刘昌宗反切声类考》(1998)、范新干《东晋刘昌宗音研究》(2002)专门研究刘昌宗音切的声类、韵类，简启贤有《〈字林〉音注研究》(2003)以及郭璞音(1990)、李轨音(1993)、郭象音(1994)的简要研究,赵克刚有《经典释文郑玄音声母系统研究》(1998)探讨郑玄音等等。

　　在对《释文》音切的研究有了大体的了解后,我们看到了所取得的成就,但同时也看到了研究的不足。主要在于注重对《释文》陆氏音切某一个或几个方面的研究,或者对其所录前代诸家音切的研究,但缺乏对《释文》音系的整体研究,缺乏对前代诸家音系的横向和纵向的对比。对《释文》陆氏音系研究的不足将在下文讨论。

　　从目前关于《释文》音切的研究状况来看,我们认为将来研究的趋势将会转向以下几个方面:对《释文》音切的纵向和横向的比较研究,对《释文》整体音系的研究和构拟,对《释文》和同时期《切韵》音切及音系的对比研究,以《释文》为线索建构由上古音向中古音过渡时期的语音发展史的研究。

第一章　本课题的选题与研究方法

第一节　选题出发点

上文说过，在对《释文》音系的研究上，人们更多关注和进行研究的是其中所辑录的汉魏六朝诸家的音切，而对于陆氏音切的研究上主要是对其某一类或几类语音问题的探讨，而对陆氏音系的整体和系统的研究一直是薄弱环节。

全面考查《释文》陆氏音系的目前所能见到的仅三家：王力、邵荣芬和沈建民，由于研究方法以及所采用材料的不同，各家得出的结论存在着较大的差别。

王力的《〈经典释文〉反切考》可以看成是对《释文》音系的整体研究，但仍存在不少问题：

第一，王先生所采取的方法只是举例性质，过于简略。并且王先生所举例证将《释文》的首音和其他音切混同，不利于厘清各种音切的关系。

第二，王先生得出的结论也显得粗疏，只是得出了声韵调的一些现象，缺乏对整个音系的归纳和整理。如王先生声母方面只是得出唇音不分轻重，舌音不分舌头舌上等，没有进一步归纳出《释文》的声母系统；韵母方面只是得出了各种韵部的独用混用关系,没有明确将《释文》的韵类归纳出来,更没有将《释文》的韵母系统归纳出来;声调方面也只是说明平声不分阴阳,浊上尚未变去。这些研究显得很不彻底。

第三,王先生所举出的例证上也有欠考虑的地方,如他在论述《释文》中"轻重唇音不分"时所举的不少例证就是错误的。如①:

以重唇切轻唇的例子,也有一些。例如:

(2)以並切奉

樊,《广韵》附袁,《释文》步干,步丹,畔干。

繁,《广韵》附袁,《释文》步干。

但据我们考查《广韵》"薄官切"有"繁"字,《广韵·桓韵》:"繁,繁缨,马饰,见《左传》。"也是重唇並母。查《释文》对"繁、樊"两字的注音原文,再查阅《十三经注疏》原文,这两字的解释情况如下:

(1)繁,在《经典释文》首音中共出现 10 次,其中以"繁缨"一词的形式出现了 4 次,以"旌繁"的形式出现 2 次,《释文》均解释为"步干反",均为重唇並母。以"繁氏"的形式出现 1 次,《释文》音"步河反";由《释文》注音可知,在"繁缨"和"旌繁"两词中,"繁"当为重唇並母,"步干反"应为以重唇切重唇的音和切,而不是类隔切。

《释文》中有将"繁"注为轻唇音和切的用例,可证明繁在一般情况下读为轻唇,《释文》分别注为"音烦"、"扶袁反"和"扶元反",可知"繁"字一般为轻唇"奉"母。

(2)樊,在《经典释文》中共出现 11 次,其中以"樊缨"一词的

---

① 王力《〈经典释文〉反切考》,《音韵学研究》第一辑第 34 页,中华书局,1984 年。

形式出现 8 次,3 次被注为"步丹反",3 次被注为"步干反",2 次被注为"畔干反"。并且由《释文》可以断定"繁缨"和"樊缨"只是同一个词的异文形式,《释文》:"樊缨,本又作繁,步丹反。"(P655)就是一个很好的明证。那么"樊"为重唇切重唇的音和切也是毋庸置疑的。

《释文》中也有将"樊"注为轻唇音的例子,如《庄子·养生主》:"不蕲求畜乎樊中。"注:"樊中,音烦。李云:'藩也,所以籠雉也。'向郭同。崔以爲圉中也。"(P1429)

王先生所引《广韵》的反切,只是"繁"一般情况下的读音而已,而在"繁缨"、"樊缨"、"旌繁"等词中,"繁、樊"当读为重唇。由于引例的错误,难免会影响其结论的准确性。

另外,王先生将《释文》所有反切视为一个平面,"把《释文》的反切当作单纯的同一系统,将不同性质的反切杂揉在一起考察,尤为不妥"①。

邵荣芬对《释文》的音系有系统的研究,他的《〈经典释文〉音系》1995 年由台北学海出版社出版,大陆则很难见到,想要对其书中所归纳的音系有所了解并不是一件很简单的事情。邵荣芬的研究也存在不足,如他在考察时主要考察他所认为的陆氏标准音,这样无形中将其他很多有用的材料屏于门外,难免会影响结论的准确性。其次邵先生虽对反切上字进行了系联,却没有从数量和比例等方面进行更深入的考察,难免会影响其结论的准确性。

沈建民对《释文》音切进行了研究,但对于陆氏音系的研究却并非其研究重点。在陆氏音系的研究上,他只是得出了《释文》的声母系统;韵母方面只得出了《释文》韵类,没有进一步归纳其韵

---

① 邵荣芬《〈经典释文反切研究〉内容述要》,《汉字文化》,1990 年第 2 期。

母系统,更缺乏对《释文》声韵调配和规律的考察。这种研究显得很不彻底。

从现在所见到的几家的结论可以看出,几家有共同点,也有较大的差异。并且根据我们的考察,所得出的某些结论有和三家存在不同之处。如三家都主张《释文》中"无轻唇音",而据我们考察,《释文》所录前代诸家一般轻重唇不分,而陆氏音系中轻唇的非、敷、奉三母应该和重唇的帮、滂、并分立,明微两母则尚未分化。

基于《释文》陆氏音系研究的不足,我们选定《释文》陆氏音切为主要研究对象,来探讨《释文》陆氏音系的情况。希望通过相对完善的研究方法,对《释文》陆氏音切进行穷尽式的探索,以期归纳出《释文》陆氏的语音系统。

由于《经典释文》只比陆法言《切韵》早了十几年,二者属于同一个时代,他们各自所反映的语音状况应该存在着较为密切的关系。《释文》反映的陆氏语音系统对研究《切韵》音系有着重要的参考作用。二者相互参照,相互补充,应该可探索魏晋六朝乃至隋唐时期的语音系统。

在汉语语音发展史上,一般有四个分期:上古音、中古音、近古音、现代音,在上古音和中古音的时间分界上,魏晋六朝语音正好处在由上古音到中古音发展演变的重要时期,探讨《释文》所反映的语音系统和语音现象,可以为魏晋六朝语音系统的构拟提供重要材料,也可对建立完备的汉语语音发展史提供重要的资料。从这个角度上说,探讨和构拟《经典释文》的音系尤其是陆氏的音系,有着不言而喻的重要意义。这也正是我们选定该课题的出发点所在。

第二节　主要研究范围

　　进行研究首先要确定底本。《经典释文》有不同的版本,较通行的本子有:徐乾学通志堂经解本和卢文弨抱经堂本。1985 年上海古籍出版社出版了北京图书馆珍藏的宋元递修本《经典释文》,原藏内府,清儒皆未得见①,也是一个比较好的版本。

　　我们以宋元递修本《经典释文》(上海古籍出版社,1985)为底本,对《经典释文》中的所有音切材料进行穷尽式的搜集,同时参照通志堂本《经典释文》(中华书局,1983),清法伟堂著、邵荣芬编校《法伟堂经典释文校记遗稿》(华东师范大学出版社,2010),黄华珍编校《日藏宋本庄子音义》(上海古籍出版社,1996),黄焯《经典释文汇校》(中华书局,1980),黄坤尧、邓仕梁《新校索引经典释文》(台北学海出版社,1988),清阮刻本《十三经注疏》各经所附音义及阮氏校勘材料,《诸子集成》所附《老子音义》和《庄子音义》等材料进行校对,希望尽量做到准确无误,保证其后的分析整理能有一个稳固扎实的基础。

　　我们确定的音切范围有三:

　　1. 陆氏首音,即"标之于首"而又不题姓氏的音切。这是我们研究的主体。系联和分析时,以确定了的陆氏标准音反切为主要研究对象,直音只作参考。

　　2. 在句中出现且能证明属于陆氏的反切,主要是分析字形、

---

①《四库全书总目》卷三十三,"经典释文"条目下云"内府藏本",其实是通志堂本。

说明异文或注释中出现的音切。如①：

彖，吐亂反。斷也。斷音都亂反。(P74)

或躍，羊灼反。《廣雅》云上也。上音時掌反。(P74)

晏安，本又作宴，各依字：晏一諫反。宴一見反。(P77)

3.用"如字，某某反"或"音某，某某反"以及某些说明假借的反切，按照如字或直音用字以及本字录入。

卿大夫朝會，此一朝如字，音張遥反。(P255)

其旂，音祁，巨畿反。(P302)

大緌，依注音綏，耳隹反。下注同。(P682)

不琢，依注爲丈轉反。(P727)

凡封，依注作窆，彼驗反。下及注機封同。(P795)

以咸，依注讀爲緘，古鹹反。(P795)

其敝，讀爲蔽，必世反。劉又博壻反。(P556)

有報，依注讀曰褒，音保毛反。下同。(P777)

觚三升，依注作觶，之豉反。下同。(P549)

純帛，側其反。依字從糸才。(P455)

下面的情况则暂时存疑不录，主要是一些不好确定该切语属于陆氏还是别人的音切，如：

掇，徐都活反。《説文》云拾取也。鄭本作惙，陟劣反。憂也。(P80)

褫，徐敕紙反。又直是反。……王肅云解也。鄭本作拕，徒可反。(P80)

愬愬，山革反。……馬本作虩，虩音許逆反。(P82)

除此之外如徐刘诸氏的反切、又音、或音等不参与系联，但是

①本文所引《释文》音切用字按繁体字编排，下皆同。

在考察时以他们作为考察陆氏音系的重要参考证据。

第三节　主要研究方法

从研究陆氏音系的情况看,各家主要采用的方法主要有:寻求例证法、反切系联法、反切比较法、统计法等。我们拟采用的方法如下:

1. 系联法

系联法是清代陈澧在研究《切韵》声韵类别时所创立的研究方法,该方法包含基本条例、分析条例和补充条例三个内容,对后世音韵学的研究提供了重要的研究方法。

罗常培先生在《〈经典释文〉和原本〈玉篇〉反切中的匣、于两纽》一文中专门谈到了他系联《释文》声类的方法,有"直证"和"佐证"两大类。

周祖谟先生考察《万象名义》中《原本玉篇》音系时,采用的也是系联法(周祖谟,1966)。邵荣芬先生考察《经典释文》音系主要采用系联法(邵荣芬,1995)。

本课题研究中所采用的系联法也将参考陈、罗两家所创立的条例,根据所甄选出来的实际音切情况进行相应的调整和补充。

系联法的不足之处在于系联的结果只能静态地反映声韵类情况,不能直观反映出声韵母系统,如果要进一步归纳声韵系统,还必须有其他方法来完成。

2. 统计法

本课题还将采取统计法,对书中陆氏所有的反切和直音以及书中所录的徐刘诸氏音切作全面的统计。该方法主要应用于声母的研究。具体做法及步骤是:

首先，辑录《经典释文》一书中所有甄选过的音切，对每一条音切按照标准音、徐刘诸氏音、又音等进行归类；

其次，按照归类后的音切，分析每条反切中被切字、切上字的中古声母、韵母、开合、等第，确定该音切所属的声纽、韵部；

再次，按照每条音切被切字及切上字的分析，确定该条切语属于同母切还是异母切（为了区别异同，这里把同一声母或韵母的字相切的反切叫同母切，不同声母或韵母字相切的反切叫异母切）；

最后，按照陆氏音、徐刘诸氏音等类别，对所有音切分门别类地进行数量统计，计算出每一大类中音和切与类隔切的比例数据，然后根据这些数据判断陆氏音以及徐刘诸氏音的声韵母情况。

该方法的不足之处在于数据虽然真实准确，但到底多大的比例才能作为声韵分合的标准和界点，统计法得出的一些死的数据说明不了这个关键问题。再者如何处理相关数据，不同的人可能有不同的尺度，也可能得出不同的结论。

3. 比较法

比较的内容将按照以下层次进行：《释文》陆氏音与徐刘诸氏音的比较、《释文》标准音与又音的比较、《释文》陆氏音与《玉篇》音系（周祖谟，1966）的比较、《释文》陆氏音与《切韵》音系的比较等。比较对象中的一些音系我们将采用目前已经发表的结论。

4. 文献求证法

为了弥补其他方法的不足以及可能出现的疏漏，我们还将根据《释文》全书中大量的音切注释，对经典文献原作进行考察，以期寻找到更多的文献方面的证据。

以上各种方法对于《释文》反切的研究各有利弊，我们同时使用几种方法进行研究，以期将每种方法的弊端降至最低。

第二章　反切上字的系联

第一节　反切上字系联条例

　　陈澧在《切韵考》一书中,首创系联法,并在《切韵考·序》中阐述了自己系联《广韵》声类、韵类时所依据的条例,即基本条例、分析条例和补充条例。陈澧所创立的系联法为各类音韵典籍声韵类的研究提供了指导,但又必须有针对性地加以改进。由于《广韵》属于韵书,其反切声韵母的出现较为全面,系联较为简便,条例较为适用。而《释文》则属音义书,随文注音,其切语出现频次不一,声韵母出现不均衡,反切用字较为随便,因而单纯使用陈澧的系联法不能解决所有问题。因而在系联《释文》声韵类时,我们根据具体情况制定了切合《释文》实际的较为可行的系联条例。

　　罗常培曾系统研究《经典释文》音系(即陆德明音系),他在《〈经典释文〉和原本〈玉篇〉反切中的匣、于两纽》一文中专门谈到了他系联《释文》声类的方法,共有三种①:

　　　第一,反切上字同用、互用、递用者:如"巴"有"必加、必

---

① 罗常培《〈经典释文〉和原本〈玉篇〉反切中的匣、于两纽》,《罗常培语言学论文集》第157—158页,商务印书馆,2004年。

麻"二反,"包"有"必交、必茅"二反,同用"必"字;"薄"有"旁
各、旁博"二反,"旁"有"薄刚、薄葬"二反,"薄""旁"二字互
用;"缚,扶谋反","浮,缚谋反","缚""扶""浮"三字递用,
是也。

第二,反切上字《释文》未著切语而据其直音之切语系联
者:如"补"《释文》无反切,而其直音"圃"字有"必古、布古、布
五"三反,故得与"必、布"系联,是也。

第三,反切上字在《释文》中无切语与直音可稽,而据其
所切字中同音异切之上字系联者:如"方"字《释文》无反切与
直音,但其所切之"奋"字有"方问、甫问、弗运"三反,三反既
同切一音,故"方""甫""弗"声同一类,是也。

前两条算是"直证",后一条算是"佐证"。不得已而用佐
证时,我很谨慎地看那些不同的反切在《广韵》里是否同音,
同时还顾到训诂一方面有无出入;否则宁可存疑,不敢强联。

在罗先生系联方法的基础上,我们将系联《释文》声类的条例
细分为以下几条:

1.同一个被切字(主要为非多音字,或虽为多音但分属不同
韵部的字)有多条切语,如果其反切下字相同,其反切上字即可系
联在一起。如"並"组系联:

步皮蒲(拔:步八、皮八、蒲八)白(跋:白末、步末、蒲末)薄旁
平(薄:步各、旁各;旁博、平博)被(被:皮义)备(憊:备拜、皮拜)鲍
(鲍:步卯)傍(亳:傍各、步各、旁各)婢鼻避毗(飘:鼻遥、婢遥、避
遥、毗遥)频(膑:毗忍、频忍)並(並:薄杏)簿(辨:簿觅、皮觅)畔
(茇:畔末、蒲末)

其中"步皮蒲白"等字的系联即采用此条例。

2.如果某个反切上字《释文》中有反切,可依据其反切上字系

联。如:薄旁平(薄:步各、旁各;旁博、平博)等字的系联。

　　3.对于反切上字中的多音字,尤其是声母不同的多音字,按照《释文》他处的反切根据实际情况分别系联,而不能将其混同。如:

　　恬,捺嫌反。本或作栝,梁武音膾。(P1399)

　　反切上字捺,《正字通·手部》:"捺,俗揲字。"(引自《汉语大字典·手部》)而"揲"字作为被切字的读音是:

　　揲,時設反。案:揲猶數也。《説文》云:"閲持也。"一音思頰反。徐音息列反。鄭云取也。(P125)

　　"揲"字《广韵》有"食船列切、徒定协切、與以涉切"三个读音,分属三个不同的声母,系联时参照《广韵》的读音分别系联。

　　4.有些多音字的不同读音本身或属于同一个韵母,所用反切下字相同,而反切上字有别;或属于相同的声母,反切上字相同,而反切下字有别。这些字在系联时需要参考他处,必要时必须依靠《广韵》等确定。如:

　　曾,有"在登、在能、才登、才能、則登、則能"等切语,反切下字同为"登能",韵母相同。系联时很容易将"則"与"在、才"等字系联在一起,从而将"精从"两个声母的字系联起来,造成错误。

　　5.如果反切上字不能系联,则考察其被切字各条反切的反切下字韵母声调是否相同。如果下字韵母声调相同,上字也可系联在一起。如端组系联说明2。

　　6.如果缺乏证据上字不能直接系联,则看该上字或者被切字在《释文》中的直音情况。必要时依据直音而定。

　　7.确实无法系联者,依据《广韵》反切而定。

　　8.《释文》中有很多不同声母间混切的用例,系联时务必参照《广韵》。否则单纯依靠系联很容易将《释文》的反切上字系联错误。例略。

9.为了将来统计数据的需要,我们将《释文》反切上字在中古音的 42 个声母的基础上分组系联,这 42 个声母是:

唇　音:帮、滂、並、明

　　　　非、敷、奉、微

舌　音:端、透、定、泥

　　　　知、彻、澄、娘

齿　音:精、清、从、心、邪

　　　　庄、初、崇、生、俟

　　　　章、昌、船、书、禅

牙　音:见、溪、群、疑、

喉　音:影、晓、匣、云、以

半舌音:来

半齿音:日

这样做的优点有两个:

①因为《释文》中有不少不同部位声纽之间的混切,我们将各声纽仔细区分,可以最大限度地避免系联的混乱。

②可以更明确地看出各声母之间的分合情况,可以更直观地反映问题,为将来各类数据的分析提供依据。

10.《释文》有些注音是为了说明古书异文或假借字的本字的,在分析这些反切时,根据具体情况来断定属于音和切还是类隔切计入相应的数据。如:说明异文的例子"繁缨,步干反",该词又可写作"樊缨、鞶缨",其中"鞶缨"为标准用字,"樊缨、繁缨"为异文形式,故分析时将"繁,步干反"视为重唇音而计入数据中。再如为假借字本字注音的例子"封,彼验反","封"为借字,本字应为"窆",此"彼验反"实为"窆"的读音,故将此反切视为重唇音计入数据。

11.统计时,将同一字的不同字形加以合并,如:卧臥、户戶戸、略畧、乘乗、虔虔、叡叡、步步、遠遠、袁表、侯矦、宜宐、面靣、亡亾、缶缻、鼇鰲、兑兌、熱熱、衞衛、玉王、吕呂、鬼鬼、卯夘、吴吳呉、冰水、兜兠、歷歷、爾尔、雛鶵、篡篹、豔艷艶、犁犂、遥遙、劍劒、覓覔、清淸、舍舎、瘦瘐、涉渉、産產、潜潛……

12. 对于一些字形相近而互用的字,统计时直接按照其正确字形统计。如己已巳、汜汜、卻郤、鍛鍜……

13.有二反或三反的反切不统计入总数,只作为参考。

第二节　各类反切数据

我们共甄选出《释文》陆氏反切 12411 条 39950 次,下面是《释文》陆氏反切的总数据:

表 2—2—1　经典释文陆氏音各类反切总表(按七音排列)

反切上字声母		同母切数		异母切数		总数	
		切语数	切次数	切语数	切次数	切语数	切次数
唇音	帮	351	1170	21	52	372	1222
	滂	141	350	11	12	152	362
	並	471	1233	8	8	479	1241
	明	251	400	0	0	251	400
	非	100	241	29	31	129	272
	敷	145	423	30	38	175	461
	奉	147	1006	30	42	177	1048
	微	37	78	238	407	275	485

反切上字声母		同母切数		异母切数		总数	
		切语数	切次数	切语数	切次数	切语数	切次数
舌音	端	261	808	37	601	298	1409
	透	305	602	12	12	317	614
	定	510	1172	23	34	533	1206
	泥	118	585	11	19	129	604
	知	191	390	0	0	191	390
	彻	156	336	33	41	189	377
	澄	275	1734	33	58	308	1792
	娘	66	160	4	7	70	167
齿音	精	368	1113	8	13	376	1126
	清	316	974	8	12	324	986
	从	280	835	19	25	299	860
	心	502	1582	7	7	509	1589
	邪	60	225	42	57	102	282
	庄	161	472	3	4	164	476
	初	64	270	4	6	68	276
	崇	79	159	7	7	86	166
	生	195	1101	6	7	201	1108
	俟	0	0	0	0	0	0
	章	297	858	7	13	304	871
	昌	168	662	8	18	176	680

反切上字声母		同母切数		异母切数		总数	
		切语数	切次数	切语数	切次数	切语数	切次数
	船	33	387	13	14	46	401
	书	184	766	6	22	190	788
	禅	201	685	43	73	244	758
牙音	见	1002	2793	8	8	1010	2801
	溪	509	1610	12	12	521	1622
	群	361	917	17	25	378	942
	疑	355	941	2	2	357	943
喉音	影	596	2126	3	3	599	2129
	云	95	1529	20	48	115	1577
	以	413	1100	4	4	417	1104
	晓	506	1660	9	10	515	1670
	匣	588	2722	16	18	604	2740
半舌音	来	527	1517	0	0	527	1517
半齿音	日	233	484	1	4	234	488
总计		11618	38176	793	1774	12411	39950

注:同母切数指以本声母作切上字切本声母(如帮母字切帮母字)的反切数量,异母切数指不同声母间互切(如帮母字切敷母字等)的数量。

下面我们按发音部位"七音"分别说明每一个声类的系联结果,声类的名称采用本组频率最高的反切上字。

第三节　唇音系联结果

一、必类

以帮母字作反切上字的反切共 372 条 1222 次，其中以帮切帮 351 条 1170 次，以帮切并 17 条 46 次，以帮切滂 4 条 6 次。共出现反切上字 32 个：

必彼布補卑百兵波伯悲北邦表并保卜筆畢邊寳逋博巴八博檗包半本鄙俾冰

系联结果为三组：

甲组：

必布（圃：必古、布古）邦北（剥：北角、邦角、布角）巴百（巴：必加、布加、伯家、必麻；把：必馬、巴馬、百馬）包伯（包：伯交、必交；豹：百教、包教）并俾（并：必政、俾政；比：必里、并里）博愽（背：博内、必内；謗：博浪、愽浪）卑（敗：卑賣、必賣）保補逋（逋：補吳、布吳、補吾、布吾、布胡；苞：逋茅、補茅；褒：保毛、補毛）半本卜（撥：半末、本末、必末、卜末）彼檗（进：檗静、彼静）筆（邠：彼貧、筆貧）悲（閟：悲位、筆位）鄙（偪：彼力、鄙力）畢（畢：卑吉；蔽：必世、畢世）表（鑣：彼驕、表驕）寳（屛：寳領、并領）兵（柄：彼命、兵命）冰（冰：彼凌）波（跛：布可、波可）

乙组：

八（硏：八耕）

丙组：

邊（扁：邊典）

说明：

1.有些同声母的反切上字不能直接系联为一类，只能将其系联为不同的组，然后依据其他条例进行系联。

2.如果单纯从系联来看，可以将帮非两组系联在一起，但这样就看不出两者之间的差别了。为了便于分析轻重唇音的分化问题，我们特意将轻重唇音分开系联，以保证统计数据的科学性。

3.后两组中"八"作为上字仅出现一次，"边"出现 3 次，无法和其他上字系联。这里依据《广韵》而定。

附:必类反切上字及被切字表

1.以帮切帮

被切字	切上字	切语数	切次
巴 1/巴 2/把 2/撥 1/擘 1/败 1/败 37/卑(俾)10/卑(埤)1/卑[俾]1/背 1/栝 1/桒 1/包 1/包 2/苞(包)1/抱[枹]1/豹 1/班 1/榜 1/祊 1/祊 2/琫 1/琫(鞛)1/匕 1/匕 2/匕 1/比 2/比 1/比 7/比 33/比 6/枇 1/枇 2/妣 1/妣 10/庇 3/庇 14/庇 2/庇(芘)1/芘(庇)1/芘[庇]1/畀 5/畀 18/畀 12/畀(鼻)1/俾 1/俾 1/俾 26/俾(卑)4/俾[比]1/敝[蔽]1/閉 2/蔽 1/蔽 3/蔽 1/蔽 14/蔽 1/璧 1/璧 28/臂 1/臂 1/臂(擘)1/臂(辟)1/髀 1/髀 1/躄 1/驚 1/驚 6/鼈(鼈)2/鼈 3/鼈 2/螫(鰲)1/猋 2/猋(飆飇)2/摽[標]1/薰 1/標 2/熛 1/熛 3/编 1/编 8/编 8/编 3/编 2/鞭 3/鞭 1/鯿 1/貶 1/褊[褊]1/褊 8/寑(償攡)2/寑[攡]2/償 3/償(寑攡)4/濱 1/攡 1/攡 1/攡 6/攡(償寑)4/殯 10/殯(寑)1/鬢 1/稟 1/餅 2/餅 1/餅 1/鞞 2/并 3/并 4/并 21/并[屏]1/併 1/并(併)1/彭 1/脾[髀]4/辟 1/辟 39/辟 1/辟[壁]1/屏 4/屏 1/屏 1/圃 1/枸 1/屏[摒]1	必	127	488

续表

被切字	切上字	切语数	切次
跛 3/跛 3/播 1/播 2/播 2/擘 1/碑 5/碑 1/賁 2/賁 1/迸 1/偪 18/偪(幅)1/逼(偪)1/逼(偪)1/湢(偪)1/詖 1/薛 1/鷗 1/別 268/別 1/別 2/彪 2/彪 4/穮 1/鑣 3/鑣 2/窆 9/貶 8/辨[貶]1/邠 1/邠(豳)1/彬 1/斌(彬)1/豳 9/豳(邠)1/冰 1/冰 1/邴 2/邴 2/恲 1/柄 4/柄 3/柄(秉)1/稟 5/陂 6/陂 1/陂 10/陂 3/陂 1/陂 1/羆 8/羆 2/枋 4/枋[柄]1/封 5/封 1/封[窆]3	彼	58	428
巴 1/剥 1/博 1/駁 2/跛 3/跛 1/杯 1/背 1/哱[悖]1/輩 2/版 2/傍 1/謗 4/祊 1/拳 1/韝[瑵]1/薛 1/逋 1/逋 6/逋 1/晡 3/餔 1/檗(壁)1/檗(壁)1/圃 17/圃 1/圃 1/圃(囷甫)2/譜(誧)1/番 1/甫(圃)1/鷗[鷗]1	布	32	64
跛 1/播 2/擘 2/敗 4/背 1/背 1/貝 2/苞 1/苞 1/襃 1/謗 2/祊 1/祊 1/閟 1/塴[堋]1/迸 1/閉 1/嬖 1/嬖 1/嬖 1/鞞 1/鞞(椑)1/逋 3/逋 1/旁 1/傰 2/檗 1/擗[擘]1/發 1/蹼(蹼)1	補	30	40
敗 1/俾 1/畢(峄)1/薛 1/鼈(鼈)1/鼈 2/鼈(鼈)2/編 1/鞭 1/并 1/屏 1/蘸(鼈)1/屏[搉]1	卑	13	15
別 1/恲 1/秉(柄)1/柄 1/柄 7/柄(枋)1/柄(枋)1/柄[秉]1/炳 1	兵	9	15
犯 2/犯 1/把 1/把 1/苞 1/豹 2/般 1/祊 2/祊 2	百	9	13
搏 1/跛 3/跛 4/播 1/播 2/播 1/簸 3	波	7	15
秕 1/愁 1/閟 1/彎 2/泌 1/費 3	悲	6	9
巴 1/敗 1/包 1/苞 1/斑(頒)1/祊 1	伯	6	6
比 1/比 1/畀 1/屏 1/璧 1	并	5	5
剥 7/駁 6/駁(駮)1/駁 2/暴(爆)1	邦	5	17
麃 2/儦 1/儦(麃爐)1/藨 1/鑣 3	表	5	8

被切字	切上字	切语数	切次
剥1/堋［堋］2/迸1/坡（陂）1/拼1	北	5	6
襃2/褒2/报［褒］2/哀（褒）1	保	4	7
撥1/捭（捭擘）1/萆1/薜1	卜	4	4
閟1/邠1/豳1	笔	3	3
蔽1/髀1/鼊1	畢	3	3
扁1/扁1/徧1	邊	3	3
玭（瑉）1/儐1/屏1	賓	3	3
搏1/苞1/枹1	逋	3	3
背1/谤2	博	2	3
撥4	半	1	4
把1	巴	1	1
谤1	愽	1	1
迸1	欒	1	1
豹1	包	1	1
撥1	本	1	1
偪1	鄙	1	1
并1	俾	1	1
轡1	冰	1	1
		351	1170

2. 以帮切並

悖 14/勃（悖）1/弊 5/	必	3	20
瓣 1/悖 6/悖 3	補	3	10
否 1/否 1/否 2（pǐ）	悲	3	4
唪 1/悖 5	布	2	6
炮 1（páo）	百	1	1
袍 1	包	1	1
跋 1	半	1	1
被 1	彼	1	1
辯 1	兵	1	1
跋（拔）1	卜	1	1
		17	46

3. 以帮切滂

披 1/披 3/披 1	彼	3	5
砰	八	1	1
		4	6

表格说明：

1. 被切字栏的汉字及数字代表被切字及其次数，相同的被切字按照切语的不同分别列出。如"巴 1/巴 2/"："巴"为被切字，用"必"作反切上字共有两条反切"巴：必麻（P954）、必加（P1094、1104）"，"巴 1"指"必麻切"1 次，"巴2"指"必加切"2 次。

2.（）中的字为《释文》中的异文。如"卑（埤）"，《释文》："卑，必彌反。本亦作埤。徐音婢。下同。"（P123）

3. 如果被切字为俗字或误字，其后用｛　｝列出其正字。如古类的"叫｛叫｝1"，《释文》："叫，古弔反。"（P1418）"叫"为俗字，"叫"为正字。

4.如果被切字有通假字或异体字,其后用[　]列出其本字或异体字。如"敝[蔽]1",《释文》:"其敝,讀爲蔽,必世反。劉又博瞥反。"(P556)其中"敝"为借字,"蔽"为本字。

5.以下各声类的附表格式皆同此。

二、普类

滂母字作反切上字的反切共 152 条 362 次,其中以滂切滂 141 条 350 次,以滂切帮 3 条 4 次,以滂切並 6 条 6 次,以滂切敷 2 条 2 次。共出现反切上字 8 个:

普匹破判丕披浦篇

系联结果为三组:

甲组:

普判浦(潘:判干、浦干、普干;判:普半)丕(丕:普悲)披(披:普皮)破(頗:破多、普多)

乙组:

匹(僻:匹亦、普計)

丙组:

篇(猵:篇面)

说明:

1.乙组"匹"作为切上字虽为 35 条反切作上字,但其被切字与其他字均无法直接系联,我们可以辗转通过陆氏音中少数以敷切滂的反切来系联:披有"普皮反",又有"芳皮反";剽有"匹妙反",又有"芳妙反",我们虽将轻重唇音分开系联,但这不影响我们将"匹"与"普"以及其他上字系联为一类。

2.丙组中反切上字"篇"仅出现一次,无法系联。这里依据

《广韵》而定。

附:普类反切上字及被切字表
1.以滂切滂

被切字	切上字	切语数	切次
蚆1/扳3/扳(攀)1/梧1/胞1/被2/被[披]3/伻2/俾(庳)1/堛2/愊1/摞[抛]1/剥[攴]1/搏(膊)1/膊1/膊1/怖2/怖7/胐1/肺1/副3/亨1/亨5/亨26/亨(烹)1/亨(膏)1/亨[烹]1/拍1/拍2/贩1/贩1/潘3/潘1/攀(扳)1/判1/判1/泮4/盼1/雺1/滂1/滂1/滂1/胖4/泡2/肧(胚)1/沛2/沛1/噴1/抨1/烹2/烹2/丕8/丕(伾)2/批1/披3/披4/披1/鈹1/鈹3/霹1/嚭1/嚭2/嚭1/媲1/媲3/僻1/澼1/嫛1/粤1/颇3/颇2/颇3/魄1/魄4/魄1/魄(皛)2/魄[粕]1/剖7/掊4/扑13/撲3/撲1/鋪4/鋪2/鋪10/鋪1/僕1/璞1/朴3/樸3/樸6/瞟[睥]1/泊1/吧1/睥1/陂1	普	96	226
吡1/庇1/庇(庀)1/辟34/辟(僻)1/辟(僻)8/辟(譬)1/萹1/鞄2/紕1/紕1/錍1/庀4/庀1/庀1/淠1/淠1/僻15/僻(辟)2/譬(辟)1/偏1/翩1/剽9/剽1/漂5/漂1/漂1/漂1/漂(飘)1/縹1/螵1/飘1/嘌(票)1/娉(聘)1/聘2/聘3	匹	35	109
颇3/颇2/颇1/颇2	破	4	8
潘1/潘1/浦2	判	3	4
璞(樸)1	丕	1	1
猵1	篇	1	1
潘1	浦	1	1
		141	350

2.以滂切帮

篇 2	匹	1	2
芈（迸拼）1	普	1	1
陂 1	披	1	1
		3	4

3.以滂切並

辨 1/薄 1/叛（畔）1/阫 1/芈 1/仆 1	普	6	6

4.以滂切敷

娝 1/蠭（蠡蜂）1	匹	2	2

三、步类

以並母字作反切上字的反切共 479 条 1241 次,其中以並切並 471 条 1233 次,以並切帮 4 条 4 次,以並切滂 4 条 4 次。共出现反切上字 19 个,他们是:

步蒲皮薄婢白毗避備畔頻鼻簿旁傍被鮑並平

系联结果为一类:

步皮蒲(拔:步八、皮八、蒲八)白(跋:白末、步末、蒲末)薄旁平(薄:步各、旁各;旁博、平博)被(被:皮義)備(僃:備拜、皮拜)鮑(鮑:步卯)傍(亳:傍各、步各、旁各)婢鼻避毗(飄:鼻遥、婢遥、避遥、毗遥)頻(臏:毗忍、頻忍)並(並:薄杏)簿(辨:簿莧、皮莧)畔(芳:畔末、蒲末)

附:步类反切上字及被切字表

1.以並切並

被切字	切上字	切语数	切次
拔 1/軷 1/踣 1/桲 1/蜯 1/敝 1/髀 1/髀 5/髀 2/併 2/簿 6/盤（槃般磐）5/胖 1/鼙 1/辟 1/坋 2/拔 3/肢 1/跛 1/軷 2/泊 1/泊 5/勃 5/浡 1/薄 1/薄（亳）1/亳 2/亳 1/亳 10/背 2/孛 4/邶 1/倍[背]1/倍 5/倍（陪）1/胞[庖]2/颮 1/颮（咬）1/雹 5/暴 1/暴 1/暴 13/暴（曝）1/暴（曝）1/鮑 4/鮑 1/般 3/般（盤）4/蚌 1/蚌（蟀）2/骈 1/椑 1/蛼 1/薜 1/髀（脾）1/鱉 1/廍 1/编 1/弁 1/弁 1/螶 1/鞞 1/鞞 1/鞞（鼙）1/併 21/併（並）1/併 1/蔀 2/簿 1/簿 1/杷 1/婆 1/皤 1/排 1/坏[培坏]1/陪 2/培 1/佩 1/旆 4/旆 1/庖 1/庖 6/袍 1/袍 11/袍 1/匏 1/匏 1/炮 4/抔 1/槃（盘）1/盘 1/盘 3/盘（盘磐）1/磐 1/磐（盤）1/磐（盘槃）1/繁（槃）1/蟠 1/鼙 7/苃 1/旁[傍]1/旁 2/旁 2/傍 2/彭 1/蓬 2/蓬 2/蓬 2/蓬 1/蓬（鏠）1/鹏 1/鼙 1/辟 1/甓 1/甓（礕）1/駢 1/駢 1/牝 1/邢 3/屏 5/屏 1/瓶 1/瓶（缾）1/屏 1/屏 1/缾 1/缾（瓶）1/蒲 1/蒲（匍扶）1/莜[旆]1/樊 2/樊 3/樊（繁）1/繁 6/繁 1/柎 1/爆 1	步	137	279
拔 2/拔 4/拔 4/拔（跋）1/芨 1/芨 1/跋 4/軷 4/魃 1/勃 1/渤 1/踣 10/踣（仆）1/薄 1/薄 2/薄（簿）1/爆（礜）1/礴 1/亳 1/背 1/背 2/桲 1/孛 1/孛 1/孛 1/邶 1/邶（鄁）1/倍 1/倍 2/悖 1/悖（勃）1/愂 1/颮 1/雹 4/暴 1/暴 6/暴（疧）2/暴（曝）1/疧 1/般 1/辦 2/蚌 1/蚌（蟀）1/傍 1/傍 1/傍（旁）1/蟀（蚌）1/拜 1/邲 1/芘 1/稗 1/皰 1/编 1/扁（鶣）1/螶 1/哺 1/捕 1/部 1/簿 1/皤 1/邲 3/陪 4/陪（培）1/培 1/佩 1/旆 5/旆 1/庖 1/㿝 1/袍 1/掊 1/裒 3/裒（褱枠）1/盘（盘）1/盆 2/盆 1/芄 1/朋 1/蓬 2/蓬 1/枇 1/魾 1/辟 1/甓 1/甓 1/駢 1/駢 2/邢 1/萍 1/缾 2/蒲 2/蚍 1/仆 5/樸 1/伐（茷）1/茷（旆）1/坋 2/方[彷]1/彷 1/伏（匐服）1/匐 5/鵪{鵰}（䳡）1/棘[樊]1/髀 1/朋 1	蒲	105	166

被切字	切上字	切语数	切次
箄(篺)1/拔 7/罷 1/罷 3/罷(耀)1/踦 1/樽 1/粺 1/革 1/被 1/被 1/被 41/被 27/被 3/憊 7/憊 1/鼻 1/霅 1/辦 3/邲 4/弼(拂)1/愎 6/愎 1/稗 1/藨 1/卞 8/卞(弁)2/弁 2/弁 1/弁 1/弁 11/弁(卞)2/汳 1/珤(弁)1/閞(弁)1/辨 1/辨 2/辨(辯)1/辯 2/俳 3/排 1/排(俳)1/邳 4/狴(箄)1/蜱 1/圯 2/髲 3/髲 3/平 2/莘 1/憑 2/否 1/馮 30/馮(憑)8/馮(憑)1/淜 1/糒(煏)1/鷋 1/翩 1	皮	59	221
椑 1/襃[哀]1/暴 1/暴(虣)1/虣 2/般 1/傍 1/傍 1/椑 1/笓 1/編 1/蟦 1/並 1/併 3/旙 1/排 1/陪 1/旆 1/袍 1/袍 3/炮 2/炮(焙焦)1/捊 2/哀 1/桒 1/犫 1/旁[傍]1/旁(磅)1/傍 1/芘 2/芘 3/鼙 1/鼙 1/罷 1/肼 1/駢 3/駢 1/莘 1/屏 1/屏 1/蒴(萍)1/蒴(萍)1/靬 2/仆 1/彷 2/彷 1/逢 1	薄	48	63
蚍 1/庳 1/敝 7/敝(弊)2/裨 1/裨 5/弊 3/弊 1/樊(褩)2/褩 15/褩(弊)4/標 1/標 1/箆 1/便 4/便 60/紕 3/紕 1/毗 1/郫 2/陴 3/脾 11/貔 1/辟 1/辟 63/辟(闢擗)3/擗 1/擗(躄)1/闢 7/闢(辟)2/蠯 1/飄 3/瓢 2/嬪 4/平 1/平 1/裨[褩]8/辟[褩]1	婢	38	230
綽 1/比 132/比 2/怭 1/膘 1/便 1/便 1/臏 1/坤 4/脾 1/辟[避]1/辟 3/飄 1/瓢 1/嬪 1/嬪 1/嬪 4/瞳[蠭]1/牝 4/蘋 3	毗	20	165
跋 1/泊 1/包[匏]1/包(庖)2/苞[藨]1/胞(庖)1/暴 1/虣 1/鮑 1/弼 1/藨 1/並 1/杷 1/杷 1/旙 2/麀 2/袍 7/炮(麀)1/瓶 1	白	19	28
蚍 1/紕 1/坤 1/坤 1/辟(擘)1/飄 1/飄(票)1/票(飄)1/裨[褩]1	避	9	10
憊 2/駜 1/批 1/坏(伾)1/圯 1/否 2/否 14	備	7	22
拔 1/茇 1/胈 1/褩 1/盤 1/磐 1/樊 2	畔	7	8
臏 2/毗 1/脆 1/牝 17/牝 1	頻	5	22

续表

被切字	切上字	切语数	切次
蚍1/毗1/飘1/梗1/嫔1	鼻	5	5
薄1/薄1/亳2	旁	3	4
椑1/辨1/魔1	簿	3	3
礴1/亳1	傍	2	2
邳2	被	1	2
庖1	鲍	1	1
屏1	並	1	1
薄1	平	1	1
		471	1233

2. 以並切帮

版（板）1	薄	1	1
紕1	婢	1	1
蔗1	皮	1	1
撥1	蒲	1	1
		4	4

3. 以並切滂

沛1/沛1	步	2	2
沛1	蒲	1	1

駆1		備	1	1
			4	4

四、莫类

以明母字作反切上字的反切共出现 251 条 400 次,全为以明切明者。反切上字共有 39 个,它们是:

莫末彌面眉密木孟美茂馬覓縣毛民忙妙每門眠迷靡卯名牟米芒命妹苗陌梅萌閔滅摩没皃

系联结果为六组:

甲组:

莫末木(磨:末佐、莫佐、木佐)每芒(枚:莫回、每回、芒回)面(寐:莫利、面利)彌縣(袂:面世、彌世、縣世)滅(袂:彌世、滅制)摩(摩:莫何)陌(盲:莫庚、陌庚)梅(梅:莫迴)妹(妹:末貝)毛(芼:莫報、毛報)卯皃萌(茅:莫交、卯交、皃交、萌交)茂(眸:莫侯、茂侯)牟(牟:莫侯)忙迷(蔑:莫結、忙結、迷結)孟(貉:莫白、孟白)覓(螟:莫經、覓經)妙名(眇:彌小、妙小、名小)閔(旻:密巾、閔巾)靡(靡:密池)密眉美(媚:眉備、密備、眉冀、美冀)命(命:眉病)馬(禡:馬嫁、莫駕)民(幂:民狄、迷狄)

乙组:

眠(蠛:眠結;蠛:亡結)

丙组:

没(暮:没乎;暮:莫胡)

丁组:

門(歿:門忽)

戊组：

米(麛：米俣、莫兮)

己组：

苗(廟：苗笑)

说明：

1.乙组可以通过以微切明的反切和甲组系联在一起。

2.丙组"暮"的反切下字"乎、胡"(謨：亡乎、亡胡)可以系联在一起,同属模韵合口一等,可以通过"没、莫"两个反切上字和甲组系联起来。

3.丁组被切字"殁"《释文》直音中和"没"互为直音:没:音殁(P659)、殁:音没(874、P1018、P1101、P1134),二者为同音字,可以据此和甲乙丙三组的反切上字系联起来。

4.戊组的反切下字"俣"《释文》有多次直音:

俣:音兮(P894、P1057、P1148、P1204、P1219、P1302)、音奚(P1098、P1288、P1292)

说明"俣奚兮"音同,"米俣、莫兮"读音相同,据此可与上面几组系联起来。

5.己组无法系联,依据《广韵》而定。

6.需要注意的是,上述属于明母的反切上字多数可以和微组反切上字系联在一起。

附:莫类反切上字及被切字表

1. 以明切明

被切字	切上字	切语数	切次
貉 1/貉（通禡）1/貉[禡]1/貉[禡]2/貍[埋]2/禡 2/埋（貍）1/蘽 1/瞒 3/鞔 3/蠻 1/曼 2/嫚（慢）1/幔 1/慢（慢）1/漫 1/縵 1/缦 1/汇 2/芒 4/芒 6/芒 1/厖 1/厖 4/盲 1/庬 2/莽 6/莽 1/莽 1/漭 1/矛 1/茅 1/旄 3/旄（耄）1/蝥 2/孟 1/孟（蛑）1/耄 3/冒 23/眊 1/耄 5/媚 1/貿 1/瑁 1/瞀 2/枚 1/枚 1/梅 1/禖 1/昧 1/寐 1/痗 1/眛 3/泯 1/萌 2/夢 4/夢 1/夢 1/昔 1/鄝 1/幪 1/幪 1/濛 1/蒙 2/蒙 2/懵（懜）1/蠓 1/瓕（黽）1/靡 1/弭 1/瀰 1/幦 2/幦（鼏）1/塓 1/幎 1/幎（幎鼏）1/幦 1/簚（幦）1/昒 1/昒 1/㵘 1/蔑 2/幦[簚]1/黾 4/黾（繩）1/冥 3/冥 1/冥 1/冥 2/冥{幦}1/暝（冥）1/瞑 1/瞑 1/螟 1/螟 1/螟 1/繆 3/模 3/摩 2/摩 1/摩（靡）1/磨 1/磨（摩）1/謨 1/謨 1/暮 1/劇 1/末 2/秣 1/牟 4/侔 1/侔（桙）1/眸 1/謀 1/鍪 4/母 1/母[模]1/牡 1/姆 1/姆 1/幕[簚]1/䀩（望）1/毋[母]1/叡（晦猷）1/旄（旄）1/禖 1/幠 1/幠 1	莫	128	214
蠠[密]1/弭 2/袂 7/羋 2/弭 4/洱 1/敤 1/謐 1/縣 2/眇 3/泯 4/黾 1/瀰 1	彌	13	30
摩 1/摩（磨）1/摩（磨）2/摩（磨）1/磨 1/磨 1/榥（鏝）1/漫 1/幔 1/漫 2/漫 1/缦 2/妹 1	末	13	16
罙 1/袂 8/寐 1/彌 2/羋 1/弭 2/縣 1/沔 1/㵘 7/泯 1/泯 2	面	11	27
媚 1/媚 1/媚 1/媚 1/媚 1/瞀 1/彪 1/彪 1/憨 1/命 1	眉	10	10
簚（簚）1/靡[靡]1/敏 1/閔 1/閔（愍）1/媚 1/旻 3/敏 1	密	8	10
眸 1/眸 1/牡 1/牡 14/拇 2	茂	5	19
媚 2/媚 1/厖 1/藐 1/莫 1	美	5	6
貉 1/貉 1/虻 1/貊 1/虻[蝱]2	孟	5	6
磨 1/牟 1/墾（蝥）1/枚 1/牡 1	木	5	5

被切字	切上字	切语数	切次
禡1/禡2/罵2/卯1	馬	4	6
冥3/冥(溟)1/鄍1/螟1	覓	4	6
袂1/沔1/湎1/瀰1	緜	4	4
芼2/毣1/老(薧)1	毛	3	4
緡1/黽1/冪1	民	3	3
縻1/謬(繆)2	靡	2	3
眇2/藐1	妙	2	3
枚1/浼1	每	2	2
悶1/殁1	門	2	2
蔑1/莫(暮)1	忙	2	2
冪1/蔑1	迷	2	2
篾1/蠛1	眠	2	2
茅2	卯	1	2
皿1	命	1	2
賣1	摩	1	1
暮1	没	1	1
盲1	陌	1	1
昧1	梅	1	1
枚1	妹	1	1
茅1	兒	1	1

续表

被切字	切上字	切语数	切次
牡 1	牟	1	1
枚 1	芒	1	1
茅(蓋)1	萌	1	1
麛 1	米	1	1
袂 1	滅	1	1
廟(庿)1	苗	1	1
旻 1	閔	1	1
眇 1	名	1	1
		251	400

五、方类

非母字作反切上字共有反切反切 129 条 272 次,其中以非切非 100 条 241 次,以非切帮 21 条 23 次,以非切敷 6 条 6 次,以非切奉和滂各 1 条 1 次。共出现反切上字 10 个:

方甫弗福非分粉夫府傅

系联结果为两组:

甲组:

方非福(諷:非鳳、方鳳、福鳳)弗甫(僨:方問、弗問、甫問)分(分:方云)夫(夫:方于)粉(粉:方謹)

乙组:

府(必:府結;茀:方勿、府勿)

说明:

　　1.以非切帮的反切中,共有反切上字 4 个:方甫府傅,彼此不能系联。

　　2.“府”作为反切上字仅出现两次,一次为帮母字作切,一次为敷母字作切。我们可以通过其被切字“茀”的反切“方勿、府勿”将乙组和甲组系联起来。

附:方类反切上字及被切字表

　　1.以非切非

被切字	切上字	切语数	切次
不 1/不 1/拚 3/棐 1/誹 1/誹 1/篚 1/篚 2/茀 1/沸 1/廢 1/廢 1/缶 2/缶 4/否 8/否 1/否 3/蕃 7/蕃 2/蕃(藩)1/蕃(藩)2/藩 14/藩 2/藩(蕃)3/販 2/分 9/饙(餴)1/粉 1/僨 3/奮 9/糞 3/糞 1/瓶 1/舫 1/放 2/放 21/放(瓶)1/風 5/風(諷)1/封 1/諷 7/諷(風)2/夫 1/夫 5/柎 5/跗 1/跗 6/鈇 1/鈇 1/鈇 1/鈇 2/膚 8/扶 1/茀[緋]1/綍(緋)1/幅 1/幅 1/幅 3/幅(冨)1/菖 1/輻 1/複 3	方	62	181
阪 1/拚 1/沸 2/廢(癈)1/癈 1/藩 2/販 3/餴 1/僨 1/奮 2/糞 1/昉 1/瓶 1/放 8/放 1/封 1/楓 1/韠 1/緋(綍綌)1/幅 1/攗(拚)1	甫	21	33
不 1/拚(攗)1/僨 1/奮 1/糞 3/糞 1/糞(拚攗)1	弗	7	9
匪 1/誹 1/篚 1/茀 1/諷 1	非	5	5
風 9/諷 1	福	2	10
腹 1	分	1	1
羹(糞)1	粉	1	1

被切字	切上字	切语数	切次
傅 1	夫	1	1
		100	241

2. 以非切帮

被切字	切上字	切语数	切次
薜 1/薛 1/痹 1/脾 1/庳 1/駁 1/别 1/標 1/鯿（鯾）1/鏖（穮）1/瞵（猋）1/脾（髀）1/綆 3	方	13	15
播 1/髀 1/彪 1/版（蝂）1/剽（標）1/擘	甫	6	6
必［繂］1	府	1	1
祂 1	傅	1	1
		21	23

3. 以非切滂

被切字	切上字	切语数	切次
披 1	方	1	1

4. 以非切敷

被切字	切上字	切语数	切次
番（潘繁）1/柎［弣］1/茀 1/撫 1	方	4	4
茀 1	府	1	1
忿 1	弗	1	1
		6	6

5. 以非切奉

復 1		方	1	1

六、芳类

敷母字作反切上字共有反切 175 条 461 次,其中以敷切敷 145 条 423 次,以敷切非 13 条 17 次,以敷切奉 4 条 6 次,以敷切滂 12 条 14 次,以敷切帮 1 条 1 次。共出现反切上字 7 个:

芳孚敷拂妃豐撫

系联结果为一组:

芳敷孚(汎:芳劍、敷劍、孚劍)妃(菲:芳鬼、妃鬼)拂(紛:芳云、拂云)豐(豐:敷馮)撫(敷:撫扶)

说明:

1. 在以敷切滂的反切中,只有"芳敷孚"3 个反切上字。

附:芳类反切上字及被切字表

1. 以敷切敷

被切字	切上字	切语数	切次
潘[潘]1/潘[潘]1/潘[潘]4/拚[翻]1/溥(敷)1/妃 9/菲 1/菲 1/菲 2/霏 1/霏 1/騑 7/朏 1/匪(斐)1/匪[騑]2/匪[斐]1/俳 1/俳 1/斐 1/斐 4/斐(辈)1/肺 1/肺 9/肺(肺)1/費 8/費 23/酱[番]1/幡 1/幡 2/幡 1/氾 9/氾 2/氾(汎)2/汎 2/汎 7/泛 2/氛 4/紛 6/紛(帉)2/霧 1/棻[紛]1/忿 4/忿 1/紡 1/紡 1/丰	芳	102	375

续表

被切字	切上字	切语数	切次
1/峰(峯)1/蜂 1/蜂(蠭)1/鋒 3/豐 5/豐 1/豐 1/鄪 2/鄪 2/灃 1/蠭 1/蠭(蜂)1/蠭(蠭蜂)1/䰥 1/䰥 1/奉(捧)2/奉[捧]31/眉 1/眉 13/眉 3/泭(泭栩柎)1/柎 1/稃 1/敷 3/敷 1/制 1/孚 1/拂 1/拂 2/拂 1/俘 18/俘 2/被 5/郫 1/郫 8/郫 1/栩 1/駙 3/柎 8/柎 1/柎(撫)1/副 1/復 1/復(覆)2/蝮 1/覆 1/覆 1/覆 7/覆 78/覆 5/覆 1/覆 1/蝮(蝮)1/蠭(蜂)1/抗(仿)1/報[赴]1/捧 2			
佛[髴]1/菲 1/騑 1/斐 1/斐 1/紑 1/幡 1/幡 1/翻 1/氾(汎)1/汎 3/泛(汎)1/芬 1/紛 1/仿 1/蜂 1/蜂 1/蜂(蠭)1/夆 1/奉[捧]1/眉 1/制 1/被 1/柎 1/副 2/蝮 1/蝮 1/覆 3/覆 1/柿 1	孚	30	35
緐 1/汎 1/紛 1/瀵 1/豐 1/覆 1/姤 1/捧 1	敷	8	8
紛 1/忿 1	拂	2	2
菲 1	妃	1	1
妃 1	豐	1	1
敷 1	撫	1	1
		145	423

2. 以敷切滂

披 1/庀 1/犦(㸲)1/劖 1	芳	4	4
摽 1/盼 1/伾 1/杓 1	敷	4	4
埤 1/㮌 1/秠 2/驅 2	孚	4	6
		12	14

3. 以敷切非

棐 1/棐 3/蜚 1/篚 1/芾 2/葑 1/葑 1/諷 1/跗 1/跗 1/拂(佛) 1/犿(抃)1	芳	12	15
葑 1	孚	1	2
		13	17

4. 以敷切奉

復 1/復 1/覆 3	芳	3	5
幩 1	孚	1	1
		4	6

5. 以敷切帮

藨 1	芳	1	1

七、扶类

奉母字作反切上字共有反切 177 条 1048 次，其中以奉切奉 147 条 1006 次，以奉切並 21 条 27 次，以奉切敷 6 条 12 次，以奉切滂 2 条 2 次，以奉切帮 1 条 1 次。共出现反切上字 12 个：

扶符苻房伐煩凡奉附浮墳縛

系联结果为两组：

甲组：

扶苻墳符(分：扶問、苻問、符問、墳問)煩(飯：扶晚、煩晚)房(腓：符非、房非)伐(蕃：伐袁、扶袁)附(復：扶又、附又)奉(奉：扶用)縛(縛：扶略)浮(浮：縛謀)

乙组：

凡（帆：凡劔）

说明：

1.乙组"凡"作为反切上字仅出现一次，不能系联，依《广韵》而定。

2.以奉切其他声母的反切中出现的反切上字均在此 12 字中。

附：扶类反切上字及被切字表

1.以奉切奉

被切字	切上字	切语数	切次
賁9/賁[墳蚡]2/賁[憤]1/苃6/樊1/蕃2/蕃2/燔2/燔1/蘈[棼]1/繁1/繁1/蹯1/飯33/飯1/飯1/飯(飰)1/防1/菲1/菲1/菲(扉)1/蛮5/蟦1/吠4/制[踺]1/制[踺]1/厞2/厞1/厞(菲)1/費6/分56/分3/妢1/汾1/汾8/粉1/坌1/蚡3/棼6/焚4/墳3/墳12/黃1/黃5/黃(廥)1/鳻1/鳻(分)1/黂1/黂4/憤5/渢1/攇(縫)1/縫1/縫1/縫2/縫5/奉2/佛1/佛(拂)1/伏1/咈4/咈1/怫1/拂1/拂(佛)1/複1/腐3/腐2/阜1/阜1/復1/復7/復633/縛1/覆5/漬2/踺(制)1	扶	76	896
逢1/蓬1/頒1/傅[附]1/漬2/祥1/厞(陫)1/肥1/腓1/吠2/佛1/扉1/費1/痱1/飯2/分21/弅1/汾1/粉1/墳1/墳1/墳3/黃1/蠤1/憤2/魴1/縫1/縫2/釜2/腐1/父1/阜1/復1/復2/復3/賁(蠤)1/飰(飯餅)1/腓(肥)2/扮(粉)1/梦(焚)1/奉(俸)1/服(腹)1	符	42	74
廥(賁)1/膰1/分2/粉2/坌1/墳1/蠤1/蚡1/鮒1/猒(臒)1	苻	10	12

续表

被切字	切上字	切语数	切次
釡 1/腓 2/犀 1/憤 1/凫 1/腐 2/蕡 1/黼 1/負（鵃）1	房	9	11
飯 4/飾 1	煩	2	5
吠 1/蕃 1	伐	2	2
帆 1	凡	1	1
分 1	憤	1	1
縫 1	奉	1	1
蕡 1	浮	1	1
浮 1	縛	1	1
復 1	附	1	1
		147	1006

2. 以奉切並

被切字	切上字	切语数	切次
罷 1/邳 2/辨 1/排 1/鈝 1/脾 1/辟 6/辟 1/駢 1/藻 1	扶	10	16
坏（茮坏）1/枇 1/毗 1	房	3	3
敝（弊）1/摽 1/飄 1/嬪 1/蘋 1/馮 1/馮（憑）1	符	7	7
陣 1	苻	1	1
		21	27

3. 以奉切敷

拂 1	房	1	1

续表

拂 4/費（拂）1		扶	2	5
拂 4		符	1	4
氾 1		浮	1	1
拂 1		附	1	1
			6	12

4.以奉切滂

狉（狉）1		房	1	1
駓（駓）1		符	1	1
			2	2

5.以奉切帮

灖 1		符	1	1

八、亡类

以微母字作为反切上字的反切共有 275 条 485 次,其中以微切微 37 条 78 次,以微切明 238 条 407 次。出现反切上字 5 个:

亡武無勿忘

系联结果为一类:

亡無（廡:亡甫、無甫）武（娬:無付、武付）勿（刎:亡粉、勿粉）

说明:

1.“忘”字只出现在以微切明的反切中,可以通过其他以微切明的上字系联起来：

　　無武亡（埋：無皆、武皆、亡皆）忘（楣：亡悲、忘悲）

　　2.从反切上字的混用情况看,亡类和莫类系联在一起是没有什么问题的,为了以后统计数据,我们暂时将这两类分开。但总结系联结果时,合称为莫类(含亡类)。

附：亡类反切上字及被切字表

　　1.以微切微

被切字	切上字	切语数	切次
忘（妄）1/忘 5/忘 1/妄 1/妄 1/網 1/罔（冈謂）1/罔 1/扠 1/刎 2/挽（輓）1/亹（亹）2/亹 6/亹 2/尾（㞑尾）1/微 1/轙 1/鶩 1/瓹 1/憮 1/廡 2/侮 1/侮 22/膴 6/蕪 1/荿 1/誣 1/巫 1/巫 2/巫 2/忘 1/㦙 1	亡	32	73
婺 1/廡 1	無	2	2
味 1/婺 1	武	2	2
刎 1	勿	1	1
		37	78

　　2.以微切明

被切字	切上字	切语数	切次
霾（霾）1/庬 1/摩 1/蟆（蟇）1/禡 1/模 1/謨 1/謨 2/末 1/末 2/末 1/莫 1/袹（貊）1/貊[貊]1/覛（脈）1/貊 1/貊 1/黙 1/黙（嘿）6/貘 1/霡 1/霡（同霾）1/螺（蠡）1/纆 2/埋 4/埋（薶）1/貍[埋]2/薶 1/麥 2/枚 1/枚 1/郿 2/媒 1/媒 1/湄（溦湄㵘㵘）1/楣 4/攗 1/每 1/眛 1/眛{眛}1/媚 1/魅 2/貓 1/矛 5/茅 11/罞（茅）1/蝥 1/孟（蜢）1/卯 1/𦬒 4/茂（懋㦬）1/冒 5/冒 11/旄 1/旄 1/旄（毛）1/牟 10/侔 1/謀 1/鍪 2/悗 4/嫚 1/慢 2/漫	亡	174	326

字表	类	条	次
1/漫(慢嫚)1/横1/悶1/懑1/龙3/泯1/盲1/駹2/莽2/莽1/茵(薗)1/萌4/蒙1/薨1/瞢1/瞢1/夢1/彌1/彌1/彌2/彌1/彌(弭)1/彌[弭]1/縻2/縻2/縻(靡)1/縻2/縻4/縻(縻湄)2/靡1/靡(縻)1/蘪1/麇(麂)1/蘼(靡)1/芈2/弭2/弭2/敉4/洯1/密1/冪1/冪(冪)2/冪(冪)1/蔤1/冪4/冪1/幦1/幦1/蔑4/蠛2/鱴1/杪1/眇3/藐6/邈1/緲3/沔1/眄1/冕1/緬1/岷1/旻5/泯1/瑉(珉)1/緡1/緡9/泯1/泯4/敏1/湣1/閔1/愍1/閩3/伹(黾)1/茗1/冥5/冥11/冥[冥]1/鄍1/溟2/覭1/覭1/瞑2/瞑1/銘1/瞑1/螟12/牡1/牡2/木1/牧1/幕2/幕1/霂1/鄭1/貍(埋)2/貉4/貉1/秏(旄)1/霧(霂)1/溦(湄)1/鶌(鴟)1/舒(矛1/)辟[弭]1/眛[沬]1/鞂1/枚1/枚1/罠1/楣1			
貉1/貉(貊)2/蟆1/埋1/瞞1/曼1/僈(慢)1/嫚2/慢1/慢5/慢1/慢(僈)2/漫1/漫2/縵1/縵1/謾1/汒(芒)1/芒1/芒(汒)1/龙2/厖2/蛖1/駹1/駹1/莽1/枚1/脢1/昧1/袂1/媚2/魅(鬽)1/萌1/蒙1/緜1/瞑1/岷1/岷(嵋)1/旻2/玟1/玟(砍)1/瞀1/緡3/皿1/閔(愍)1/名1/莫1/莫(漠)1/莫(蠻)1/貃(貉)1/貃[貊]1/牟1/幕1/幕3/殟1/靡(縻)1/末1	武	60	76
埋1/夢1/蠓2	無	3	4
楣1	忘	1	1
		238	407

第四节　舌音系联结果

一、丁类

以端母字为反切上字的反切共出现 298 条 1409 次，其中以端切端 260 条 807 次，以端切定 1 条 1 次，以端切透 1 条 1 次，以端切知 36 条 600 次。共有反切上字 12 个：

丁都多丹當端東旦荅彫對敦

系联结果为三组：

甲组：

丁都多（倒：丁老、都老、多老）端（斷：都管、端管）荅（湛：丁
南、荅南）丹旦（怛：丁達、丹達、旦達）當（當：丁郎）彫（彫：丁遼）敦
（敦：都门）

乙组：

對（追：丁回、對迴）

丙组：

東（凍：丁弄、都貢、東送）

说明：

1.乙组：陆氏反切中有一些"回、迴"作为下字互相系联的例
子，如"敦：都回（P400）、都迴（P284）"，证明二者韵母相同，"丁回、
對迴"实为一音，据此可将"丁、對"系联，从而和甲组系联起来。

2.丙组：据陆氏其他反切，"贡、弄、送"多次共同作某一字的
反切下字，如"甕：烏貢（P849）、烏送（P1442）；洞：徒弄（P150）、徒
送（P1488）"；"贡、弄"又互为切下字，如"貢：公弄（P1345）；弄：魯
貢（P1150、P1160）"。可以证明"凍"字的三条切语"丁弄、都貢、東
送"同音，据此可将"东"和甲乙两组系联起来。因此，系联虽为三
组，实为一类。

附：丁类反切上字及被切字表

1. 以端切端

被切字	切上字	切语数	切次
苆1/蔗1/蟶1/提3/亶1/亶8/瘴2/氐[柢]1/邸1/鴩1/雕[琱]1/玷1/頂1/鼎1/督1/段[鍛殿]2/斷(殿)1/追[雕]1/載[戴]3/追5/捶1/捶1/檐[擔]1/顚1/姐1/怛1/的1/的3/戴1/倒13/擣1/禱21/禱2/兜9/兜2/妵1/貵1/耽4/擔4/擔1/紞1/紞2/膽1/膽2/儋3/當1/當2/當59/蟷2/低2/氐2/鞮11/靮2/靮1/嫡7/鏑1/氐1/邸7/底10/抵4/柢1/柢4/甀1/彫1/彫1/雕1/雕1/頂2/頂1/顚5/玷13/玷7/殿1/殿5/殿6/墊5/定1/定4/頲1/督3/閣1/堵1/堵13/睹5/篤1/妬3/妬4/蠹6/蠹1/剟1/掇3/鬌1/咄1/堆1/短1/殿3/鍛10/斷1/斷77/斷29/斷4/敦2/涷1/涷1/棟1/隄6/堤2/蟴1/褐(禱)1/戴(載)1/癉(憚)1/亶(癉)1/憚(癉)2/搗(擣)1/擣(瘴搗)3/的(苆)1/隄(提)1/嫡(適)1/嫡(適)9/氐(底)1/柢(蒂)1/牴(抵)1/蟴(蟶)1/顚(顚)1/彫(凋)1/蝀(東)2/董(董)1/睹(覩)1/短(斷)1/段(殿)1/鍛(碫)1/堆(塠)1/憚(憚)1/適(嫡)1/適嫡敵18/蠪(蠹)1/僢1/嚏1/蹢1/楠1/湛1/適7/適6/適92/耗2/揣2/耗2/敦(繹)2/殿1/喙[㖞味]1/蟴1	丁	155	664
痕1/單[亶]1/亶1/亶4/敦1/怛3/㓥2/倒1/兜1/斗1/耽3/擔1/擔1/擔1/紞1/當1/鐙1/鞮1/嫡1/嫡1/氐1/氐1/氐1/底1/舐3/彫1/雕1/弔1/俱1/瘨2/顚3/顚1/點2/殿2/殿4/定1/蠹2/掇1/斷2/斷1/斷1/惇1/惇1/敦1/敦1/敦1/頓1/蝀1/涷1/祋2/耽(湛)1/旦(悬)1/俾(亶)1/牴(舐)1/俱(顚)1/定(頲)1/斗(枓)1/睹(覩)1/睹(覩)1/堆(塠厓)1/憲1/湛1/適2/湛(耽)1/缀(祋)1/憚[怛]1/蹢[的]1	都	67	92
亶1/追1/戴1/倒1/紞1/點1/點1/殿4/殿2/殿1/定6/督1/朶1/鬌1/棟1/彫(雕)1/頲(定)1/段(鍛)1/適1/斁1	多	20	29
亶1/憚[怛]2/姐1/怛1/怛1/怛1	丹	6	7

被切字	切上字	切语数	切次
僤(癉)1/橐 1/讅 1	當	3	3
怛 3/怛 1	旦	2	4
斷 1/斷 1	端	2	2
凍 1/篤(竺)1	東	2	2
湛 2	荅	1	2
魡(釣)1	彫	1	1
追 1	對	1	1
		260	807

2. 以端切定

敵 1	丁	1	1

3. 以端切透

吞	敦	1	1

4. 以端切知

| 鷄 1/鼏[鼕]1/輒 1/著 29/軺 1/窗 1/貯 1/厮 1/柱 2/駐 1/涿 2/啄 1/椓 3/琢 7/斲 4/斷 1/緅 10/緅 2/緅 3/轉 1/中 147/衷 3/綌 1/長 2/長 359/長 1/長(張)1/長(丈)1/惵 1/晠 1/輘 5/傳 1/惵[輘]1/椓(涿)1/謫 1/衷 1 | 丁 | 36 | 600 |

二、他类

透母字作为反切上字共有反切 317 条 614 次,其中以透切透 305 条 602 次,以透切定 7 条 7 次,以透切彻 4 条 4 次,以透切知 1 条 1 次。共有反切上字 13 个:

他吐土湯天佗它託通貪體菟兔

系联结果为三组:

甲组:

他它吐佗(吐:他故;佗:吐何;忒:他得、它得、吐得、佗得)通(褖:他亂、通亂)託(趯:他歷、託歷)湯(湯:佗郎;妥:他果、湯果)天(鐡:他結、天結)土(土:他古;覥:他典、土典;)菟(菟:湯故)兔(兔:他故)

乙组:

體(聽:體寧、天丁)

丙组:

貪(黮:貪闇)

说明:

1.乙组中"聽"的反切下字"宁、丁"多次作同一字的反切下字,如:

菁:作寧(P436)、子丁(P156、P297、P597、P718、P910、P944、P1111、P1294)

精组反切上字中,"作子"为一类,声母相同。可证"宁丁"韵母声调相同,"體寧、天丁"为同音异切。可以据此和甲组系联。

2.丙组中"貪"为"黮"字作切,出自《庄子音义·上》:"黮闇,貪闇反。李云:黮闇,不明貌。"(P1426)《汉语大字典·黑部》"黮"

字条:"(二)tàn《集韵》他绀切,去勘透。侵部。"专门解释"黮闇"一词,所用例证就出自《释文》。

《释文》中"贪"给"探"作直音用字出现两次:

探:音贪(P641、P824)

《释文》中"探"的反切有两条 11 次,分别是:

探:他南(P1146、P1222)、吐南(P126、P131、P190、P1273、P1384、P1394、P1466、P1607、P1611)

通过"探"的直音和反切可以将丙组的"贪"和甲乙两组系联起来。这样透母字的系联结果实际上是一类。

附:他类反切上字及被切字表

1. 以透切透

被切字	切上字	切语数	切次
蚕 1/砼[摛]1/珽(珽)1/氂(釐)1/绸 1/沓 1/达 2/汰 1/汰 1/贷 7/珊[聃]2/狄 1/蓨 1/能 2/匿 1/税(脱脱)2/税[祿]2/税[祿]1/说(税)[脱]4/说[脱]5/肆 1/肆[鬄]1/隋 4/绥[妥]1/獭 1/撻 6/嚏 1/阘 1/胎 1/胎 4/骀 2/骀 1/台 2/邰 2/邰(台)1/鲐 1/态 2/嘽 1/滩 1/坦 1/炎 1/炎 1/炎(菼)1/醓 5/炭 1/探 2/撢 1/歎(嘆)1/彄 2/倏 1/慆 2/滔 1/绍 1/绍(叟)1/謟(慆)1/韬 2/饕 1/洮 9/洮(桃)1/忒 12/慝 23/慝 1/剔 1/剔(鬄掰)1/剔[剃]1/梯 3/鹏(鸓)1/涕 1/涕 1/涕 3/逑 2/惕 1/惕 2/惕 4/逖 2/替 9/裼(禘)1/薙 1/薙(雉)1/蜚 1/籊 1/趯 4/忝 3/睓 14/觍 1/瑱 1/瑱 3/瑱(颠)1/佻 1/佻 2/挑 1/挑 1/桃 13/桃 1/桃 2/條 1/蓨 1/蓨 1/朓 1/窕 1/覜 6/鐵 2/帖[贴]1/帖 1/餮 1/餮 1/町(圢)1/侹(挺)1/珽 4/脡 5/铤 1/颋 1/偷 7/婾 1/姙 1/牸 1/秃 1/土 1/土 1/吐 1/吐 1/兔 3/兔(菟)1/菟 1/菟(兔)1/鹔 1/貒 2/禒 1/菴 1/啴 1/焯 1/罤(墥曈)1/	他	150	318

续表

被切字	切上字	切语数	切次
挩1/脱1/脱(説税)1/橐1/橐3/橐2/妥6/橢1/橢(隋)1/柝2/唾1/撢2/緆1/愉(偷)1/愉[偷]2/摘1/摘(擿)1/簜1			
僮1/闛[鼟]1/綢1/荅(嗒)1/貸[貣]1/貸3/珊[聘]1/珊[聘]2/盪1/叨1/隋(墮)1/能1/税(脱説)3/税[祿]1/税[脱]3/税2/説(脱)1/説(脱)1/説[脱]21/他(它)1/榻1/撻4/闥1/胎3/台2/態1/嘽1/坦7/荄2/醓(淦)1/炭4/探9/嘆(歎)1/歎[嘆]1/鏜1/鏜1/帑1/儻1/弢6/條(條)1/慆3/滔7/稻1/綯2/韜(弢綯妥)3/韜7/饕3/洮3/忒1/貣1/慝11/涕(洟)1/遬1/惕1/鬄[剔]1/趯1/瑱1/瑱1/瑱2/桃1/宨1/覥3/餮1/町1/聽4/聽5/斑1/飪2/禿1/禿5/突1/湍2/貒1/彖1/彖4/祿(税)1/祿2/推1/蓷1/蕩1/蜕1/焞(啍)1/焞1/脱(税)1/脱1/脱2/佗1/佗1/柝1/柝1/唾4/詑1/愉[偷]1/緣(祿)1/摘1/蘱1	吐	96	212
綏[妥]1/説[脱]6/盪1/峴1/撻2/胎1/台1/韜2/饕1/坦2/天1/禿1/推1/税(説)1/它(他)1/兔(菟)1/脱(説)1	土	17	25
歎(嘆)1/菟1/台2/鮐1/遬1/惕1/挑1/脱1/妥1/渟1/綏[妥]1	湯	11	12
鮐1/替1/鐵2/腆1/瑱1/芌1/聽1/漯1/胎(台)1	天	9	10
忒1/條1/湯1/惕1/鐵2/瑱1/兔1/脱1/謟(滔)1	佗	9	10
忒1/腆1/瑱1/脱1	它	4	4
鬄[剔]1/肆3/趯1	託	3	5
脱(兑)1/覥1/祿1	通	3	3
騠1	貪	1	1
聽1	體	1	1
挩1	菟	1	1
		305	602

2.以透切彻

打（檉）1/打1/詒1/蓬1	他	4	4

3.以透切定

惰1/挺1/豚1	他	3	3
兑1/闛1	吐	2	2
隋1	湯	1	1
菟1	兔	1	1
		7	7

4.以透切知

卓1	吐	1	1

三、徒类

反切上字为定母字的反切共有 533 条 1206 次,其中以定切定 510 条 1172 次,以定切澄 8 条 14 次,以定切端 2 条 3 次,以定切透 13 条 17 次。共有反切上字 18 个:

徒大田待唐杜道但代度廷亭庭同特迨桃撲

系联结果为三组:

甲组:

徒大但(壇:徒丹、大丹、但丹)待迨(隋:大果、待果、迨果)代(脫:代活、徒活)道(咷:道刀、徒刀)杜(杜:徒土;隋:杜回、徒回)度(度:徒洛;淡:大敢、度敢)特(特:大得;度:特洛、徒洛)桃(蘸:桃報、徒報)唐(沱:唐何、徒何)田(迭:田節、大節)廷庭(廷:徒寧;

滌:廷歷、庭歷、徒歷)亭(翟:亭歷、徒歷)

　　乙组:

同(洞:同貢、徒弄)

　　丙组:

捺(俗搽字,恬:徒謙、搽嫌)

说明:

　　1.乙组"同貢、徒弄"为同音异切,在端组系联时已经证明(端组系联说明第 2 条),因而可以和甲组系联在一起。

　　2.丙组"恬"的两条切语,上下字均不同,《释文》中"嫌"的反切是"户謙反(P76)",说明"謙嫌"韵母相同,"徒謙、搽嫌"属同音异切,可以和甲组系联在一起。

附:徒类反切上字及被切字表

　　1.以定切定

被切字	切上字	切语数	切次
籐(滕)1/諑[諜]1/池 1/幬2/純[屯]1/純[屯]1/錞 1/鶉(鷻)1/踟 1/沓 4/沓 2/沓 1/汰 1/紿 1/逮 1/逮 1/訑[诞]1/啖 1/啗 1/啗(啄噉)2/淡 1/淡 10/淡(澹)1/宕 1/髦(优)1/彈 6/彈 4/憚 1/憚 13/澹 1/澹 1/澹 4/澹(惔)1/碭 1/蕩 1/蕩 2/蕩(盪)1/盪 1/盪(瑒)1/盪 1/盪(蕩)2/簜 1/簜(筥)1/蹈 9/蹈 1/悼 1/盗 1/道(導)6/道[導]3/稻 1/燾 3/燾(濤)1/翿 3/纛 1/迪 2/笛(篴)1/滌 8/髢 1/髢 1/篓(笛)1/薗(同荻)1/耀 3/覿 6/地 1/弟(悌)2/秋 1/娣 1/娣 1/棣 1/棣(逮)1/禘 1/禘 1/甸 2/甸 5/甸 6/甸 1/奠 1/奠 1/電 3/澱 1/簟 4/驔[簟]1/掉 10/蓧(條莜)1/調 7/藋 3/藋(蘿)1/迭 1/釴 1/諜 3/諜 1/	徒	296	667

被切字	切上字	切语数	切次
疊1/洞1/洞1/詞1/毒2/匵(櫝)1/瀆8/瀆(黷)1/櫝2/牘2/犢1/韇(韣櫝)1/讀1/黷4/燾3/杜1/度1/度12/度3/段3/椴3/斷1/兌11/隊3/憝1/鐓(錞)1/敦1/敦2/沌3/沌(忳)1/盾12/遁1/遁10/遁3/通(遯)1/遯3/頓(鈍)1/頓[鈍]2/遯2/遯3/遯(遁)2/遯(遁)4/遯(遁逯)1/遯(逯)1/燉1/劇1/奪1/鐸2/鐸1/惰1/惰1/惰26/惰(憜)1/蟺(蟮)1/苕1/苕1/隋1/隋3/隋(墮)1/隋[惰]1/它(他紀)1/它(佗)1/蹋2/躝1/駘1/蓎(苕)1/潭1/惔1/惔1/惔(淡)1/覃5/覃(覃)1/潭1/壇11/檀1/檀1/薄1/譚4/祖1/祖9/濤2/咷1/洮1/陶1/陶6/陶(鉤)1/絢1/蝒1/檮6/鼗1/鼗(鞉鞀)2/犆[特]1/縢6/縢5/縢(縢繰)2/縢(縢蟺)1/縢(貳)1/藤1/啼(諦)1/媞1/提4/提(題)1/稊1/稊1/蹄1/蹄1/蹄(蹢)1/題1/題3/鶗1/鶗1/悌3/悌(弟)1/鬄(髢)1/恬3/甜1/填[殄]1/闐1/闐1/殄1/殄3/佻1/芀(苕)1/條[滌]1/蛚1/條1/窕2/跳4/町1/廷1/廷4/蜓(蝘)1/霆3/艇1/挺1/鋌1/彤13/慟1/突1/突2/突(椓)1/骰1/脂4/脂(豚)1/鷄(突)1/團1/摶2/摶7/摶5/漙(團)1/鷒1/蕫(蘆))1/隤5/隤(穨)2/頹1/頹5/頹(隤穨)1/魋1/魋8/穨1/穨(頹)1/屯6/豚3/豚1/豚(犉)2/軘2/臀4/臀1/臀1/臋[臀]1/扡(拖)1/芛(蔗)1/脱1/脱(芛)1/佗1/佗12/佗5/佗(它)1/沱2/沱5/沱(沱)1/鉈1/鉈2/驒2/鼉1/鼉1/鼉1/蕈1/黃1/黃2/翟2/翟(狄)1/澶(儃)1/姪1/專1/專[抟团]1/肫(豚)1/嗒(杳)1/嬰(隋)1/蠡(蠹)1/薈(蔄苕)1/蓎[薄]1/貳(蛂蝒)1/鞠[陶]1/犉(豚)1			
幡1/達1/怠1/殆1/逮1/唊3/咍4/淡1/淡1/苔(荅)1/誕1/噉1/憚3/澹1/澹1/襌9/蕩(盪)1/簜3/迪1/迪1/滌7/髢1/髢1/髢(鬄)1/糴1/覿1/覿6/弟1/弟7/弟(娣)1/弟(悌娣)9/朼1/苐(稊)1/娣14/第1/棣7/棣1/睇4/褅1/褅20/遞1/諦(啼)1/踶1/甸1/甸2/甸2/甸1/奠1/電1/簟1/跌2/芺1/迭7/迭1/迭[遞]1/埊1/胅1/瓞2/耋2/絰10/载	大	147	318

续表

被切字	切上字	切语数	切次
1/跌 1/昳 1/挏 1/洞 1/洞 1/潰 1/櫝 1/韇 1/度 7/度 12/斷 1/腏(豚)1/遬(遁)1/鮧 1/鐸 1/鐸 5/欱 1/苔 1/適[敵](敵) 2/隋 2/隋[惰]1/駘 2/憛 1/覃 2/壇 7/壇 1/檀 3/譚 1/祖 1/陶 1/淘 1/鞀(鞉)1/駧 1/蠹 1/特(牭)1/牭[特]1/滕 4/腾 1/媞 1/提 1/綈 1/藉(稊)1/蹄 2/蹄 1/蹄(踶)1/蹄[踢]1/題 1/題 4/題 1/鶗 1/悌 2/鬀 1/甜 1/殄 1/殄 5/蜩 1/挺 3/肜 1/茶 1/荼 1/騠 1/莬 1/搏 2/隤 2/頹 1/魋 2/藬 1/豚 1/佗 2/佗 3/佗 4/佗 1/陀 1/沱 1/駝 1/蝱 1/椸(夷)1/鉰 1/佚 1/翟 1/折 1/姪 11/姪 2/柣 2/峒(侗)1/鴃(鳲)1	田	20	32
殆 1/荃 1/迭 4/垤 1/昳 1/昳 1/鼜 1/経 4/経 1/盠 1/盠 3/旬 3/旬 2/奠 1/奠 1/奠 1/驒 1/啼 1/恬 1/珍 1			
柣 1/憚 4/澹 1/滌 1/迭 4/経 1/跌 2/訂 1/度 86/度 2/鐸 13/佗 1/鮀 1/軼 1/姪 2/隋 2/咺(啖)1/墮[隨]1	待	18	125
嗁(啼)1/隤 1/豚 1/慟 1	杜	4	4
殆 1/蕩 1/沱 1/隋(隳)1	唐	4	4
咷 1/咷 2/陶 1	道	3	4
誕 1/憚 1/壇 1	但	3	3
大 1/脱 1	代	2	2
淡 1/苔(欱)1	度	2	2
殄 1/翟 1	亭	2	2
滌 1/翟 1	庭	2	2
洞 1/陶 1	同	2	2
隋 1	迢	1	1
度 1	特	1	1

被切字	切上字	切语数	切次
蘲 1	桃	1	1
滌 1	廷	1	1
恬 1	撲	1	1
		510	1172

2. 以定切澄

被切字	切上字	切语数	切次
傳 2/鲖 1/軸 1/濯 5/璩 2/篆 1	大	6	12
趙 1/术（茶）1	徒	2	2
		8	14

3. 以定切端

被切字	切上字	切语数	切次
斸 2/頓［鈍］1	徒	2	3

4. 以定切透

被切字	切上字	切语数	切次
蓨 1/拖［拖］1/他 2/他 1/它 1/踏 1/慆 1/駝 1/挑 2/脡 1	徒	10	12
跌 1/脡 3	大	2	4
稊 1	待	1	1
		13	17

四、乃类

反切上字为泥母字的反切共有 129 条 604 次，其中以泥切泥

118 条 585 次,以泥切娘 11 条 19 次。共有反切上字 5 个:

乃奴年寧怒

系联结果为一类:

乃奴(囊:乃郎、奴郎)年(襧:乃禮、年禮)寧(溺:乃歷、寧歷)

怒(怒:乃路、奴故;訥:奴忽、怒忽)

说明:

1. 以泥切娘只有"乃奴"两个反切上字。

2. "奴"作反切上字还有一条为见母字作切:縠,奴口反(P921、P963),可能有假借的情况,暂时存疑不录。

附:乃类反切上字及被切字表

1. 以泥切泥

被切字	切上字	切语数	切次
聃 5/聃 2/儺 2/懦 8/苶[茶]1/難 9/泥 2/臑 4/臑 1/臑 1/那 2/那 2/耐 1/萳 1/內 1/猱 1/猱 1/撓 1/腦 1/獳 5/耨 3/鎒 1/難 1/難 338/囊 9/囊 3/曩 4/曩 1/曩 1/能 1/能 1/泥 2/泥 5/泥 1/泥 1/襧 17/臡 2/怒 2/溺 5/溺 1/溺 12/溺 1/涅 6/攽 1/箈 1/鮎 2/鮎 1/甯 7/鷑 1/佞 6/濘 1/弩 1/怒 1/儺 1/諾 1/煖 6/煖 1/涅 1/爾[蔨]1/睨 1/埶 1/捼 1/愞 1/愵(愵)1/爾(灡)1/襧(祢)1/那(朋)1/難(儺)1/獶(猱)1/泥(尼坭)1/臡(臂)1/鎒(耨)1/懦(懦)1/餒 1/㾓(㾓)1/窒(涅)1/刟(腦)1/蜺(蜺)1/欒[涅]1/疹 1	乃	81	524
縠 2/那 1/那(妠)1/難 4/囊 1/曩 2/猱(獶)1/腦 2/臑 3/臑 3/訥 2/餒 10/餒(鮾鮾)2/能(耐)1/泥 1/泥 1/臡 1/臡(臂)1/苊 1/怒 1/溺 2/溺 1/溺 1/裏 1/耨 3/獳 1/怒 1/澳 1/暖 1/煖 1	奴	34	58

被切字	切上字	切语数	切次
1/濡［澷］1/捼 1/毂（穀）1/裛［裛］1			
襦（袮）1	年	1	1
溺 1	寧	1	1
訥 1	怒	1	1
		118	585

2. 以泥切娘

撓［橈］1/撓 1/譊 1/鐃 1/淖 1/橈 3/橈 7	乃	7	15
淖 1/戁 1/戁 1/濃 1	奴	4	4
		11	19

五、张类

陆氏音中反切上字属于知母的反切共有 191 条 390 次，只有以知切知的情况。反切上字 11 个：

张陟竹知中致珍贞徵誅豬

系联结果为一类：

张陟竹（輈：张留、陟留、竹留）知（徵：知里、张里）中（貯：中吕、张吕）致（致：张利）珍（窒：珍栗、张栗）贞（喆：陟列、贞列）徵（徵：张升，张里；稙：张力、徵力）誅（柱：张矩、誅矩）豬（豬：张魚；繋：张立、豬立）

附:张类反切上字及被切字表

以知切知

被切字	切上字	切语数	切次
亶 1/都（豬）1/禔 2/禔 1/調（輖）1/屯 5/希（絺）1/希［絺］1/稙 1/縶 5/縶 1/斱 1/陟 1/致 1/室 1/哲 1/磔 2/磔 1/著 27/著 4/罩 1/喟 1/輈 2/肘 1/肘 1/味 1/喟 1/沾 1/鱣 3/展［禔］1/展［禔］1/輾 1/帳 1/帳 1/徵 10/徵 1/徵 1/徵 1/邾 1/株 1/豬 4/窋 1/貯 1/櫖 1/注［味］1/注［註］2/注［註］1/柱 1/柱 1/柱 2/駐 1/橚 1/翠 1/綴 1/綴 1/轉 1/奄 1/中 6/冢 1/朝 4/長 47/跦 1/褚 9/啜 1/慦 1/輟 3/傳 8/椹 3/椹（砧）1	張	69	198
鵃［鴟］2/丁 2/禔 1/贛［戁］1/希（絺）1/縶 6/躓 1/咤 1/哲 2/喆 1/磔 3/磔 2/著 1/偅 1/輈 3/味 1/鱣 1/展［禔］1/帳 1/徵 1/株 1/豬 1/窋 1/築 1/注［味］1/櫖 1/涿 1/卓 1/倬 4/啄 3/椓 4/琢 7/斲 7/斲 3/綴 1/綴 1/朝 2/嘲 1/糈 2/傳 2/椹 1	陟	41	79
調 1/脤 1/陟 1/輕 1/寊 1/摯 1/鞷［鞷］1/磔 1/磔 1/磔 1/著 1/輈 1/輈 1/輈 2/鵃 1/譸 1/肘 7/肘 1/肘 1/味 1/晝 1/晝 2/霈 1/琢 1/斲 2/中 1/冢 1/冢 1	竹	27	37
禔 1/縶 1/陟 1/室 1/置 1/磔 1/著 5/著 3/晝 1/鱣 1/徵 1/窋 1/柱 1/柱 3/綴 1/綴 1/絺（希）1/絺［斱］1/長 1/糈 1/28	知	20	28
縶 1/著 1/肘 1/晝 1/張 2/貯 1/駐 1/涿 1/卓 1/椓 1/冢 1/褚 5/傳 4	中	13	21
味 1/丁 1/質 1/縶 1/室 1/張 1/褚 1/苴（蒩）1	豬	8	8
挃 1/室 3/室 3/銍 2/著 2/鎮 1/鎮 1	珍	7	13
喆 1/中 1	貞	2	2
柱 1/長 1	誅	2	2
斱 1	致	1	1

续表

被切字	切上字	切语数	切次
稙 1	徵	1	1
		191	390

六、勑类

反切上字为彻母的反切共有 189 条 377 次，其中以彻切彻 156 条 336 次，以彻切透 24 条 28 次，以彻切端 1 条 1 次，以彻切定 3 条 3 次，以彻切知 5 条 9 次。有反切上字 5 个：

勑丑敇耻勅

系联结果为一类：

勑勅敇（啓：勑亮、敇亮、丑亮）耻（勑：耻力）丑（敇：丑力）

说明：

1. 以彻切其他声母字的反切上字只有“勑勅敇”三个。

附：勑类反切上字及被切字表

1. 以彻切彻

被切字	切上字	切语数	切次
蠆 1/蠆 8/囆 2/覘 2/蕆 1/謟 11/謟（譋）1/譋 1/譋（謟）1/倀 1/啓 17/啓（暢韔）2/悵 1/暢 6/韔 2/坼 4/坼 3/琛 2/綝 1/踔 1/疢 4/疢（疹）1/縝 1/頳 4/樘 1/樘 2/樘（朾）1/窺 1/窺（經	勑	92	256

续表

被切字	切上字	切语数	切次
赬)1/朾1/朾1/呈(逞)1/逞1/逞1/逞4/逞4/騁3/騁7/笞1/摛1/絺5/絺2/絺4/螭5/癡1/褫1/抶5/忡2/抽5/抽1/瘳12/瘳1/樗4/樗3/樗1/貙1/貙1/怵6/絀5/絀(黜)3/滀(傗)1/黜6/杶1/椅1/輴5/櫄3/鶥1/鶥(遁)1/婼3/婼1/楯2/楯(輴)1/獭3/摛2/拕1/畜20/畜(蓄)6/絮1/蓄5/傭1/傭3/沾[覘]1/佔[觇]1/祉1/妯1/蓫1/卓(踔)1/臭1/魑[螭]1/臭[臭]1/褚(畜)1/韔(韔)1			
朾1/絀[黜]1/絺1/絺1/飭1/坼1/坼1/徹1/蠆2/瘳2/瘳2/梃1/鬯1/暢1/赬2/樘1/貙1/黜3/婼2/椿1/樗1/樗1/闖1/絮1/蓄1/畜3/呞(齣齝)1/躇(辵)1/昳1/敕1	丑	30	39
蠆[蠆]1/拸1/絺1/抶1/詑1/抽1/瘳1/瘳1/諂1/鬯1/瞠1/騁1/怵3/滀1/辵1/忡2/畜2/韔1/畜(蓄滀)3/黜(出)1/土1	敕	21	27
絺1/抶2/湞1/疢1/赬1/忡1/樗1/樗1/勑(勅)1/敕(鎊)1/飭(勑)1	耻	11	12
畜(蓄)1/蓄(畜)1	勑	2	2
		156	336

2. 以彻切端

佔1	勑	1	1

3. 以彻切定

挺1/恫1	勑	2	2
瞳1	敕	1	1
		3	3

4.以彻切透

台 2/態 1/噲 1/剔 1/逖 1/惕 1/宛 1/聽 1/呑 1/挑 1/肆 2/儻（黨）1/兔（菟）1/魟 1/庭 1	勑	15	17
貸 1/弢 1/坦 1/儻 2/儻 2/呑 1/摘 1/它（他）1	敕	8	10
脱 1	勅	1	1
		24	28

5.以彻切知

憤 1/慣 1/鷙 1/卓 5	彻	4	8
卓 1	敕	1	1
		5	9

七、直类

反切上字为澄母字的反切共有 308 条 1792 次，其中以澄切澄 275 条 1734 次，以澄切定 28 条 45 次，以澄切知 5 条 13 次。共出现反切上字 11 个：

直丈治除持陳呈雉長沈宅

系联结果为三组：

甲组：

直持陳（紖：陳忍、持忍、直忍）丈（篆：丈轉、直轉）治（治：直吏）長（長：直良、直亮；秩：長栗、直栗）呈（蹄：呈亦、蹄：直亦）除（除：直慮、治慮；蟲：除中、直中）沈（沈：直今、直林）

乙组：

雉(遟:直犫、雉夷)

丙组:

宅(捅:宅耕)

说明:

1.乙组被切字"遟"《广韵》有"直尼、直利"平去两读,《释文》也有平去两读。"遟"的"直尼切"属澄母脂开三平,和"夷"相同,"犫"属之开三平,《释文》之脂混读,因而可以确定"直犫、雉夷"实属同音异切。这样乙组就可以和甲组系联。

2.丙组只出现一处,无法系联,但不影响系联结果。这里依据《广韵》而定。

附:直类反切上字及被切字表

1.以澄切澄

被切字	切上字	切语数	切次
蹢(躑)1/蹢(躑蹄)1/虒 1/擿(擲)2/致(緻)2/稚(稺)2/稈(稚)4/緻(致)1/稈(稚)1/濁(濁)1/绽(綻)1/陣(陳)1/朕1/朕(盻眹)1/躅(躅)2/椎(槌)1/墜(隊)3/重(種)2/承[懲]1/甀(縋)1/鴞(鵰)1/脿[篆]1/蛰[蟄]1/侍[待]1/绉[紂]1/膟3/杖13/縛3/抒1/紵1/徵2/茎1/茎1/茎1/蚳1/蚳3/遟1/遟1/遟1/遟1/遟1/遟1/隊[墜]37/隊[墜]2/墜[隊]2/酏[鳩]3/坻1/坻1/致[緻]2/致(緻)1/致(緻)1/致(緻)7/稈[稚]2/緻2/蟄2/濁[濁]1/稚1/稈5/儵[儵]3/蚳(貾)1/墀(坻)1/坻(墀泜)1/徹5/廛4/跳1/籉1/澈1/朝306/椆1/稠1/稠4/裯1/裯1/綢3/綢1/疇2/疇1/籌1/籌	直	228	1657

被切字	切上字	切语数	切次
2/躊 2/澶 1/澶 1/纏 1/纏 1/陳 1/陳 1/陳 1/陳 54/陳 1/陳 1/陳 6/長 10/長 26/長 2/萇 6/場 7/場 1/根 4/根 2/裎 1/橙 1/懲 1/懲 1/懲 1/懲 19/除 3/除 1/蒢 1/廚 3/篨 1/篨 3/儲 1/儲 2/躇 1/躇 2/躕 1/槌 1/錘 1/錘 2/傳 5/傳 1/傳 3/傳 83/椽 4/沖 1/沖 2/沖 2/蟲 1/蟲 3/蟲 1/蟲 6/跥 3/懟 7/檮 1/搏 1/種 3/銅 1/橦 3/宁 1/絲 4/絲 9/值 1/植 10/擲 1/摘 1/摘 1/摘 1/蟄 10/豸 3/治 276/峙 1/峙 2/秩 5/秩 1/絑 1/嵽 1/嵽 1/嵽 12/稚 1/滞 1/穉 1/著 61/著 4/著 1/兆 1/旘 1/欋 2/軸 1/紂 1/紂 5/紂 7/胄 5/胄 18/酎 1/酎 2/湛 1/湛 4/朕 2/朕 2/鳩 1/丈 2/仗 1/躅 1/杼 15/竚 1/紵 5/羿 2/箸 4/擢 4/濯 13/濯 2/鐲 2/椎 12/墜 5/縋 2/篆 3/篆 5/撞 1/重 119/重 5/重 1/重 10/重 11/重 142/轍 2/甄 1/幢 1/紖 1/紖 1/沈 1/沈 1/沈 3/沈 2/廛（壏厘）1/徹（樀撤）2/撤（徹）1/茫（芫）1/籐（鱷）1/幬（幬）1/疇（疁）1/酖（鳩）1/隊（墜）1/隊（墜）3/懟（懟）1/儵（儵）1/臘（朕）1/椂 1			
躅[躅]1/直 1/蚳 1/萇 1/場 1/蒢 1/錘 1/傳 30/橦 1/篨 1/蹄 1/豸 1/紂 1/濯 1/縋 1/篆 1/撞 1/幢 1/紖 1/廚（踌）1/甄 1/琢 2/琢（琢）1	丈	23	53
除 1/傳 1/痔 1/宙 1/膃 1	治	5	5
蟲 1/搏 1/絲 1/杼 1/鳩（酖）1	除	5	5
摘 1/庤 1/旘 1/紖 1	持	4	4
袭[褰]1/褰 1/紖 1/褰（峡）1	陳	4	4
蹄 1/摘 1	呈	2	2
遟 1	雉	1	1
秩 1	長	1	1
蟄 1	沈	1	1

续表

被切字	切上字	切语数	切次
揨(枰)1	宅	1	1
		275	1734

2. 以澄切定

滌 1/滌 1/滌 1/覿 3/棣 2/迭 4/経 8/度 1/鐸 1/鐸 1/斷 1/殆 1/禫 1/調 1/檀 1/蜩 1/跳 2/鋌 1/軼 2/咥 2/姪 2/翛[滌]1/翟 1/翟 1/啖(淡)1/棣(逮)1/窒 1/斷[短]	直	28	45

3. 以澄切知

謫 5/讁 3/適[謫]3/鍺(櫡)1/著 1	直	5	13

八、女类

娘母字作反切上字的反切有 70 条 167 次，其中有 4 条(7 次)反切是以娘切日，其余 66 条 160 次都是以娘切娘。共有反切上字 4 个：

女尼昵恧

系联结果为一类：

女(女：尼據、昵據、恧據)尼(尼：女持)昵(昵：女乙)恧(恧：女六)

说明：

1. 四条以娘切日的反切是：襦(繻)，女俱反(P502)；絍，女金反(P390、P983);紝,女今反(P692)、女金反(P214、P440、P741)。这几条暂时存疑待考,不参与系联。

附:女类反切上字及被切字表

1.以娘切娘

被切字	切上字	切语数	切次
貀(豽)1/呐 2/怓 1/撓 1/譊 1/鐃 3/淖 3/赧 1/赧 1/戁 1/尼 1/尼(昵)1/尼[昵]1/怩 1/昵 1/昵 14/昵(暱)1/匿 25/暱 1/暱 11/暱(昵)1/踂 1/聶 6/聶 1/躡 2/躡 1/躡 1/忸 1/狃 10/纽 8/纽 2/纽 1/衄[衂]2/黏 4/黏 1/趁(趂)1/釀 5/辇 1/搦 1/醸 1/曉[譊]1/絮[絮]1/躡 2/杻 1/杻 2/杻 1/衵 1/橈 2/糅 1/紉 1/篤(紮)1/瓢 1/帗 1/挐 7/衵 1/絮(帗衵)1/躡(趁)1/絮(衵)1/溓[黏]1/朒 1/恧 1/紉 1/賃 1	女	63	157
女 1	尼	1	1
女 1	昵	1	1
女 1	恧	1	1
		66	160

2.以娘切日

被切字	切上字	切语数	切次
檽 1/紝[絍]2 絍 1/紝 3	女	4	7

第五节　齿音系联结果

一、子类

精组字作反切上字的反切共有 376 条 1126 次，其中以精切精 368 条 1113 次，以精切清 1 条 1 次，以精切从 7 条 12 次。共有反切上字 33 个：

子將作則足祖即咨節精井牋早尊箋資遵宗迹接姊薦津兹姿币哉灾再遭走左醉

系联结果为五组：

甲组：

子作灾（挫：灾卧、子卧、作卧）兹（積：兹亦、子亦）精井（脊：精亦、井亦、子亦）將（殲：將廉、子廉）節祖（濟：節細、祖細、子細）牋（濟：牋計、節計；濟：牋詣、子詣）即（箋：即田）咨（濟：咨禮、子禮）牋（僭：牋念、子念、作念）迹（迹：子亦）接（湛：接廉、子廉）薦遭（薦：牋練、遭練；節：薦絜）津（盡：津忍、子忍）币（币：子合；）則（矰：則能、作能）哉（哉：子來）再（再：子代）早（躁：早到、子到）走（走：祖口；陬：走侯、子侯）足（足：將住、子住；諏：足須、子須）尊（卒：祖忽、尊忽）遵（卒：子律、遵律）宗（綜：子宋、宗宋）

乙组：

姿資（恣：姿利、資利、咨嗣）

丙组：

左（鑽：子官、左端）

丁组：

姊（屝：姊規）

戊组：

醉（隹：醉癸）

说明：

1.乙组"恣"的反切下字"利、嗣"可作同一个字的反切下字，如：

思：息利（P1071）、息嗣（P142、P161、P242 等 36 处）

说明"利、嗣"韵母声调相同，"姿利、咨嗣、资利"三条切语实属同音异切。据此可以和甲组系联起来。

2.丙组中两个切下字在《释文》中常给同一个被切字作反切下字，如"攒，才官反（P1199）、才端反（P966）"，说明二者韵母相同，据此则"鑽"字的"子官、左端"两条注音也是同音异切。

3.丁组"姊"作为反切上字只出现一次，该反切也只有一条，无法与其他上字系联。查《释文》直音中"秭，音姊"出现 5 次（P403、P532、P929、P1606、P1707），二者为同音字。"秭"在《释文》的反切是"咨履反"（P397），可以和甲乙等组系联起来。

4.戊组反切上字"醉"仅出现一次，无法系联。这里依据《广韵》而定。

附：子类反切上字及被切字表

1.以精切精

被切字	切上字	切语数	切次
臇1/嚼1/柴1/愁[擎]1/鉏1/虸 1/聖 1/鴬（鶄）1/從 23/從（縱）1/從（縱）5/總 1/總 7/總（緵）1/總（揔）1/踘 6/踘（蹵）	子	59	893

被切字	切上字	切语数	切次
1/蹙22/蹙(顣蹴蹵慼)3/蹴3/蹵7/撮1/剉(挫)1/挫7/蔆1/啑[咰]1/迹1/迹(跡)1/賫1/齎1/積23/積1/積2/隮3/隮2/隮1/隮(躋)2/績1/績1/賣1/賣(齎)1/穧1/躋8/躋1/躋(隮)2/齎3/齎1/齎(賫)2/即(聖)2/楫(檝)2/䖏1/踖1/踖4/沛(薺)1/沛[濟]11/脊1/脊1/擠1/擠1/跡(迹蹟)1/劑5/濟36/濟5/濟1/濟(濜)2/蹟1/穧[積]1/霽1/浹3/尖1/煎2/熸3/㵐1/殲5/殲1/鑯2/揃3/戩1/翦4/翦5/鬋1/萷1/僭46/漸4/漸1/箭2/踐[翦]2/薦(蘆)1/浆1/漿2/漿1/漿(浆)1/蟗1/將89/將9/將[牂]1/醬1/醬1/椒1/椒1/椒(茮)2/焦1/焦1/焦(燋)1/焦(鐎)1/僬1/燋1/鷦1/鷦3/湫9/勦1/噍2/噍[啾]1/醮3/醮2/醮3/醮(滫)1/醋1/醋1/借9/借2/盡11/浸26/浸(寖)1/祲6/寖(浸)2/菁8/菁(青)1/苴1/苴1/苴8/苴[菹]1/罝1/罝3/娵1/娵1/娵1/沮1/蒩1/唆1/唆1/唆(俊)1/餕1/餕1/駿1/駿(俊峻)1/戚[蹙]1/齊(齎)1/齊[齏跻]2/齊[躋]1/齊[躋](隮)2/錢1/錢2/繰(璪藻)1/且3/且22/且(俎)1/青(菁)1/青[菁]1/蜻1/萩1/萩1/遒1/遒(酒)1/俎1/挾1/挾1/挾7/挾1/挾(浹)1/帀1/帀(迊)1/匝1/哉(裁)1/再1/醮1/疌(疌)1/賛(讚)1/酇1/牂6/牂2/臧13/糟2/鑿1/鑿3/薄1/趏[躁]1/躁1/迮1/譖(僭)1/譖(僭)1/譖[譖僭]1/甑4/迊2/湛2/湛3/潛2/玆1/滋1/郰3/郰2/菁1/菁1/菁(蛸)1/髭2/訾1/訾1/訾18/訿1/訾1/懏1/㽛1/㽛(縱)1/腠1/綜1/綟(總)1/緅1/緵2/緵2/緵(縱)1/鬆1/緵1/緵5/緵6/總2/縱10/縱(從)1/陬1/諏6/租1/租1/菹2/足1/卒65/卒1/卒1/卒9/卒(碎)2/稡1/鑯7/鑽5/鑽(灼)1/纂3/纘4/樽(尊)1/噂1/掭2/作2/作1/柞2/柞6/齎1/蠚[蠚]1/整[鏊]5/饗(漿)1/䅭(稷)1/峻1/踖1/蹴[蹙]1			
稷1/屋1/菁1/挫4/緵1/總1/辜1/僭2/薦1/酇4/牂2/臧6/贈1/組1/鑽2/鑯1/稜(椋)1/臧1	作	18	32

被切字	切上字	切语数	切次
疐1/麭1/燋1/薦1/蒋2/苴1/沮1/殱1/雀1/足2/足1/鷰(齐)1/楫(枞)1/薦(虌)1/雀(爵)1/縱(從)1/裁[災]1	將	18	20
繒[矰]1/曾1/曾2/矰1/竃2/災(灾)1/橧(增曾)1	則	7	9
從2/諏1/縱1/從(蹤)1/縱(從)1/陬(娵)1	足	6	7
濟1/走1/卒1/繢1/搏1/纂1	祖	6	6
劑1/箋1/瓵1/虌(薦)1/醋(瓵)1	即	5	5
恣1/濟1/翦1/秭1/胏1	咨	5	5
箭1/濟1/濟1/濟2	節	4	5
脊1/井1/駡(脊鶺)1/鶺(即)1	精	4	4
蹟1/踏1/脊1/脊1	井	4	4
卒1/傅1/摁1	尊	3	16
糟1/躁7/躁1	早	3	10
薦1/蘆(薦)1/僭1	牋	3	3
濟1/濟1	箋	2	2
次1/恣1	資	2	2
卒1/卒1	遵	2	2
綜1/綜1	宗	2	2
盡68	津	1	68
燋5	哉	1	5
嵯1	迹	1	1
湛1	接	1	1

被切字	切上字	切语数	切次
厓 1	姊	1	1
節 1	薦	1	1
積 1	兹	1	1
恣 1	姿	1	1
寁 1	帀	1	1
挫	災	1	1
攢(鑽)1	再	1	1
薦 1	遭	1	1
陬 1	走	1	1
鑽 1	左	1	1
佳 1	醉	1	1
		168	1113

2. 以精切清

崔 1	子	1	1

3. 以精切从

從 6/酉 1/噍(嚼)1/橫 1/漬 1	子	5	10
酉 1	將	1	1
從［縱］1	足	1	1
		7	12

二、七类

反切上字为清母的反切共有 324 条 986 次，其中以清切清 316 条 974 次，以清切精 5 条 6 次，以清切从 2 条 5 次，以清切庄 1 条 1 次。共有反切上字 17 个：

七千倉采寸清翠促草錯麤蒼取侵切且

系联结果为一类：

七取促（娶：七住、取住、促住）采倉粗（粗：采都、倉都）千（戚：千寂、倉寂）侵（葺：七入、侵入）草（造：七報、草報）麤（麤：七奴；竄：七亂、麤亂）寸（卒：七忽、寸忽）錯（錯：七各、倉各）翠（翠：七遂）蒼且（采：蒼改；蒼：采郎、且剛）切（切：千結）清（趣：清須、七須）

说明：

1. "趣"字的"清須、七須"是为"趨"所注的音，"趣、趨"为通假字。

附：七类反切上字及被切字表

1. 以清切清

被切字	切上字	切语数	切次
鵲(鵲)1/蹲 1/蹲(壿)1/踖 1/將 1/將 10/將(鏘)4/清 1/狙 5/狙 2/苴 2/苴 2/苴 4/苴 4/疽 1/疽 1/雎 1/雎 1/雎 1/雎 3/鶋(雎)2/沮 2/沮 3/沮 1/妻 1/妻 20/妻 3/戚 1/戚 4/凄 4/凄(棲)1/萋 6/慼 1/慼(戚)1/葺 3/緝 3/緝 1/緝 13/且 6/	七	259	881

被切字	切上字	切语数	切次
且(趄跙)1/幒1/悄4/愀2/陗1/僉5/僉3/遷1/倩2/倩(蒨)1/蒨1/蒨(茜)1/堑5/綪1/槧1/輤1/壥1/錢(鐵)1/親1/寢1/寢1/寢(寑)1/沁1/厮1/厮2/槍1/搶1/搶(蹌)1/瑲(鎗)1/蹌1/蹌6/蹌(鶬鏘)2/鎗3/鎗(鏘)1/鏘1/搶1/搶1/清(清)1/請2/趨3/趨4/趨4/趨1/趨2/趨(趣趗)3/取1/取1/取(娶)1/取(娶)6/取(娶)9/取[娶]9/取[娶]1/取[娶]4/娶1/娶17/娶2/娶(取)1/娶(取)2/趣11/趣3/趣5/趣1/趣1/趣4/趣(趨)1/趣[促]1/磧5/鵲1/鵲1/鵲(誰)2/悛14/荃1/痊1/筌1/輇1/銓1/綫1/綫6/逡3/逡16/昔[错]1/楷1/麤(麤)1/麤[麤]1/汋1/差2/創(瑲鎗)1/哨1/數1/衰37/衰6/衰(縗)2/衰(縗)4/縗(衰)1/造41/造4/慥1/卒13/卒[倅]1/酢[醋]7/塼1/雌(鴜)1/次(趀越趗)1/伙1/刺1/刺19/刺3/刺1/刺33/刺(刾莿諫)4/裁1/猜4/采11/采6/采(菜)1/菜1/郪1/操3/操22/操14/操(慅)1/操[樔]1/湊4/腠3/參23/參(操)1/參(三)1/澰1/餐2/驂15/慘1/慘(懆懆)2/噆(懆)1/懆1/槮6/蒼1/鶬(鎗鏘)2/鶬[蹌]1/粗5/粗2/恫1/麄(麤)1/麤(麄)1/促1/促(趣)1/蔟5/醋1/瘯1/磋2/磋6/磋1/磋(瑳)1/撮1/撮5/蹉(差)1/瑳1/瑳2/瑳1/剒(厝)1/厝(措)3/措1/措8/措(错)1/错2/错2/错9/错10/错1/错1/错(措)8/错(措厝)3/倅3/倅5/脆9/脆3/啐13/淬1/莘[倅]1/翠1/竄11/爨1/爨2/爨16/爨1/爨1/忖(寸)1/葱1/樅2/聰1/聰1/從1/從13/偬1/洒(漼)1/慅1/幓(幧)2/銚[斛]2/刾(刺)1/懆(憯)5/憯[懆]1/餐[餐]1/麤(麤)1/奏(湊)1/嘶(堑)1/痭(俎)1/刾(刺)1/懆(慘)1/窓(聰)1/襏(綫衰)1/卒[倅]1/三[參]1/奥[爨]1/慅[慘]1/庇[刺]1/堑1/蹌[蹡]1/譔1/削1			
憯[懆]1/崔1/顀[戚]1/奏[腠湊]1/刺1/湊1/漼1/聰1/妻1/戚7/戚4/感2/竄1/蒨2/輤2/切(齵)1/奏(腠)1/罄1	千	18	30
跤[趨]1/蔟1/脞1/莘1/错1/趣1/戚1/趣1/綫1/粗1/瑳1	倉	11	11

续表

被切字	切上字	切语数	切次
捼 1/摧[莝]1/粲 3/莝 1/蒼(倉)1/粗 1/奏(湊)1	采	7	9
蹨 1/啐 1/刌 6/卒 15/忖(刌)1	寸	5	24
趣 1/蜡 1/蜡[狙]1	清	3	3
趀 1/趀 3	翠	2	4
操 2/造(艁)1	草	2	3
娶 1/趣 1	促	2	2
鎐 1	錯	1	1
竄 1	麤	1	1
采 1	蒼	1	1
娶 1	取	1	1
葺 1	侵	1	1
娄 1	切	1	1
蒼 1	且	1	1
		316	974

2.以清切精

僣 1/僭 2/且 1/恣 1	七	4	5
卒 1	千	1	1
		5	6

3.以清切从

		七	1	4
雜 4				
摧 1		粗	1	1
			2	5

4.以清切庄

		七	1	1
苴 1				

三、才类

从母反切上字的反切共 299 条 860 次,其中以从切从 280 条 835 次,以从切精 4 条 4 次,以从切清 1 条 3 次,以从切邪 12 条 16 次,以从切崇 2 条 2 次。共有反切上字 20 个:

才在徂疾捷賤字昨茨慈錢秦罪存齊情自雜財曹

系联结果为两组:

甲组:

才在字慈(藉:才夜、在夜、字夜、慈夜)徂賤錢(餞:徂淺、賤淺、錢淺、在淺)疾茨(繒:疾陵、茨陵、才陵、在陵)秦情(瘠:秦昔、情昔、在昔)昨(戴:昨再、才再)捷(潛:捷鹽、昨鹽)曹(鑿:曹報、才報、在報)罪(摧:罪雷、在雷、昨雷)存(鐏:徂悶、存悶)齊(薺:齊禮、才禮)自(餈:自私、在私、才私)雜(雜:徂合;蠶:雜南、在南、才南、徂南)

乙组:

財(餈:財資)

说明：

　　1.乙组“财”作为反切上字只有一次，无法直接与甲组其他上字系联。然考求《释文》，发现“资私”可以同时给某一字作反切下字，如：茨：徐资反（P232）、徐私反（P328），说明两者韵母相同，这样“餈”的四条切语是同音异切，据此可将乙组与甲组系联。另在《释文》直音中，“财”的直音是“音才”（P82、P127），说明“财、才”属同音字，据此亦可系联。

附:才类反切上字及被切字表
　　1.以从切从

被切字	切上字	切语数	切次
截 1/截 1/截 1/嚌 10/嚌 4/薺 1/薺 1/瘠 2/穧 3/捷 5/節 1/截 2/截 1/藉 3/嚼 1/阱 1/阱(穽)1/净(靖)1/靖 1/靓(静)1/聚 1/聚 1/聚 6/聚 1/聚 4/齐 10/齐 1/齐 33/齐(嚌)1/憒 1/憒 1/曾 1/曾 7/蠢 2/粢[齐]2/眥[疵]1/眥 1/崭 1/漬 2/栽 2/载 1/鐅 1/皁 1/皁 5/造 1/造 4/菣 3/菣[叢]1/暂 1/酇 1/酇 2/瓚 3/瓚 3/瓚 1/欑 1/繪 3/捽 1/昨 1/坐 33/阼 3/阼 9/作 2/作 1/祚 1/祚 6/胙 2/胙 7/胙 1/酢 5/酢 7/酢(酬)1/攒 1/横 1/横 2/横 1/横 1/鳟 3/疵 5/餈 1/材 1/裁 1/盦 1/藏 1/藏 42/粗 1/魶 2/靻 1/徂 1/咀 1/醋(酢)2/醋[酢]3/薳 1/痤 1/痤 1/瘥 2/瘥 1/醆 1/从 6/从 172/琮 1/琮 1/琮 6/叢 1/叢 3/叢 8/叢 1/眥(眦)1/菣(叢)1/菣(横)1/胙(祚)1/䲆[从](從)1/戋 1/粢[齐]1/匡[笙]1/筰 1/酇 7	才	117	532
瘠 2/瘠 12/瘠 1/接[捷]1/捷 15/捷 4/捷(踕)1/節 1/節 1/藉 4/藉 20/蕉 1/醮[憔]1/戋 1/洊 2/荐 1/荐 1/荐 5/荐(栫)1/荐(薦)1/薦[荐]1/餞 1/阱 1/穽 1/净 1/沮 3/沮 8/憔 4/樵 1/樵 1/樵 1/譙 1/譙 3/譙(嶕)1/譙(燋)1/愀 2/誚 2/酋 6/遒	在	96	224

被切字	切上字	切语数	切次
1/遒 5/潜［潜］1/戕 8/戕 1/嫱(廧牆)1/廧 3/廧(嫱)1/牆 3/牆(廧)1/藉 1/曾 1/曾 1/曾 1/歌 1/鏨 1/鏨 11/鏨 5/皁 3/造 1/造 1/瓒 1/瓒 1/駔 1/繒 3/領(悴)1/坐 1/㑌 2/祚 1/座{痤}1/酢 1/蕺 1/欑(挫)1/鐏 1/疵 3/茨 1/茨 2/睿 1/裁 2/齏 1/痤 1/痤 2/摧 1/悴 1/悴 3/萃 1/萃 7/瘁 1/瘁 4/從 1/琮 1/漅 1/蹲 1/繒(鄫)1/胙(祚)1/鄪［醛］1/脊［藉］1/踖 2			
鰦(鰶)1/瘠 1/荐 1/薦［荐］1/餞 1/齊 1/齏(齊)1/樵 1/樵(蕉)1/蜻 1/雜 1/造 1/槊 1/祚 1/鐏 1/茨(資)1/齏 1/藏 1/痤 2/痊 1/崔 4/摧 1/萃 1/瘁 1/叢 1	徂	25	29
嚼 1/牆(廧)1/繒 1/疵 1/茨 1/齊［菁］1	疾	6	6
藉 3/俴 1/沮 1/憔 1/牆 1	慈	5	7
戴 1/截 1/憔 1/潜 1/摧 1	昨	5	5
藉 2/嚼 1/疵 1/接［捷］1	字	4	5
渐 1/潜 1/潜 1/潜［潜］1	捷	4	4
踐 1/餞 3/餞 1	賤	3	5
胙 1/鐏 2	存	2	3
俴 1/餞 1	錢	2	2
瘠 1/悴 1	秦	2	2
崔 1/摧 1	罪	2	2
菁 1	齊	1	2
鏨 1	曹	1	2
瘠 1	情	1	1
睿(粲)1	自	1	1

被切字	切上字	切语数	切次
齹1	雜	1	1
繬1	茨	1	1
餈1	財	1	1
		280	835

2.以从切精

被切字	切上字	切语数	切次
卒1/穧（齊）1	才	2	2
最1	徂	1	1
焠1	存	1	1
		4	4

3.以从切清

被切字	切上字	切语数	切次
清［清］3	才	1	3
		1	1

4.以从切邪

被切字	切上字	切语数	切次
蕯2/燋1/燶1/羨1/鱌1/訟2	才	6	8
祠1/訟1	自	2	2
袖（褎）1/燗1	在	2	2
鮥1	徂	1	1

羡［羡］3		錢	1	3
			12	16

5. 以从切崇

栈1		才	1	1
骤1		在	1	1
			2	2

四、息类

以心母字作反切上字的反切共 509 条 1589 次，其中以心切心 502 条 1582 次，以心切精 2 条 2 次，以心切邪 4 条 4 次，以心切生 1 条 1 次。共用反切上字 40 个，它们是：

息素思悉蘇先西荀星桑雖私相仙恤絲宣胥辛夙斯粟司四昔孫細脩雪三小修屑峻索送宿速須蕭

系联结果为五组：

甲组：

息素悉思先西（篠：息了、素了、悉了、思了、先了、西了）蘇星（浙：蘇歷、星歷、西歷、先歷；析：西歷、悉歷、先歷、星歷、思歷）絲（枲：息似、思似、絲似）屑（洗：屑典、息典、素典、西典、先典）桑（楔：桑結、悉結、息結、先結）昔（燮：昔協、悉協、息協、素協）仙（鮮：仙淺、悉淺、息淺）司（思：息嗣、司嗣、絲嗣）四（襄：四羊、息羊）夙宿（嵩：夙忠、宿忠、息忠）私恤雖（騂：私營、恤營、雖營、息營）辛峻荀（峻：恤俊、私俊、思俊；恤：峻律、辛聿、荀律）宣胥雪

（胥:息徐、思徐;選:息戀、雪戀、宣戀;選:胥兗、雪兗、宣兗、息兗）
相（相:息羊;相:悉亮、息亮;胥:相吕）細（細:先計）斯（契:斯列、
息列）粟小（竦:小勇、粟勇、息勇、思勇）蕭（蕭:先條、先遼）索（索:
西各、悉各、息各、素各）三（三:息暫）須脩（須:宣踰;脩于）

乙组：

速（藪:速苟;藪:素口）

丙组：

送（餗:送鹿）

丁组：

孫（巽:孫問;損:孫本）

戊组：

修（繡:修又）

说明：

1.乙组"速"作为反切上字只有一次,其被切字"藪"有"素口、
素后、速苟"三条反切,《释文》中"口后"常给同一个被切字作切下
字,如：

牡:茂口反（P333）、茂后反（P163、P225、P255、P287、P406、
P510、P602、P916、P1006、P1078、P1113、P1187、P1290、P1390）

"口"又与"苟"作同一被切字的反切下字,如：

鼪:他苟反（P1289）、吐口反（P1382、P1402）

以上几例说明"藪"字的三条切语读音相同,"速"与"素"及甲
组其他上字可以系联。此外,《释文》中"速"多次给"餗邀蔌楸"作
直音用字,如：

邀:音速（P749、P1230、P1242、P1250）

蔌:音速（P310）

楸:音速(P219、P1685)

楝:音速(P129、P436)

"遬薮"两字无反切,"楸"的反切是"桑木反"(P1680),可以通过"桑"字和甲组其他上字系联。

2.丙组"楝:送鹿反"不能与其他几组系联。我们可以通过直音"楝:音速"和"速"字以及甲乙两组系联。

3.丁组"孙"为反切下字虽有两次,但被切字均只出现一次,无法系联。考《释文》直音,有用"孙"给其他字作直音的例子,如:

飧:音孙(P321、P427、P452、P463、P591、P743、P1083、P1239)

飱:音孙(P747、P788、P924、P929、P931、P1242)

"飧飱"两字的反切分别是:

飧:蘇尊反(P247)、素尊反(P530)、素昆反(P595)

飱:素門反(P261)

以上各音都可以通过"蘇素"等反切上字和上面几组反切上字系联在一起。

4.戊组反切仅有一次,通过《释文》本身不能系联,依据《广韵》而定。

附:息类反切上字及被切字表

1.以心切心

被切字	切上字	切语数	切次
簒1/浚1/契(偰离)1/契[偰]14/緓3/邌1/三25/三1/散5/額8/喪1/喪148/莎1/省2/省(眚)2/思14/思1/思36/緦	息	105	818

被切字	切上字	切语数	切次
1/筍 1/筍 6/娀 1/崧(嵩)1/嵩 1/悚 1/聳 4/泝 1/宿 2/愬 1/綏 1/綏 1/祟 3/邃 1/隼 1/隼 4/筍 2/筍 3/箅 1/籑 1/籑 1/索 1/索 1/璅 1/梟 1/洗 1/先 4/愻 3/鮮 1/鮮 41/鮮(鱻)1/廯 1/纖[纖]5/獮 7/線 1/線(綫)1/相 298/相 1/廂(箱)1/湘 1/箱 2/襄 2/驤 1/削 2/削 1/篠 1/楔 1/泄 26/泄(洩)1/洩 1/洩[泄]14/緤 5/緤 5/渫 2/緤 2/緤 1/爕 1/爕 2/襄 10/燮 1/騂 12/糨 1/胥 1/胥 5/胥 1/胥 2/湑 1/湑 1/湑 1/壻 1/絮 1/選 3/選 3/選 3/選 2/薛 1/洵(恂)1/靴[緤]1/璅[瑣]1/譔 1/撰[算]1/撰 1/撰[选]1/縛 1/簨(筍)1/薛(薛)1/襄[襄]12			
犧[献]2/犧[献]1/裼 1/洗 1/屑 1/爕 2/爕 1/燮 1/燮 1/篠 3/跣 1/獻 1/獻 4/獻 1/獻(戲犧)2/沙 1/沙 2/沙[莎]1/莎 1/莎 1/撥 1/椴 1/俏 1/漱 2/漱 1/衰(纕)1/燥 3/譟 7/蔡 1/蔡 1/參 2/篡 1/洒 1/塞 2/塞 1/搔 2/繰 1/臊 1/騷 4/埽 9/埽 2/埽 2/掃(埽)1/嫂 1/嫂(娑)1/搜 1/搜(叟)1/叟 2/叟(傁)1/傁 3/傁(叟)1/嗽 1/瞍 2/瞍 2/瞍(睃)1/藪 17/藪 1/籔 1/糁 6/散 2/散 5/散 2/顙 3/娑 2/傞 1/纕 1/纕 3/索 3/索 1/璅 8/璅 1/髓 1/酸 1/匴(籑)1/算 1/算 1/算(笇)1/飧 1/飧 1/飧[飧]1/騕(揪)1/廬(速)1/椒(藪)1/採(搔)1/媆(嫂)2/參[糁]2/獻[莎]1/莎 1	素	89	172
笇(笇)1/析 1/錫 3/洗 1/寫 1/楔 1/楔 1/爕 1/爕 1/蠚(薛)1/蟎(蠻)1/篠 1/肖 1/先 4/先 74/鮮 1/蟲 1/跣 3/相 1/壻 1/壻(智)1/削 1/綵[纖]1/省 7/漱 1/燥 1/篡(匴算)1/思 1/塞 6/塞 1/塞 1/埽 4/掃 1/嫂 3/嫂(娑)1/散 4/散 14/愬 7/索 1/索 1/索 16/璅 1/酸 1/笇 3/算(笇)1/錫 2/蹕 1/笑(唊)1/霓(霰)1	悉	49	185
蚣[蚣]1/峻 1/峻 1/浚 3/濬 2/析 3/析 5/析 1/薪 1/裼 4/裼 1/錫 1/錫 1/錫 2/錫 1/梟 1/梟 4/梟 3/徙 1/皙[皙晰]1/皙 1/篠 1/謖 1/潚 1/糨 1/獮 1/綫 1/線 1/胥 3/胥 1/揟(偦)1/	思	49	75

被切字	切上字	切语数	切次
稽1/蝐1/湑3/湑(醋)1/諝1/削1/削1/詢1/詢1/省[獮]1/笥3/散2/散1/算1/筍1/崧(嵩)1/涑2/徇[峻]1			
浚3/淅1/犀1/裼1/洗1/屑1/燮1/燮1/笑1/先1/先1/先1/先5/銑2/籭1/洵1/莎2/洒1/塞2/搔1/騷1/埽1/埽(掃)1/睃(叟睃)1/散1/桑1/顙1/喪1/喪2/泝(遡)1/素1/訴(愬)1/愬4/愬(訴)1/瀡(睢)1/飧1/蕱1/鐩(鐩)1/邮[卬]1	蘇	39	52
析1/淅1/蜥1/洗1/細1/屑1/楔1/蕭1/蕭1/篠1/毹2/跣3/銑1/戌1/莎1/省1/洒1/洒(洗)1/塞1/塞1/塞2/塞1/繊2/掃1/嫂1/散2/宿1/邃1/後1	先	29	35
析1/淅2/裼1/洗1/洗1/篠3/先1/先3/姺1/隼1/省1/纙1/燥1/洒1/鰓1/塞1/嗽(欶)1/糁1/散1/散1/索1/蒜1/蕱1/天[先]1	西	24	29
峻1/浚1/浚1/濬1/駿(峻)1/恤1/徇1/隼3/隼1/綏1/邮{卬}(恤)1	荀	11	13
析4/析31/淅1/晢4/裼3/錫14/晢[晢晰]9/醒2/瑣(瓅)1/蝎(蜥)1	星	10	70
楔1/顙5/顙1/顙1/楸1/姿1/索2/瑣1/鏁(瑣)1/笄1	桑	10	15
騂1/戌1/隼1/粹6/祟2/隧[邃燧]2/邃1/邃1	雖	8	15
蜙[蜙]2/胥1/蝐3/絮1/削2/瀡1/蜙1	相	7	11
峻2/蔦(烏)1/騂1/湑1/洵1/蜇(蜇斯)1/矔1	私	7	8
鮮1/鮮6/尠(鮮)2/線(綫)1/褻[褻]1/省[獮]1	仙	6	12
峻2/騂1/洵1/隼1/筍(筍筍)2/篲2	恤	6	9
枲2/枲1/枲1/蕙1/思1/笥1	絲	6	7

被切字	切上字	切语数	切次
须1/选3/选3/选1/选1	宣	5	9
絮2/削1/选1/珣1/崧1	胥	5	6
膝2/膝(郄)1/恤1	辛	3	4
宿2/娀1/嵩1	夙	3	4
蚣(同蚣)1/蝟1/㨂2	粟	3	4
契1/徙1/鲜1	斯	3	3
选2/选1	雪	2	3
思1/笥1	司	2	2
葸1/襄1	四	2	2
燹1/省1	昔	2	2
巽1/损1	孙	2	2
棲1/犀1	细	2	2
鬚(鬚)1/须(鬚)1	脩	2	2
糁1	三	1	1
㨂1	小	1	1
繡1	修	1	1
洗1	屑	1	1
恤1	峻	1	1
臊1	索	1	1
錬1	送	1	1

续表

被切字	切上字	切语数	切次
嵩1	宿	1	1
藪1	速	1	1
綏1	須	1	1
嘯1	蕭	1	1
		502	1582

2. 以心切生

蠰1	息	1	1

3. 以心切精

駿1	荀	1	1
濈1	息	1	1
		2	2

4. 以心切邪

篲1/篲(篲)1	息	2	2
篲1	恤	1	1
琁(旋)1	悉	1	1
		4	4

五、似类

用邪母字作反切上字的反切共 102 条 282 次,其中以邪切邪 60 条 225 次,以邪切从 39 条 54 次,以邪切心 2 条 2 次,以邪切精 1 条 1 次。共有反切上字 11 个:

似徐囚詳嗣辭翔詞夕祀俗

系联结果为五组:

甲组:

似徐(爛:似廉、徐廉)囚(彗:囚歲、似歲)辭(徇:辭俊、似俊) 詞(兒:詞履、徐履)夕(爛:夕廉、似廉)祀(茨:祀咨、徐咨)

乙组:

詳(褎袖):詳又、袖:徐又;)

丙组:

嗣(祠:嗣思、嗣絲)

丁组:

俗(聚:俗裕)

戊组:

翔(象:翔丈)

说明:

1.甲组"祀"只给从母字作切,其系联通过以邪切从的反切 系联。

2.乙组"褎袖"为异体字,"详又、徐又"实为一音,可以和甲组 系联。

3.丙组"嗣"只为"祠"作反切上字,无法系联。查《释文》"嗣" 给"食飤飼"作注音 155 次,而"食飤飼"属于古今字,"飤"释文"囚

志反"（P1680），可以和甲乙组系联。《释文》中还有"祠，音詞
（P637、P670、P683、P1602）；祠，音辭（P164、P921、P1215）"两条直
音，也可作为"嗣"和其他几组能够系联的证据。

　　4.丁组"俗"作反切上字只出现一次，并且是给从母字作反切
上字。《释文》有"續，音俗"（P1340）一条直音，又有"續，似欲反"
（P1607），据此可以将"俗"与以上三组系联起来。

　　5.戊组"翔"作反切上字也只有一次，无法直接系联。考《释
文》有"翔，音詳"的直音，据此可将"翔"和其他反切上字系联。

　　6.除上述反切之外，还有一条以邪切以的反切：閻：似廉反"
（P1119），可能有误，暂且存疑不录。

附：似类反切上字及被切字表

　　1.以邪切邪

被切字	切上字	切语数	切次
彗1/彗2/篲1/篲（彗）1/爐1/邪111/邪（褒耶）3/褒2/褒（邪）3/羨1/續1/巡1/旬1/徇19/徇1/紃1/循2/循2/殉4/馴1/馴5/穗（穟）1/訟1/頌1/誦1/耶［邪］1/燼2/燼1/耶（邪）1/次1	似	30	174
兓（兇）1/蓋（爐）1/爐1/篲1/隰1/岫1/袖1/褒［袖］1/褒（褒）1/羨1/兇2/兇1/兇10/兇（兓兇）2/燼1/兓（兇）1	徐	16	27
祠1/祠2/祠（祀）1	嗣	3	4
彗1/哑（次涎）1/飤（食飼）1	囚	3	3
隰1/褒（褒）1/褒（袖）1	詳	3	3
徇5/殉6	辭	2	11

续表

被切字	切上字	切语数	切次
兕 1	詞	1	1
爓(臘)1	夕	1	1
象 1	翔	1	1
		60	225

2. 以邪切精

接 1	似	1	1

3. 以邪切心

栒 1	旬	1	1
線 1	似	1	1
		2	2

4. 以邪切从

蕉 1/漸[潜]1/踐 2/聚 1/樵 2/訾[疵]1/漬 1/繒 6/繒 1/疵 2/疵 1/骴 1/骴(胔)1/鄫 4/萃 1/萃 2/瘁 3/瘁(萃悴)2/叢 1/鄫(繒)1/繒(增)1/蝤 1	似	22	37
沮 1/沮 1/蕈 1/漬 1/橧 1/驓 1/疵(柲)1	辭	7	7
齊(薺)1/眦 1/茨 1/茨 1/茨 1	徐	5	5
嚼 1/燂 1	詳	2	2
疵 1/茨(次)1	祀	2	2

续表

聚 1		俗	1	1
			39	54

六、侧类

反切上字为庄组的反切有 164 条 476 次,其中以庄切庄 161 条 472 次,以庄切从 1 条 2 次,以庄切精 1 条 1 次,以庄切清 1 条 1 次。共有反切上字 9 个:

侧莊壯阻責菹爭仄緇

系联结果为一类:

侧莊壯阻(壯:莊亮、阻亮、側亮)責(騹:責留、側留)菹爭(菹:爭居、莊居、側居;莊魚、側魚)仄(仄:菹棘)緇(緇:側基、側其)

附:侧类反切上字及被切字表

1. 以庄切庄

被切字	切上字	切语数	切次
櫟(翼)1/罣 1/純[緇]1/純[紂]5/栁 1/戬 7/祭 1/祭 2/祭 20/且 1/齊(齋)36/齊[齋]59/緒 2/緒[絑]1/湊 8/事 1/甾(榴)1/菑 1/菑 2/菑 12/菑(甾)1/簪 1/簪 2/迮 2/唶[譜]2/笮 3/笮 1/笮(迮)1/笮(筰)1/責[債]1/譖 1/譖 10/柤 5/樝(查)1/札 22/蚅 1/鮓 1/詐 1/詐 1/齋 1/債 1/瘵 3/琖 1/琖(湔)1/醆 2/醆 1/醆(琖)1/䅉 1/榛 10/榛 1/榛(溱)1/臻 4/爭 1/笋 1/榴 1/櫛 1/櫛 6/鳌 1/鳌 1/緵 1/鬃 1/鬃 11/爪 1/莊 3/裝·1/裝(莊)1/壯 7/壯 1/壯 2/穉 1/斳 1/淄 2/菑(甾)1/緇 8/緇 3/輜 4/錙 2/鶅 2/第 2/第 2/第 1/第 1/第 1/滓 2/	侧	117	393

被切字	切上字	切语数	切次
傅 1/戴 7/耶 1/耶（鄒）1/陬 2/揓 1/揓 1/蕺 3/聚 1/鄒 3/緅 2/緅 2/騶 6/騶 1/騶 1/騶 1/菹 2/菹 1/菹 1/菹 2/菹（葅）1/阻 1/俎 1/俎 1/詛 2/詛 10/詛 3/筰［筰］1/作［詛］1/柞 4/柞 1/紂（純緅）2/鯼［鮺］1			
扻（櫼柳）1/揓 1/甾 1/柳（櫼）1/㦰 2/澉（淈㦰）1/櫼 5/喈［譖］1/菹 5/菹 2/葅［菹］1/俎 6/琖 1/酸 1/榛 1/鬒 1/斳 1/壯 2/純［紂］1/戴 7/嘖 1/鄒 1/緅 1/簪 2/譖 1/阻 5/俎 3/詛 7/詛 1/柞 1	莊	30	65
札 1/酸 1/第 1	壯	3	3
争 1/騶 1/譖 1	責	3	3
壯 1/菹（葅）1/筵（筰）1	阻	3	3
菹 1/齊［斋］1	争	2	2
淄 1	仄	1	1
胏 1	緇	1	1
仄（側汄）1	菹	1	1
		161	472

2. 以庄切从

輯 1	側	1	2

3. 以庄切精

燋 1	側	1	1

4. 以庄切清

趣 1	莊	1	1

七、初类

以初母字为反切上字的反切有 68 条 276 次，其中以初切初 64 条 270 次，以初切精、以初切清、以初切生各 1 条 1 次，以初切崇 1 条 3 次。有反切上字 3 个：

初楚測

系联结果为一类：

初楚（差：初佳、楚佳）測（測：初力；差：測加）

附：初类反切上字及被切字表

1. 以初切初

被切字	切上字	切语数	切次
筴 1/筴 15/筴（册策箣）5/捷 2/捷（插扱）3/鎗 1/扱 13/扱（捷插）1/差 33/差 28/差 1/差 1/差 8/插 1/抄 1/抄 1/鈔 1/熾（煞焆炒鬺炗）1/剗 1/剗 2/齓 1/齔 1/櫬 2/櫬 3/芻 24/滗 1/搊 1/揣 1/嘬 1/創 12/創 4/創 1/創 2/創（刱）3/愴 2/衰 16/廁 1/惻 4/測 1/參 4/參 2/倉［怆］1/簒 27/簒 2/葱 1/窻［窗］2/筞［策］3/筞［策］1/篕（蓋）1/策（册筴）4/創［瘡］1	初	51	250
駸 1/扱 1/柵 1/差 3/插 1/櫬（藽）1/芻 6/芻（蒭）1/嫈 1/嫈（稷）1/惻（恖）1/窻［窗］1	楚	12	19
差 1	測	1	1
		64	270

2. 以初切精

稷 1		初	1	1

3. 以初切清

茦 1		初	1	1

4. 以初切崇

勴 1		初	1	3

5. 以初切生

猷 1		初	1	1

八、仕类

以崇母字作反切上字的反切有 86 条 166 次,其中以崇切崇 79 次 159 次,以崇切俟 3 条 3 次,以崇切禅 2 条 2 次,以崇切庄、以崇切船各 1 条 1 次。有反切上字 7 个:

仕士助狀愁事雛

系联结果为两组:

甲组

仕士助狀愁(骤:仕救、士救、助救、狀救、愁又)雛(雛:仕俱、仕于)

乙组:

事(鉏:事吕)

说明：

1.甲组"愁"的系联依据参见前文。"雛"只给禅母字作切1次，没给崇母本身的字作切。

2.乙组的反切上字"事"比较复杂，既有给崇母字作切，又有给俟母、船母字作切，均不可系联。依据《广韵》而定。

3.此外，《释文》还有两条崇母字与其他声母字混切的用例：

矗:士南反(P679)、酳:士靳反(P440)

一条可能有误，一条为多音。两条均存疑不录。

附:仕类反切上字及被切字表

1.以崇切崇

被切字	切上字	切语数	切次
汋1/岑1/咋[乍]1/柴1/柴(祡)1/豺7/豺(犲)1/淙1/淙2/巢1/棧1/萠1/鉏2/鉏23/鉏2/鉏(鋤)1/嘈2/聚(骤)1/槎1/蜡4/蜡5/蜡1/蜡(褯)1/撰1/撰1/撰1/鋤1/鋤(助)1/鋤(鉏)1/僝9/虥1/雛1/雛1/雛(鶵)1/蹟2/儳1/輚1/鄭1/饌1/饌5/饌8/驦[骤]1/鶵1/骤7/牀(床)1/犲1/襈1/谗[谗]1	仕	48	114
助(鋤)1/岑1/柴1/柴1/豺(犲)1/疵1/棧5/僎(撰)1/渐[巉嶄]1/槎1/蜡2/蜡1/撰1/鋤1/甍1/巉1/鉏1/饌1/饌7/饌1/谗2/骤3/牀1	士	23	37
槊(巢)1/箸1/骤1/牀1	助	4	4
愁1/骤1	狀	2	2
骤1	愁	1	1
鉏(鋤)1	事	1	1
		79	159

2.以崇切俟

漦 1		仕	1	1
漦 1		士	1	1
猴（俟）1		事	1	1
			3	3

3.以崇切禅

鹑 1		士	1	1
屬 1		雛	1	1
			2	2

4.以崇切庄

榛 1		士	1	1

5.以崇切船

乘（乘）1		事	1	1

九、所类

以生母字作反切上字的反切共 201 条 1108 次，其中以生切生 195 条 1101 次，以生切心 4 条 4 次，以生切初 1 条 1 次。有反切上字 8 个：

所色生山师疎疎雙

系联结果为两组：

甲组：

所色疏（榛：所追、色追、疏追）生（省：生領、色領、所領）雙
（數：雙角、色角、所角）山（愻：山革、所革）疎（率：疎律、所律）

乙组：

師（薔：師力）

说明：

1.乙组反切上字和被切字都只出现一次，无法系联。依据
《广韵》而定。

2.《释文》还有一条以生切来的用例："鉮，色劣反"（P540、
P556），暂且存疑不录。

附：所类反切上字及被切字表

1.以生切生

被切字	切上字	切语数	切次
黏(杉)1/屟 1/緤 1/緤[纚]3/纚 5/蛸 2/莘 12/渚 1/渚(渚清)1/削(稍郋)1/摻(搜廈)1/使 185/駛 1/殺 1/殺 1/殺 3/殺 12/殺 27/菽 1/楬 1/歃 13/歃(唷歃)4/嬰 12/嬰(莠篁)2/稍 1/筲 4/瘦 2/瘦(腹)1/山 1/删 1/芰 1/芰 14/摻 1/摻 1/潸 1/緣 1/緣 4/緣(襪襂衫幨)2/汕 2/汕 5/幸(莘)1/牲 1/詵(骏)1/駪 1/渗 1/生 1/省 3/省 40/眚 7/眚(省)1/蔬 2/蔬(疏)1/漱 1/漱 3/數 1/數 48/數 6/數 88/數 1/刷 2/刷(叝)1/朔 1/衰 2/帥 61/帥(率)5/率 4/率 4/率(帥)5/蜂 4/爽 1/参 8/参 7/梀{梀}1/榛 1/斯 1/洒 1/洒 3/灑 2/灑 2/灑(洒)1/瑟(瑟)1/翼 1/躠 1/躠(嬰)1/躠[嬰]1/澁(澹澀)1/澀 1/鄋 1/廈 3/廈 2/廈(搜蒐)3/廈[蒐](搜)1/搜 1/搜 1/搜(廈)	所	130	789

续表

被切字	切上字	切语数	切次
1/搜(蒐)1/溲 1/溲 1/溲 2/溲 1/溲(廋)1/蒐 11/蒐 14/蒐 1/醙 1/叟 1/叟(溲)1/夏 1/膄(瘦)1/摻(縿)1/摻[縿]1/搴 1/愬 1/謏 7/鯂 2/鯂 1/鯂(膌)1/縮 18/縮(榴)1/蹜 1/索 1/索 20/索 7/燿[胭]1/蒨 2/甦(甦)1/疏(蔬竦)2/疏[疏]1/疏[疏]1			
纚 2/矢[殺]1/使 54/殺 1/殺 10/殺 34/椒 1/歃 3/澗 4/澗(殺)1/箵 1/删 1/芟 1/芟 1/省 2/省 2/眚 1/眚 1/漱 1/漱 1/數 1/數 1/數 31/數 6/數 62/數 6/數 3/刷 2/衰 4/帥 14/率 2/参 1/槮 1/斯[纚]1/洒 2/洒 1/洒 1/洒(灑)1/灑 1/灑 2/搜(摻)1/蒐 2/餿 1/宿(蹜)1/謏 1/縮 2/蹜 1/索 8/索 5/瘦 2/瘦 1/疏(蔬)1/疏[疏]1	色	53	293
渻 1/省 1/眚 7/眚 1/嗇 1	生	5	11
纚 2/楝(橬)1/愬 1	山	3	4
蔷 1	师	1	1
槮 1	疎	1	1
率 1	疎	1	1
數 1	雙	1	1
		195	1101

2.以生切心

	切上字	切语数	切次
掣 1/廢 1	色	2	2
斯 1/蕭 1	所	2	2
		4	4

3. 以生切初

撕 1				所	1	1

十、之类

　　反切上字为章母字的反切共 304 条 871 次,其中以章切章 297 条 858 次,以章切禅 3 条 6 次。另有以章切知 3 条 6 次,以章切澄 1 条 1 次。共出现反切上字 23 个:

　　之征支執質職止指至者照州周真針章正朱諸主拙專旨

　　系联结果为五组:

　　甲组:

　　章支朱諸(踵:章勇、支勇、朱勇、諸勇)之針(枕:之鵁、針鵁、支鵁)者(詹:者廉、之廉、章廉)真止(震:止慎、真慎、之慎)專(贅:章鋭、專税)征(征:之成;整:征領、之領)質(質:之實)職(職:之力;胥:職升)照(招:照遥、之遥、章遥)州(祝:州又、之又)正(遮:支奢、章奢、正奢、諸奢)主(麑:主樹、之樹)拙(拙:之劣;捶:章蘂、拙蘂)

　　乙组:

　　周(祝:之又、州又、周救)

　　丙组:

　　旨(祇:旨夷、諸時)

　　丁组:

　　指(娠:指慎)

　　戊组:

　　執至(執:至入;鍼:執金、之林)

说明：

1. 乙组"祝"字有三条注音，反切下字"又、救"多次给同一个被切字作反切下字，如：

臭：昌救（P327、P851）、昌又（P124、P133、P1633、P1669、P1686）

说明二者韵母声调相同，据此可以和甲组系联。

2. 丙组反切上字"旨"只出现一次，无法直接系联。查《释文》有"軹，音旨（763）、氐，音旨（P486、P890、P962、P1011、P1014、P1072、P1105、P1137、P1146）"等用"旨"作音的直音，《释文》对"軹氐"所注的反切分别是"軹：之氏反（P528、P1023）、之是反（P1452）"、"氐：之履反（P154、P158、P160、P165、P166、P173、P176、P179、P181、P194、P195、P303、P313）、之视反（P1602、P1603、P1608）"，均为章母字，据此可将"旨"与甲乙两组反切上字系联。

3. 丁组的"指"也只有一次。其被切字"娠"《释文》有直音："娠，音震。又音身。"（P1166）"震"字《释文》的反切是：真慎反（P360）、止慎反（P111），据此可以和其他反切上字系联。

4. 戊组反切上字"執、至"无法与其他上字直接系联。《释文》中"鍼"的反切下字"金、林"多次做同一字的反切下字，如：

参：初林（P531、P1417、P1498、P1585）、初金（P206、P794）；

箴：之金（P302、P782、P964）、之林（P166、P335、P391、P462、P731、P733、P1006、P1021、P1022、P1137、P1187）

说明"金、林"韵母声调相同。据此可证"執、之"声母相同，可以和以上几组系联。

附：之类反切上字及被切字表

1. 以章切章

被切字	切上字	切语数	切次
鬻(粥)1/鬻(粥)1/餰(饘)1/氊(旃)1/饘(餰)1/章(障)1/昭(炤)1/晣(晢)1/箴(鍼)1/紾(袗)1/軫(軨)1/積(槙)2/震(娠)1/烝(蒸)2/蒸(烝)1/贄(摯)1/帚(箒)1/註(注)1/諄(訰)1/椒(柷)1/屢(餐屢)1/朕(賸)1/胥[祝]1/胅1/示[真]1/觚[觶]1/屬[注]1/酏[饘]1/振(袗)1/炤[灼]1/鍵[餰]1/晢1/職1/昭1/純6/胥1/胥4/捶1/捶3/純2/蠑1/點1/砥1/砥1/底15/底3/磧2/剒1/聶2/鬻(粥)3/隋[驚]1/餰[饘]1/氊[氈]1/屬[注]1/鄣[障]1/鄣[障]1/忮1/蔵2/蔵1/汁4/汁1/跖4/攌3/慹1/質1/職1/只3/咫1/軹2/軹1/忮4/炙2/炙1/炙3/桎8/實43/摯1/贄1/觶10/驚1/驚1/鷙1/鑽2/遮1/折4/折13/折50/折1/晢1/晢3/晢1/柘1/招1/沼2/沼7/粥17/粥1/帚1/帚1/帚13/旃13/詹5/瞻1/膻4/饘4/鷓4/戰1/針1/斟5/箴11/箴1/鍼3/枕15/枕1/枕1/畛13/畛1/畛2/袗5/軨7/鬒1/顚1/拪1/振4/振1/振1/賑1/璋1/障4/障3/征1/烝14/烝36/烝4/烝3/烝2/蒸3/蒸1/蒸3/蒸3/整3/正1/渚1/渚1/煮1/注4/注9/祝16/祝1/祝16/註1/霽2/鑄12/灼1/拙1/惴4/贅1/顓1/準1/準1/腫1/種3/種4/屬2/屬9/屬2/檋1/惿3/慴2/澍1/聶(攝牒)1	之	174	608
炤(灼昭)2/蒸(烝)1/腫(踵)1/種(腫)1/陼(渚)1/瓵(塼)1/椒(掇)1/蟵1/燀1/捶1/棰1/純4/掇[椒]1/橐[橐]1/橐2/汋[勺]1/繳1/繳1/繳1/炤[昭]1/鄣[障]1/栀1/蟣1/炙9/桎1/觶1/遮2/折1/晢1/柘4/招1/昭3/旃2/旃1/詹3/畋1/戰1/斟1/箴1/箴1/障2/障1/陼1/渚1/注1/枳1/祝2/斫1/枕3/禔1/錐1/雉1/贄3/鍾1/鍾1/腫4/種59/種2/踵7/屬5/屬10/欅2/勺2/庶2/箄(捶)1/蠟(蚋)1	章	66	179
純1/純6/繳2/祇1/枳2/炙1/遮1/蒸1/渚1/黄1/斫1/禔3/準1/腫2/踵1/衆2/祇1/藏(職)1/制(浙)1/臺(準)1	諸	20	31

续表

被切字	切上字	切语数	切次
炙 1/觶 2/遮 1/枕 1/種 1/踵 1/埻 1	支	7	8
祇 1/柘 1/震 1/鑄 1	止	4	4
純 1/贅[贅]1/鬒 1/震 1	真	4	4
掇 1/梲 1/贅 1	專	3	3
炙 2/詹 1	者	2	3
踵 1/屬 1	朱	2	2
整 2	征	1	2
鍼 1	執	1	1
枝 1	質	1	1
脊 1	職	1	1
娠 1	指	1	1
執 1	至	1	1
招 1	照	1	1
祝 1/祝(咒)1	州	2	2
祝 1	周	1	1
枕 1	針	1	1
遮 1	正	1	1
霽 1	主	1	1
捶 1	拙	1	1
祇 1	旨	1	1

续表

被切字	切上字	切语数	切次
		297	858

2. 以章切禅

淳 1/淳 1	章	2	2
淳 4	之	1	4
		3	6

3. 以章切澄

緻	之	1	1

4. 以章切知

躓 1/禮 3	之	2	4
禮 2	章	1	2
		3	6

十一、昌类

昌母反切上字共有反切 176 条 680 次，其中以昌切昌 168 条 662 次，以昌切清 4 条 14 次、以昌切澄 2 条 2 次，以昌切书 1 条 1 次、以昌切透 1 条 1 次。反切上字共有 9 个：

昌尺赤川齒充出處春

系联结果为一类：

昌尺赤(車:昌遮、尺遮;尺奢、赤奢)川(啜:川悦、昌悦)充
(掣:充世、尺世、昌世)出(出:尺類、尺遂;推:出佳、昌佳、出誰、昌
誰)處(處:昌據、昌呂;綽:昌若、處若)春(蠢:春允、尺允、昌允)齒
(處:齒渚、昌呂)

附:昌类反切上字及被切字表

1.以昌切昌

被切字	切上字	切语数	切次
莔(芷)1/袳2/幨2/襜1/闡3/瀾(幝)1/倡10/倡1/倡3/倡(唱)1/唱(倡)1/弨1/車1/車4/掣1/掣1/稱2/蚩1/侈1/侈1/侈24/侈2/侈1/侈(移)1/袤2/鉹2/叱1/叱3/斥1/斥1/熾1/灗1/饎5/憧1/憧(懂)1/衝7/置1/置1/置1/醜1/臭2/臭5/杵10/俶1/俶1/俶1/處150/處1/處10/處2/歜1/歜3/髑1/髑1/觸1/觸1/啜1/啜1/舛1/喘3/僢1/僢2/吹2/吹(歙)1/炊5/炊(吹)1/歙1/蠢1/綽2/綽1/綽1/綽2/綽(卓)1/歠7/寋3/俥1/俥(闡)1/哆2/淖[綽]1/沈(潘)1/姝1/樞4/暉2/推1/推4/移2/枕6/枕1/肶1/鰤[饎]1/侈(侈)1/膌(侈)1	昌	92	356
袳1/襜1/幝1/闡4/昌[倡]1/倡3/弨1/車1/車1/車3/掣1/瞋1/稱1/稱167/偁(稱)1/秤1/蚩1/嗤4/鴟1/鴟1/鴟4/鴟(鵄)1/侈2/侈1/侈1/叱1/熾11/糦1/饎8/衝2/攣2/攣1/攣6/臭1/出1/出5/俶4/俶(俶)1/俶(叔)1/處2/處1/處1/俶3/莽1/蠢5/潘1/樞4/誃1/州(攣)1/枕2/枕2/肶1/廖(掣)1/廖(掣)1/嘯[叱]1/埤1	尺	56	283
襜1/車1/瞋1/稱2/姝3/袑1	赤	6	9
啜1/舛1/喘1/喘1/歙1/惴(蜑惴)1	川	6	6
推1/推1/春[蠢]1	出	3	3

续表

被切字	切上字	切语数	切次
綽1/綽1	處	2	2
處1	齒	1	1
挈(麾)1	充	1	1
蠢1	春	1	1
		168	662

2. 以昌切书①

瞕1	尺	1	1

3. 以昌切清

毳7/膬1	昌	2	8
毳5	尺	1	5
毳1	充	1	1
		4	14

4. 以昌切澄

赽1	昌	1	1
蛰1	尺	1	1
		2	2

---

①瞕，尺甚反。(p942)"尺"字或"尸"字之误。

5. 以昌切透

倘 1				昌	1	1

十二、食类

船母字的反切上字共有 8 个，所注反切 46 条 401 次，其中以船切船 33 条 387 次，以船切禅 13 条 14 次。这 8 个反切上字是：

食實示神繩述順舌

系联结果为三组：

甲组：

食示神（射：食亦、示亦；食夜、神夜）繩（繩：食陵、食承）順（盾：食允、順允）述（楯：述允、食允）

乙组：

實（謚：實至）

丙组：

舌（箷：舌制）

说明：

1. 乙组反切上字"實"只出现一次，被切字"謚"虽有几条切语，多是用禅母字作的反切上字，无法系联。从《释文》对"謚"所作得直音"謚：音示"（P347、P650、P707、P828）应该可以和甲组系联起来。

2. 丙组反切上字"舌"只出现一次，并且是给禅母字作切上字，无法系联。为保险起见，乙丙两组的反切上字声母依据《广韵》和甲组合为一类。

附:食类反切上字及被切字表

　　1.以船切船

被切字	切上字	切语数	切次
盾 1/盾 2/盾(楯)1/咶[舐]1/杼 1/蛇 1/射 118/射 8/麝 1/繩 1/繩 1/繩(憴)1/楯(盾)1/抒 3/贖 1/楯 6/楯 1/楯 5/舐(訑)1	食	19	156
甸[乘]1/甸[乘]1/乘 217/乘(椉)1	繩	4	220
盾 1/盾(楯)1/漘 2	順	3	4
示 1/示 1/射 1	神	3	3
盾 1/楯 1	述	2	2
諡 1	實	1	1
射 1	示	1	1
		33	387

　　　　2.以船切禅

純 1/醇 1/鹑 2/鹑 1	順	4	5
折 1/蟬 1/上 1	示	3	3
瞻(儋)1/蜃 1	食	2	2
淳 1/鹑 1	述	2	2
召 1	實	1	1
筮 1	舌	1	1
		13	14

十三、式类

以书母字作反切上字的反切共有 190 条 788 次,其中以书切书 184 条 766 次,以书切章 5 条 21 次,以书切生 1 条 1 次。共有反切上字 18 个:

式始尸失施詩矢世設手申商傷升書舒叔束

系联结果为三组:

甲组:

式始尸詩世商升舒(勝:式證、始證、尸證、詩證、世證、商證、升證、舒證)失傷書(向:失亮、傷亮、書亮、式亮、舒亮)申(挩:申銳、始銳、舒銳)矢(翅:矢豉、申豉)束(春:束容、傷容、舒容)施(少:施照、詩照)設(羶:設然、失然、升然、書然)

乙组:

手(狩:手又、尸救)

丙组:

叔(燒:叔招;獸:叔又)

说明:

1. 乙组反切下字的系联方式可参考之类系联说明第 1 条。

2. 丙组无法直接系联。《释文》直音有"狩:音獸"(P802、P1285)一条,说明"狩、獸"音同,"手又、叔又"同音,"手、叔"声母相同。据此可将丙组与甲乙组系联起来。

附:式类反切上字及被切字表

1. 以书切书

被切字	切上字	切语数	切次
始1/弛9/翅1/螫1/弛(施)2/弛(施)1/施5/施22/施1/施(弛)1/弑(殺)1/殺(弑)1/舍2/少2/收1/苦3/深1/殤1/殤4/觴2/升1/勝1/輸1/成1/稅2/葉1/陝1/餉1/饟4/向3/向1/篪(籭)1/蜃(施)1/施[弛]1/從[舂]1	式	35	83
痁1/捝5/蜕1/餉1/弛1/啻1/啻(翅)1/憝1/施1/施1/施54/施1/施1/濕1/適1/奭1/苦6/挺1/勝2/説1/説11/説(稅涗脱)3/鑠1/悦8/悦(捝)2/涗2/稅11/葉9	始	28	130
塌1/弛1/啻1/憝1/痁1/湯1/湯1/螫1/螫1/鞣1/少1/苦3/蟺2/閃1/矧3/矧(哂)1/蟎1/觴(醦)1/輸1/爍1/鑠1/陝5/向1/屍(矢)1/遷[翅]1	失	25	34
屖[㞖]1/捝5/顫1/舂1/搖1/施1/首1/殤1/勝1/未(菽)1/説1/鑠2/鑠2/悦1/涗1/稅7/葉7/向25/向1	舒	19	59
捝1/殺[弑]35/翅1/袚(翅遷)1/施1/湜(濕)1/濕1/弑24/弑(殺)2/飾2/飾(餝)1/識(幟)1/殺(弑試)5/少3/深2/矧2/稅1	申	17	84
弛1/弛4/弛1/弛1/弛(施)1/施1/屍(矢)1/狩1/深9/沈1/矧1/勝4/水1/舜1	尸	14	28
痁1/奭1/少49/少3/少129/守(狩)1/哂1/矧2/勝3/啻[試]1	詩	10	191
憝1/舂3/豕1/適1/賒1/苦1/苦1/瘋1/向2	傷	9	12
湯1/施(弛)1/奢1/蟺1/説1/涗1/向1	書	7	7
收2/守83/守(狩)9/首11/狩11/狩(守)2	手	6	118
少1/蟺1/勝6	升	3	8
弑(殺)1/適1/少1	施	3	3

被切字	切上字	切语数	切次
春 2/戍 1	束	2	3
燒 1/獸 1	叔	2	2
翅 1	矢	1	1
勝 1	世	1	1
羶 1	設	1	1
勝 1	商	1	1
		184	766

2. 以书切章

識 1/識 6	式	2	7
識 12	申	1	12
識 1	傷	1	1
昭 1	式	1	1
		5	21

3. 以书切生

殺 1	始	1	1

十四、市类

反切上字为禅母字的反切共有 244 条 758 次,其中以禅切禅

201 条 685 次,以禅切船 27 条 37 次,以禅切昌 1 条 1 次,以禅切章 14 条 34 次,以禅切澄 1 条 1 次。共有反切上字 23 个。它们是:

辰常嘗成承垂石時氏市恃是視涉受善甚慎上尚植純紹

系联结果为五组:

甲组:

市時常辰上慎石(蜃:市軫、時軫、常軫、辰軫、上軫;常忍、石忍、市忍、慎忍、上忍)涉(贍:涉豔、常豔、時豔)尚(尚:時亮)是(擔:是豔、市豔)成(盛:成政、是政)承(殖:承力、時力、市力)恃植(植:恃職、常職;時力、市力)視(視:常止、常旨)受(淑:受六、常六、市六)善(澶:善然、市然)純(楯:常尹、純尹)

乙组:

垂(睡:垂臂、垂偽;瑞:垂偽、常恚、時恚)

丙组:

甚氏(諶:氏壬、市林、甚針)

丁组:

嘗(邌:嘗例)

戊组:

紹(昭:紹遥)

说明:

1.甲组中反切上字"純"的被切字"楯"为船母字。给船母字注音的反切上字有"常成承純石時市"7 个。

2.乙组反切上字"垂"为"睡瑞"两字作切语,反切下字"偽恚"同时给同一个字作切,如:

恚:一睡反(P1047、P1092、P1245、P1251、P1380);恚:一偽反

（P1004）

说明二者韵母声调相同,据此可将"垂"与甲组反切上字系联起来。

3.丙组中"諶"字的三个反切下字也可以证明韵母声调相同。如:

煁:市林反（P343）、市针反（P1611）;壬:而林反（P1173、P1196、P1314）

据此也可将"甚、氏"与甲组反切上字系联在一起。

4.丁组无法系联,依《广韵》而定。

5.戊组"紹"给章母字"昭"作切,不能与同时给章母字作切的"常時市上"系联。依《广韵》而定。

附:市类反切上字及被切字表

1.以禅切禅

被切字	切上字	切语数	切次
擔1/團[轓樽]1/樽[轓]2/者(嗜)1/埴2/植3/殖6/折1/召1/鄩1/膊[轓]1/尵1/酬2/酬(醻)1/醻1/醻2/醻(酬)2/饟2/饟2/饟(饎)1/魾(敲)1/澶6/澶1/禪2/蟬1/忱8/煁1/煁1/諶3/諶(忱)1/賞2/戚(盛)1/遄1/遄14/歂2/醇1/鶉2/宣1/嗜8/籤1/籤1/籤1/籤6/誓2/噬7/噬1/澨5/澨1/社1/勺3/杓1/紹1/紹1/售1/售(饎)1/壽1/擅16/膳3/繕6/脹8/腎1/腎(緊賢)1/慎1/蜃9/蜃1/蜃(蜃)1/盛1/殳2/淑1/豎1/鬮[鬮]1/者23/軡3/膊1/國[轓]1/輀[轓樽]1/頓[轓]1/湛(諶)1	市	78	214

被切字	切上字	切语数	切次
埀(菙)1/伏1/埴1/埴1/植5/植1/殖3/殖1/折2/召8/肫[纯]1/禅3/諶1/償5/償1/菙2/寔2/寔1/蒔1/嗜1/嗜1/勺3/勺2/韶1/擅1/瞻1/腎2/慎1/曆1/上1/上244/上3/尚1/盛1/妁1/瑞1/伏[仇]3/耆5/召(邵)2/折(断)1	時	40	318
祇(提)1/召4/召30/汋1/筮1/勺6/勺2/勺2/勺(构)1/构1/韶1/韶1/韶1/韶(招)1/劭1/邵1/邵(召)3/膳1/繕1/脈1/脈2/腎1/曆1/曆3/竪2/竪4/招(韶)1/昭(紹)1/昭(侶)1/召(邵)5	上	30	82
植1/洙1/荣1/鑪1/償1/醇1/寔1/視2/視2/嗜1/齙(噬)1/韶1/韶2/瞻1/瞻3/曆2/曆2/淑3/曋1/瑞1/耆[嗜]2/瘫1	常	22	33
澶1/禅1/禅1/擅2/繕1	善	5	6
睡1/睡1/瑞4	垂	3	6
擔1/提1/盛1	是	3	3
瞻2/瞻2	涉	2	4
售2/淑1	受	2	3
慎1/曆1	辰	2	2
曆1/伏[仇]1	石	2	2
郷1/淳1/召(邵)1	尚	3	3
遄1	嘗	1	1
盛1	成	1	1
殖1	承	1	1
諶1	氏	1	1

续表

被切字	切上字	切语数	切次
植 1	恃	1	1
眡{眡}1	视	1	1
谌 1	甚	1	1
蜃 1	慎	1	1
恴(臣)1	植	1	1
		201	685

2.以禅切船

被切字	切上字	切语数	切次
杼 1/乘 6/諡 1/諡 1/揲 1/抒 1/楯 2/拙[揲]1	时	8	14
盾 1/盾 1/盾(楯)1/杼 1/楯 1/楯 1/楯 3	常	7	9
塍 1/贳 1/諡 1/蛇 2/射 1/繩 1/繩 1	市	7	8
盾(楯)1/楯 1	純	2	2
乘 2	承	1	2
乘 1	成	1	1
赎 1	石	1	1
		27	37

3.以禅切昌

被切字	切上字	切语数	切次
啜 1	常	1	1

4. 以禅切章

招 1/招 3/昭 1/昭 3/昭 5	上	5	13
昭 1/酌 1/鱄 1/鱄 3	市	4	6
招 3/昭 9	常	2	12
遭 1/昭 1	時	2	2
昭 1	紹	1	1
		14	34

5. 以禅切澄

湛 1	市	1	1

第六节　牙音系联结果

一、古类

以见母字作反切上字的反切共有 1010 条 2801 次,其中以见切见 1002 条 2793 次,以见切群 5 条 5 次,以见切溪 2 条 2 次,以见切匣 1 条 1 次。共出现反切上字 68 个,它们是:

古居九工俱纪故吉京更交久公庚官弓加佳江姜經均格姑虢规恭簡卷君革羔光几棘己眷哥改乾根耕瓜寡卦國圭觀媿愧基飢寄既甲皆兼蹇今斤金敬矩舉句具已夬

系联结果为三组:

甲组:

古居故(鯀:古頑、居頑、故頑)金今(禁:今鴆、金鴆、居鴆)革

庚佳（庚：古衡；佳：格牙；解：革買、庚買、佳買、古買）江工（降：江
巷、工巷、古巷）官觀（觀：官唤、古唤、工唤）吉（笰：吉分、古分）更
（更：古衡、古孟；梗：更猛、古猛）弓（鞠：弓六、居六）九京俱（媿：九
位、居位；麇：京倫、九倫、俱倫）紀（屦：紀具、九具、俱具）公（畎：公
犬、工犬、古犬）格加（格：更百、加百、古百）姑（過：姑卧、古卧）虢
寡瓜（虢：古伯、瓜百、寡白；瓜：工花、古花）規（鈞：規旬、居旬）恭
（拱：恭勇、九勇、居勇、俱勇）羔（誥：羔報、古報、故報）光（光：古
黄；廣：古壙、古曠、光曠）改（陔：改才、工才）根（艮：根恨、古恨）耕
（耿：耕幸、古幸）卦（卦：俱賣）國（肱：國弘、古弘）圭（圭：居危）媿
（媿：九位、居位、俱位）愧（愧：九位）交（絞：交卯、古卯）久（廄：久
又、九又、居又）姜（姜：居良、居羊）經（激：經歷、古歷）簡（簡：古
限、居限；鞂：簡八、江八）卷眷（卷：紀轉、九轉；卷：卷勉、眷勉）君
具（屈：君勿、具物、居勿）棘己基（棘：紀力、居力；己：基倚；汲：己
及、居及；兢：棘冰、己冰）几（矜：几陵、居陵）乾（乾：古丹）割：乾
遏）飢（肌：居其、居疑）寄（寄：京義）既（幾：既依、居依）甲（監：甲
暫、古暫）皆（榎：皆雅、古雅）兼（兼：古恬）蹇（蹇：居輦、紀輦）斤
（斤：紀覲；訖：斤密、居乙）敬（儆：敬領、京領、居領）矩（矩：俱宇）
舉（居［踞］：舉慮、紀慮）句（句：古豆、古侯、故侯；紀具、九具、居
具）夬（夬：古快）

乙组：

哥（哿：哥我、古可）

丙组：

均（繘：均必；橘：均筆、均必、均栗）

说明：

1. 甲组中"斤，紀覲反"读去声，"斤斤，明察也"（P395），《广

韵》"居焮切"。另外还可以根据"訖"的"斤密、居乙"读音来系联，"密乙"多次同作一个字的反切下字，如：

肸：許密反（P1385）、許乙反（P675、P678、P916、P990、P1016、P1023、P1059、P1075、P1083、P1127、P1185）

"密乙"韵母声调相同，"斤、居"声母相同。

2. 乙组"哥"只出现一次，无法直接系联。考《释文》"我、可"多次同作一个字的反切下字，如：

跛：波可反（P515、P977）、波我反（P82、P113、P649、P1091）

说明"我、可"韵母声调相同，"哥我、古可"为同音异切，可以和甲组系联起来。

3. 丙组"均"作为切上字只给"繑橘"两字作上字，据《释文》材料无法系联。依据《广韵》而定。

4. 切上字声母为"见"的反切还有两条，存疑不用：

淵，古玄反。

繰，干小反。

附：古类反切上字及被切字表

1. 以见切见

被切字	切上字	切语数	切次
串 1/陕 1/陕 1/陕（秖）1/荄 1/該 1/該 1/丐（匄）1/匄 9/匄（丐）3/摡 4/蓋 2/槩 5/槩 4/溉 10/溉 4/溉（概摡）2/干 2/秆 2/笱 3/旰 1/旰 4/紺 3/紺 2/幹 1/幹 11/幹 1/觠 1/贛 1/岡 1/岡（罔）1/皋 8/皋 1/高 4/高 1/膏 5/膏 1/槔 1/橐 6/橐 2/蘽 1/杲 1/藁 5/槁 1/藁 10/藁（藳）2/縞 18/藁 1/告 7/告 2/部 14/誥 7/戈 4/鴒 3/荅 1/格 4/格 1/格（假）1/蛤 1/蛤 6/觡	古	448	1609

被切字	切上字	切语数	切次
1/鞈 1/鞈 2/骼 1/骼 2/哿 1/个 23/个[幹]1/個 1/艮 4/拒 1/更 12/更 3/更 2/庚 1/庚(羹)1/緪 1/羹 3/賡 1/郠 1/耿 4/梗 2/梗 4/綆 1/鯁 1/鯁(哽)1/塯 3/肱 17/觥 4/觵 1/觵(觥)3/溝 1/鉤 1/鉤 7/鉤(鵃拘)3/縱 4/轐 3/狗 5/狗(豿)1/笱 2/垢 9/垢(詬)1/姤 2/苟 1/冓 1/冓(遘)1/媾 6/媾 1/彀 1/遘 2/遘(覯)1/雊 5/構 3/構 1/覯 7/覯 1/購 3/蛄 1/辜 1/彀 7/泪 1/谷 5/䐗 17/䐗(假)2/鵠 7/鵠 1/梏 10/梏 1/牿 1/瓜 3/瓜 8/刮 2/刮 1/苽 1/鴰 1/騧 3/夬 3/夬(決抉)1/怪 1/冠 3/冠 57/棺 3/瘝 1/鰥 1/鰥 7/觀 1/觀 7/觀 34/觀 4/鰥(鰥)1/瘝 1/管 1/管 2/舘 1/館 1/館 1/屮 1/貫 1/貫 30/貫 1/貫[慣]4/裸 14/慣(貫遺)1/樌(灌)1/樌(灌)1/盥 3/灌 15/灌(裸)1/灌(懽)1/爟 1/爟 1/瓘 2/瓘 1/曘 3/鸛 1/鸛 1/鸛(觀)1/鸛(萑)1/光(芫)1/洸(横)1/廣 1/廣 42/瑰 2/瓌 2/塊 1/蒯 1/襘 2/袞 9/袞(卷)1/裦 1/緄 3/緷 2/鮌(鯀)2/鰥 6/鰥(縣)1/睔 1/睔 2/聭 5/蜾 2/蘲 1/虢 1/馘 12/馘(聝)1/果[裸]1/樏 1/裹 1/過 51/過 1/過 22/過(渦)1/肱 1/浩 1/皓 1/合 1/恒 1/恒(緪亙)2/横 3/滑 2/組(緄)1/會 18/會(襘瑝)2/澮 9/檜 2/檜 2/檜(鄶)1/活 1/刳 1/笴 9/稽 13/稽 3/墼 1/激 6/激 1/激 6/激(浮)1/擊 1/雞[笴]1/蕀 1/罄(擊)1/薊 1/夾 44/夾(挾)1/夾[铗]2/梜 1/袷 2/頰 1/頰(甂)1/郏 11/莢 2/莢 1/頰 3/頰 1/墅 7/梘 1/榎 1/榎(櫃)1/檟 3/假 12/假[格]1/假[格]4/稼 1/肩 1/姦 2/兼 1/菅 14/狞 1/械(緘)1/蒹 1/蒹 1/監 6/監 1/監 2/監 1/監 22/監 1/監(鑑)1/緘 3/萠[萠]1/緣 1/鵊 2/跰 1/減 1/減 1/減 1/簡 1/繭 12/繭 1/繭(璽)1/襺 1/襺(繭)1/閒 3/閒 2/澗 1/鑑 6/鑒 1/降 2/絳 3/姣 1/澆 1/佼 6/佼(姣)4/狡 9/狡(交)1/皎 1/絞 1/絞 1/絞 11/憍 2/憍(憍)1/傲(邀)1/傲[徼]8/徼 3/徼 14/皭 1/皭 1/皭 3/皭(皎)1/叫 1/叫(曑)1/叫{叫}1/挍[校]51/窘 2/較 2/較 1/聕 1/皭 3/秸(鵠)1/喈 1/蛄 1/解 10/解 11/解 1/介 2/介 1/芥 1/矜(鰥)2/矜[鰥]6/勁 1/勁 1/經 1/經 1/鶄(徑)1/到 3/頸 1/俓 2/俓			

被切字	切上字	切语数	切次
（俓）1/俓 13/峒 1/峒 1/扃 1/扃 4/扃 5/駉 1/泂 1/潁 3/咎 3/拘 3/臮 1/臮（湨）1/郎 3/湨 2/湨 1/湨 1/愄 1/鵙 1/鵙 1/覤 1/覤（臮）1/句 1/句 28/钃 6/卷（袞）5/卷［袞］8/胃 2/绢［胃］1/抉 1/决 5/英（决）1/玦 4/訣 1/毅 1/譎 10/觉 12/鑯 1/艍 1/劓 2/柯 1/柯 4/柯 7/柯 1/偭 3/噲 1/獝 2/膾 6/膾（鲙）1/鲙 1/愩 1/愩 1/昆 2/崐 1/騉（昆）1/括 1/括 19/栝 2/栝（苦）1/活 1/翳 1/鲲 1/纶 1/鵒 1/汽（馦）1/乾 1/茄 1/區（句）1/畎 3/畎（畖毗）2/扃（扃）1/适 2/适（括）1/肆 1/陔（祴）1/莞 1/礘 1/侠［夹］7/夏 1/咸（缄）1/咸［缄］1/鼻 4/校 1/校 1/校 1/楔 2/偕 1/懈 1/湨｛湨｝1/湨｛湨｝1/妖（狡姣）2/邀 4/剑 3/澆（浇）1/眡［畎］2/會（會）13/椠 概 1/椠［概］1/毁（珐）1/涓［涓］2/澗［泂］3/狄（獝）1/蚖 1			
堍 1/裈［鞠］1/缪［樛］1/缪 1/更 1/圭 1/堍 1/癸 1/庹 1/篦 1/篦 1/劂 3/嫣 1/厰（撅）1/鳏 1/拱 5/掎 1/媿 1/肌 2/肌 1/饥（饥）1/菁 2/畸 2/箕 1/骑［掎］1/磯 1/讥 1/饑 3/饑 1/饑（饥）1/饑（饥）1/饑（饥）2/羁 7/彶 1/汲 5/芨 1/亟 3/亟（急）1/疾（亟）1/秸 1/棘 3/棘（蕀）2/殛 1/掎 3/幾 33/幾 1/幾 1/踦 1/踦 1/箕 1/概 1/罻 4/瀏 1/蕳 1/夹 2/戛 3/戛 1/祫 1/揭 1/孑 1/孑 1/刭［劫］1/劫 9/劫（跲）1/衱 1/衱 1/訐 1/偈（褐羯）1/羯 1/羯 3/解 1/憍 1/脚 1/撟 1/撟 2/撟（矫）1/矫 17/矫 4/蟜 6/蟜（矫蹻）1/跙（叫）1/枓（樛）1/纠 16/鸠 2/樛 1/樛 2/赳 3/韭 1/究 1/疚 1/廏 1/廏 1/廏 4/搴（搴）1/塞 1/简 1/矜 1/矜 4/矜 1/筋 1/筋 2/禁 4/禁 1/靳 3/靳（靯）1/姜 1/姜 1/畺 2/僵 5/畺 1/橿 1/殭 1/礓 1/疆 87/疆 1/疆（竟畺壃）4/繮 1/韁 1/兢 1/兢 1/兢（矜）3/儆 3/頸 1/警 5/警（敬）1/竟［境］2/菊 1/鞯 1/鞠 11/鞠 4/鞠（訽鞫）2/鶪 1/鶪（鞠）1/蒴（菊）1/莒 1/筥 3/句 2/拒 1/倨 1/倨 1/踞 1/撅 1/蕨 3/蠼 1/蹶 1/蹶 4/蹶（蹻麗）2/鈎 1/廞（麋麐）1/奇 6/奇 6/期（朞）2/期（朞）1/期［朞］8/期［朞］1/期 朞 1/訖 2/蹻 2/蕎 1/敬［敔］1/橋 1/	居	173	471

续表

被切字	切上字	切语数	切次
橋1/橋(矯)1/寨(攓)1/攓[寨]1/彊1/繈(襁)1/屈14/鷗1/瞿1/簾[筥]1/枳1/枳2/倚[奇]1			
奥[斞]1/鞻[屨]1/侹6/悗1/庩1/庩1/庩(庪處)2/舥1/詭1/詭9/劇1/嫣4/供10/拱7/栱1/菡1/鞏14/共(供)1/共[供]1/共[拱]4/媿1/媿(愧)2/愧(媿)2/誆6/誆(註)1/級1/庋(庪)1/戟1/屩1/訐1/憍1/鳩1/鳩1/鳩1/究6/疚1/廄11/鞻1/憬1/拘5/菊(掬)1/捐1/掬4/韏1/鞠6/鞠(菊)1/鞠2/筥2/句1/拒1/屨17/屨1/屨1/孓1/屬1/蹶2/钁1/卷1/麋14/麋(麠)1/麞2/麞1/麞(麋麞)3/麠(麋麞)1/囧(煛)1/籯1/寨1/瞿1/軌3/梟1/祈[衼]1/犍1	九	72	192
笥2/陔1/豥1/告2/告1/耆1/垢2/遘2/雛1/榦1/耿1/邦1/鯁1/眔1/泪1/谷1/穀1/穀3/牯1/顧1/瓜1/括1/蝸1/果(蜾蝸)1/瘝1/觀7/觀1/冠1/冠3/貫1/瑾1/袞2/鮃1/憤1/稽1/秸(稭)1/槃(繁)1/夾1/假1/假1/監1/監2/監4/緘1/齦1/繭1/鑑1/降1/扃[炯]1/眹2/繁1/懈1/懈1/釗1/鷯1	工	55	75
枸1/卦3/塊1/袨1/詭1/供2/拱1/拱(共)1/菡1/媿1/誆1/駒1/捐1/矩1/棋1/棋1/蹶1/句1/拒2/拒1/屨1/屨1/蹶1/蹶3/厤2/夒3/夒(瞿)1/攓7/貜13/貜(玃)1/捲1/卷1/眷1/麋1/麋1/麞(麞麋)1/麞2/麞(麋)1/瞿1/瞿2/瞿(懼)1/橋1	俱	42	71
革[亟]3/觭1/羈2/亟14/亟(極)2/棘4/極[殛]2/殛6/殛(極)4/襋1/屩1/揭1/孑1/憾(極亟)1/憍(驕)1/矯1/矯(撟)1/謇(謇)1/檢1/塞1/塞1/塞5/塞1/斤1/彊1/居[踞]1/拘1/筥2/句3/倨(居)1/屨4/厤1/卷1/奇3/奇7/蹶1/瞿3/瞿(懼)1/倚(畸)1/犍1	紀	40	89
槀1/告1/告1/誥3/榦(幹)1/括1/聒1/瘝1/鰥2/鮃2/澮1/澗1/句1/垌1	故	14	18

被切字	切上字	切语数	切次
笄 1/瘻 1/孑 1/芥 1/糺 2/頸 1/頸 3/勁 2/蠲 1/蠲 1/枳 3/甄 1/急[勁]1	吉	13	19
摄(戟)1/寄 1/景 1/儆 2/儆(敬)1/警 6/麇 1/麕 1/潁 1	京	9	15
佹 1/詭 1/灸 1/究 1/疢 5/廏 1/告[鞠]1	久	7	11
革 1/格 1/格(洛)1/骼 1/梗 2/假[格]2/假[格]1	更	7	9
膠 1/佼 1/狡 2/絞 2/攪 1/覺 1/校 1	交	7	9
耿 1/穀[構]1/貢 1/繭(蠒)1/狀 1/剴 1	公	6	6
解 17/解 28/繲 1/減 1/懈 5	佳	5	52
觀 1/觀 6/冠 1/祼 1/灌 1	官	5	10
格 2/骼 1/哽 2/假[格]2/解 1	庚	5	7
匊 1/椈 2/繭 1/橘[矩]1/坭(鞠)1	弓	5	6
格 1/骼 1/賡 1/假[格]1/賈 1	加	5	5
骼 1/更 1/冠 1/靳 1/降 1	江	5	5
激 1/激 5/擊 1/徑 4	經	4	11
橘 1/橘 2/橘 1/繘 2	均	4	6
瓢(孤)1/筥 2/劊 1/薑 1	姜	4	5
疆 1/捃 1/屈 5	君	3	7
供 1/拱 2/鞏 2	恭	3	5
緅 1/鯁 1/佳 1	格	3	3
革 1/過 1/汱 1	姑	3	3
獷 1/魷(鯸)1/礦 1	虢	3	3

被切字	切上字	切语数	切次
汲 1/兢 1/肌 1	己	3	3
鶛(秸)1/夏 1/鞿 1	簡	3	3
卷 1/卷 1/卷 1	卷	3	3
廣 4/廣 5	光	2	9
卷 6/卷(袞)1	眷	2	7
卝 2/解 1	革	2	3
誥 1/吉［告誥］1	羔	2	2
鄄(甄)1/鈞 1	規	2	2
撟 1/矜 1	几	2	2
兢 1/矜 1	棘	2	2
虢 4	瓜	1	4
虢 3	寡	1	3
軌 2	媿	1	2
哿 1	哥	1	1
陔 1	改	1	1
割 1	乾	1	1
艮 1	根	1	1
耿 1	耕	1	1
掛 1	卦	1	1
肱 1	國	1	1

被切字	切上字	切语数	切次
鵙〔鶪〕1	圭	1	1
括1	觀	1	1
甌1	愧	1	1
己1	基	1	1
刋1	飢	1	1
掎1	寄	1	1
幾1	既	1	1
監〔鑒〕1	甲	1	1
榎1	皆	1	1
頰1	兼	1	1
躩1	蹇	1	1
禁1	今	1	1
訖1	斤	1	1
禁1	金	1	1
儆1	敬	1	1
斪〔斠〕1	矩	1	1
居〔踞〕1	舉	1	1
拘1	句	1	1
屈1	具	1	1
		1002	2793

2.以见切群

桀1/偈1		居	2	2
雉1		古	1	1
祁1		工	1	1
葵1		夬	1	1
			5	5

3.以见切溪

圈1/硅1		睾	2	2

4.以见切匣

攌[患]1		睾	1	1

二、苦类

以溪母字作反切上字的反切共 521 条 1622 次,其中以溪切溪 509 条 1610 次,以溪切见 4 条 4 次,以溪切群 4 条 4 次,以溪切晓、以溪切匣各 2 条 2 次。共出现反切上字 28 个:

苦起去丘口开羌曲欺缺棄遣弃匡困空窺卻枯祛牽祛傾墟器却羌駆

系联结果为一类:

苦口(溪:苦兮、口兮)起窺(窺:苦規、起規、去規)丘缺(缺:窺悦、起悦、丘悦、苦悦)卻(卻:起略、羌略、去略)羌羌去(羌:卻良;去:羌吕、羌吕、起吕、丘吕)枯(槁:枯老、口老、苦老)欺(揭:欺例、起例、苦例)开(鐙:开代、苦代)曲匡(恐:匡勇、曲勇、起勇、丘勇)

困(坤:困門、苦門)空(空:苦貢)棄弃(棄:丘異;闚:棄規、去規;
譴:弃戰、棄戰、遣戰)遣(遣:弃戰、棄戰;輕:起政、遣政)袪(袪:起
居)牽(牽:苦年、去賢)袪(袪:起居、去居;起呂)傾(傾:窺并;去
營)墟(墟:去魚)器(器:袪記)却(卻(却):去略;掔:却賢、苦田)駈
(驅(駈):起俱)

说明:

　　1.“卻、却”为异文;“驅、駈”为异文。

附:苦类反切上字及被切字表

　　1.以溪切溪

被切字	切上字	切语数	切次
圅(壹)1/巛(坤)1/阬 2/阬 1/藁 1/藁 3/槀 3/槀 16/藁 1/藁[犒]1/垢 1/茎 2/郭(廓)1/薨 1/薨(槀藁)2/髡 1/揩 1/瀱 3/華[苽]1/恢 10/揭 2/刦 1/刦 1/楬 3/楬(髡)1/綱 1/裘 2/穎 1/卷 1/慨 3/墢 1/愷 1/愷(豈)1/楷 1/鎧 4/鎧 10/欿 1/欿 3/愒 3/愒 1/刊 2/刊 9/堪(戡)1/嵁 1/龕 1/坎 1/坎 6/坎(欿)1/侃 2/衎 13/衎(衎)1/闚 3/康 1/康[抗]1/溓(歉)1/亢 30/伉 7/伉(亢)2/抗 11/抗(亢)1/炕 1/尻 2/尻 3/犒 7/科 4/科 2/科(蝌)1/榼 1/薖 1/顆 4/咳[欬]1/咳[欬]1/渴 2/渴 1/客 1/恪 10/恪 1/肯 1/狠 1/墾 5/懇 1/坑 1/坑 6/硻 3/硻 5/鏗 5/空 1/控 5/控 1/彄 16/彄(嫗)1/摳 2/寇 2/寇 1/觳 1/剀 1/枯(槁)1/哭 1/堀(窟)1/窟 2/袴 3/酷 4/礐 5/礐 2/夸 4/夸 2/夸 1/誇(夸)1/侉 2/跨 3/蒯 1/蒯 25/由 1/由 1/快 6/快(噲)1/塊 10/塊 2/塊 1/梡 1/款 3/款(歀)1/壙 10/纊 1/刲 7/悝 3/窺 1/闚 3/闚(窺)1/奎 3/奎(睽)1/魁 11/魁 1/睽 5/傀(傀)1/喟 1/簣 2/簣[由]2/坤 2/髡[髠]1/髡[髠]1/髡[髠]16/髡[髠]1/髡 1/梱 2/梱(闒)2/壺 1/闉 1/廓 2/闊 2/	苦	221	625

续表

被切字	切上字	切语数	切次
鞿4/顑1/企1/豈(愷)1/豈(愷凱)1/綮1/契13/契2/契(挈)1/契(挈)2/愒4/磬1/骼1/汧1/汧1/叡(堅)1/牽1/掔1/雅1/顑1/慊1/慊(嗛)1/蟿1/嗛2/棅2/鄡1/敧1/敧1/墝2/墝(墩)2/骹1/巧3/巧1/撒1/竅9/竅2/挈17/挈(契)3/挈(契)3/籈2/籈4/籈4/鍥1/衾1/嵌1/頃3/頃1/罄1/磬1/磬2/聞1/闃1/闃1/缺1/缺1/坬1/硈1/愨4/愨(殼)1/愨4/確3/確3/闚14/溪1/溪(谿)1/谿9/谿2/殼(愨)1/闚[闚鶂]1/葿[蒸]2			
懇1/劀1/窺1/喟2/筐1/恐1/蛞1/蛞1/盃1/踦1/揭6/揭1/詰13/詰3/蹇[謇]1/鞠1/卷1/卷2/困1/傲1/崎1/泣1/愒1/渚1/憩(愒揭)2/挈1/巧1/糗2/愜2/愜1/愜1/愜19/愜(謦)1/愜(謦衍)2/謦1/褰1/褰3/謇4/褰4/欠2/衾1/輕1/咔1/袪1/胠1/袪1/袪2/袪5/區1/敺1/敺(驅)1/驅1/驅1/驅(駈)1/麴2/去2/去330/去1/龕1/缺1/怯1/卻4/愨1/圈2/綣1/綣(卷)1/穹4/穹1/郤{卻}2/虛8/虛4/虛(墟)1/虛(墟)1/詘1/敺(驅)1/蛔1	起	76	481
窺1/窺(闚)1/虧2/闚2/闚(窺)2/巋1/喟1/喟2/蛞1/盃12/盃1/盃1/詰3/卷1/困1/跂1/杞1/企(跂)1/渚6/渚1/挈2/藕1/丘1/糗3/糗1/牽1/愜3/愜2/愜2/謦1/褰1/謇1/嗛1/菣1/菣(藍)2/卿2/傾1/袪1/袪1/區1/區{丘}1/缺[頍]1/菣1/怯3/卻2/卻(却)1/卻{郤}7/郤11/郤(却)1/郤(隙)1/郤{卻}1/隙1/隙1/隙(郤)2/綌11/虛3/虛(墟)1/墟2/麴1/隙[隙](郤)1/隙{隙}1/鶂(鵙)1	去	61	131
凱(愷豈)1/巋1/跬1/喟1/筐3/筐1/筐1/筐(匡)1/恐33/恐1/蛞1/困3/困1/麀3/跂4/跂1/跂3/企2/棄1/渚1/甋2/揭1/糗1/糗1/欠2/蜣1/屈3/屈1/袪1/區2/嵁1/敺2/驅1/驅2/麴1/去9/缺5/缺[頍]1/怯1/卻{郤}1/郤1/虛1/詘6/敺2/蛔1/敨1	丘	46	115

被切字	切上字	切语数	切次
槁1/詬1/厊1/客1/恪1/課1/飑(凱)1/㫑1/㲉2/坎1/坎2/欿1/闞8/肯1/康(穅)1/亢1/刳3/刳2/刳2/挎1/挎1/挎(刳)1/窟2/酷1/磬2/夸2/跨1/悝1/奎1/魁2/梱2/控1/絅(穎褧)1/穎1/启1/挈1/篋1/篋1/慊2/磬2/磬[磬]1/溪1/谿1/喫1	口	44	64
咳[欬]1/凱4/凱(愷豈)2/愷1/愷3/鎧3/欬1/忾1/豈(愷)1/豈[愷]1	開	10	18
椐1/芎1/丘1/蟚1/區1/區2/去48/卻1/虛1	羌	9	57
虧1/匡1/筐1/恐8/區1/驅(駈)1/鋬2	曲	7	15
嘔13/揭1/愒1/揭1/驅(駈)1/去1	欺	6	18
譴8/輕22/鑿1	遣	3	31
遣17/繾1/譴10	弃	3	28
闚1	棄	1	1
跬1/頍1/頃[跬]1	缺	3	3
傾2/缺2	窺	2	4
坤1/坤(巛)2	困	2	3
哭1/巛(坤)1	空	2	2
恐1/驅1	匡	2	2
躩2	駈	1	2
嘔1	墟	1	1
羌1	卻	1	1
擘1	却	1	1

被切字	切上字	切语数	切次
麝 1	祛	1	1
器 1	祛	1	1
缺 1	傾	1	1
去 1	羌	1	1
倪 1	牵	1	1
泣 1	器	1	1
槁 1	枯	1	1
		509	1610

2. 以溪切见

頯 1/卷 1	去	2	2
絜 1	苦	1	1
驕 1	起	1	1
		4	4

3. 以溪切群

橬 1/偈 1/黙 1	起	3	3
橬 1	去	1	1
		4	4

4. 以溪切晓

髋 1		苦	1	1
畦 1		口	1	1
			2	2

5. 以溪切匣

曷（鶡）1/䡾 1		苦	2	2

三、其类

以群母字作反切上字的反切共有 378 条 942 次，其中以群切群 361 条 917 次，以群切见 12 条 16 次，以群切溪 5 条 9 次。有反切上字 14 个：

其巨求渠祁具勤祈竭岐强群葵彊

系联结果为一类：

其巨具（坵：其依、巨依、具依）竭（乾：竭然、其然）渠（渠：其居；蹯：渠略、其略）求群（具：求付；共：求用、群用）勤（旂：勤衣、其衣）祈（祈：勤衣；衹：祁支、巨支）祁（祁：巨之、巨支、巨私、巨伊、巨夷、巨移）岐（岐：巨伊、其宜）强（强：巨良、其良）葵（葵：其维、求维；揆：葵癸、巨癸）彊（彊：巨良、其良、渠羌；其丈）

附：其类反切上字及被切字表

1. 以群切群

被切字	切上字	切语数	切次
柑[拑]1/跪 1/跪 1/跪 8/機[醵]1/機[醵]1/佶 1/姞 3/姞 1/姞 3/幾 1/幾 1/伎 1/伎(跂)1/忌 1/技 1/技 24/技(伎猗)2/芰 3/泊 3/悸 2/惎 1/惎 1/暨 1/暨 23/鬏 1/跲 2/跲 2/儉 1/建[鍵]1/楗 1/鍵 1/鍵 3/鍵(楗)1/彊 6/彊 7/彊[彊]2/彊[彊]1/彊[彊]1/揭 1/揭 2/桀 3/桀 1/楬 2/碣 1/竭[揭]1/矜 1/衿 3/衿(給)1/給 4/給 2/給(衿)1/僅 7/瑾 1/饉 5/瑾 1/懂 1/噤 1/覞 6/鯨 1/競 2/窘 1/糾 1/臼 1/臼 6/臼 1/咎 47/咎 4/柩 5/柩 4/柩 8/麡 1/腒 4/局 2/局(跼)1/句 6/句(朐)1/巨[拒](拒)1/拒 1/炬 1/秬 1/詎 1/鉅[巨]1/劇(遽)1/窭 3/窭 1/遽 3/遽 20/遽 3/瞿 2/醵 1/醵 1/卷(婘)1/倦 4/倦 3/倦(卷)1/倦(勌)1/勌(倦)1/勌[倦]1/掘 8/掘 2/掘 1/厥(橛)1/屦 1/屦 2/莙 1/菌 1/窭 1/渴 1/狂 1/撰 1/葵 1/匮 1/匮 1/匮 6/匮 17/賈 3/餽 1/餽(餽)1/簣 1/餽 1/餽 8/餽 2/餽 19/餽(餽)1/圻 2/岐 12/奇 1/奇(琦)1/旂 1/旂 2/跂 1/跂 1/頍 1/綦 1/錡 2/騎 2/騎 1/虔 1/乾 5/乾 1/乾(乹)1/捷 1/鈐 1/鉗 1/黔 5/强 15/强(彊)2/强[彊]10/强[彊]79/蹻 1/喬 1/喬 1/僑 12/僑(喬)3/橋(喬橋)1/忩 1/芩 1/芹 2/剞 1/勍 1/顈 4/卭{邛}1/卭[邛]1/邛 2/惸 1/惸(焭)1/刉 1/璆 2/劬 1/劬 3/胸 6/胸 1/胸(朐)1/渠 1/渠 3/渠(蘧蒬)2/絇 6/絇 2/朐 1/鸲 1/蘧 15/蘧(璩)1/蘧 3/臞 2/衢 7/衢 1/鹳 3/權 1/闕 1/闕[掘]4/拾 9/拾 4/咸(缄)1/嫒 1/鍼 14/鍼 1/虔 2/虔 1	其	199	682
蔺(菌)1/幾 1/芰 1/鸦(忌)1/彊 1/强 1/樑 1/竭(渴)1/矜 1/矜(桼)1/僅 1/饉 1/近 1/覞 1/柩 1/劇 1/遽(蘧)1/卷 1/鹰 1/菌 1/撰 1/賈 1/賈(簣)1/餽 1/餽 1/餽(餽)1/祁 7/祁 1/祁 5/祁 1/祁 2/祁 1/圻 2/圻(幾)1/岐 1/歧 1/祇 2/祈(機)1/旂 2/旂[祁]1/耆 3/耆 1/耆 1/耆 3/耆[祁]1/琪 1/綦 1/錡(奇)1/蕲 2/蕲(芹)1/鬐 3/鳍 1/黔 2/黔 1/强 1/强(彊)1/强[彊]1/蹻 1/喬 1/翹 2/芹 1/鸲 1/勍 1/勍(劘)1/卭(駡)1/卭{邛}1/卭{邛}1/惸(焭)1/蔩 1/述 1/球(求)1/觠 1/胸 1/籧	巨	80	104

被切字	切上字	切语数	切次
（簾）1/權 1/攤 1/鮨 1/鮨（鰭）1/蜎 1/支 1			
跪 4/跪（危）1/共 1/逵 5/逵（馗）1/馗（頄）1/葵 1/頯 1/騤 4/夔 13/匱 4/餽（餽）1/籄 1/饋 3/狂 5/嬛 1/畿 1/臼 1/臼 1/咎 2/柩 1/具 1/絇 1/寋 1/掘 2/掘 1/掘 1/麚 1/箘 1/窘 1/頃 1/匊 1/萌 1/瞿 1/臞（癯）1/衢 1/闋 1/圈 2/拳 1/悻（鵁）1/鵁 1/瓊 3/裛（鵁鵁）1/蜎 1/夔［夔］2	求	45	82
跽 1/傑（桀）1/嶠［喬］1/僅 1/饉 1/膢（醲）1/耆 1/躋 1/喬（橋）1/球 1/強（彊）1/彊 1	渠	12	12
軝 2/翹 1/翹 3/翹 1/翹 1/翹（藦）1/祇 3/疧 1/疧 1	祁	9	14
技 1/鰭 1/距 1/圻 1	具	4	4
儉 1/祈 1/旂 1	勤	3	3
痕 1/祇 2	祈	2	3
乾 1/技（伎）1	竭	2	2
揆 7	葵	1	7
鵁 1	岐	1	1
臼 1	強	1	1
局 1	彊	1	1
共 1	群	1	1
		361	917

2. 以群切见

| 璣 1/葪 2/兢 1/拘 1/橛 2/棜 1/棜 1/蹶 1/蹶 1 | 其 | 9 | 11 |

续表

槪 2/迁 2/迁 1		求	3	5
			12	16

3.以群切溪

屈 1/屈 3/詘 2		求	3	6
屈 2/詘 1		其	2	3
			5	9

四、五类

以疑母字作反切上字的反切共 357 条 943 次,其中以疑切疑 355 条 941 次,以疑切影 1 条 1 次,以疑切溪 1 条 1 次。有反切上字 20 个:

五鱼疑牛吾玉语宜牙仰危我研倪逆愚遇顾彦颜

系联结果为六组:

甲组:

疑鱼(疑:鱼乞、鱼陟;鱼:疑居;吟:疑今、鱼今)五(艾:五盖、鱼盖)牛(毅:牛既、五既、鱼既)吾(耦:吾口、五口)语(語:鱼吕;鱼虑、鱼據、鱼庶、鱼预、鱼豫)宜逆(迎:宜敬、逆敬、鱼敬)牙(牙:五加)仰(仰:五剛)倪(倪:五兮;五計)研(研:倪延、五堅)彦(孽:彦列、鱼列)颜(瓦:颜寡、五寡)

乙组:

玉遇(遇:玉付;禺:遇俱;顒:玉容、鱼恭)

丙组:

　　愚（虞∶愚甫、魚矩）

　　丁组∶

　　我（蛾∶我波）

　　戊组∶

　　願（祁∶願晩）

　　己组∶

　　危（瓦∶危委）

说明∶

　　1.乙组反切上字"玉遇"无法与其他反切上字直接系联。用"玉"作上字的"顒"有"玉容、魚恭"两条切语,其下字"容恭"多次同时做一个被切字的反切下字,如∶

　　雍∶於恭（P888）、於容（P1353）

　　二者韵母声调相同,可以据此将乙组和甲组系联起来。

　　2.丙组被切字"虞"两个反切下字"甫、矩"多次同时做一个被切字的反切下字,如∶

　　腐∶扶矩（P690、P695）、符甫（P1289）

　　詡∶況甫（P1534）、況矩（P720）

　　二者韵母声调相同,可以据此将丙组和甲乙两组系联起来。

　　3.后三组无法系联,依据《广韵》而定。

附∶五类反切上字及被切字表

1.以疑切疑

被切字	切上字	切语数	切次
蘖1/蘖1/倪5/倪2/倪[涯]1/郳7/蜺3/輗1/霓1/鲵5/鹝4/蔺(鶃)1/睨1/睨1/鶃(鶃)1/鶃[鶃]1/枠1/阓1/毻1/孽[枠]1/嚻9/嚻(嚙)2/樂3/樂1/樂4/輅[迓]3/敤4/干(豜犴)2/干[豜]1/聽8/聽1/髡(完)1/梱1/閜4/閜1/额(額)1/輐1/淺1/淺1/趼(研)1/躍2/躍1/嚻3/嚻2/嚻2/臧(廛)1/臩1/圾1/岌1/㑴1/㕚(訛)1/峨(娥)1/峨(俄)1/裁1/裁1/裁3/訛3/訛3/訛(㕚譌)1/睨1/领1/鵝2/鵝(鵞)1/鵞1/鵞3/譌1/俄1/俄1/咢1/咢1/咢(鄂崿)1/鄂8/鄂(諤)1/愕2/詻2/噩1/噩(咢)1/鍔2/鴞1/敖1/駿1/艾20/礙4/敖3/敖3/敖(遨)1/敖(遨)1/敖(謷躍)1/敖(傲)1/敖[傲]18/螯1/螯(嗷)1/獒1/獒2/摯1/熬1/熬3/熬5/翱1/翱2/謷3/謷(熬)1/驁2/驁1/驁(敖)1/驁1/傲12/傲(敖傲鼻)6/傲[敖]1/鼻2/偶2/腢1/耦5/耦(偶)1/藕1/藕(蕅)1/犴1/岸2/豜3/卬5/卬6/卬1/卬(昂仰)1/卬(仰昂)2/兒1/兒(鶃)1/抏1/齮1/詣1/毅1/牙1/牙(迓)1/厓1/涯3/涯(厓)2/衙(御)1/迓2/迓1/迓(訝)3/訝5/訝(迓)1/研1/喦3/喦(巖)1/嵒1/嚴(巖)1/廛(狱)1/巖2/眼1/嗲2/罭1/仰(卬)1/梧3/午[迓]1/忤5/捂1/兀1/抏1/抏1/杌1/杌4/迕2/迕(忤迕)2/鷹[觚]1/悟2/晤1/寤7/寤(寤)1/遻(迕逆)2/瓦1/嵬2/嵬(崀)3/隗7/玩1/玩2/玩(翫)1/頑1/忨1/翫2/翫1/麣1/御(訝迓)1/御[迓]1/御[訝]1/刖1/軏1/嶽1/魻1/喁1/辰(裁)1/薮(薮)1/羿1	五	191	405
蘖1/儗2/儗(擬)1/嶷1/睨1/臬[闑]4/闑15/孽10/孽1/孽1/孽(薛)1/嚻1/蘖(糵)4/鑷1/凝1/凝1/凝1/凝1/凝1/凝1/瘷4/聽1/炭1/碕1/坼1/碕8/限1/阮1/圾1/蛾1/蛾(蟻)1/蛾(蟻)1/领1/领(额)1/鄂1/艾16/艾1/艾(刈)1/髇(腢)1/卬1/沂1/沂2/沂1/沂12/疑6/疑1/嶷1/螚1/螚(蛾蟻)1/蟻7/顗1/齮2/乂(斄刈艾)2/刈3/仡2/蓺4/槸4/	鱼	134	505

续表

被切字	切上字	切语数	切次
槸 1/槸[槷]1/毅 3/毅 1/劓 1/劓 1/劓 14/藙 1/藝 2/厓(涯)1/涯 1/涯(厓崖)4/業 1/崖(涯)1/言 1/言 1/嚴(儼)3/嚴[儼]1/眼 1/隒 1/甗 1/甗 6/甗 1/甗 1/甗(巘)1/儼 1/儼 4/儼(嚴曮)3/唁 1/諺 1/讞 1/讞 2/吟 1/吟(唫)1/吟(訡)1/崟(崯)1/誾 2/嚚 6/垽 1/憖 1/憖{憗}3/憖{憗}10/迎 1/迎 27/迎 1/鋙 1/麌(麌)1/巍 1/巍 1/傾 1/魏[巍]2/隅(嵎堣)1/澞(虞)1/圄 7/圉 30/圉(敔禦)2/敔 2/敔(梧圉)3/語 1/語 79/語 2/語 1/語 1/語 1/齬 1/寓 3/御 1/御 3/御(禦)12/御[禦]30/馭 1/禦 38/禦(御)5/獄(獄)1/獂 1/顒 3/埶[蘖]1			
儗 1/吟 1/魚(鱻)1/俣 1/痕 1	疑	5	5
耦 1/梧 1/寤 2	吾	3	4
麑(猊)1/毅 1/寱[寱]1	牛	3	3
蛾 1/迎 1	宜	2	2
麌 1/噳(麌)1	愚	2	2
咢 1/巖[嚴]1	語	2	2
顒 1/遇 1	玉	2	2
研 1	倪	1	1
迎 1	逆	1	1
御[迓]1	牙	1	1
齧 1	研	1	1
瓦 1	顔	1	1
孽 1	彦	1	1
隅(嵎)1	仰	1	1

被切字	切上字	切语数	切次
蛾 1	我	1	1
瓦 1	危	1	1
禺 1	遇	1	1
祁 1	願	1	1
		355	941

2. 以疑切影

倚 1	魚	1	1

3. 以疑切影

坞 1	五	1	1

第七节　喉音系联结果

一、於类

以影母字作反切上字的反切共有 599 条 2129 次, 以影切影 596 条 2126 次, 以影切云 2 条 2 次, 以影切以 1 条 1 次。共有反切上字 29 个, 它们是:

於乌紆一乙伊安憂因枉怨厄意憶哀依猗抑邑謁幼英瑛屋鸣温迁約雍

系联结果为六组：

甲组：

於烏乙（嫈：於耕、烏耕、乙耕）紆怨（宛：於阮、紆阮、怨阮）憂迁（婉：憂阮、迁阮、紆阮、於阮）一（奧：一報、烏報）伊（揖：伊入、一入）噎（伊結、於結）安（遏：安葛、於葛）因（要：因妙、於妙）枉（柱：紆放、紆往；蠖：枉縛、紆縛）厄（厄：於革；握：厄角、於角）意（醫：意其、於其）依（倚：依彼、於彼）猗（猗：乙竒、於亘、於寄、於綺；瘞：猗例、乙例、於例）抑（抑：於力）謁（鄢：謁晚、於晚）幼（幼：伊秀）英（英：於京）屋（甕：屋送、烏送）温（温：烏門；猥：温罪、烏罪）約（約：因妙、於妙、烏孝、於略）雍（雍：於恭、於容、於用）

乙组：

憶（鷹：憶矜、於陵）

丙组：

哀（唉［欸］：哀在）

丁组：

暎（景［影］：暎永）

戊组：

鳴（翁［滃］：鳴動）

己组：

邑（飲：邑錦）

说明：

1. 乙组被切字"鹰"的两个反切下字"矜、陵"《释文》中韵母声调相同，如：

矜，几陵反（P1625）、居陵反（P149、P825、P944、P1389）

据此可以将乙组与甲组系联。

2.丙组反切上字和被切字均出现一次,无法直接与其他上字系联。考《释文》有用"哀"作直音的用例:

埃,音哀(P667、P1408、P1614)

《释文》"埃"的反切是"埃,烏來反"(P647),据此可将丙组与甲乙组系联起来。

3.丁组"暎"作为反切上字只有一次,其被切字"景"同"影",如:

景,暎永反。又如字。本或作影,俗也。(P1426)

景,於領反。又如字。李云:應響鳴,顧景行。(P1511)

飛鳥之景,音影。(P1589)

景,音影。又如字。本或作影。(P1559)

根据以上材料,我们可以断定"於領、暎永"为同音异切,据此可将"暎"与甲乙两组上字系联。

4.戊组和己组均无法系联。依据《广韵》而定。

附:於类反切上字及被切字表

1.以影切影

被切字	切上字	切语数	切次
犱(貌)2/癕(廮)2/癕(薩)1/癕(薩)2/嘎(噁)1/藹1/藹1/隘7/隘12/隘(陌)1/餲1/菴1/闇1/黯1/坳1/芙1/奥(隩)1/奥(燠)2/奥[陳]4/澳2/澳(奥陳)2/妸1/柭(軛)1/惡(亞)1/厄1/厄(陌厄)2/阨1/阨1/阨(隘)2/阨(厄)1/阨[陷隘]2/阨[陷隘]2/抏1/軛1/噎1/噎1/軛4/軛1/遏17/遏(謁)1/搤2/搤(厄)1/頦1/閼4/恚1/嗌1/嗌2/稐5/傻[偪]1/幀[幤]1/喎1/宛16/宛5/宛(苑)1/婉9/莞1/莞[蘊]2/琬2/	於	338	1201

续表

被切字	切上字	切语数	切次
踠 1/逶 1/維〔雍〕1/委 1/委 1/委 11/委 8/萎 3/畏 1/蔚 2/餧 1/蝨 1/餓 1/温（薀愠）1/甕 1/罋 1/倭（委）1/沃 1/崿 8/握 2/握 1/渥 8/腥 1/汙［纡］1/鄔 1/諉 1/鴉（鵶）1/鴨 1/壓 5/壓 1/亞 6/咽 3/淹 3/焉 138/菸 1/鄢 9/閹（掩）1/懕 1/奄 5/匽 1/弇 6/弇（奄掩）2/偃 1/偃 1/偃［堰］1/掩 4/揜 6/揜 1/揜（掩）2/揜［掩］1/渰（弈）1/騰 3/騰 6/宴 2/宴（晏）1/晏 6/猒 2/猒 4/猒（厭）1/猒（厭）1/厭 6/厭 9/厭 3/厭 4/厭 44/厭 4/厭（壓）1/厭（懕猒饜）3/厭（饜）1/厭［懕］20/燕 1/燕 9/燕 3/燕（宴）1/燕（宴）2/燕［宴］1/鷃 1/鷃（鷃）1/鄢 1/鵀 1/饜 2/饜（厭）1/饜（厭）1/䮾 1/央 3/央 1/央（英）1/泱 2/殃 6/鞅 2/鞅 11/鞅 1/鴦 1/侠（央）1/快 1/夭 10/夭 1/夭 6/夭 3/妖 2/妖（訞）1/祅（妖）1/喓 3/薆 1/殀 1/咬 1/要 5/要 1/要 1/要 23/噎 1/蠣 1/蠣 1/衣 85/衣［殷］1/依（戾）4/依（戾）6/猗 1/猗 4/猗 9/猗（漪）1/猗［婀］1/禕 1/漪（猗）1/噫 1/噫 11/繄 1/醫 1/醫 1/醫 4/醫（瑿）1/鷖 1/鷖 1/倚 1/倚 41/倚 1/庡 2/俺 2/俺 1/椅 1/椅 3/輢 2/輢 1/抑 9/挹 1/浥（挹）1/益 1/意（噫）1/意［噫］1/溢（隘）1/億 12/億（噫）1/揎（挹）1/瘞 9/瘞 2/瞖 2/殪 10/薏 1/檍 2/檍（億）1/瞖 9/瞖 1/臆（醷）1/繶 4/醷 1/醷（臆）1/饐 1/饐 1/懿［噫］1/饐（嗌）1/殷 1/殷 2/殷 1/殷（慇）1/陰［蔭］4/慇 1/慇 1/瘖 1/飲 58/隱 1/隱 4/隱 1/廕 1/檼 2/英 3/罃 1/罃 3/嫛 1/嫛 1/應 1/應 2/應 1/應 1/應（膺）1/膺 1/膺 4/嚶 1/攖 2/蘡 1/櫻 1/鶯 1/纓 1/鷹 4/瑩 1/縈 1/瘿 1/雍 2/雍 1/雍 32/雍（邕）1/雍（壅）1/雍［壅］8/廱 1/廱 1/廱（雍廱）1/壅 13/壅（雍）1/擁 3/廱 2/灉 1/灉（灘）1/饔 1/幽［勠］2/麀 2/優 2/懮 1/黝 10/紆 1/淤 1/傴 1/傴 1/傴 1/郁 4/彧 1/棷 3/棷 3/飫 1/飫 1/飫 1/飫 5/飫 1/嫗 1/嫗 1/陳 2/奠 1/燠 3/燠 1/燠（奥）1/偏 1/鬱 1/冤 3/冤 1/穾 1/蒬 1/蜎 1/駕 1/鴛 1/苑 3/苑 2/苑 1/怨 2/怨 1/怨 3/約 1/約 5/頠 1/愠 1/緼 1/緼 1/緼（煴）1/薀 1/軋 1/景 1/蔭（廕）1/蔭（陰）1/蔭［蔭］1/蔭［蔭］3			

续表

被切字	切上字	切语数	切次
騠1/㘝(喝)1/湊1/軋1/關(彎)2/蚣(蜿)1/餲1/頜1/薈2/薈1/泓5/抉4/悁2/區11/樞(藍)1/蘸1/阿1/阿1/蚭1/堊8/堊(惡)1/惡7/惡2/惡382/惡3/遏1/遏1/遏1/蟁1/關1/埃1/藹1/隘1/奥15/奥(隩)1/懊1/甌1/謳3/謳(嘔)1/嘔2/嘔(喏)1/漚4/漚1/闇1/闇[鶡]1/盦8/盦(瓷)1/縈7/鷖1/鷖(翳)1/㘝1/殹(瑿)1/嗌1/翳1/翳1/啞1/夭3/萎1/幺1/実(交)1/育2/窈6/咽(嫛)1/始1/蝘1/㞟4/宴1/厭[黶]1/燕1/燕1/燕5/陪(晻)1/瓷1/嚶1/縈1/汙1/汙1/污1/鄔2/鄔1/注1/蛙1/窪1/鼃1/沃6/沃1/沃1/沃1/幄1/握2/渥1/渥[漚]1/限6/限1/限(湿)1/棍1/委1/猥4/畏(嵬猥)1/畏[限]2/挽1/挽1/腕1/温1/尫1/尫1/尫5/尪1/汪6/蜿1/翁1/瓮1/甕1/甕3/甕1/甕(瓷)1/甕(罋)1/甕2/甕2/隩1/約1/箹1/智1/蜎1/帯(縈)1/擘2/狹1/瓷[盦]1/鶡1	烏	129	625
蕨1/穢4/穢(濊)1/蠖1/宛3/宛1/婉3/婉2/琬1/柱1/柱11/委2/委(萎)1/濊(穢)1/温[蘊]1/傴3/傴1/傴1/傴1/嫗2/嫗1/冤1/苑1/怨3/怨2/怨1/怨(宛)1/熅1/熅1/愠5/愠5/緼6/緼(氲)1/緼(蘊)1/薀5/薀(蘊)1/蘊3/韞1	纡	38	83
恚4/恚5/恚1/恚1/嗄1/奥1/按1/揖2/挹2/殪2/縊1/縊5/縊13/縊1/縊1/亞(婭)1/要1/要1/要4/要75/要(腰)1/宴1/晏1/厭1/厭5/厭5/厭2/厭[壓]1/鴁1/騕1/悁1/印8/嫛2/攖1/營(縈)1/瘦1/鼻(鴨)1/交(交)1	一	38	158
軋1/猗1/噫1/瘗1/瘗4/嫛(嫛)1/櫻1/纡1	乙	8	11
揖1/撎1/噎1/勲1/幼1/晏1/燕1	伊	7	7
遏2/關1/關1/按1	安	4	5
頟1/汙[纡]1/婉1/愠1	憂	4	4
要1/印1/約1	因	3	4

被切字	切上字	切语数	切次
腜 1/蝼 1/蝼 1	柱	3	3
宛 1/婉 1/婉 1	怨	3	3
嬰（鸎）1/握 1	厄	2	2
醫 1/撎 1	意	2	2
應 1/鷹 1	憶	2	2
鄢 2	謁	1	2
唉［欸］1	哀	1	1
倚 1	依	1	1
瘞 1	猗	1	1
應 1	抑	1	1
飲 1	邑	1	1
幽［黝］1	幼	1	1
淹 1	英	1	1
景［影］1	暎	1	1
甕 1	屋	1	1
翁［滃］1	嗚	1	1
猥 1	温	1	1
婉 1	迂	1	1
偃 1	約	1	1
鬱 1	雍	1	1
		596	2126

2. 以影切云

帷1			意	1	1
援1			於	1	1
				2	2

3. 以影切以

鎣（瑩）1			烏	1	1

二、许类

以晓母字作为反切上字的反切共有 515 条 1670 次，以晓切晓 506 条 1660 次，以晓切匣 5 条 6 次，以晓切溪、以晓切见各 2 条 2 次。有反切上字 21 个：

許呼況虚火香好吁休虎喜唤毁凶訓軒暉蒿興諱化

系联结果为两组：

甲组：

許香興（享：許兩、香兩、興兩）虚（興：許應、虚應；享：虚丈、許丈、香丈）好呼蒿（好：蒿縞；蒿：好羔、許羔；好高、呼高）火唤（呼：唤故、火故；豁：唤活、呼活）吁（吁：況俱、況于、香于、許于；罕：吁旱、火旱）虎（虎：呼户；赫：虎格、火格）毁（毁：況偽；麾：毁危、許危）況訓（悅：況往、虚往；欸：況勿、訓勿）諱（徽：諱韋、許韋）暉（暉：許歸；虺：暉鬼、虚鬼、許鬼）喜（歆：喜今、許今）凶（勖：凶玉、許玉）休（休：虚求、虚虯、許虯、虚蚪、許蚪）軒（軒：許言）

乙组：

化（諎：化百）

说明：

1. 乙组反切上字和被切字均只出现一次，无法系联。依据《广韵》而定。

2. 另有一条反切“餞：抜淺反(P623)”以晓切从，疑有误。暂存疑不录。

附：许类反切上字及被切字表

1. 以晓切晓

被切字	切上字	切语数	切次
奭[奭]2/扱[吸]1/蓳[皾]1/虫 2/臭 1/郗 3/瞐 1/墮 26/墮 2/詾(詬)1/扢 1/蒿 1/嚆(嗃)1/嗃 1/赫 3/壑 1/壑(叡)1/亨 16/亨[享]1/虺 8/虺 1/揮 2/揮 7/暉(輝)1/楎 1/褘 2/褘[翬]1/翬 1/翬 4/麾 4/徽 3/徽 4/隳 2/徽(鰴)1/卉 2/喙 10/餘 1/巇(巇)1/葷 1/霍 1/既[餼]1/塈 5/驕(獢)1/愾 1/嗑 1/貺(況)1/汔 1/汔 1/汔 1/迄 2/迄 2/迄 1/挼[墮]1/馨[馨]2/屎 1/隋[堕]1/隋[墮]2/綏(墮)1/綏(隋[墮])1/綏[墮]1/綏[墮]1/綏{挼隋}[堕]2/吸 4/吸 1/肸 1/肸 3/肸 11/肹[肸]4/狶 1/翕 4/翕 4/熙 3/僖 3/僖 2/熙 5/嘻 7/噏 1/嬉 1/嬉 1/橀 1/歙 2/熹 1/羲 1/譆 2/醯 1/醯 1/犧 11/犧(羲戲)1/觿 1/觿(鑴)1/喜 1/憙 1/憙(喜)1/禧 2/忥(氣)1/呹 1/塈 1/熂 1/潝 1/戲 9/戲(虧犧羲)3/虩 1/餼 4/餼 14/餼 1/蠹 1/嚇(呼)1/險 2/韅 1/顯 1/憲 1/鄉 85/鄉 3/鄉(嚮)1/鄉(嚮向曏)30/鄉 1/鄉(曏嚮)3/享 6/享 17/享(饗)1/享(饗)1/嚮 10/嚮 3/嚮(響)1/嚮(響)1/嚮(曏鄉向)11/蠁 1/響 3/響(嚮)1/饗 1/向 4/向 7/向(鄉嚮)2/曏 5/曏(嚮)1/枵 1/枵 4/憢(嘵)1/膮 4/蹻 5/蹻 1/囂 1/歇 4/歇(猲)1/脅 6/脅 5/脅(脇)1/噌 1/昕 1/昕 2/欣 1/訢[僖]1/歆 2/歆 12/廞 3/衅(釁)1/焮 1/釁 19/釁 12/興 4/興 1/興 2/訩[凶]1/休	許	216	755

被切字	切上字	切语数	切次
2/休 15/麻 1/豽(狄)1/髹(髲)1/朽 3/朽(殀)1/盱 1/虚 1/项 13/顼(旭)1/魖(虚獹)1/响 1/旭 1/畜 19/畜 2/畜〔畾〕1/畜(獸)1/勗 5/酗 1/嗅 1/憍 1/煦 1/軒 3/儇 1/諠 1/諼 2/諼 1/謔 1/謔 1/謔 2/焄 2/塤(壎)1/熏 3/熏(燻薫繥)4/勲 1/薫 6/薫(葷菫)1/壎 1/壎 1/燻 1/膴 5/纁 22/纁(勲)1/嬰(熙)1/仡 1/義〔羲〕1/虋 2/吁 3/絾 1/嚠〔殼〕1/猲 1			
詢 2/詌 3/詌(詢)2/醯 1/醯 1/罕 1/罕 1/罕 1/嘆 3/嘆 1/嘆 3/蒿 1/蒿 3/薅 1/好 396/好 1/耗 5/耗 2/呵 1/蔚 1/荷〔訶〕2/嗃 1/赫 2/赫 1/赫(苶)1/墍 1/薨 3/呼 1/虎 1/滸 5/謹 5/謹 1/謹 1/謹(諼)2/驊 3/欻 3/渙 1/渙 4/朏(痕)1/晦 1/喙 1/賄 23/嘻 5/戲 3/頯 1/翔 1/豁 1/虩 1/賊 1/霍 1/苛(訶)1/苛〔訶〕1/鄗 1/瀡 1/醯 1/醯 6/醯 2/醯(醯)2/醯(醯)2/顯〔韅〕1/曉 1/膮 1/膮 1/馨 1/馨 2/响 1/洫 1/殈 1/畜〔畾〕1/驈 1/絢 2/威 2/虩(鎛)1/忱〔忱〕1/藥(墜)1	呼	75	544
荂 1/臐〔㖆〕1/慌 1/悦 1/悦(恍)1/朏 1/輝〔輞〕1/椸 1/燬 4/喙 3/毀 1/懹 1/煖 1/复 1/盱 2/訏 1/訏 3/欻 1/窐(毘闃)1/歗〔欻〕1/响 1/响 1/响(煦)1/畀 7/畀(曻)1/栩 1/栩 1/栩 1/翊 1/翊 2/血 2/洫 2/洫 10/酗 2/酗 2/煦 1/煦 1/咺 6/咺 2/咺 1/喧(咺)1/諼(喧)1/諼 1/諼 4/諼 1/諼(萱)1/蠋 1/烜 1/狄 1/壎 1/吁 1/吁 8/减 1/鄗(獝)1/鞾 2/鞾(鞾)1	况	56	103
虫(朏)1/莃〔休〕1/赫 1/悦 1/朏 5/卉 1/喙 1/屎 1/豨 2/豨(俙)1/荞 1/禽 1/豨 2/喜 1/憙 1/意 1/戱 1/享 1/猗 1/馨 1/歊 1/螱 1/脅 3/廞 1/廞 1/虭 1/興 5/興 1/興〔龒〕1/休 3/休 5/休 4/休 1/麻(休)1/髲 1/朽 1/謔 2/塤 1/僳 1/餏 1/枵 1	虚	41	63
鮑〔鯆〕1/毅(殻)1/鉗 1/罕 1/莃〔薅〕1/蔚 1/曷〔猲〕1/赫 2/赫 1/赫(赤)1/赫(爀)1/墍 8/烘 1/薨 1/乎 1/呼 29/呼 1/嘑(呼)1/幠 5/幠 1/膴 1/膴 3/諻(呼)1/謹 6/謹〔歔〕1/豁 1/漷 7/藿 3/熙 1/虓 2/烋 1/脄 2/蒮(藿)1/訏(呼)1	火	34	91

被切字	切上字	切语数	切次
喙1/菫1/睢1/嘻1/郷(向晜繇)4/享5/享1/翯(響)1/饗(享)1/饗(享)1/向1/向1/髹1/髹1/杇1/盰4/盰(忓)1/訏(盰)1/栩1/畜[嚚]1/勖2/謼1/焄(菫薫)1/勖1/熏1/熏(纁)1/吁3/眙(脇)1	香	28	41
惡[呼](虖)1/蒿2/蒿2/蒿1/乎2/呼2/呼1/呼1/憮1/憮1/謹2/驤1/潹1/戲[呼]1	好	14	19
罕1/爝1/喙1/暖1/畜[嚚]1/烜1/烜(烜)1	盱	7	7
撝1/麾2/麾1/麾(撝)1/摩(麾)1	毁	5	6
決2/嘻1/歆1/盰1/畜1	喜	5	6
醢1/赫1/虉1/旭1/嘒1	虎	5	5
呼1/虖1/驤1/驤1/豁1	唤	5	5
郷[向]1/昫(胸煦)1/狘1/訓1/裔(獝蝛)1	休	5	5
兕1/勗1	凶	2	2
欯1/欯1	訓	2	2
好1	蒿	1	1
謀1	化	1	1
旭1	暉	1	1
徽1	諱	1	1
享1	興	1	1
獻1	軒	1	1
		506	1660

2. 以晓切见

刉 1		許	1	1
曍 1		吁	1	1
			2	2

3. 以晓切溪

嵌 1/觇 1		許	2	2

4. 以晓切匣

闃 2/鶴 1/憨 1/峘 1/鰱 1		呼	5	6

三、户类

以匣母字作反切上字的反切共 604 条 2740 次，其中以匣切匣 588 条 2722 次，以匣切云 2 条 3 次，以匣切以 4 条 4 次，以匣切晓 2 条 2 次，以匣切溪 2 条 2 次，以匣切见 6 条 7 次。有反切上字 39 个：

户胡下乎華何遐行恨玄獲河幸賢閑形咸惠迴侯衡寒亥爻學穴刑衔嫌分洽回黄環滑湖洪曷和

系联结果为五组：

甲组：

户胡下乎（項：户講、胡講、下講、乎講）華（華：乎花、胡花、户花；胡瓜、户瓜；胡化、户化）何河（何：何可、河可、胡可、户可、胡我、户我；荷：何可、户可）遐迴（夏：遐嫁、迴嫁、户嫁）行（行：户康、下郎、户郎、户剛；户庚、下庚；遐孟、户孟、下孟；胡浪；夏：行雅、胡

雅、户雅)恨(很:恨懇、胡懇)玄(鉉:玄犬、胡犬)獲(獲:户郭)幸
(莖:幸耕、河耕、户耕)寒(曷:寒末、何末)閑(黠:閑八、户八)形刑
(脛:刑定、形定、胡定、户定)咸(咸:行緘;袷:咸夾、户夾)惠(觿:
惠圭、户圭)衡(衡:華盲)亥(孩:亥才、户才)爻(爻:户交;校:爻
教、户教)學(學:户教、户孝;巷:户絳、學絳)穴(攜:穴圭、户圭、下
圭)銜(檻:銜覽、胡覽、户覽)嫌(嫌:户恬、户謙)洽(洽:咸夾、户
夾)回(回:户恢;潰:回内、户内)黄(穫:户郭、黄郭)環(環:户關;
皖:華版、環版)滑(滑:乎八、胡八)洪(洪:户工)曷(曷:何末、寒
末;何葛、户割)和(和:胡戈;胡卧、户卧)

乙组:

賢(見:賢徧、賢遍、胡薦)

丙组:

侯(渾:侯温、户門)

丁组:

兮(楔:兮計)

戊组:

湖(含:湖南)

说明:

1.乙组被切字"见"的反切下字"徧遍薦"韵母声调相同。例
证如:

甸,大薦反(P680)、田遍反(P159、P422、P791)、田見反
(P402、P802)、徒徧反(P1323)、徒遍反(P164、P187、P956、P1062、
P1094)、徒薦反(P1283)

据此本组可与甲组系联。

2.丙组"浑"的反切下字"温门"韵母声调相同,如"温,乌門

反"(P1352)，据此将"侯"与甲乙两组反切上字系联为一类。

3.丁组反切上字"兮"在《释文》中多次给"蹊傒貕謑鼷"等字作直音，如：

鼷，音兮（P715、P986、P1164、P1243、P1265、P1312、P1329、P1455、P1513）

《释文》"鼷，户雞反"（P1711），据此将"兮"与上面的反切上字系联。

4.戊组反切上字"湖"的直音为"音胡"（P155、P555、P888），说明"湖"也是匣母字，可以和上述几组系联为一类。

附：户类反切上字及被切字表

1.以匣切匣

被切字	切上字	切语数	切次
蓋 1/蓋[盍]1/干（扞）1/感（憾）2/感[憾]2/骭 2/骭 1/猂 1/鎬 3/格[硌]1/鵠 1/鵠 1/鵠 2/鵠（鶴）1/鵠[鶴]1/絓 2/鮭（蛙）1/褐 2/褐（鄢）1/檜 1/孩 1/孩（咳）2/骸 4/害[何]1/駭 4/騢 1/酣 2/含（唅）8/含[珞]6/函 2/唅（含）1/扞 1/扞 10/汗 3/旱 1/悍 2/悍 1/捍 1/菡 1/菡（荅歙）2/閈 2/睅 1/駻 1/蛤 1/憾 1/憾 5/憾（感）2/翰 7/頷 4/輇（翰）1/芐 1/杭 1/笕（亢）1/蚢 1/頏 1/沆 1/毫 1/毫（豪）1/嗥 1/嗥（號）1/豪 1/豪（毫）1/昊 4/浩 3/皓 1/號 7/號 2/號 3/號 8/號 9/號[豪]1/暉 2/暉[暉]1/何 2/何 1/劾 1/和 15/郃 2/郃 1/曷 1/核 3/盍 33/荷 1/涸 4/貉 1/貉 4/貉（貂）2/翩 4/闔 20/褐 1/褐 5/鶡 1/鶡 4/韉 1/很[很]1/很 1/桁 1/桁 1/衡[桁]1/宏 1/洪 1/紅 1/紅 1/虹 1/訌 1/厚 7/後 12/逅 2/候 2/縠 6/縠（穀）2/觳 1/翮 1/互 3/冱 3/芐 1/柜 2/姻 1/弧 8/弧 1/護 1/護（濩）1/姱 2/華 1/華 1/華 21/猾 1/譁 1/驊 1/話 8/楓 1/繣 2/壞 1/璜 1/崔			

被切字	切上字	切语数	切次
1/還 3/還(環)2/環 5/鍰 1/輨 2/輨 1/緩 3/浣 5/浣［垸］1/換 1/擐 1/澣 4/澣(浣)3/回(洄)1/繢 4/繪(繢)1/渾 2/渾 8/渾 1/渾 2/混 2/溷 1/溷 1/溷(渾)1/㤊 1/佸 1/夥 1/濩 4/濩(穫)1/霍 1/檴 1/穫 14/穫(鑊濩)2/鑊 9/鑊(濩)1/繫 6/嘉 3/假 2/假(暇)1/兼 1/檻 1/檻 4/降 31/姣 1/筊(筊)1/絞 12/湝 1/頡 12/解 8/解 3/莖 3/莖(英)1/脛 6/踁 2/迥 1/桔 3/髁 1/誙 1/潰 8/潰 20/衚 1/哇 1/洽 4/郃 1/餃 1/芍 1/蛙［黽］3/黽 4/黽(蛙)1/鄘 4/鄘(攜)1/䁢 1/觸 1/睍 1/莧(莧)1/驠(褏)1/係 1/匣(柙)1/柙 14/柙 1/陜 1/狹 6/狹 3/祫 3/瑕 2/轄 1/轄(鎋)1/鎋 1/點 1/下 43/夏 25/夏 155/嫌 1/嫌 1/巷 3/巷 1/項 3/峭 1/涍 1/劾 1/效 8/效 5/校 11/校 3/傚 10/傚(效)1/詨(傚)1/詨(傚)1/斅 1/斅［斈］1/蝎 1/協 1/挾 1/挾 6/絜 1/緫(協)1/諧 6/擷(襭)1/攜 3/械 14/薤 1/薤 1/邂 2/邂 1/邂(解)1/蟹 4/齘 1/行 1/行 48/行 33/行 1/行 1/杏 1/杏 3/滓 2/學 1/學 2/爻 4/肴 4/肴(殽)2/殽 9/殽 2/殽(肴)1/殽(肴峭)2/叶(汁)1/荧 1/荧 1/荧 7/荧(螢)1/螢(荧)1/越 2/籱［籅］1/䨣(薤)1	户	289	1123
槩(槸)1/感(憾)2/感［憾］1/斡(翰幹)1/鎬 8/鎬(鄗)1/格［垎］1/遘(逅)1/覯(逅)1/沍 1/縠(縠)1/鵠 1/鵠 1/鵠(鶴)1/輨 1/妎 1/豥 2/騃(駭)1/含(唅)1/含(唅玲)2/含［玲］2/含［玲］2/函 4/扞 1/扞 4/悍(捍)1/捍 1/釬 1/憾 1/憾(感)2/翰 4/翰(輪輫)2/鵫(翰)1/沆 1/昊 1/昊 1/昊 9/昊(皓)1/浩 4/晧 1/晧(昊)1/皓 1/皓(顥)1/號 1/號 1/暵 1/暤［暵］3/薃 1/何 4/何 2/何(荷)1/和 1/和 35/核 1/盍 11/荷 1/荷(何)1/荷(河)1/涸 3/貉(貃)1/闔 6/闔(盍)1/鞎 1/很 6/很 4/狼 1/虹 1/厚 2/後 13/後 1/捪 1/盤 1/縠 1/瓠 2/華 3/華 1/華 6/滑 1/畫 4/畫 4/話 3/踝 1/壞［瘣］1/峘 1/幻 1/逭 1/換(逭)1/鰥 1/皇 1/洄 1/瘣 1/蕆 1/繢 4/繢 1/繢 1/繪(繢)1/渾 4/混 5/溷 1/㤊 1/活 1/攫 1/穫(護)1/肩 1/減 2/見 1/檻 2/降	胡	162	332

被切字	切上字	切语数	切次
1/荚（芰）1/解 5/解 1/胫 3/苛 1/咳 2/嗑 2/溃 1/焜 1/滥［槛］1/倪 2/骸 1/丸 1/完 1/溪 1/溪 4/觋 1/觋 1/謑 1/匣 1/狭 1/袷（洽）1/鞋 2/辖 1/辖（鞋）1/鐏（辖）1/夏 1/夏 4/睍 1/项 1/呺［号］1/效 1/校 4/傚 3/傚 3/傚（效）1/协 1/挟 1/襏 1/蟹 1/行 1/倖 1/泫 1/鉉 2/鉉 1/鞘（珝）2/賛 2/祄 1/學［斅］1/學［教斅］3/爻［效］1/袠 1/坑 1/轵［𱲂］1			
骭 1/扞 2/汗 1/汗 1/褐（襓）1/鰔 1/降 2/鄘 1/鰕（蝦）1/狎 2/狭 1/瑕 1/瑕 1/睍 1/俔 1/俔（俔）1/鷳 1/项 1/效 1/傚 1/谐 1/攜 1/㳌 1/行 1/行 1/行 388/闲［闲］1	下	27	417
領 1/貈 1/斛 1/瓠 1/華 1/滑 5/畫 1/畫 4/壊 2/溃 1/狎 2/陕 2/陕（狭）1/狭 1/駆 1/项 2/癸 1/蹈（道）1	乎	18	29
橫 3/衡 2/衡［横］2/皖 3/皖 1/鯇 1/嘮 1/嘮 1/蝗 2/韹（嘮鍠）1/攫 1/攫 1/莞 1/莞（莞）1/卝 1	華	15	22
何 1/何（荷）1/曷 2/曷 3/核 1/荷 2/觋 1/襄（寒）1	何	8	12
暇 1/下 51/夏 1/俔 1/闲 1/行 1	遐	6	56
紇 10/紇 1/龁 1/龁 1/很 1	恨	5	14
核 1/暇 1/暇 1/夏 1/咸 1	行	5	5
眩 6/眩 1/鉉 1/鉉 3	玄	4	11
竑 1/紘 3/閎 2/哇 1	獲	4	7
何 2/何（荷）1/荷（何）1/莖 1	河	4	5
見 177/見 467/麖 1	賢	3	645
核 1/核 1/莖 1	幸	3	3
黠 1/莧 1/莧 1	閑	3	3

被切字	切上字	切语数	切次
浑 1/涵 2	侯	2	3
孩 2/劾 1	亥	2	3
胫 1/橄 1	形	2	2
洽(合)1/袷 1	咸	2	2
嶲(嵩)1/螢 1	惠	2	2
下 1/熒 1	迥	2	2
畫 1/荇 1	衡	2	2
翰 1/曷 1	寒	2	2
胫 4	刑	1	4
咸(减)2	洽	1	2
校 1	爻	1	1
巷 1	學	1	1
攜 1	穴	1	1
檻 1	衡	1	1
解 1	嫌	1	1
楔 1	兮	1	1
潰 1	回	1	1
穫 1	黄	1	1
睆 1	環	1	1
幻 1	滑	1	1

续表

被切字	切上字	切语数	切次
含(函)1	湖	1	1
斛1	洪	1	1
扞1	曷	1	1
完1	和	1	1
		588	2722

2.以匣切云

鸮2	户	1	2
熊1	乎	1	1
		2	3

3.以匣切以

酳1	侯	1	1
聿1/鸩1/骊1	户	3	3
		4	4

4.以匣切晓

呵1	胡	1	1
甕1	户	1	1
		2	2

5. 以匣切溪

嗛 1	下	1	1
塃 1	户	1	1
		2	2

6. 以匣切见

亢 1/縆 1/縠 1/鑑（監）1	胡	4	4
縠 1/挂 1	户	2	3
		6	7

四、于类

以云母字作反切上字的反切共有 115 条 1577 次，其中以云切云 95 条 1529 次，以云切匣 3 条 15 次，以云切以 6 条 20 次，以云切影 11 条 13 次。共有反切上字 13 个：

于爲位有韋榮韻尤往羽雨袁云

系联结果为三组：

甲组：

于爲（爲：于威、于僞；媛：爲眷、于眷）位雨（雨：于付、于矩；棫：位逼、雨逼、爲逼、于逼）往（王：往況、于況）韋（葦：韋鬼、于鬼）云（隕：云敏、于敏）尤（蔦：尤委、于委）有（尤：有牛、有牛；緯：有貴）羽（羽：于付）袁（遠：袁万、于万）

乙组：

榮（禜：榮敬、爲命）

丙组：

韻（殞：韻謹、于敏；隕：云敏、于敏、韻謹）

说明：

1.乙组"禜"的反切下字"敬、命"多次同时作为同一字的切下字，说明二者韵母声调相同，如：

迎，魚命反（P1219）、魚敬反（P225、P251、P252、P256、P273、P349、P568、P655、P706、P728、P781、P815、P855、P891、P1200、P1206、P1209、P1274、P1280、P1281、P1284、P1286、P1289、P1289、P1307、P1313、P1339）

据此可以将乙组与甲组系联。

2.丙组反切下字"敏"又用"隕、謹"作反切下字，说明三者韵母声调相同，如：

敏，密謹反（P360）、密隕反（P1334）、亡謹反（P1637）

据此可以将丙组与乙甲组系联。

3.另有一条"鳶，于據反（P1691）"存疑不录。

附：于类反切上字及被切字表

1.以云切云

被切字	切上字	切语数	切次
毆（毆）1/汩1/皇1/鴉1/鴉3/鴉4/熊1/餾8/侑（宥）1/宥1/炎3/炎2/炎（惔）1/尹［筍］（筍）1/鄖1/鄖1/鄖（隖）1/洧7/葦15/煒1/蔦1/蔦14/蓮3/蓮（蔦）1/鮪7/趩2/媚1/爲1/爲1076/王1/王53/眭2/迀2/羽1/雨36/雨1/禹1/芋4/芋1/芌［芋］1/域1/棫1/閾3/曰1/越（粤）1/爰1/媛2/援12/	于	65	1465

续表

被切字	切上字	切语数	切次
闠5/遠79/遠38/遠1/瑗2/瑗10/褑1/芛1/笥1/緄1/陨28/陨2/殞2/碩1/賮5/泳1/爆[烨爆]1			
蓮1/蓮(蔿)1/棫1/媛1/瑗1/禜1	爲	6	6
帷7/惟(帷)1/鮪1/偽[帷]1/棫1	位	5	11
偉1/葦6/鍏1/韡2	韋	4	10
尤1/郵1/郵(尤)1/緯1	有	4	4
炎1/禜1/禜(榮)1	榮	3	3
陨1/殞1	韻	2	2
遠14	袁	1	14
王8	往	1	8
陨3	云	1	3
蔿1	尤	1	1
于[爲]1	羽	1	1
棫1	雨	1	1
		95	1529

2.以云切匣

滑13/滑(猾)1/猾1	于	3	15

3、以云切以

唯6/養1/遺10/聿1/遹1/緣1	于	6	20

4、以云切影

宛 1/委 1/委 2/偃（堰）1/厭 1/厭 1/衣 2/噫（意）/倚 1/苑 [蘊]1/緼 1	于	11	13

五、以类

以母字作反切上字的反切共 417 条 1104 次，其中以以切以 413 条 1100 次，以以切影、以以切云各 1 条 1 次，以以切书、以以切心各 1 条 1 次。共有反切上字 30 个：

以羊餘由余悦尹予弋唯夷惟維移與延也役引营説陽遺亦逸盈用猶俞允

系联结果为四组：

甲组：

以羊餘（孕：以證、羊證、餘證）説移尹悦亦（説：亦劣；移：以氏、羊氏；緣：説絹、移絹、尹絹、悦絹、以絹）由（柚：由救、羊救、餘救）余（余：羊如；唯惟維遺（唯：遺癸、惟癸、維癸、余癸；遺：以季、尹季、唯季、惟季、維季）予（篇：予若、由若、羊略、余若、餘若）弋（弋：以職、羊職、餘職；鳶：弋專、以專、悦專）夷（引：夷忍、以忍）與（與：羊汝；蜍：與專、悦專）延（延：以戰；衍：衍善、延善、以善）也（邪：也差、以嗟、羊嗟）引（引：夷忍、以忍）陽用（渝：陽朱、用朱、以朱、羊朱）盈（易：盈隻、羊隻）猶（猶：以救）俞（俞：以朱、羊朱）

乙组：

役营（穎：役領、营井）

丙组：

允（聿：允橘、尹必）

丁组：

逸(礜:逸注)

说明:

1.乙组被切字"颖"的两个切下字"领、井"多次同作一个被切字的反切下字,如:

餅,必领反(P436)、必井反(P536);

逞,勅领反(P373、P878、P939、P960)、勅井反(P1369)

"役领、營井"为同音异切,据此乙组可以和甲组系联。

2.丙组被切字"聿"的两个切下字"橘、必"反切下字为一类:如:

橘,均必反(P156、P1436)

"允橘、尹必"为同音异切,据此丙组可以和甲乙组系联。

3.丁组被切字"礜"在《释文》直音中有28处"音餘",据此可以和以上几组系联。安全起见,这里仍依据《广韵》而定。

附:以类反切上字及被切字表

1.以以切以

被切字	切上字	切语数	切次
蟩[蟝]1/曨[孕]1/捐 1/捐 1/鋭 2/剡 1/剡 5/蛇 9/施 1/施 18/埘 3/埘(肄)1/肄(肄)2/肄(肄)1/肄[肄]1/台 1/覃 1/腾[媵]1/燿{燿}1/壇 1/羨 1/邪 2/泄 2/渫 1/延 1/莚 1/莚(延)2/筵 1/綖 1/閻 1/閻 1/檐 3/衍 1/衍 1/衍 9/琰 2/演 4/戫 1/掞(剡)1/艷 1/黤 1/蚌 1/痒 1/養 3/養(癢)1/摇(繇)1/繇(摇)1/鸖 1/燿 1/鷁 1/鏋 1/曳 5/曳 1/抴 1/液 1/揭 1/匜 4/杝 1/杝(椸)1/怡 5/移 1/袘 1/酏 1/酏 3/移 1/移(施)1/移	以	135	553

被切字	切上字	切语数	切次
[羨]1/詒 2/詒 9/貽 5/貽(詒)1/飴 3/遺 1/頤 2/頤 8/彝 5/彝 2/彝 1/迤 1/迤 1/弋 4/杙 1/易 253/奕 1/溢 1/肆 1/肆 1/肆 1/肆 1/肆 5/肆(肆)1/肆(肆)1/裔 11/熠 1/繹 1/寅(夷)1/引 1/引 1/引 3/蚓 1/釕 1/靮 1/靮 1/螾 1/胤 1/酳 5/嬴(贏)1/蠅 1/蠅 1/郢 14/媵 15/猶 1/渝 2/予 1/俞 2/萸 1/愉 1/腴 1/榆 2/踊 1/裕 1/愈 1/鳶 1/鳶 2/緣 10/緣 1/蜎 2/沇 2/篇 1/孕 8/衒(蚩)1/酏(酏)1/台 1/贖[賸]1	羊	122	255
容 3/融 1/剡 2/射(斁)1/慎[引]1/施 1/箷(㰱箷)2/邪 1/洩 1/筵 1/煬 1/煬 1/煬 1/養 24/養 8/養 1/恙 4/恙 1/恙 1/羕 1/漾 1/姚 1/姚 1/摇(摇)1/銚(蘊)1/曜 1/燿 1/鷂 1/野(埜)1/匜 1/柂 2/黄 1/酏 1/移 1/詒 1/貽 1/飴 1/頤 1/彝 1/迤 1/迤 1/弋 5/弋(杙)1/杙 1/杙(弋)1/易 1/易 1/易 3/枻(曳)1/場 1/溢 1/嶧 1/翼(翌我)1/黄 1/螾 1/胤 1/胤 1/媵 1/媵 2/踊 1/踊 1/柚 1/柚 1/楢 3/羑 1/蒡 3/蒡 1/櫾(楢)1/牖 3/牖 1/渝 16/予 1/予 10/予 2/余 3/俞 11/萸 1/愉 4/愉[癒]1/揄 1/揄[摇]1/畬(畭)1/腴 3/榆(俞)1/瑜 3/瀚 1/溣 2/蝓 1/諛 3/俔 2/旟 1/庾 2/斔 1/瘐(庾)1/與 2/窳 1/裕 5/愈 5/菶 1/瘉 1/瘉 1/豫 1/豫 1/鸒 3/籥 1/礿 1/礿 1/渝 1/褕 1/褕 2/躍 4/躍 4/篇 1/篇 6/篇 5/孕 1/粥 2/猶(獝)1/骱 1/台 1/奥 4/骱[骱]1	羊	122	255
融(肜)1/蛇 1/蜼 1/羡(衍)1/邪(耶)1/莚 1/橒 1/鹽 1/栨 1/琰 1/豔 1/煬 3/煬 1/颺 1/養 1/養 11/恙 1/珧 1/摇 1/摇 1/曳 1/弋 2/杙 1/蠅 3/潁 1/柚 1/輶 1/蒡 2/犾 1/鼬 1/豫 1/礿 1/礿(褕)1/渝 1/渝(沇)4/蕕 1/褕 1/躍 1/篇 4/孕 1	餘	40	62
褒(褎)1/柚 1/柚 2/輶 1/輶 1/卣 1/羡 1/蒡 1/牖 1/牖 2/融 3/鼬 1/予 1/鸒 1/沇 1/褕 1/躍 1/篇 1/猶[犾]1	由	20	23
肜 1/融 1/鋭 1/唯 1/泄(呭)1/鹽 1/瘍 1/養 1/珧 1/蚰 1/黓 1/誘 1/育 1/沇 1/礿 1/躍 1/篇 2/楝{楝}(楝)1	余	18	20

被切字	切上字	切语数	切次
捐2/鈆1/睿1/鋭4/叡1/巡[沇]1/充2/莶1/鳶1/鳶1/鳶(鳶)2/缘3/缘18/蜎3/蜎1/載(鳶)1/鳶1	悦	17	44
遺1/聿1/聿1/裔1/遹1/鷸1/鷸1/鷸(鸐)1/缘1	尹	9	9
養3/牅1/礿(禴)1/蕭1/躍1/籥1/鷸(蕭)	予	7	9
窰1/柂1/瓵1/栖1/鸒1/鳶1	弋	6	6
鋭1/壝3/遺55/歟[鳩]1	唯	4	60
已1/易11/勯1/引1	夷	4	14
唯5/壝1/遺3	維	3	9
唯2/遺2/歟[鳩]1	惟	3	5
泄1/豔2	移	2	3
翊1/勯(勅肄)1/蜎1	與	3	3
衍5/裔1	延	2	6
邪1/鄒1	也	2	2
穎1/潁[潁]1	役	2	2
蝱1/胤1	引	2	2
潁1/穎1	營	2	2
聿2	允	1	2
缘1	说	1	1
渝1	陽	1	1
唯1	遺	1	1
说1	亦	1	1

续表

被切字	切上字	切语数	切次
礜 1	逸	1	1
易 1	盈	1	1
渝 1	用	1	1
遗 1	猶	1	1
庾 1	俞	1	1
		413	1100

2. 以以切影

猒 1			以	1	1

3. 以以切云

掾 1			弋	1	1

4. 以以切心

隸 1			以	1	1

5. 以以切书

腄 1			以	1	1

第八节　半舌音系联结果

一、力类

以来母字作反切上字的反切共 527 条 1517 次，全部是以来切来。共有反切上字 32 个：

力鲁郎良劣吕來路了盧老里利鹿洛律類禮栗列六雷婁蘭李吏歷連鄰陵禄履

系联结果为四组：

甲组：

力鲁老（牢：力刀、鲁刀、老刀）郎婁（婁：郎侯、力侯；婁：郎句；力居、力俱、鏤：婁豆、來豆、力豆、鲁豆）良律（鸞：良追、律追、力追）類（類：力愧；纍：類悲、律悲）劣（贏：劣皮、力皮）吕（僂：吕侯、力侯）來（來：力胎；力代、力再；賚：來代、力代）路鹿（鼕：鹿工、路工、力工、鲁工）了（僚：了彫、力彫）盧（盧：力烏、力吳；疊：力回、盧回）里（貍：里之、力之）禮（犁：禮兮、力兮）栗（麟：栗人、力人、良人）六（隆：六中、力中）雷（靁（雷）：力回；纇：雷對、力對）蘭（蘭：力丹）歷（轣：歷丁、力丁）連（連：力展、力善；力旦；）鄰（鄰：栗人；磷：鄰刃、力刃）陵（凌：陵證、力證）履（履：利恥）

乙组：

利（犂：利之、力知）李（氂：李其、力之、力知）列（離：列池、力知）吏（貍：吏持、力知、力疑）

丙组：

洛（剌：洛割、力達）

丁组：

禄（列［例］：禄計）

说明：

1.乙组反切下字"之知池其"等可作同一个字的反切下字，如：

絺：勑其（P154、P157、P425、P694）、勑之（P233、P528、P880、P1370）、恥知（P207）、丑疑（P742）

据此可将乙组与甲组系联。

2.丙组反切下字"割、達"多次作同一被切字的反切下字，如：

蘖：五達（P166）、五葛（P418）；

褐：户割（P1515）、户葛（P1158、P1181、P1321、P1405、P1581）

说明"割、達"韵母声调相同，据此可将丙组与甲乙组系联。

3.丁组反切上字"禄"又和"鹿"同时作为直音用字为其他字注音，如：

盝：音禄（P617）、音鹿（P544、P627、P1604、P1617）

说明"禄、鹿"同音，据此可将丁组与其他组系联。

附：力类反切上字及被切字表

1.以来切来

被切字	切上字	切语数	切次
畾（畾）1/扁 1/窝 1/拉 1/撸 1/剌 1/臘 3/臘 2/臘 1/鑞 1/來 10/來 1/來 1/來（勑賚）1/來（倈逨）1/來［賚］1/來［釐］1/倈（來）1/楝 1/騋 1/賚 8/藾 1/籟 2/婪 1/嵐 1/藍 7/瀾 1/瀾 1/蘭 1/擥 1/濫 12/濫 4/濫 1/爛 2/浪 1/牢 7/勞 76/勞 6/勞 1/	力	394	1335

续表

被切字	切上字	切语数	切次
蟧 2/蟧(勞)1/醪 1/潦 1/嫽 1/樏 1/缧 1/羸 2/羸 1/羸 1/羸 1/纍 5/纍 1/纍 1/纍(虆累)2/虆 1/靁 1/靁(雷)1/虆(樏虆) 1/耒 7/耒 1/傫 1/誄 5/誄 1/磊(儡)1/儡(讄誄)1/壘 16/蠝 2/蠝 1/蠝(虆槀)3/蠝[誄]1/櫐[誄](虆)1/櫐 1/儽 1/累 5/累 1/累[俵]1/累[櫐]2/類 1/類(纇)1/纇 1/棱 1/稜 1/狸 3/狸(貍)1/犁 2/犂 13/犂 2/犂 2/犂(離)1/蓉(蕫)1/蓉(蕫)1/貍 10/貍 1/貍 1/氂 1/氂 1/藜 1/黎 11/黎 1/黎 1/縭 2/縭(褵)1/羅 3/羅 1/羅 1/羅(離)1/羅(離)1/藜 2/藜 1/蠡 12/蠡 1/蠡(蓉)3/離 72/離 3/離 1/離 1/離(鴷鷅)1/蔾(蕫)1/褹 1/鵹 1/薙(離)2/蠡 1/蠡 1/孋(麗驪)2/籬 1/籬 1/驪 10/驪 4/驪(麗孋)1/戾 20/戾 1/戾 1/戾 1/荔 1/茘 1/罶 4/莒 1/厲 3/厲 1/癘 1/隷 1/櫟 9/櫟 3/櫟(躒濼)3/礪 3/麗 8/麗 7/麗 2/麗 1/麗 1/麗(離)1/麗(驪)1/礫 2/儷 1/儷(麗)1/酈 2/躒 4/躒(櫟)1/轢 1/靂 1/連 1/連 1/連 1/連(璉)1/廉 1/濂 1/連 1/蓮 1/憐 2/憐 1/廉 1/璉 1/斂 38/斂 17/斂 7/斂 3/斂 1/殮 1/涼(諒)1/涼(諷)1/亮(諒)1/量 1/僚 8/僚(寮)3/寥(廖)1/廖 5/膋 2/膋 1/寮 2/寮(僚)2/撩 1/燎 19/燎 4/燎 2/燎 1/燎 1/療 2/療 1/鐐 1/鷯 1/料 2/埒 1/裂 1/獵 5/獵 2/犣 1/躐 6/躐 1/鬣 1/鬣 11/鬣 2/鬣(驪)1/惏 1/惏 1/惏 1/粦(憐)1/磷 1/臨 3/臨 1/麟 1/麟 1/廩 17/廩 4/廩 1/懍 2/吝 7/吝(恡)1/藺 2/藺 1/泠 4/泠(伶)1/笭 3/瓴 1/凌 10/凌 1/凌 1/笭 5/笭(軨)1/蛉 2/軨 1/鈴 1/鴒(令)2/蘦 1/蘦(苓)1/廲 1/令 221/令 10/令 8/令 6/令 5/令 2/令 1/溜 1/留 1/梳(流) 1/旒 1/旒 1/旒(斿)1/劉(瘤)1/劉[膢]1/駵 1/餾 2/鏐 1/柳 3/柳 1/醤 1/廇 1/雷 14/雷 9/雷(溜)1/纇 1/纇 1/鷚 1/隆 1/隆 1/嚨 1/蘢 2/礱 2/礱 1/礛 1/籠 3/籠 1/聾 2/聾 2/隴 2/隴(壟)1/壟 5/婁 6/婁 5/婁 1/婁(屢)2/婁(屢)1/婁(屢)1/婁[屢]1/僂 7/僂 2/僂 1/蔞 1/樓(蔞)1/嶁 2/摟 1/漏 1/漏[螻] 1/鏤 2/鏤 1/盧 1/盧 1/廬 18/廬 6/廬 3/廬 1/廬(盧)2/蘆 1/櫨 1/臚 1/臚 1/纑 1/蠦 1/鑪 1/鑪 1/鑪(墟)1/髗(顱)1/鹵			

续表

被切字	切上字	切语数	切次
2/卤 1/录 1/勠 1/麊(鹿)1/間 3/間 2/蘆 1/蘆 1/驢 1/旅 1/旅[臚]1/屢 4/屢 2/屢(婁)1/屢(婁)1/縷 4/縷 1/縷(蔞)1/绿(騄)1/慮 1/慮 1/勵 1/欐 1/欒 3/欒 1/巒 1/攣 3/攣 1/欒 5/欒 3/欒 1/欒(鸞)1/玀 1/臠 5/臠(欒)1/鸞 2/鸞 1/卵 13/侖 1/崳 3/論 4/論 3/論 1/捋 5/螺 1/螺(蠃)1/蘿 1/蘿 1/蠃 1/倮 5/疬 5/疬 1/裸 1/蠃 7/蠃 1/蠃 1/蠃(螺)1/蠃 6/蠃(倮蠃蠃蠃)4/灓 1/輦 1/蝸[螺]6/纚 1/玁 2/賽(燎)1/罍 1/蘰(縷)1/薐(菱薐)1/醇(涼)1/鐧[鑢]1			
弄 1/弄 2/牢 1/醪 1/簍 1/漏 2/鏤 1/瀨 1/廬(蘆)1/倮 1/蠃 1/蠃 1/欒 2/卵 1/崳 1/掄 2/論 1/論 2/籠 2/聾 1/聾 1/果[蠃]1	魯	22	28
扐 1/婁 1/婁 1/犂 1/黎 1/戾 1/隸 1/麗 1/泠 1/鈴 1/令 1/蠃 1/灓 1/鵹(黎)1	郎	14	14
縈 1/蔓 1/躪 1/燎 2/柳 1/柳 4/寥 1/臨 1/麟 1/虜 1/吝 1/蘆 1	良	12	16
蠃 1/蠃 1/蠃 1/蠃 1/蠃 2/縲[累]1/壘 1/累 1/累 5/累 27/累(縲絫)1	劣	11	42
儸 1/離[儷]1/邐 1/斂 1/麟 2/麟(驎)2/臚 1/隆 1	吕	8	10
賫 1/螻 1/鏤 1/鍊 1/賂 1/卵 1	來	6	6
婁(塿)1/甄 1/崳 1/礨 1/聾 1/拹(擖拉)1	路	6	6
憭 1/憭 1/憭(寮)1/膋 2/敹 1	了	5	6
壘 1/藍 1/灓 1/鸞 1/論 1	盧	5	5
牢 1/勞 3/醪 1/爛 1	老	4	6
龐 1/賴 1/籠 1/聾 2	鹿	4	5

续表

被切字	切上字	切语数	切次
椑 1/貍 1/獵 1/蠻 1	里	4	4
梨 1/犁 1/慄 1/履 1	利	4	4
剌 1/燐（粦）1/羅 1/縷（樓）1	洛	4	4
贏 2/虆 1/蠡 1	律	3	4
虆 1/藁 1	類	2	2
犁 1/黎 1	禮	2	2
鄰（隣轔）1/麟 1	栗	2	2
離 1/酈 1	列	2	2
慄 1/隆 1	六	2	2
鏤 2	婁	1	2
纇 1	雷	1	1
欙 1	蘭	1	1
氂（釐）1	李	1	1
貍 1	吏	1	1
軩 1	歷	1	1
戾 1	連	1	1
磷 1	鄰	1	1
凌 1	陵	1	1
列［例］1	禄	1	1
茷 1	履	1	1
		527	1517

第九节　半齿音系联结果

一、如类

以日母字作为反切上字的反切共 234 条 488 次，除了以日切泥 1 条 1 次外，其余 233 条 484 次全为以日切日。共有反切上字12 个：

如而人耳汝入仁閏冉日儒若

系联结果为两组：

甲组：

如而人汝（壤：如丈、而丈、人丈、汝丈）若（攘：若羊、如羊、而羊）耳（綬：耳佳、而誰、如誰、汝誰；綏〔綬〕：而佳、耳佳）入（稔：入甚、而甚）仁（汭：仁鋭、人鋭、如鋭）冉（冉：如琰）日（日：而一、人一、而乙、人實、人逸）儒（儒：日朱、如朱）

乙组：

閏（犉：閏旬、而純）

说明：

1. 乙组反切下字"旬、纯"可以系联在一起，如：

旬：似遵（P144）

循：似遵（P90、P120）、似倫（P131、P1488）

純：順倫（P1366）

说明"閏旬、而純"为同音异切，据此可将甲乙两组系联为一类。

附:如类反切上字及被切字表

　　1.以日切日

被切字	切上字	切语数	切次
堯(堯)1/呐[向]1/内 1/内(枘)1/内[枘]1/襛 1/相[襄]1/堯 1/蕘 3/橈 1/擾 3/橤[橤]1/蜵 2/踩 1/輮 2/檽 1/檽 1/肉 1/袖 1/袖 1/冉 1/染 8/染 2/壬 1/任 1/儴 1/瀼 2/襄 13/襄(攘)1/穰 5/穰(攘)1/壤 1/壤 8/攘 25/茹 2/茹 1/茹 2/茹 2/儒 1/孺 2/孺 2/孺 2/孺(鴽)1/孺(鴽)1/濡 1/濡 2/濡 1/濡 1/醹 1/乳 2/乳 3/乳 1/乳 1/洳 1/燸 2/㸰 2/綏 1/綏 4/桜(桑)1/緐(桑)1/汭 13//汭 1/汭(内)2/芮 1/芮 11/芮(汭)1/枘 1/奭 1/輭(濡)1/碝(濡)1/㪍 1/礝(碝儒擂)2/苴 2/冗 2/氃 1/珥 1/珥 1/餌 1/餌 1/耵 1/崏 1/鴽(孺)1/鴽(鴽)1/鴽(鴽)1/鴽[鴽]1/鴽[鴽]1/蕠[㸰]1/犉[犉]1/襦[襦]1/撋 1	如	90	193
撋(擩)1/柟 1/煠 2/繻 1/日 4/日 4/駟 1/堯 1/堯 1/饒 1/擾 9/擾 1/擾 3/繞 2/揉 2/輮 1/騥(柔)1/鶔(柔踩)1/肉 1/袖 2/袖(紉)1/蛄(蚋)1/犉 1/染 4/壬 3/壬 1/壬 1/忍(刃初)1/茬 2/茬 6/稔 1/脍 2/脍 2/稔 1/稔 3/稔(餁)1/刃 2/仞(刃)1/任 4/任 3/任 1/任 17/衽 12/衽 13/衽 2/餁 3/餁 5/餁(脍)1/襄(穰)1/壤 4/壤(穰)1/攘 1/仍 1/仍 1/仍[認]1/孺 1/孺 1/孺(鴽)2/濡 1/濡 5/襦 2/襦(襦)1/乳 3/擩(撋)1/擩[撋]1/綏 1/緐 1/礝[碝瑈]1/犉 1/犉(犉)1/戎(駥)1/苴 1/駥(戎)1/綏(綏)1/綏[綏]1/珥 1/珥[崏]1/餌 3/佴 1/咡 1/貳 1/樲 1/刵 1/鴽(鴽)1/鴽[鴽]1/鴽(鴽)2/頿[犉]2	而	87	191
堯(堯)1/需[奭]2/日 17/日 8/日 2/駟 5/輮 1/犉 1/染 1/仞 1/壤 1/扔 1/儒 1/濡 1/擩 2/洳 1/㸰 1/蕠 3/汭 2/芮 1/枘(内)1/蚋 1/蝡(蚋)1/撋 1/奭 1/痿 1/撋 1/蕠 1	人	28	63
陾 1/綏 3/綏(綏蕠)2/奭 1/綏 2/綏[綏]3/綏[綏蕠]1/咡 1	耳	8	14
揉 1/揉(柔)1/任 1/壤 1/仍(扔)1/茹 1/綏 3/蕠 1	汝	8	10
稔 1/任 1/衽 1/餁 1	入	4	4

被切字	切上字	切语数	切次
韧1/汭1	仁	2	2
犉1/䎮（犉）1	閏	2	2
攘1	若	1	2
儒1	日	1	1
枏1	冉	1	1
乳1	儒	1	1
		233	484

2.以日切泥

撓4	而	1	4

第十节　小结

根据我们的系联原则,共得出《释文》声类 40 类:

唇音七类:必类、普类、步类、莫类(含亡类)

　　　　　方类、芳类、扶类

舌音八类:丁类、他类、徒类、乃类

　　　　　张类、勑类、直类、女类

齿音十四类:子类、七类、才类、息类、似类

　　　　　　侧类、初类、仕类、所类

　　　　　　之类、昌类、食类、式类、市类

牙音四类:古类、苦类、其类、五类

喉音五类:於类、许类、户类、于类、以类

半舌音一类:力类

半齿音一类:如类

第三章　声母分析

音韵学上关于上古音声母有几个重要结论:古无轻唇音、古无舌上音、娘日二母归泥、照二归精、喻三归匣等。

通过对反切上字的系联,我们得出了《释文》声类。本章我们将根据《释文》材料,对《释文》陆氏音的声母系统作更详细的分析考察。

第一节　唇音分析

一、唇音反切考察

钱大昕提出的"古无轻唇音"是音韵学关于上古声母的重要结论,关于《释文》唇音的分合问题,王力先生、邵荣芬先生以及沈建民均认为轻重唇音不分。王先生采用的是寻求例证法,可惜的是王先生把《释文》杂糅的各类反切当成了一个平面,因而其所举的例证有些是有问题的。王先生在《〈经典释文〉反切考》一文中论述"轻重唇音不分"时引用了很多例证,下面是王先生文章选段①:

----

① 王力《〈经典释文〉反切考》,《音韵学研究(第一辑)》,第 28 页。中华书局,1984 年。

　　经钱大昕证明，古无轻唇音。直到《切韵》时代还是这样。今《广韵》反切上字，帮系和非系混用（往往是以非系字切帮系字）。在《经典释文》里，这种情况更为常见。

　　下面的例子，《广韵》和《经典释文》都以轻唇字切重唇字。

　　（1）以非切帮

　　　　瀌（悲娇），《广韵》甫娇，《释文》方苗。

　　　　贬（悲检），《广韵》方敛，《释文》方犯。

　　　　堋（逋邓），《广韵》方隥，《释文》甫赠。

　　　　彆（必结），《广韵》方结，《释文》方血。

　　　　閟（必结），《广韵》方结，《释文》方结。

　　查验《释文》，我们发现王力先生所引《释文》例证多非陆氏首音，而是多为列于次要位置的徐刘诸氏之音或又音。下面是王先生引例的原文及出处：

　　瀌，符娇反。徐符彪反。又方苗反。（P339）

　　贬，彼检反。《字林》方犯反。（P647、P868）

　　堋，北邓反。徐甫赠反。（P1098）

　　彆，《说文》方血反。又邊之入聲。（P292）

　　閟，必計反。《字林》方結反。（P76）

　　我们核对了王先生所有以非切帮的《释文》引例，除上述 5 例外，还有 24 例，也多为这种情况。

　　为了弄清《释文》陆氏音系中轻重唇音是否分化的问题，我们全面考察了陆氏唇音反切，现将统计结果的具体情况分别予以说明：

(一)陆氏的帮、非组反切

《释文》中陆氏帮(滂並)非(敷奉)组反切共有 1484 条,从切次方面看,其帮非组反切共出现 4606 次。具体的分布情况见下表:

表 3—1—1 《释文》陆氏唇音帮、非组反切分布表

数\切\上\字\量\被切字	帮		滂		並		非		敷		奉		合计	
	切语	切次	切语	切次	切语	切次	切语	切次	切语	切次	切语	切次	切语	切次
帮	351	1170	3	4	4	4	21	23	1	1	1	1	381	1203
滂	4	6	141	350	4	4	1	1	12	14	2	2	164	377
並	17	46	6	6	471	1233					21	27	515	1312
非							100	241	13	17			113	258
敷			2	2			6	6	145	423	6	12	159	443
奉							1	1	4	6	147	1006	152	1013
总计	372	1222	152	362	479	1241	129	272	175	461	177	1048	1484	4606

需要说明的是,在陆氏帮非组反切中,有一些帮、滂、並混切以及非、敷、奉混切的现象。统计数据时按照反切上字归类,将重唇切重唇、轻唇切轻唇的反切视为音和切计入数据,将轻唇切重唇、重唇切轻唇的反切视为类隔切计入数据。

唇音帮非组共有反切 1484 条,其中音和切 1423 条,占总数近 95.89%;类隔切总计 61 条,占总数的 4.12%略强。从切次的

角度看,帮非组共有反切 4606 次,其中音和切 4535 次,占总数的近 98.46%;类隔切总计 71 次,仅占总数的 1.54%稍强。

从"《释文》陆氏唇音帮、非组反切分布表"来看,《释文》唇音的类隔切主要集中在轻唇切重唇上,重唇切轻唇只有以滂切敷 2 条 2 次。下面是《释文》唇音类隔切:

1. 以非切帮

薜:方萠反(P1661)　　　　薜:方麥反(P1665)

痹:方二反(P506)　　　　　脾:方爾反(P1207)

庳:方二反(P506)　　　　　駁:方角反(P1712)

別:方列反(P178)　　　　　標:方小反(P1482)

鯾(鰏):方仙反(P1693)　　麃(穮):方遥反(P1621)

矈(焱):方遥反(P1696)　　　脾(髀):方爾反(P301)

綆:方穎反(P537、P551、P553)　播:甫佐反(P1490)

髀:甫爾反(P1713)　　　　　彪:甫休反(P466)

版(蝂):甫簡反(P1689)　　剽(標):甫小反(P1533)

擘:甫革反(P1697)　　　　　必:府結反(P545)

柿:傅蓋反(P1716)

2. 以非切滂

披:方寄反(P503)

3. 以敷切滂

披:芳皮反(P1488)　　　　　庀:芳婢反(P1010)

犦(臕):芳表反(P430)　　　剽:芳妙反(P554)

副:孚逼反(P360、P411)　　摽:敷蕭反(P1180)

盼:敷莧反(P238)　　　　　伾:敷悲反(P407)

杓:敷招反(P648)　　　　　堛:孚逼反(P1616)

奰:孚照反(P460)　　　　　秠:孚鄙反(P361、P1666)

䰈:孚逼反（P465、P470）

4.以敷切帮

薰:芳腰反（P1678）

5.以奉切並

䋽（苤䋽）:房尤反（P1667）　　　枇:房私反（P1681）

毗:房脂反（P181）　　　　　　罷:扶罵反（P912）

邲:扶必反（P969、P1042）　　　辨:扶免反（P1165）

排:扶拜反（P1394）　　　　　　鈚:扶眉反（P1095）

脾:扶移反（P737）　　　　　　駢:扶賢反（P1009）

藻（瓢）:扶遥反（P287）　　　　陴:苻支反（P555）

敝（弊）:符世反（P247）　　　　摽:符小反（P221）

飄:符遥反（P276）　　　　　　嬪:符真反（P423）

蘋:符申反（P214）　　　　　　馮:符冰反（P314）

馮（憑）:符冰反（P368）　　　　辟:扶益反（P578）

辟:扶亦反（P180、P184、P184、P192、P199、P645）

6.以奉切帮

瀌:符娇反（P339）

7.以奉切滂

貏（狉）:敷悲反（P1707）　　　駓（駓）:敷悲反（P407）

8.以滂切敷

娩:匹萬反（P1706）　　　　　　蠭（蠡蜂）:匹凶反（P1690）

（二）陆氏明微母反切

陆氏明微母反切具体情况见下表:

表 3—1—2　陆氏音明微母反切分布表

数量\\切上字\\被切字	明		微		合计	
	切语	切次	切语	切次	切语	切次
明	251	400	238	407	489	807
微	0	0	37	78	37	38
总计	251	400	275	485	526	885

在陆氏明微母 526 条反切中,音和切有 288 条,占总数的 54.75％稍强;类隔切有 238 条,占总数的近 45.25％。从切次的角度看,其明微母反切共出现 885 次,其中音和切 478 次,占总数的 54.01％稍强;类隔切 407 次,占总数的近 45.99％。无论从切语还是从切次上,其类隔切数与音和切数均相去不远。尤其从微母反切上字看,微母字作为反切上字的反切共 275 条 485 次,其中为明母字作切上字的反切就有 238 条 407 次,分别占微母字作反切上字切语总数的 86.55％和 83.92％。以上情况说明明微两母在《释文》陆氏音系中是不分的。另外不少明母字反切上字本身就是用微母字作切上字的,如:

莫:武博(P1356)、亡伯(P774)

末:武葛(P1107)、亡葛(P1323)、亡曷(P709、824)、亡遏(P820)

木:亡卜(P1679)

每:亡回(P932)

芒:武刚(P1512)

彌:亡卑(P664)、亡皮(P927)、亡支(P1128、1180)、亡移(P1618)

緜：武延（P1678）

卯：亡巧（P1641）

萌：武耕（P1419）、亡耕（P483、658、1665、1675）

茂：亡候（P1598）

牟：武侯（P1201）、亡侯（P687、775、874、890、959、1046、1082、1102、1128、1275）

名：武征（P1396）

閔：亡謹（P905）、武謹（P850）

靡：亡皮（P764）

密：亡筆（P1603）

以上情况说明，无论从系联的角度，还是从数据分析的角度，都证明陆氏明微不分的事实。

根据陆氏唇音反切的各项统计结果，我们足可以得出这样的结论：陆氏唇音中非、敷、奉三个轻唇音声母已经从帮、滂、並中分化出来，而微母尚未出现。

二、有关陆氏音中非、敷、奉三母已分化出来的几种佐证

上面我们根据统计结果初步得出了陆氏音中的非、敷、奉三母已经分化出来而微母尚未出现的结论，下面我们就这以结论提出几种佐证：

（一）陆氏对某些字的注音方式表明非敷奉和帮滂並已有区别

陆氏唇音帮、非组反切中有这样一些字，在多数情况下，它们或者属于重唇，或者属于轻唇，界线相当分明。但在某些特定的语言环境中，陆氏却把在一般情况下读做轻唇音的字注成了重唇音，或把正在一般情况下读做重唇音的字注成了轻唇音。这种现象从另一个角度说明非、敷、奉和帮、滂、並已经发生了分化。例如：

①甫　在陆氏反切中，以"甫"字作切上字的反切共27条39次，其中21条33次作非母字的反切上字，可以证明其当读轻唇音。注为重唇只有"甫田"之"甫"，《左传·定公四年》："及甫田之北竟。"杜注："甫田，郑薮名。"《释文》："甫，布五反。本亦作圃。"(P1152)阮刻本《十三经注疏·春秋左传正义》(2135页，中华书局，1980)中正作"圃"。依陆氏音，此"甫"应与"布"同属"帮"母。《毛诗音义·小雅·车攻》："甫草，毛如字。大也。郑音補，謂圃田，郑薮也。"(P300)也可证明"甫田"与"圃田"作为"郑薮名"，实为一地。

②繁　陆氏音切中，"繁"字被注为"扶元反"(1次)、"扶袁反"(1次)或"音烦"(1次)，皆为轻唇"奉"母。如《诗经·小雅·正月》："正月繁霜。"《释文》："繁，扶袁反，多也。"(P309)注为重唇仅限于"繁缨"、"旌繁"两词之"繁"，《礼记·礼器》："大路繁缨一就。"《左传·哀公二十三年》："其可以称旌繁乎？"两"繁"字《释文》皆为"步干反"。《释文》中"繁缨"一词出现4次(P478、P720、P723、P979)，"旌繁"一词出现2次(P615、P1191)，均为"步干反"。据陆氏音，此"繁"与"步"同属"並"母。

③樊　陆氏音切中，"樊"字被注为"如字"(1次)、"音烦"(1次)或"扶袁反"(1次)，皆为轻唇，如《庄子·养生主》："不蘄求畜乎樊中。"《释文》："樊，音烦。李云：'藩也，所以籠雉也。'"(P1429)只有"樊缨"之"樊"注为重唇，《诗经·大雅·崧高》："钩膺濯濯。"毛传："钩，樊缨也。"《释文》："樊，步丹反。"(P383)据陆氏音，此"樊"与"步"同属"並"母。《释文》中"樊缨"一词共出现8次，分别被注为"步丹反(P383、P385、P655)、畔干反(P473、P528)、步干反(P299、P600、P488)"，均为"並"母。

　　④方陆氏反切中，"方"字作切上字的反切有 81 条 202 次，其中 67 条 196 次为轻唇音字注音，是"非"母中频率最高的反切上字，可证其当读轻唇。只有"方羊"、"方皇"两词之"方"被注为重唇，《左传·哀公十七年》："衡流而方羊。"《释文》："方，蒲郎反。"（P1188）《庄子·达生》："野有方皇，泽有委蛇。"《释文》："方，音傍。本亦作彷。"（P1510）（按：《释文》："傍，蒲郎反。"[P577]）依陆氏音，这两处"方"与"蒲"、"傍"同属"並"母。

　　⑤肺陆音中"肺"字的反切有 3 条 11 次，分别是"普貝反"（P273）、"芳吠反"（P563）和"芳廢反"（P504、P516、P652、P693、P797、P837、P851、P858、P1572），其中有 2 条 10 次为轻唇音，如《礼记·曲礼下》："君膳不祭肺。"《释文》："肺，芳廢反。"（P652）注为重唇的只有《诗经·陈风·东门之杨》"东门之杨，其叶肺肺"之"肺"，《释文》："肺肺，普貝反。又蒲貝反。"（P273）依陆氏音，该"肺"字当与"普"字同属"滂"母。

　　⑥苻陆氏反切中，"苻"字作切上字的反切有 11 条 13 次，其中 10 条 12 次为"奉"母字作切上字，可以证明该字一般当读轻唇。仅"崔苻"之"苻"被注为重唇，《左传·昭公二十年》："取人于崔苻之泽。"《释文》："苻，音蒲。又如字。"（P1122）据陆氏音，这里"苻"与"蒲"音同，同为"並"母。从其又音"又如字"也可证明"苻"字只在"崔苻"一词中读如重唇。

　　⑦逢　"逢"字为轻唇奉母，陆氏反切中就有将其注为轻唇的例证，如《尔雅·释天》："太岁在甲曰阏逢。"《释文》："逢，符隆反。"（P1641）只有"逢逢"之"逢"被注为重唇，《诗经·大雅·灵台》："鼉鼓逢逢。"《释文》："逢逢，薄紅反。和也。《埤蒼》曰：'鼓聲也。'亦作韸，徐音豐。"（P358）依陆氏音，"逢"与"薄"同属"並"母。《广韵》"东"韵"韸，鼓声"，"薄紅切"，与《释文》合。

⑧茀　陆氏音切中,"茀"字的切语有"方拂反"(P119)、"方勿反"(P965)和"府勿反"(P997)3条,切上字均为轻唇;直音有2条10次,其中"音弗"一条出现了9次(P239、P299、P299、P357、P361、P385、P634、P1604、P1714),亦为轻唇。如《诗经·小雅·采芑》:"簟茀鱼服。"《释文》:"茀,音弗。車蔽也。"(P299)只有一次被注为重唇,《谷梁传·昭公十七年》:"冬,有星茀于大辰。"《释文》:"茀,音佩。本亦作孛。"(P1323)(按:《释文》:"佩,蒲對反;孛,步内反。")依陆氏注,这里"茀"与"佩"均为並母。

⑨奔　从陆氏的注音材料看,"奔"字当为重唇。如"賁,音奔"一条直音出现了22次,"犇,音奔"1次。只有在"奔军"一词中有例外,《诗经·大雅·行苇》:"序宾以贤。"毛传:"奔军之将,亡国之大夫。"《释文》:"奔,音奮。覆敗也。"(按:《释文》"奮,方問反"。)依据陆注,该"奔"与"奋"的声母相同,同属轻唇。

⑩蓬　陆氏反切中,"蓬"字的反切有7条(12次),其中反切上字为重唇的反切有6条:"蓬:步東(P1499、P1504)、步工(P861、P886)、步公(P337、P1662)、步紅(P849)、蒲東(P220、P1110)、蒲空(P1529)",可以证明该字当读为重唇无疑。只有"蓬蒙"之"蓬"被注为轻唇,《庄子·山木》:"虽蓬蒙不能眄睨也。"《释文》:"蓬蒙,符恭反。司馬云:'羿,古之善射者。蓬蒙,羿之弟子。'"(P1516)依据陆氏注,这里的"蓬"与"符"声母相同,同属轻唇音。

(二)通过与徐刘诸氏音的对比可以看出在陆氏音中轻唇音
　　　非敷奉已经出现

在陆氏音反切和徐刘诸氏音反切的对比中,我们发现:同一字陆氏首音标注的是音和切,而其后所附徐刘诸氏音的反切又多是类隔切。用例很多,我们只列举反切下字相同而陆氏与徐刘诸氏上字不同，以及反切下字韵母声调相同陆氏与徐刘诸氏上字不同的用例：

1.反切下字相同而陆氏以帮切帮、徐刘诸氏以非切帮者：

把：百雅反。徐甫雅反（P1437）

敗：必邁反。徐甫邁反（P165）

秕：悲里反。徐甫里反（P163）

弊：必世反。徐劉府世反（P423）

蔽：必世反。徐甫世反（P149、P1050、P1107）

編：必連反。史記甫連反（P1451、P1279）

編：必縣反。劉方縣反（P596）

擯：必刃反。劉方刃反（P560）

逋：補吳反。徐方吳反（P80）

餔：布吳反。徐甫吳反（P1566）

辟：必亦反。徐甫亦反（P164）

臂：必避反。徐方避反（P737）

2.反切下字相同而陆氏以滂切滂、徐刘诸氏以敷切滂者：

伻：普耕反。徐敷耕反（P186、P191）

嫳：普結反。徐敷結反（P1050）

猵：篇面反。徐敷面反（P1424）

辟：匹亦反。徐芳亦反（P681）

澼：普歷反。徐敷歷反（P1415）

漂：匹妙反。徐敷妙反（P176）

扑：普卜反。徐敷卜反（P146）

僕：普木反。徐敷木反（P1435）

3.反切下字相同而陆氏以並切並、徐刘诸氏以奉切並者：

拔：畔末反。劉房末反（P514）

胈:畔末反。向父末反（P1473）

軷:蒲末反。字林父末反（P362）

薄:蒲各反。徐扶各反（P152、P184）

亳:旁各反。徐扶各反（P161、P164）

亳:蒲洛反。徐扶各反（P1015）

被:皮義反。徐扶義反（P717、P860）

比:毗至反。徐扶至反（P1411）

比:毗志反。徐扶志反（P185）

藨:皮表反。劉扶表反（P602）

便:婢面反。徐扶面反（P1480、P1497）

臏:頻忍反。徐扶忍反（P712）

併:步頂反。徐扶頂反（P802）

庖:鮑交反。徐扶交反（P1412）

庖:步交反。徐扶交反（P742）

炮:薄交反。徐扶交反（P714）

旁:薄葬反。徐扶葬反（P1425）

憑:皮冰反。字林父冰反（P193）

辟:婢亦反。徐扶亦反（P189、P524、P655、P755）

飄:婢遥反。徐扶遥反（P1566）

牝:頻忍反。劉扶忍反（P509）

牝:頻忍反。徐邈扶忍反（P76）

4.反切下字相同而陆氏以敷切敷、徐刘诸氏以滂切敷者:

豐:芳忠反。字林匹忠反（P114）

5.反切下字韵母声调相同而陆氏以帮切帮、徐刘诸氏以非切帮者:

比:必利反。徐甫至反（同至 3 开去）（P799）

庇：必利反。徐方至反（同至 3 开去）(P827)

畀：必二反。徐甫至反（同至 3 开去）(P177)

畀：必利反。徐甫至反（同至 3 开去）(P195、P1103)

襞：必計反。徐甫詣反（同霽 4 开去）(P971)

邠：筆貧反。徐甫巾反（同真 3 开平）(P1560)

并：必政反。徐方聘反（同劲 3 开去）(P980)

堋：北鄧反。徐甫贈反（同嶝 1 开去）(P1098)

披：彼義反。劉方寄反（同寘 3 开去）(P614)

披：彼義反。徐甫髲反（同寘 3 开去）(P795)

跛：彼義反。徐方寄反（同寘 3 开去）(P641)

編：必繇反。又甫連反（同仙 3 开平）(P823)

6. 反切下字韵母声调相同而陆氏以滂切滂、徐刘诸氏以敷切滂者：

鋪：普胡反。徐芳烏反（同模 1 开平）(P782)

辟：匹亦反。舊芳益反（同昔 3 开入）(P812)

辟：匹亦反。徐芳益反（同昔 3 开入）(P639、P747、P774)

辟：匹亦反。徐孚益反（同昔 3 开入）(P764)

僻：匹亦反。徐敷赤反（同昔 3 开入）(P1460)

辟：匹壁反。徐敷歷反（同锡 4 开入）(P1465)

7. 反切下字韵母声调相同而陆氏以並切並、徐刘诸氏以奉切並者：

孛：步内反。徐扶憒反（同队 1 合去）(P1237)

被：皮寄反。徐扶義反（同寘 3 开去）(P142、P157)

蚍：避尸反。徐扶夷反（同脂 3 开平）(P663)

摽：婢小反。徐符表反（同小 3 开上）(P217)

卞：皮彦反。徐扶變反（同线 3 开去）(P195)

弁：皮彦反。徐扶變反（同线 3 开去）（P180、P194）

蹁：步田反。徐扶賢反（同先 4 开平）（P1505）

蹁：蒲邊反。徐扶堅反（同先 4 开平）（P155）

部：蒲口反。徐扶苟反（同厚 1 开上）（P1038）

陪：薄迴反。徐扶坏反（同灰 1 合平）（P1083）

芃：薄紅反。沈扶東反（同東 1 开平）（P346）

蓬：步東反。徐扶公反（同東 1 开平）（P1499、P1504）

陴：婢支反。徐扶移反（同支 3 开平）（P969）

圮：備美反。徐扶鄙反（同旨 3 开上）（P166）

辟：婢尺反。徐扶亦反（同昔 3 开入）（P838）

辟：婢亦反。劉苻益反（同昔 3 开入）（P517）

牝：頻忍反。簡文扶緊反（同轸 3 开上）（P1395）

牝：頻忍反。徐扶盡反（同轸 3 开上）（P637）

牝：頻忍反。徐扶盡反（同轸 3 开上）（P301）

牝：頻引反。徐又扶忍反（同轸 3 开上）（P175）

坌：步困反。劉扶悶反（同慁 1 合去）（P581）

批：備結反。字林父節反（同屑 4 开入）（P1428）

8. 反切下字韵母声调相同而陆氏以奉切奉、徐刘诸氏以並切奉者：

墳：扶粉反。韋昭音勃憤反（同吻 3 合上）（P154）

首音后所附的其他音切从《广韵》看是同音的，这些音切邵先生称之为重音。邵先生给出了重音音切的几种解释：1. 重音或重音中的一个反切是后人羼入的；2. 重音中的后一个反切是解释前面的直音或如字音的；3. 重音中的后出音切是在引述它书异文、异音或释义时连带及之的；4. 重音中的后出音切是在引述不同的字音学说、论证字音是非或辨别字音以同等情况下，为了对比或论述的需要而出现的①。

对于其他重音音切，邵先生认为"除了承认它们是同音重出之外，实在别无他途"。但是邵先生又在其附录"《经典释文》重音音切表"的"表例"中说："本表所列限于从例子本身不易做出解释的重音，正文所指出的可以直接做出解释的那四类重音概不入表。"②

邵先生根据系联结果认定轻重唇音不分，按照邵先生的说法，那么这些不同的反切应属于"同音重出"。但是从"表例"所述来看，邵先生对于以上用例的看法是矛盾的。我们认为这种现象说明：被切字的声母到陆氏时期已经有了重唇和轻唇的差别，原来的反切已经起不到准确标音的作用了。

（三）又音的材料证明在陆氏音中轻唇的非、敷、奉已经出现

在对《释文》中唇音字又音的考察中，我们发现，只有少数又音和首音属于同音异切，而绝大多数又音和首音有着差别。在陆氏音中，有这样一些字，其标准音标注的是以重唇切重唇或以轻唇切轻唇的音和切，而其又音却是以轻唇切重唇或以轻唇切轻唇的类隔切。例如：

1. 又音与标准音的切下字相同而标准音切上字为重唇、又音切上字为轻唇者：

吡：匹爾反。又芳爾反（P1578）

飄：鼻遥反。又符遥反（P1418）

飄：毗遥反。又扶遥反（P1398）

①邵荣芬《〈经典释文〉音系》第20—21页，台北学海出版社，1995年。
②邵荣芬《〈经典释文〉音系》第30页，台北学海出版社，1995年。

　　2.又音与标准音的切下字韵母声调相同而标准音切上字为重唇、又音切上字为轻唇者：

　　森：必遥反。又方瓢反（同宵 3 开平）（P1678）

　　啤：婢支反。又房卑反（同支 3 开平）（P554）

　　陆氏在其标准音后又注上这类又音,显然是告诉人们这两个读音已经不同。在两者的反切下字相同或者同韵同等的条件下,其声母必然不会相同,因此又音与标准音在声母上的差别只能体现在轻唇、重唇的差异上,这种现象又一次说明轻唇音非、敷、奉在当时已经出现。

（四）同时代其他著作的唇音系统分化与否的证据

　　除了《释文》本书的例证之外,我们还可以从同时代其他著作中找到唇音分化的证据。和《释文》同时的主要有《玉篇》和《切韵》两部重要著作。

　　《玉篇》为南朝梁顾野王所撰,比《释文》早四十年左右,二者属于同时代的著作。顾野王与陆德明又同是吴郡人,因此,《玉篇》和《经典释文》陆氏音的音系应该是大体相同的,《玉篇》音系的某些特点完全可以说明《释文》陆氏音的特点。

　　周祖谟先生曾对《玉篇》音系作过全面的考察,他在《万象名义中之原本玉篇音系》一文中说①：

　　　　现存六朝字音反切最多之书,莫过于陆德明之《经典释文》。德明为吴郡人,《释文》作于陈后主至德元年（公元五八三年）,于群经各家音义囊括无遗,实探求六朝古音之要

————————

① 周祖谟《万象名义中之原本玉篇音系》,《问学集》第 275 页,中华书局,1966 年。

籍。……至于顾野王,亦为吴郡人,其《玉篇》成书于梁武帝大同九年(公元五四三年),收字一万六千余,每字皆有反语,亦为考索六朝吴音之重要资料。今《名义》一书即保存《玉篇》之全部字音,正可以据此以求其声韵类别,庶几能与德明之音互相参证,以说明梁陈两代吴音之实际情况。

据周先生考证,"唇音 p、ph、b、m 在魏晋时期还看不出有分化的迹象","可是到了梁代顾野王作《玉篇》时,唇音 p、ph、b 已分为两类,一类是 p、ph、b,另一类属于轻唇音 pf、pfh、bv,而鼻音 m 尚未分为两类"①。

周先生考订出的《玉篇》唇音声类及拟音如下:

补 p　　　普 p'　　　蒲 b　　　莫 m
甫 pf　　孚 pf'　　　扶 bv

他在《万象名义中之原本玉篇音系》之"声类讨论"中说②:

《广韵》帮组字等韵家概括为帮滂并明非敷奉微八母,以帮滂并明为重唇音,以非敷奉微为轻唇音。万象名义反切上字共为七类。补类与甫类、普类与孚类、蒲类与扶类虽各有互用之例,但为数不多,实当各分为二。补、普、蒲三类所用反切上字,皆为等韵家所说重唇音字;甫、孚、扶三类所用反切上字,皆为等韵家所说轻唇音字,秩序不紊。前三类既为重唇字,当读为 p、p'、b。后三类皆为三等合口字,既与前三类分用,可证并非单纯为辨类而然,当时此三类语音必已由

① 周祖谟《魏晋音与齐梁音》,《文字音韵训诂论集》第 64 页,北京大学出版社,2000 年。
② 周祖谟《万象名义中之原本玉篇音系》,《问学集》第 305—306 页,中华书局,1966 年。

重唇音分化而读为唇齿音矣。但又未必即读如现代之 f，以其尚有与重唇三类互用之例，据此推测，当时可能读为 pf、pf'、bv 一类之音。……

至于莫类，后日已分为明微两母，但自名义反切观之，实为一类，尚未分化。不仅"美"、"弥"、"弭"、"邈"、"茅"、"莫"等反切用字以"妄"、"亡"、"无"等字为切，书中以重唇音字切后之轻唇音字，或以轻唇音字切后之重唇音字者尚多。今本《玉篇》则皆据后日之音有所改动矣。……由此可证，莫类尚未分化为二，其音当读为 m。

在《释文》陆氏唇音帮、非组反切与《玉篇》的情况极其相似。由此可证陆氏唇音中轻唇的非、敷、奉已经分化出来。

《切韵》为隋代陆法言撰，成书于隋仁寿元年（601），比《释文》晚了 18 年左右，也属于同一时代的著作。《切韵》一书已亡佚，其音系多保留在《广韵》中。《广韵》音系的唇音状况也可为我们的结论提供一些信息。

陈澧《切韵考》（陈澧所依据的实际是《广韵》）将唇音切上字系联为 7 类：博类（帮）、普类（滂）、蒲类（並）、方类（非）、芳类（敷）、符类（奉）、莫类（明微）①。陈澧的结论至少证明《切韵》中明微两母也未分开，也可为《释文》陆氏明微两母尚未分化提供相应的佐证。

通过对《释文》陆氏唇音的实际状况的考察，再加上以上各种材料的充分补证，我们可以完全有把握地说：《释文》陆氏唇音中，轻唇的非、敷、奉已经分化出来，而明微两母则尚未分化。在《释文》陆氏音中，唇音声类共有必、普、步、莫、方、芳、扶七类。其声

---

① 陈澧著，罗伟豪点校《切韵考》第 7—11 页，广东高等教育出版社，2004 年。

母及拟音如下①：

重唇音:1.帮[p] 2.滂[p'] 3.並[b] 4.明[m]

轻唇音:5.非[pf] 6.敷[pf'] 7.奉[bv]

第二节 舌音分析

在舌音声母的研究上,钱大昕提出的"古无舌上音"得到了音韵学界的承认。《经典释文》中"舌头、舌上是否分化"这个问题上,王先生《〈经典释文〉反切考》、邵先生《〈经典释文〉音系》以及沈建民《〈经典释文〉音切研究》都认为"端知组不分"。

为了考察《释文》端知分合的问题,我们对《释文》陆氏音的舌音反切进行了穷尽式的考察。下面是陆氏音舌音的各类数据:

表3—2—1 陆氏舌音反切分布表

被切字＼切上字	端		透		定		泥		知		彻		澄		娘		合计	
	切语	切次	切语	切次	切语	切次	切语	切次	切语	切次	切语	切次	切语	切次	切语	切次	切语	切次
端	260	807			2	3					1	1					263	811
透	1	1	305	602	13	17					24	28					343	648
定	1	1	7	7	510	1172					3	3	28	45			549	1228
泥							118	585			5	9					123	594
知	36	600	1	1					191	390			5	13			233	1004
彻			4	4							156	336					160	340
澄					8	14							275	1734			283	1748

---

①声母用字及拟音除特别说明的以外,采用胡安顺先生《音韵学通论》(中华书局,2003)的说法。

续表

切上字 被切字	端		透		定		泥		知		彻		澄		娘		合计	
	切语	切次	切语	切次	切语	切次	切语	切次	切语	切次	切语	切次	切语	切次	切语	切次	切语	切次
娘							11	19							66	160	77	179
总计	298	1409	317	614	533	1206	129	604	191	390	189	377	308	1792	66	160	2031	6552

　　《释文》中陆氏舌音反切共有 2031 条,从切次方面看,其舌音反切共出现 6552 次。在陆氏舌音反切中,有一些端、透、定混切以及知、彻、澄混切的现象。由于泥娘不与舌音其他声类相混,我们把泥娘类分开统计。统计数据时按照反切上字归类,将舌头音切舌头音、舌上音切舌上音的反切视为音和切计入数据,将舌头音和舌上音的互切的反切视为类隔切计入数据。

一、舌音反切考察

(一)端知组反切考察

　　舌音端知组共有反切 1831 条,其中音和切 1726 条(包括端组切端组 1099 条以及知组切知组 627 条),占总数近 94.27%;类隔切总计 105 条(包括端组切知组 49 条以及知组切端组 56 条),占总数的 5.73% 略强。从切次的角度看,端知组共有反切 5779 次,其中音和切 5083 次,占总数的近 87.96%;类隔切总计 696 次,占总数的 12.04% 稍强。需要注意的是从切次看比例高的原因主要是“长、中”两个被切字用“丁”作反切上字的次数分别为 359 次和 147 次。

　　下面是《释文》舌音端知组的类隔切:

1. 以端切知

霯[繄]：丁邑反（P1464）

輒：丁協反（P1511）　　　讁：丁革反（P233）

著：丁略反（P490 等 29 处）　　輈：丁留反（P593）

窋：丁律反（P1626）　　　貯：丁吕反（P1712）

厲：丁録反（P1630）　　　柱：丁主反（P601、P617）

駐：丁住反（P879）　　　涿：丁角反（P496、P1191）

琢：丁角反（P548、P765、P851、P1473、P1624、P1636）

椓（涿）：丁角反（P700）

棳：丁角反（P197、P391、P552）　啄：丁角反（P540、P）

斲：丁角反（P674、P1219、P1289）斸：丁角反（P185）

綴：丁劣反（P603 等 10 处）　　綴：丁衛反（P194、P561）

綴：丁衛反（P758、P1594）　　轉：丁戀反（P1626）

中：丁仲反（P130 等 147 处）　　衷：丁隆反（P1068）

衷：丁仲反（P879、P893、P1110）　絺：丁里反（P599）

長：丁兩反（P765、P1436）　　長：丁亮反（P1429）

長：丁丈反（P80 等 359 处）　　長（張）：丁亮反（P1516）

長（丈）：丁丈反（P1273）　　惙：丁劣反（P1621）

惙[輟]：丁劣反（P1499）　　畷：丁劣反（P726）

輟：丁劣反（P655、P1303、P1435、P1476、P1607）

傳：丁戀反（P955）

2. 以透切彻

朾（桱）：他貞反（P1290）　　朾：他丁反（P1001）

諂：他檢反（P1004）　　　蓫：他六反（1671）

3. 以透切知

卓：吐濁反（P910）

4.以定切澄

傳:大專反(P1441、P1487)　　鮦:大勇反(P1692)

璹:大轉反(P590)　　　　　　篆:大轉反(P622)

濯:大角反(P606、P609、P755、P784、P1530)

軸:大六反(P611)

趙:徒了反(P404)　　　　　　术(茉):徒律反(P1661)

5.以彻切透

脱:勑外反(P219)　　　　　　庭:勑定反(P1413)

台:勑才反(P1002、P1016)　　態:勑代反(P1419)

噞:勑感反(P402)　　　　　　剔:勑歷反(P1463)

迷:勑歷反(P933)　　　　　　惕:勑歷反(P105)

窕:勑彫反(P996)　　　　　　聽:勑定反(P1425)

祧:勑彫反(P505)　　　　　　肆:勑歷反(P432、P729)

儻(黨):勑蕩反(P1481)　　　兔(菟):勑故反(P1706)

町:勑丁反(P128)　　　　　　貸:敕代反(P1490)

羢:敕刀反(P1524)　　　　　　坦:敕但反(P1495)

儻:敕黨反(P1482、P1489)　　儻:敕蕩反(P1518)

吞:勑恩反(P1275)　　　　　　吞:敕恩反(P1465、P1528)

摘:敕歷反(P1465)　　　　　　它(他):敕多反(P81)

6.以彻切端

佔:勑沾反(P766)

7.以彻切定

挺:勑頂反(P555)　　　　　　恫:勑動反(P167)

瞳:敕紅反(P1523)

8.以澄切定

覿:直歷反(P435、P1007、P1369)　　棣:直計反(P1007、P1067)

迭:直結反(P153、P527、P972、P992)　絰:直結反(P912 等 8 处)

度:直洛反(P1518)　　　　　鐸:直洛反(P1355)

鐸:直各反(P495)　　　　　斷:直管反(P977)

殆:直改反(P1077)　　　　　滌:直的反(P654)

滌:直曆反(P857)　　　　　滌:直歷反(P425)

禫:直感反(P489)　　　　　調:直弔反(P665)

檀:直丹反(P1132)　　　　　蜩:直彫反(P1686)

跳:直彫反(P1043、P1132)　　鋌:直頂反(P547)

軼:直結反(P878、P937)　　　咥:直結反(P82、P137)

姪:直結反(P869、P1029)　　脩[滌]:直歷反(P471)

翟:直曆反(P746)　　　　　翟:直歷反(P935)

啖(淡):直覽反(P462)　　　棣(逮):直計反(P1064)

窒:直結反(P975)

从端知组混切的反切看,只牵涉到少数几个反切上字:丁端他吐透大徒定勑敕彻直澄。

从类隔切的被切字所属韵摄来看,端知组类隔切主要集中在宕摄的阳类韵、通摄的东类韵、山摄的仙先类韵、江摄的觉韵以及梗摄的青韵类上,并且以入声字为多,其他几摄数量很少。

从端知组的反切数据以及混切情况来看,二者在陆德明的标准音系中分化的情况已经非常明显,只是在某些具体的字上还保留着两读的情况。

(二)泥娘组反切考察

《释文》陆氏音系中,泥娘组反切共有 195 条 764 次,其中音和切为 184 条 745 次,分别占总数的 94.36% 和 97.51%;类隔切只有以泥切娘的反切 11 条 19 次,分别占总数的 5.64% 和

2.49％。泥、娘两母的情况参见表 3—2—1。下面是泥娘组的类
隔切：

以泥切娘

㮈:奴板反（P1605）

㮈:奴版反（P417）

濃:奴同反（P296）

撓［橈］:乃教反（P538）

撓:乃孝反（P1546）

蟯:乃交反（P1504）

鐃:乃孝反（P1484）

橈:乃教反（P94、P550、P981）

橈:乃孝反（P110、P138、P536、P547、P895、P1056、P1546）

淖:乃孝反（P997）

淖:奴孝反（P1617）

　　从泥娘组类隔切的情况看，一是只有以泥切娘的情况，二是
类隔切只是出现在效摄的肴类韵（8 条 16 次）、山摄的潸韵（2 条 2
次）以及通摄的东韵（1 条 1 次）三个韵类上。

　　泥娘组的数据以及类隔切出现的情况也说明，陆氏音系中泥
娘分化也是非常明显，只有少数字存在两读。

二、首音后所附音切及《玉篇》材料证明《释文》陆氏端知有别

　　在对《释文》端知两组反切考察时，我们发现陆氏首音后所附
的又音以及徐刘诸氏音切材料说明陆氏端知有别。此外，《玉篇》
音系的舌音反切数据也可作为《释文》陆氏端知有别的证据。

（一）《释文》首音后所附又音及徐刘诸氏音说明端知两组有别

《释文》中有一些舌音反切,其首音是音和切,而其后所附的
又音或徐刘诸氏音却是类隔切。这些反切的反切下字要么相同,
要么韵母声调相同,区别只是反切上字有舌头舌上之分。这一现
象表明陆氏音中舌头舌上其实已经有别。这些例子是:

1.反切下字相同陆氏音和而所附音为类隔切者:

縶:陟知立反。徐丁端立反(P304)

窒:珍知悉反。徐得端悉反(P281)

雿(鸐):直澄留反。郭徒定留反(P1704)

2.反切下字韵母声调相同陆氏音和而所附音为类隔切者:

窒:張知栗反。徐得端悉反;又得端失反(同质开 3 入)(P79)

窒:珍知栗反。徐得端悉反(同质开 3 入)(P104)

縶:張知執反。又丁端立反(同缉开 3 入)(P917)

窒:豬知乙反。又丁端栗反(同质开 3 入)(P1610)

还有一些反切也是首音陆氏为音和切而其后所附的音切属
于类隔切,这些反切虽然上下字不太协调,但也能说明一些问题,
现一并列示如下:

徟:大定董反。向敕彻動反(P1531)

儾:丁端蕩反。徐敕彻蕩反(P1584)

卓:敕彻角反。郭丁端角反(P1472)

謫:直澄革反。王丁端革反(P891)

駘:徒定來哈开 1 平反。徐勑彻才哈开 1 平反(P1006)

(以上反切下字相同或韵母声调相同,陆氏首音为音和切,其
后所附音为类隔切。而反切上字不完全是端知对应。除舌头舌
上的区别外,还有清浊的区别)

挑:他透羔豪开 1 平反。又勅彻彫萧开 4 平反（效摄）（P253）

條:他透彫萧开 4 平反。沈暢彻遥宵开 3 平反（效摄）（P280）

躓:陟知吏志开 3 去反。徐丁端四至开 3 去反（止摄）（P976）

寘:竹知利至开 3 去反。又得端异志开 3 去反（止摄）（P1614）

咮:竹知又宥开 3 去反。徐丁端遘候开 1 去反（流摄）（P1010）

注:陟知又宥开 3 去反。劉都端豆候开 1 去反（流摄）（P548）

噣:張知救宥开 3 去反。又都端豆候开 1 去反（流摄）（P217）

朾:勅彻貞清开 3 平反。又他透丁青开 4 平反（梗摄）（P1224）

湛:直澄减豏开 2 上反。李唐定感感开 1 上反（咸摄）（P510）

（以上反切反切下字韵母相近，属于同摄，而陆氏首音为音和切，其后所附音为类隔切）

（二）《释文》陆氏舌音状况与《玉篇》类似，证明陆氏端知分化

周祖谟先生《魏晋音与齐梁音》认为:"舌尖音 t、th、d（端透定）跟卷舌音 t、th、d（知彻澄）《切韵》里分为两类，在汉代声训中分别不明显。……不过，顾野王《玉篇》里的反切用字却分为两类。根据这种情况，可以推想舌尖音 t、th、d 从魏晋以后有些方言已在逐渐分化，有舌尖塞音变为舌尖后塞音。"[1]

《万象名义中之原本玉篇音系》中，周先生又说[2]:

> 《广韵》端组字等韵家分为端透定知彻澄六母。以端透定为舌头音，知彻澄为舌上音。万象名义反切用字亦分为都

①周祖谟《魏晋音与齐梁音》，《文字音韵训诂论集》第 65 页，北京大学出版社，2000 年。

②周祖谟《万象名义中之原本玉篇音系》，《问学集》第 307—308 页，中华书局，1966 年。

竹他丑徒除六类。都他徒三类相当于端透定,竹丑除三类相
当于知彻澄。惟都类与竹类、他类与丑类、徒类与除类尚有
互切者。互切之例虽多于唇音一组,但分用者数量极大,未
可因有少数例外而不辨其界画也。……

考察《释文》陆氏舌音,与《玉篇》音系极为类似。下面是《玉
篇》与《释文》舌音反切数据比较表①:

表 3—2—2　《玉篇》与《释文》舌音反切数据比较表

反切类别	切语 %	玉篇	陆氏反切
音和切	端组切端组	62.87	60.2
	知组切知组	27.90	34.25
	合计	90.77	94.27
类隔切	端组切知组	3.85	2.67
	知组切端组	5.38	3.06
	合计	9.23	5.73

从以上各种情况综合来看,《陆氏》舌音端知组是分化的,至
于泥娘组,周祖谟认为《玉篇》中泥娘不分,但《释文》泥娘混切的
数量极少,且有一些又音证明泥娘有别,如:

暱:女栗反。徐乃吉反(同质开 3 入)(P339)

濃:奴同反(东开 1 平)。又女龍反(钟开 3 平;通摄)(P296)

怩:女姬反(之开 3 平)。徐乃私反(脂开 3 平;止摄)(P160)

---

①《玉篇》反切数据来自李秀芹《〈经典释文〉中的舌音初探》(陕西师范大学
　硕士论文),2001 年。

例证虽然不多,但结合端知组的情况,我们也主张泥娘分立。陆氏舌音声母及拟音如下:

舌头音:1.端[t]　2.透[tʻ]　3.定[d]　4.泥[n]

舌上音:5.知[ȶ]　6.彻[ȶʻ]　7.澄[ȡ]　8.娘[ɳ]

第三节　齿音分析

从系联结果看,齿音中的精、清、心、庄、初、生、章、昌、书等几个声母各为一类。相混的主要有从邪两母、崇俟两母以及船禅两母。下面我们专门就从邪、崇俟、船禅等母的分合作一讨论。

一、"从、邪"分析

关于"从、邪"两母的分合问题,王力、邵荣芬两先生都认为《释文》"从邪不分"。沈建民虽然"从邪不分",但认为"从、邪"在陆氏音系中存在两读。此外,寻仲臣、张文敏认为《经典释文》的反切应是从邪分立,然其引例多失考①。其后裘燮君认为"《释文》'从、邪''船、禅'两读则是从'从邪''船禅'合一向'从、邪''船、禅'分立的演变,尚不同于《切韵》的'从、邪''船、禅'分立。"②

我们考察了《释文》陆氏"从邪"两母的所有反切,发现从邪两类声母字在《释文》中共有反切 401 条 1142 次,剔除和其他声母

---

① 寻仲臣、张文敏《〈经典释文〉的反切应是从邪分立》,《古汉语研究》,1999 年第 2 期

② 裘燮君《〈经典释文〉中"从、邪""船、禅"两读考》,《徐州师范大学学报(哲学社会科学版)》,2003 年第 2 期。

混切的反切,从邪两母自切及混切的反切共 391 条 1130 次。反
切分布状况及统计情况如下表:

表 3—3—1　　陆氏从、邪两类声母反切分布表

数量 切上字 被切字	从		邪		合计	
	切语	切次	切语	切次	切语	切次
从	280	835	39	54	319	889
邪	12	16	60	225	72	241
总计	292	851	99	279	391	1130

从邪两类字共有音和切 340 条(其中以从切从 280 条,以邪
切邪 60 条),占总数的近 86.96%;类隔切 51 条(其中以从切邪
12 条,以邪切从 39 条),占总数的 13.04%略强。从切次的角度
看,从邪两类字共有音和切 1060 次(其中以从切从 835 次,以邪
切邪 225 次),占总数的近 93.81%;类隔切 70 次(其中以从切
邪 16 次,以邪切从 54 次),占总数的 6.19%略强。从数据看,
从邪混切的比例还是比较高的,尤其是邪母字的反切上字,共出
现 99 次,其中就有 39 次为从母字作反切上字,占总数的
近 40%。

从邪两母混切的反切如下:

1. 以从切邪

羡[羡]:錢面反(P299、P356、P449)　祠:自絲反(P1296)

訟:自用反(P1359、P)　袖(褏):在又反(P1020)

爓:在廉反(P770)　蕭:才刀反(P348、P377)

燼:才信反(P641)　燼:才刃反(P1006)

羡:才箭反(P726)　　　　　　鱖:才吕反(P258)

訟:才用反(P79、P144)　　　　鮂:徂秋反(P1692)

2.以邪切从

嚼:詳略反(P93)　　　　　　燂:詳廉反(P733)

齊(薺):徐私反(P477)　　　　呲:徐赐反(P499)

茨:徐咨反(P325)　　　　　　茨:徐资反(P232)

茨:徐私反(P328)　　　　　　沮:辭汝反(P196)

沮:辭吕反(P317)　　　　　　薑:辭茬反(P1675)

瀆:辭赐反(P655)　　　　　　增:辭陵反(P1706)

驓:辭陵反(P1713)　　　　　　疵(概):辭貲反(P1681)

鄫(繒):似綾反(P916)　　　　繒(增):似仍反(P717)

蕉:似遥反(P1430)　　　　　　漸[潛]:似廉反(P944)

踐:似淺反(P190、P931)　　　聚:似主反(P553)

樵:似遥反(P1086、P1208)　　訾[疵]:似斯反(P672)

瀆:似赐反(P733)　　　　　　繒:似綾反(P745)

疵:似斯反(P553、P912)　　　蝤:似脩反(P238)

疵:似移反(P1435)　　　　　　觜:似赐反(P523)

觜(訾):似赐反(P513)

鄫:似陵反(P919、P1224、P1267、P1314)

萃:似類反(P884)　　　　　　萃:似醉反(P973、P997)

瘁:似醉反(P320、P391、P945)

瘁(萃悴):似醉反(P292、P323)

叢:似東反(P931)　　　　　　疵:祀知反(P1573)

茨(次):祀咨反(P1538)　　　聚:俗裕反(P460)

繒:似陵反(P155、P544、P559、P590、P724、P1315)

顏之推《顏氏家訓·音辭篇》云:"其謬失輕微者,則南人以錢为涎，以石为射，以贱为羡，以是为舐。"①说明南人语音从邪不分、船禅不分。从《释文》陆氏反切可以看出，陆氏音从邪不分的状况还是很明显的。但是《释文》中也有一些例子首音与其后所附又音或徐刘诸氏音反切下字相同或相近而上字不同，如：

1.反切下字相同或云母声调相同而陆氏首音与所附音上字不同者：

嚼：疾从略反。又序邪略反（P643）

繪：似邪陵反。又才从陵反（P590）

燼：徐邪刃反。又秦从刃反（P1166）

疵：似邪斯支3开平反。又疾从移支3开平反（P912）

沮：辭邪汝语3开上反。又慈从吕语3开上反（P196）

2.反切下字相近（同摄）而陆氏首音与所附音上字不同者：

蕉：似邪遥宵3开平反。徐在尧萧4开平反（效摄）（P1430）

羡：才从箭线3开去反。又辭邪見霰4开去反（山摄）（P726）

羡：錢从面线3开去反。又徐邪薦霰4开去反（山摄）（P299）

上述例证说明从邪有别，这也可以得到合理的解释：1.在当时陆氏标准音中可能从邪开始已经分立，但陆德明由于自己的方音从邪不分，有时可能拿不准某些具体字的声母，审音不细导致部分从邪混切。2.当时金陵所用的通语语音受南音尤其是吴音影响较大，在当时的语音系统中某些从邪两母的字存在着两读现象。

在周祖谟《万象名义中之原本玉篇音系》中，也有类似的情况："《广韵》精组字等韵家分为精清从心邪五母，《万象名义》则分为子、且、似、思四类。子相当精母，且相当清母，思相当心母，似

---

① 王利器《颜氏家训集解》第530页，中华书局，1993年。

类则包括从邪二母字。"①

综合上述情况,我们认为齿音精组声母中精清心各为一类,从邪合为一类,但从邪分化的趋势已很明显。

齿头音有四个声母,其声母及拟音如下:

齿头音:1.精[ts] 2.清[ts'] 3.从(邪)[dz] 4.心[s]

二、"崇、俟"分析

中古三十六字子母中的正齿音"照穿床审禅"在《广韵》音系中一分为二:一类称照二,包括"庄初崇生俟"五母;一类称照三,包括"章昌船书禅"五母。一般认为上古音中"照二归精",从《释文》陆氏音中可以看出,照二组与精组已经分开(只有几条相涉)。照二组中庄初生各为一类,崇俟则不分。崇俟两母的具体数据参看表3—3—2:

表3—3—2　陆氏崇、俟两类声母反切分布表

数量　切上字　被切字	崇		俟		合计	
	切语	切次	切语	切次	切语	切次
崇	79	159	0	0	79	159
俟	3	3	0	0	3	3
总计	82	162	0	0	82	162

《释文》陆氏音中没有声母为俟母的反切上字,俟母字作为被切字也仅出现了三个(其中俟为异文)"漦觬(俟)",被切字"仕士

---

① 周祖谟《万象名义中之原本玉篇音系》,《问学集》第310页,中华书局,1966年。

事"都是崇母字。这三条以崇切俟的反切如下：

漦：仕其反（P1617）

漦：士其反（P342）

㹰：事巳反。待也。宜從來，本今作俟字。（P1623）

从直音的情况看，涉及俟母字的直音共有 9 条 12 次，它们是：

柹崇：音俟俟（P736）

㞬崇：音俟俟（P194）

㞬（㞬）崇：音俟俟（P1627）

涘俟：音俟俟（P245、P1224、P1495）

俟俟：音士崇（P301）

涘俟：音士崇（P349）

涘俟：音仕崇（P396、P1281）

竢俟（俟俟）：音仕崇（P1167）

竢俟（俟俟㞬崇）：音仕崇（P1602）

上述九条直音中，用俟母字给崇母字注音的有 3 条 3 次，崇母字给俟母字注音的有 5 条 6 次，俟母字注俟母字的仅 1 条 3 次。以上情况充分说明《释文》陆氏音中"崇俟"是不分的。

这和《玉篇》音系相合，《万象名义中之原本玉篇音系》（1966）说："《广韵》照穿床审二等字，即陈澧《切韵考·外篇》庄初床疏四母，《万象名义》分为侧、楚、仕、所四类，与《广韵》分类相同。"①

崇俟不分是没有任何疑义的，因而《释文》正齿音照二组的声母和拟音如下：

---

① 周祖谟《万象名义中之原本玉篇音系》，《问学集》第 314 页，中华书局，1966 年。

正齿音(照二):1.庄[tʃ] 2.初[tʃʻ] 3.崇(俟)[dʒ] 4.生[ʃ]

三、"船、禅"分析

"船、禅"两母的分合问题,也是音韵学界普遍争论的问题。王力先生不确定《释文》船禅两母的分合、邵荣芬先生认为《释文》"船禅合并"。周祖谟先生也认为《释文》船禅不分(1966)。沈建民认为"《释文》船禅还是有区别的,只是个别字有混淆",并认为"这种一字两读正是'词汇扩散'经过的途径"(2007)。寻仲臣认为《释文》船禅分立(1994);裘燮君认为"《释文》'从、邪''船、禅'两读则是从'从、邪''船禅'合一向'从、邪''船、禅'分立的演变,尚不同于《切韵》的'从、邪''船、禅'分立。"(2003)

我们考察了《释文》陆氏船、禅两母的所有反切,并作了相应的统计,数据见以下两表:

表3—3—3　陆氏船、禅两类声母反切分布表

数量 切上字 被切字	船		禅		合计	
	切语	切次	切语	切次	切语	切次
船	33	387	27	37	60	424
禅	13	14	201	685	214	699
总计	46	401	228	722	274	1123

《释文》陆氏音船禅两母共有反切274条1123次(不含与其他声母混切者),其中音和切234条(包括以船切船33条、以禅切禅201条),占85.4%略强;类隔切40条(包括以船切禅13条、以禅切船27条),占总数的近14.6%。从切次的角度看,船禅两母反切共1123次,其中音和切1072次,占95.46%,类隔切51次,占4.54%。

从切语的角度看,船禅混切的比例较高,尤其是船母字作为反切上字共为 46 条反切作切,其中 13 次为禅母字作切,占28.3%,说明船禅两母的混切还是比较严重的。下面是船禅混切的用例:

1. 以禅切船

楯:常準反(P200)　　　　　盾:常準反(P503)

盾(楯):常準反(P751)　　　杼:常汝反(P271)

楯:常尹反(P1012)　　　　　盾:常允反(P494)

楯:常允反(P615、P1135、P1330)　乘:成證反(P577)

乘:承證反(P337、P587)　　楯:純尹反(P1545)

盾(楯):純尹反(P724)　　　贖:石欲反(P146)

抒:時女反(P446)　　　　　諡:時至反(P1597)

諡:時志反(P564)　　　　　乘:時證反(P715、P725、

　　　　　　　　　　　　　　　　P727、P950、P1187、

　　　　　　　　　　　　　　　　P1192)

楯:時準反(P848、P1290)　　揲:時設反(P125)

抴[揲]:時設反(P481)　　　杼:時汝反(P1195)

塍:市陵反(P1652)　　　　　繩:市陵反(P197)

諡:市至反(P1275)　　　　　蛇:市奢反(P306、P896)

繩:市升反(P829)　　　　　射:市夜反(P650)

貰:市夜反(P908)

2. 以船切禅

蜃:食軫反(P1074)　　　　　贍(儋):食艷反(P757)

召:實照反(P1386)　　　　　上:示掌反(P595)

折:示舌反(P111)　　　　　蟬:示延反(P1686)

筮:舌制反(P1697)　　　　　淳:述倫反(P1016)

鶉:述春反(P912)　　　　　　純:順倫反(P1366)

醇:順倫反(P1580)　　　　　　鶉:順倫反(P734、P1049)

鶉:順春反(P1702)

颜之推《颜氏家训·音辞篇》云:"其谬失轻微者,则南人以钱为涎,以石为射,以賤为羡,以是为舐。"①说明南人语音从邪不分、船禅不分。《经典释文·序录》又说:"世变人移,音讹字替,如徐仙民反易为神石,郭景纯反敱为羽盐,刘昌宗用承音乘,许叔重读皿为猛,若斯之俦,今亦存之音内,既不敢遗旧,且欲俟之来哲。"②"承"《广韵》"署陵切","乘"《广韵》"食陵切",二字差别只表现在声母上,"承"为禅母,"乘"为船母。从陆德明的这段话我们可以看出,既然陆德明认为"刘昌宗用承音乘"属于"音讹",说明在陆氏标准音中船禅两母应该是分立的。

如何看待《释文》序言批评"船禅不分"而文中又有不少船禅混切的用例这种现象呢? 我们对《释文》船禅混切的用例逐一作了分析,发现船禅混切的主要集中反映在某些具体的字上,如臻摄谆韵的"純淳醇鶉"、准韵的"盾楯";曾摄蒸韵的"塍繩"、证韵的"乘"等字。这种情况说明陆氏音中船禅两母字中只有极个别的字还保留着"船禅不分"的读法。

另外在陆氏音中也存在几条反切,它们反切下字相同或韵母声调相同,而陆氏为音和切,其后所附反切为类隔切,这说明船禅应当有别。如:

擔:是禅豔反。又食船豔反(P865)

鶉:述船春谆3合平反。又常禅倫谆3合平反(P912)

①王利器《颜氏家训集解》第530页,中华书局,1993年。
②陆德明《经典释文》第5页,上海古籍出版社,1985年。

　　以上各种情况说明,在《释文》陆氏音中,陆德明主张"船禅分立",并且努力做到这一点。但是由于当时流行于金陵的南方标准音受吴音影响较大,又由于陆德明本身就是吴人,宥于自己方音的限制,不能详细区分船禅两母,导致某些字出现船禅混切现象。从另一方面说,在当时金陵通语语音中,有个别字在一些人口中还保留着船禅两读。

　　结合以上情况,我们主张船禅分立。这样《释文》陆氏舌上音照三组声母及拟音如下:

　　正齿音(照三):1.章[tɕ]　2.昌[tɕ‘]　3.船[dʐ]　4.书[ɕ]
5.禅[ʐ]

第四节　喉音分析

　　《释文》陆氏音喉音共有五个声类:於类、許类、户类、于类、以类。从系联结果看,於类、許类、以类虽然彼此之间偶有相涉,但不影响每一类的系联结果。匣、云(或称于)两母的情况略有复杂,我们专门作以考察。

　　在上古声母的论述上,有"喻三归匣"的说法。有关《释文》"匣、云"的分合问题上,王力先生在《〈经典释文〉反切考》中认为"神禅混用、从邪混用、匣于喻混用"等"情况时还不能完全肯定的,需要他书作为佐证,才能确定"①。在"匣于喻混用"条下

———————

① 王力《〈经典释文〉反切考》,《音韵学研究(第一辑)》第 34 页,中华书局,1984 年。

又说①：

> 乍看起来，似乎匣于喻三纽相通，其实不然。于母(喻三)和喻母(喻四)，直到《广韵》还是分立的，《释文》时代决不可能混用。“遗”字读惟季反，又读于季反，应是个别的特殊情况，也可能是于喻合流的开端。……《释文》时代，匣于同纽，则是符合事实的。……

邵荣芬先生也认为匣云两母在《释文》中尚未分立，在《〈经典释文〉音系》第116页论述匣母与喻三的关系时说②：

> 晓、匣两母各为一类，与《广韵》同。匣母中匣与喻三，即云母互切的比《广韵》多，现开列于下：
>
> 1. 以匣切云
>
> 熊　乎弓(11,33上)
>
> 为　胡伪(2,2下)
>
> 紇　恨发(9,14下；11,8下；12上；17,19下；22下；18,1下；7下；21,27下；22,22下；24,16上)
>
> 齕　恨发(27,2上；3上)
>
> 鸮　户骄(6,2上；26,22下)
>
> 尤　下求(24,2下)
>
> 2. 以云切匣
>
> 坏　于怪(14,17上)
>
> 猾　于八(3,11上；16,2下；17,10下；19,31上)
>
> 滑　于八(11,21上；14,15下；15,3下；16,2上；24

①王力《〈经典释文〉反切考》，《音韵学研究(第一辑)》第36页，中华书局，1984年。

②邵荣芬《〈经典释文〉音系》第116页，台北学海出版社，1995年。

　　上；17,12 下；18,13 上；19,30 下；20,12 下；15

　　上；21,11 下；22,9 上；27,6 下)

　　共 9 字,35 字次。这为六七世纪时期匣、云同母提供了比《切韵》和《广韵》更为充分和明确的证据。

　　据我们考察,邵先生的以下几条引例有的不同版本存在异文,有的存在失误:

　　1.为:胡伪反。按:《周易音义》:"爲其,胡偽反。"(P76)通志堂本作"于僞反"。二者一为音和切、一为类隔切。

　　2.纥齕:恨发反。按:纥齕两字《广韵》"下没切,又胡结切",均为匣母,而非云母字。邵先生将此二字视为"以匣切云"当属不妥。

　　3.尤:下求反。按:《论语音义》:"寡尤,下求反。"(P1352)黄焯《经典释文汇校》:"吴云下字疑为于之形残。焯案:蜀本作于,然下字不误,六朝以前匣为二纽本无别也。"[1]按黄先生汇校,"下求反"又作"于求反",二者一为音和切、一为类隔切。

　　4.坏:于怪反。按:《礼记音义》:"壞己:乎怪反。又音怪。"(P849)宋本及通志堂本同为"乎怪反"。黄焯《经典释文汇校》:"钞本乎作于。狩野谓乎作于盖以形似而误,不知于在六朝以前本读为乎也。于在今为纽,乎在匣纽,为由匣分出。观《切韵序》'尤侯俱论是切'句可知。详余所著《为纽归匣说》。"[2]按《汇校》,"乎怪反"也作"于怪反",二者一为音和切、一为类隔切。

　　如果将邵先生上面的四例除去,《释文》能确定的匣、云混切的反切只有以下几例:

---

① 黄焯《经典释文汇校》第 696 页,中华书局,2006 年。
② 黄焯《经典释文汇校》第 457 页,中华书局,2006 年。

1. 以匣切云

鸮：户骄反（P273、P1450）　　　　熊：乎弓反（P699）

2. 以云切匣

猾：于八反（P922）　　　　　滑（猾）：于八反（P1137）

滑：于八反（P675、P872、P921、P965、P992、P988、P1027、P1136、P1162、P1167、P1218、P1287、P1470）

罗常培先生《〈经典释文〉和原本〈玉篇〉反切中的匣、于两纽》一文，考察了《释文》里"匣"、"于"两组的反切上字，得到了"户"和"于"两类。并认为①：

> 这两类虽然大体上自成系统，可是彼此间常有错综的关系。……这种现象（按：指匣于混切）究竟是因为同音而合并呢，还是因为音近而相通呢？ 要解答这个问题，我们不得不推溯匣于两纽的历史。……曾运乾的《喻母古读考》在钱大昕古无轻唇音和舌音类隔说不可信以后，对于古声母的考证上，是一篇很有贡献的文章。然而，就音变的普遍规律来讲，在古代完全相同的声音后来不会无条件地变成两个不同的声音。所以我们只可以说匣于两纽在上古是很相近的音，而不能说他们是完全相同的音。……李方桂曾怀疑匣类有两个上古的来源：(1)和[k][kʻ]谐声或互读的是[*gʻ-]，(2)和[x]谐声的是[*ɣ]。……如果这个假设可以成立，我们就可以说，在第五世纪末叶[ɣ]在[i]音前面还没有[j]化，……到六世纪末叶，[ɣ]在[i]音前面已经[j]化，所以《经典释文》的反切里这两类分化的倾向渐强。……我对于《切韵》里匣

---

① 罗常培《〈经典释文〉和原本〈玉篇〉反切中的匣、于两纽》，《罗常培语言学论文集》第159—162页，商务印书馆，2004年。其中"葛君"指葛毅卿。

于两纽的关系,赞成曾运乾拿于纽当作匣纽细音的说法。……葛君因为几个"类隔"反切的牵连要把它们并成一类,反倒不容易解释后来在大多数方言里何以匣变[h]而于变[j]了。

我们考察了《释文》"匣、云"两母的所有反切,比较以上几位专家的意见,认为王邵二先生的结论有失偏颇,而罗先生的说法更合乎《释文》实况。我们主张《释文》陆氏喉音"匣、云"应当分立,理由如下:

第一、"匣、云"混切的比例极低,且类隔切只有几条,说明"匣、云"应当分立

以匣母字作反切上字的反切 604 条 2740 次,除去和以、晓、溪等母混切者外,还有 590 条 2725 次,其中以匣切匣 588 条 2722 次,以匣切云 2 条 3 次。以云母字作反切上字的反切 115 条 1577 次,除去和以、影等母混切者外,还有 98 条 1544 次,其中以云切云 95 条 1529 次,以云切匣 3 条 15 次。下面是《释文》"匣、云"两母字的反切数据:

表 3—4—1　陆氏匣、云母反切分布表

数量　　切上字 被切字	匣		云		合计	
	切语	切次	切语	切次	切语	切次
匣	588	2722	3	15	591	2737
云	2	3	95	1529	97	1532
总计	590	2725	98	1544	688	4269

　　"匣、云"两母字共有反切 688 条,其中音和切 683 条(包括以匣切匣 588 条、以云切云 95 条),占总数的 99.27% 强;类隔切 5 条(包括以匣切云 2 条、以云切匣 3 条),仅占不到 0.73%。从切次的角度看,两母共有反切 4269 次,其中音和切 4251 次(包括以匣切匣 2722 次、以云切云 1529 次),占总数的近 99.58%;类隔切 18 次(包括以匣切云 3 次、以云切匣 15 次),仅占 0.42% 稍强。

　　即使将邵先生所举的"尤、为、坏"三条加上去,陆氏音"匣、云"母反切音和切的比例为近 98.84%,类隔切仅占 1.16% 略强;从切次的角度看,音和切近 99.51%,而类隔切只有不到 0.49%。改变不了类隔切比例极少的现实。

　　从"匣、云"反切的音和切与类隔切的比例来看,我们认为"匣、云"两母应当分开,不能仅凭"几个'类隔'反切的牵连要把它们并成一类"。

　　第二、《释文》中"云、以"混切的数量多于"匣、云"混切,可能"云、以"已经开始合流,也说明"匣、云"应当已经分化。

　　除了"匣、云"混切的例子外,《释文》中还有不少"云"和"以"甚至和"影"混切的例子,如:

　　1. 以云切以

　　養:于亮反(P616)　　　　　聿:于必反(P348)

　　遹:于橘反(P376)　　　　　緣:于絹反(P740)

　　唯:于癸反(P639、P641、P733、P740、P748、P840)

　　遺:于季反(P645、P647、P662、P666、P785、P814、P826、P834、P907、P914)

　　2. 以以切云

　　掾:弋絹反(P1197)

3.以云切影

宛：于晚反（P737、P）　　　　委：于鬼反（P1211）

委：于偎反（P752、P1258）　　偃（堰）：于晚反（P1293）

厌：于甲反（P660）　　　　　　厌：于葉反（P668）

衣：于既反（P667、P1261）　　噫（意）：于其反（P671）

倚：于綺反（P669）　　　　　　苑〔蕴〕：于粉反（P718）

緼：于粉反（P782）

4.以影切云

帷：意悲反（P666）　　　　　　援：於眷反（P888）

王力先生认为："'遗'字读惟季反，又读于季反，应是个别的特殊情况，也可能是于喻合流的开端。"①按照王力先生的解释，"遗"字"可能是于喻合流"，那么以上"云以混切"的各字也应该是"于喻合流"，既然"于喻合流"已经有了开端，那么应该是云母字先从匣母分出，然后开始"于喻合流"。这样的话，我们认为"匣、云分立"也就有了更充足的证据。

当然，我们也可以像有的先生一样，将某些混切的音切归于用字错误（这种错误多数是传抄刻印过程中字形相近而弄错的）。比如：匣以混切的例子"聿：户橘反（P1137）、鹬：户橘反（P1702）、骦：户橘反（P407）"，不少人认为"户橘反"应是"尹橘反"之误。"云影混切"涉及的反切上字主要是"于、於"，这两个字古书中也多混用，可以肯定是刻印所误。我们也可以认为"以云切以"的反切上字"于"和"予"字形相近而讹误，如《广韵校本》去声三十三线韵："衍：水也。溢也。于线切。又以浅切。八。"

---

① 王力《〈经典释文〉反切考》，《音韵学研究（第一辑）》第 36 页，中华书局，1984 年。

按周祖谟先生校正：于线切误，当为予线切①。如果我们的猜测是对的，那么"云以合流"就没了依据。但这丝毫不影响我们"匣、云分立"的结论。

第三、《释文》的又音及多反说明"匣、云"分立

《释文》中就有一些例证支持我们对观点，从《释文》的又音或多反上，我们可以找到匣、云分立的证据，如：

滑：乎八、于八二反。（892）

滑：胡八反。又于八反（P732）

滑：乎八反。又于八反（P1094）

滑：于八反。又乎八反（P872）

以上各切，反切下字相同，而反切上字各异。说明反切上字属于不同的声母，有力说明"匣云"应当"分立"。至于少数几个"类隔"的反切，只是匣于分化的几个遗留问题而已。

结合以上材料，我们将喉音声母定为五个，其声母及拟音如下：

喉音：1.影［o］　2.晓［x］　3、匣［ɣ］　4.云（喻三）［ɣj］5.以（喻四）［j］

（说明："云"采用罗常培先生的拟音。）

第五节　小结

结合以上关于声母的分析，我们归纳出《释文》陆氏音系的声母系统，陆氏音中共有声母39个，详见下表：

---

①周祖谟《广韵校本》第414页，中华书局，2004年。

表 3—5—1　《释文》陆氏音系声母表

声母及拟音 / 发音方法　发音部位		全清	次清	全浊	次浊	全清	全浊
唇	重唇	帮[p]	滂[p']	並[b]	明(微)[m]		
	轻唇	非[pf]	敷[pf]	奉[bv]			
舌	舌头	端[t]	透[t']	定[d]	泥[n]		
	舌上	知[ȶ]	彻[ȶ']	澄[ȡ]	娘[ȵ]		
齿	齿头	精[ts]	清[ts']	从(邪)[dz]		心[s]	
	正齿(照二)	庄[tʃ]	初[tʃ']	崇(俟)[dʒ]		生[ʃ]	
	正齿(照三)	章[tɕ]	昌[tɕ']	船[dʑ]		书[ɕ]	禅[z]
	舌	见[k]	溪[k']	群[g]	疑[ŋ]		
喉		影[o]				晓[x]	甲[ɣ]
					以(喻四)[j]		云(喻三)[ɣj]
半舌					来[l]		
半齿					日[nʑ]		

补充说明:

1.《释文》陆氏音牙音共有四个声类:古类、苦类、其类、无类。只有少数几例和其他声母的字相涉,其余都是同母字作切。因而牙音声母归纳为四类,其声母及拟音如下:

牙音:1.见[k]　　2.溪[k']　　3.群[g]　　4.疑[ŋ]

2.《释文》半舌音为一类:力类。其声母及拟音如下:

半舌音:1.来[l]

3.《释文》半齿音为一类:如类。其声母及拟音如下:

半齿音:1.日[nʑ]

4.声母发音部位及拟音采用胡安顺先生《音韵学通论》的观点。

5.“云”的拟音采用罗常培《〈经典释文〉和〈原本玉篇〉反切中的匣、于两纽》的拟音,其发音部位及清浊参考罗先生文章而定。

第四章 反切下字的系联

第一节 反切下字系联条例

参考陈澧《切韵考》反切下字系联条例和罗常培先生声类系联条例，结合本文关于反切上字的系联条例，我们制定了系联《释文》反切下字的系联条例如下：

1.不同的被切字，使用同一个反切下字，即可根据反切下字将其系联在一起。如上平一东：

叢（才东、才公、徂洪、才空、才工）蓬（步东、步工、步公、步红、蒲空）洪（户工）紅（户东、户公）

2.同一个被切字有多条切语，如果其反切上字声母相同，其反切下字即可系联在一起。如入声一屋：

"覆"有"芳服、芳伏、芳卜、芳福、芳復、芳六、芳目、孚服、孚腹"等9条反切，其反切上字"芳、孚"均属"敷"母，其反切下字"服、伏、卜、福、復、六、目、腹"等即可系联为一类。

3.某字既作为别的被切字的反切下字，同时作为被切字有自己的反切，可以将其反切下字与本字等系联。如条例1中，"红"既给"蓬"字作反切下字，同时又有"户东、户公"两条反切，据此可以将"东、红、公"等系联。

4.根据《切韵考》韵类系联的补充条例,某一调类的反切下字如果系联不起来,便可根据相承调类中韵类的分合情况确定其分合。如:

上声"董"韵系联只有一类,而和它相承的平声"东"韵、去声"送"韵、入声"屋"韵系联均为两类,根据陈澧《切韵考》的补充条例认定"董"韵亦当分为两类。

5.唇音字开合不分,会严重影响某些韵部的系联结果,遇有唇音的反切,依据其他非唇音字确定开合及韵类归属。如上平五支:

支韵当分开合两类,但由于唇音字"皮"既可给开口字做反切下字,又可给合口字作切下字,由于唇音字开合不分导致系联为一类。在系联时考虑其他反切下字的开合确定韵类。

6.如果缺乏证据下字不能直接系联,则看该下字或者被切字在《释文》中的直音情况。必要时依据直音而定。

7.确实无法系联者,依据《广韵》反切而定。

8.为了将来统计数据的需要,我们将《释文》反切下字按照《广韵》206 韵的韵目和次序,按照 16 摄来系联。

9.未尽处在实际系联时随文予以说明。

第二节　通摄系联

一、东、董、送、屋

(一)上平一东

反切下字属东韵的反切共 127 条 185 次,其中以东切钟 4 条

4 次。出现反切下字 19 个：工$_{27}$ 公$_{24}$ 東$_{15}$ 忠$_{14}$ 弓$_{12}$ 中$_8$ 紅$_7$ 隆$_5$ 空$_3$ 戎$_2$ 同$_2$ 充$_1$ 馮$_1$ 宫$_1$ 躬$_1$ 洪$_1$ 穹$_1$ 融$_1$ 終$_1$。系联为结果为两类：

1. 工类（工公東紅空同洪）

叢（才東、才工、才公、徂洪、才空）蓬（步東、步工、步公、步紅、蒲空）洪（户工）紅（户東、户公）// 濃（奴同）龐（鹿同）

2. 忠类（忠弓中隆戎充馮宫躬穹融終）

蟲（直弓、直隆、直中、直忠）隆（力躬、吕穹、力中）豐（敷馮、芳弓、芳中、芳忠）穹（起弓、起宫）戎（而融）融（羊弓、余忠）// 肜（余終）駥（而充）

说明：

1. 反切下字后的数字为该反切下字的切语数。

2. // 前的字是可以直接系联的反切下字，// 后为能间接系联或据《释文》不能系联，而依据《广韵》而定的反切下字。下同。

3. 韵类名称采用频率最高的反切下字，若和声类名称相同，则采用别的切下字为韵类命名。

4. 为便于展示反切下字的关系，系联结果按被切字列示。

5. 反切下字"同"字无法系联，依据《广韵》而定。

6. "肜，余終反"下字"終"不系联，《释文》直音"肜，音融"（P170）可以和"融中"等系联为一组。

7. "駥，而充反"下字"充"不系联。《释文》："駥，而充反。本亦作戎。"（P1717）"戎，本亦作駥，而融反。"（P1713）据此可以将"充"与"融中"等系联为一组。

附:东韵反切字表

葱	七公 1
總	子公 1
總(緵)	子工 1
聰	七公 1、千公 1
驄	七工 1
琮	才工 1
潀	在公 1
叢	才東 1、似東 1、才工 3、才公 8、徂洪 1、才空 1
逢	薄紅 1
蚣(螉)	烏公 1
烘	火東 1
洪	户工 1
紅	户東 1、户公 1
虹	胡公 1、户公 1
訌	户工 1
曨	力東 1
礱	路東 1、力工 2、力公 1
礲	力工 1
籠	力東 3、魯東 2、鹿工 1
聾	力東 2、力工 1、魯工 1、鹿工 2、路工 1、魯公 1
夢	無工 1、莫公 4、莫紅 1、莫空 1
鄸	莫公 1

幪	莫公 1
濛	莫紅 1
蒙	莫東 2、武工 1、亡公 1、莫公 2
厖	鹿同 1
芃	蒲東 1、薄工 2、薄紅 3
蓬	步東 2、蒲東 2、步工 2、步公 2、步紅 1、蒲空 1
蓬（鑝）	步公 1
瞳	敕紅 1
蝸	烏紅 1
傯	子公 1
嵏	子工 1
嵏（嵕）	子工 1
朡	子公 1
緵	子工 1
椶	子工 2、子公 2
椶（椶）	子公 1
鬉	子工 1
緵	子東 1、子工 5、子公 6
蔟（叢）	才工 1
蔟［叢］	才工 1
窻（聰）	七工 1
仲	敕中 2、恥忠 1、勑忠 2

沖	直弓 2、直隆 1、直忠 2
蟲	直弓 3、直隆 1、直中 1、除中 1、直忠 6
渢	扶弓 1
楓	甫隆 1
豐	敷馮 1、芳弓 5、芳中 1、芳忠 1
酆	芳弓 2、芳忠 2
灃	芳弓 1
豑	芳弓 1、芳中 1
鞠	起弓 1
隆	力躬 1、吕穹 1、力中 1、六中 1
穹	起弓 4、起宫 1
戎（駥）	而融 1
肜	余終 1
融	羊弓 1、余忠 1
融（肜）	餘戎 1
駥（戎）	而充 1
娀	夙中 1、息忠 1
崧	胥忠 1
崧（嵩）	思忠 1、息忠 1
嵩	息忠 1、夙忠 1、宿忠 1
熊	乎弓 1、于弓 1
袞	丁隆 1

蝶	之戎 1
蜙	寸束 1
鏦	錯工 1
濃	奴同 1
逢	符隆 1

（二）上声一董

下字属于上声"董"韵的反切有 27 条 36 次，其中以董切送、以董切用、以董切肿各 1 条 1 次。共有反切下字 3 个：孔$_{17}$ 動$_6$ 董$_4$。系联为一类：

1. 孔类（孔動董）

緫（作動、子孔、作孔）倲（都動、丁孔）摠（尊董、子孔）董（丁動）

附：董韵反切字表

菶	布孔 1
琫	必孔 1
琫（䩄）	必孔 1
鞲	布孔 1
緫	作動 1、子孔 7、作孔 1
緫（摠）	子孔 1
倲	都動 1

𫘦（东）	丁孔 2
董（董）	丁動 1
挏	大孔 1
洞	大董 1
唪	布孔 1
籠	力董 1
懞	莫孔 1
蠓	無孔 2、莫孔 1
翁［滃］	嗚動 1
蓊	烏孔 1
摠	尊董 1、子孔 2
稯	作孔 1
徊（侗）	大董 1
恫	敕動 1
菶	方孔 1
𫘧（揀）	素動 1

（三）去声一送

　　下字属于去声"送"韵的反切 53 条 252 次，其中以送切用 1 条 1 次。有反切下字 7 个：弄$_{14}$ 貢$_{13}$ 鳳$_9$ 仲$_8$ 送$_7$ 洞$_1$ 凍$_1$。系联结果为两类：

　　1.弄类（弄貢送洞凍）

　　洞（同貢、大弄、徒弄、徒送）凍（丁貢、都貢、丁弄、東送）棟（多

洞、丁弄)弄(魯涷、魯貢)貢(公弄)

    2.凤类(鳳仲)

      賵(芳鳳、芳仲、孚仲)

附:送韵反切字表

洞	同貢 1、大弄 1、徒弄 1、徒送 1
涷	丁貢 4、都貢 1、丁弄 1、东送 1
楝	多洞 1、丁弄 1
詷	徒貢 1
贛	古弄 1
貢	公弄 1
空	苦貢 1
控	口貢 1、苦貢 5
夢	亡弄 1
瞢	亡貢 1
弄	魯涷 1、魯貢 2
恸	杜貢 1、徒送 1
瓮	烏弄 1
甕	烏貢 1、於貢 1、烏弄 3、屋送 1、烏送 1
甕(瓮)	烏送 1
甕(罋)	烏弄 1
罋	於貢 1、烏弄 2、烏送 2
霿(霚)	亡弄 1

续表

緫（總）	子弄 1
縫	扶弄 1
風	方鳳 5、福鳳 9
風（諷）	方鳳 1
諷	方鳳 7、非鳳 1、福鳳 1
諷	芳鳳 1
諷（風）	方鳳 2
賵	芳鳳 13、芳仲 3、孚仲 1
中	丁仲 147、貞仲 1、張仲 6、竹仲 1
衷	丁仲 3
衆	諸仲 2

（四）入声一屋

下字属于入声"屋"韵的反切有 205 条 578 次，其中以屋切沃 4 条 4 次，以屋切筱 1 条 1 次，以屋切烛 1 条 1 次。有反切下字 19 个：六$_{101}$ 木$_{40}$ 卜$_{15}$ 服$_9$ 福$_8$ 叔$_5$ 谷$_4$ 目$_4$ 育$_4$ 伏$_2$ 鹿$_2$ 禄$_2$ 熟$_2$ 竹$_2$ 獨$_1$ 復$_1$ 腹$_1$ 斛$_1$ 郁$_1$。系联结果为两类：

1. 木类（木卜谷鹿禄獨斛）

谷（古木）斛（乎卜、洪谷）哭（苦谷、空木）鏕（力斛）鍊（送鹿）沃（烏谷、烏鹿、於木）禿（吐禄、吐木）//簇（倉獨）

2. 六类（六服福叔目育伏熟竹復腹郁）

俶（昌六、昌叔、昌育）育（余熟）柷（昌六、昌熟）畜（許六、喜郁、許竹）蝮（孚福、孚目）復（芳服、芳福）腹（分伏）覆（芳伏、芳服、

芳福、芳復、孚腹、芳六、芳目）

说明：

1.下字"獨"（蔟，倉獨反）不直接系联，《释文》："瀆，音獨。"（P78、P153、P574、P1653）"瀆"有"大木反、徒木反"两切，可以与其他反切下字系联。

附：屋韵反切字表

斛（槲）	胡木 1
暴	步卜 13、蒲卜 6
暴（曝）	步卜 1、蒲卜 1
剥	普卜 1
穀（嗀）	火卜 1
蔟	倉獨 1
瘯	七木 1
匵（櫝）	徒木 1
瀆	大木 1、徒木 8
瀆（黷）	徒木 1
櫝	大木 1、徒木 2
牘	徒木 2
犢	徒木 1
韇	大木 1
韇（欘櫝）	徒木 1

韣	徒木 1
韇	徒木 4
讟	徒木 3
篤(竺)	东谷 1
縠	工木 3、古木 7
谷	工木 1、古木 5
榖	工木 1
縠	户木 2、胡木 1
榖(穀)	胡木 1
斛	乎卜 1、洪谷 1
縠	户木 6
縠(穀)	户木 2
螜	胡木 1
哭	苦谷 1、空木 1
麓(鹿)	力斛 1
木	亡卜 1
牧	亡卜 1
仆	普卜 1
扑	普卜 13
撲	普卜 3、普木 1
僕	普木 1
樸	蒲木 1

续表

樕	桑木 1
餗	送鹿 1
秃	吐禄 1、他木 1、土木 1、吐木 5
鶩	亡卜 1
鏃	子木 7、作木 1
蹼(蹼)	補木 1
蔌(速)	素卜 1
蹙	子六 1
奥(燠)	於六 2
奥[隩]	於六 4
澳	於六 2
澳(奥隩)	於六 2
俶	昌六 1、尺叔 4、昌叔 1、昌育 1
俶(俶)	尺叔 1
俶(叔)	尺六 1
鄐	許六 3
滀	敕六 1
滀(慉)	勑六 1
諔	尺叔 3
踧	子六 6
踧(蹴)	子六 1
蹵	將六 1、子六 22

蹙（顣 蹴 蹵 慼）	子六 3
蹴	子六 3
蹵	子六 7
霂	亡禄 1
服（腹）	符福 1
幅	方服 3、甫服 1、方目 1、方木 1
幅（畐）	方服 1
蔮	方服 1
複	方服 3
輻	方六 1
復	芳服 1、芳福 1
復	方目 1
復	扶福 1、符福 1
復（覆）	芳福 2
腹	分伏 1
蝮	芳福 1、孚福 1、孚目 1
覆	芳服 78、芳伏 7、芳卜 1、孚服 3、芳福 5、芳復 1、孚腹 1、芳六 1、芳目 1
告［鞠］	久六 1
裻［鞠］	居六 1
匊	弓六 1
匊（掬）	九六 1

掬	九六 4
鞠	居六 11、九六 6
鞠（菊）	九六 1
鞫	九六 2、居六 4
鞫（誸鞫）	居六 2
菊	居六 1
椈	弓六 2
鵴	居六 1
鵴（鞠）	居六 1
蘜	弓六 1
蘜（菊）	居六 1
朒	女六 1
忸	女六 1
衄［衂］	女六 2
恧	女六 1
戚［蹙］	子六 1
麹	去六 1、起六 2、丘六 1
淑	常六 3、市六 1、受六 1
朮（荗）	舒育 1
宿	息六 2、先六 1
宿（蹜）	色六 1
肅	所六 1

謖	色六 1、所六 7
踑	色六 1、所六 1
縮	色六 2、所六 18
縮（榴）	所六 1
肙［祝］	之六 1
畜	勅六 20、敕六 2、丑六 3
畜	許六 19、喜郁 1、許竹 2
畜（獸）	許六 1
畜（蓄）	勅六 6、勑六 1
畜（蓄滀）	敕六 3
慉	許六 1
蓄	勅六 5、丑六 1
蓄（畜）	勅六 1
茜	所六 2
育	余熟 1
郁	於六 4
彧	於六 1
萑	羊六 1
陳	於六 2
奥	於六 1
燠	於六 3
燠（奥）	於六 1

续表

鬻	由六 1、羊六 3
鬻(粥)	之六 1、之育 1
鬻［粥］	之六 3
粥	羊六 2
粥	之六 17、之育 1
軸	大六 1、直竹 1
蓫	他六 1、勑六 1
柷	章六 1、尺六 2、昌六 6、尺叔 2、昌熟 1
祝	之六 16、章六 2
築	陟六 1
篴(籭)	式六 1
蝮(蝮)	芳服 1
坺(鞠)	弓六 1
褚(畜)	勑六 1
踧	子六 1
蹴［蹵］	子六 1
督	丁木 1
沃	烏谷 1、烏鹿 1、於木 1
勖	子六 1
局	彊六 1

二、冬、宋、沃

（一）上平二冬

下字属"冬"韵的反切共 5 条 22 次,反切下字 2 个:冬$_3$ 宗$_2$。系联结果为一类:

1.冬类

琮(才冬、才宗、在宗)

附:冬韵反切字表

彤	徒冬 13、大冬 1
琮	才宗 6、才冬 1、在宗 1

（二）去声二宋

下字属"宋"韵的反切 3 条 3 次,反切下字 2 个:宋$_2$ 统$_1$。系联为一类:

1.宋类

综(子宋、宗宋、宗统)

附:宋韵反切字表

综	子宋 1、宗宋 1、宗统 1

（三）入声二沃

下字属"沃"韵的反切 30 条 71 次，反切下字 4 个：毒$_{18}$ 篤$_7$ 沃$_4$ 酷$_1$。系联为一类：

1.毒类

毒（徒篤）篤（丁毒）嚳（苦毒、苦篤）酷（苦毒）梏（古毒、古沃）沃（乌毒、乌酷）

附：沃韵反切字表

督	丁毒 3
督	多毒 1
毒	徒篤 2
篤	丁毒 1
告	工毒 2、古毒 7、故毒 1、古篤 2
鹄	古毒 7、古篤 1
鹄	胡毒 1、户毒 1、胡篤 1、户篤 1、户沃 2
梏	古毒 10、古沃 1
牿	工毒 1、古毒 1
酷	口毒 1、苦毒 4
嚳	口毒 2、苦毒 5、苦篤 2
漉	盧篤 1、郎沃 1、力沃 1
沃	乌毒 6、乌酷 1
竺（篤）	丁毒 1

三、钟、肿、用、烛

(一)上平三钟

下字属"钟"韵的反切 88 条 291 次，反切下字 7 个：容$_{43}$ 恭$_{19}$
凶$_{10}$ 逢$_9$ 龍$_5$ 封$_1$ 鍾$_1$。系联为一类：

1. 容类

重(直恭、直龍、直容)鍾(章容、章凶)容(羊凶)縫(扶恭、符
龍、扶容)罿(昌容、昌凶、昌鍾)蜂(芳封、孚逢)傭(勑恭、勑龍)

附:钟韵反切字表

舂	傷容 3、舒容 1、束容 2
憃	舒容 1
憃	失容 1、始容 1、傷容 1
憧	昌容 1
憧(憁)	昌容 1
衝	尺容 2、昌容 7
罿	昌容 1、昌凶 1、昌鍾 1
從	子容 23、足容 2
從	七容 13、七凶 1
從	才容 6
從(蹤)	足容 1
從(縱)	子容 1
從[舂]	式容 1

樅	七容 2
丰	芳凶 1
峰（峯）	芳逢 1
莑	芳逢 1、芳容 1、孚容 2
犎	甫逢 1
蜂	芳逢 1、孚逢 1、孚恭 1
蜂（蠭）	芳封 1、孚逢 1
鋒	芳逢 3
夆	孚逢 1
摓（縫）	扶恭 1
縫	扶恭 1、符龍 1、奉容 1、扶容 2
蚣（同蜙）	粟容 1
蚣〔蜙〕	思容 1、相容 2
蘢	力恭 2
襛	如容 1
醲	女龍 1
蠭	芳恭 1
蠭（蜂）	芳逢 1
蠭（蠭蜂）	芳容 1、匹凶 1
蓬	符恭 1
銎	曲容 2
卭（駏）	巨凶 1

卭〔邛〕	巨恭 1、其恭 1、巨凶 1、其凶 1
邛	其恭 2
茸	如容 2、而容 1
容	羊凶 3
蚣	相容 1
稦	直龍 3
維〔雍〕	於恭 1
訩〔凶〕	許容 1
傭	勑恭 1、勑龍 3
雍	於恭 2、於容 1
雝	於恭 1、於容 1
噰（雍廱）	於恭 1
雓	於恭 1
廱	於容 2
饔	於恭 2
喁	五恭 1
顒	魚恭 3、玉容 1
鍾	章容 1、章凶 1
重	直恭 5、直龍 119、直容 10
重（種）	直容 2
縱（從）	將容 1
蠢（蜂）	芳凶 1
縱	將容 1

（二）上声二肿

下字属"肿"韵的反切 61 条 275 次，反切下字 4 个：勇$_{56}$ 冢$_3$ 寵$_1$ 奉$_1$。系联为一类：

1.勇类

冢（竹奉、張勇、竹勇、中勇）踊（羊寵、羊冢）重（直勇、直冢）

附:肿韵反切字表

奉（捧）	芳勇 2
奉［捧］	芳勇 31、孚勇 1
拱	恭勇 2、九勇 7、居勇 5、俱勇 1
拱（共）	俱勇 1
栱	九勇 1
輁	九勇 3
鞏	恭勇 2、九勇 14
共［拱］	九勇 4
恐	匡勇 1、起勇 1、丘勇 33、曲勇 8
隴	力勇 2
隴（壟）	力勇 1
壟	力勇 5
捧	芳勇 2、敷勇 1
蛬	九勇 1、俱勇 1
氄	如勇 1

续表

宂	如勇 2
竦	息勇 1、小勇 1、思勇 2、粟勇 2
聳	息勇 4
鮦	大勇 1、直冢 1
兇	凶勇 1
雍（壅）	於勇 1
雍［壅］	於勇 8
壅	於勇 13
壅（雍）	於勇 1
擁	於勇 3
踊	羊寵 1、羊冢 1
冢	竹奉 1、張勇 1、竹勇 1、中勇 1
尰	市勇 1
腫	之勇 2、章勇 4、諸勇 2
腫（踵）	章勇 1
瘇	常勇 1
種	之勇 3、支勇 1、章勇 59
種（腫）	章勇 1
踵	支勇 1、章勇 7、朱勇 1、諸勇 1
重	直勇 11、直冢 1

（三）去声三用

下字属"用"韵的反切共有 36 条 418 次，其中以用切送 1 条 1 次。反切下字只有 1 个：用$_{36}$。系联结果自然为一类。

1.用类

供（恭用、九用、俱用）

附：用韵反切字表

從	才用 172、在用 1、子用 6
從（縱）	子用 5
從［縱］	足用 1
封	甫用 1
縫	扶用 5、符用 2
奉	扶用 2
奉（俸）	符用 1
賵	芳用 1
供	恭用 1、九用 10、俱用 2
共	求用 1、群用 1
共（供）	九用 1
共［供］	九用 1
恐	丘用 1
訟	自用 1、才用 2、似用 1
頌	似用 1

续表

誦	似用 1
雍	於用 32
雍（邕）	於用 1
灉	於用 1
灉（灘）	於用 1
種	之用 4、章用 2
重	直用 142
縱	子用 10、足用 1
縱（從）	子用 1、足用 1
刋〔从〕（從）	才用 1

（四）入声三烛

下字属"烛"韵的反切 39 条 90 次，反切下字 8 个：玉$_{14}$ 欲$_{12}$ 録$_7$ 蜀$_2$ 局$_1$ 绿$_1$ 辱$_1$ 燭$_1$。系联结果为一类：

1. 玉类

歜（昌欲、昌燭）髑（昌録、昌蜀）觸（昌録、昌欲）輂（居録、九玉）屬（之蜀、之玉、之欲）绿（力玉）

附：烛韵反切字表

歜	昌欲 3、昌燭 1
髑	昌録 1、昌蜀 1
觸	昌録 1、昌欲 1

续表

促	七玉 1
促（趗）	七玉 1
挶	俱局 1、九録 1
局	其玉 2
局（跼）	其欲 1
輂	居録 1、九玉 1
录	力辱 1
緑（騄）	力玉 1
趣[促]	七欲 1
贖	食欲 1、石欲 1
數	七欲 1
頊	許玉 13
頊（旭）	許玉 1
旭	許玉 1
勖	香玉 2
勗	許玉 5、凶玉 1
續	似欲 1
躅	直録 1
躅（蠋）	直録 2
斸	丁録 1
欘	張玉 1
屬	之蜀 2、之玉 9、章玉 5、之欲 9、章欲 10、朱欲 1、雛欲 1
躅[蠋]	丈緑 1

第三节　江摄系联

一、江、讲、绛、觉

(一)上平四江

下字属于"江"韵的反切 26 条 71 次,反切下字 2 个:江$_{22}$ 邦$_4$。系联为一类:

　1. 江类

　龙(美邦、莫邦、莫江)

附:江韵反切字表

葱	初江 1
降	胡江 1、户江 31、下江 2
控	苦江 1
龙	美邦 1、莫邦 1、亡江 3、武江 2、莫江 4
厖	莫邦 2、亡江 1、武江 2
蛖	武江 1
骁	武邦 1、亡江 2、武江 1
椌	苦江 2
橦	直江 3、丈江 1
幢	直江 1、丈江 1
撞	直江 2、丈江 1
窻[窗]	初江 2、楚江 1

（二）上声三讲

下字属"讲"韵的反切 12 条 16 次，反切下字 2 个：项$_7$ 講$_5$。系联为一类：

1. 项类

項（戶講、胡講）蟀（蒲項、步講）

附：讲韵反切字表

蟀	步講 1
玤	蒲項 1
蚌	步項 1、蒲項 1
蚌（蟀）	步項 2、蒲項 1
蟀（蚌）	蒲項 1
鵁（鶆）	亡項 1
項	乎講 2、胡講 1、戶講 3、下講 1

（三）去声四绛

下字属"绛"韵的反切 9 条 14 次，反切下字 3 个：巷$_4$ 絳$_3$ 降$_2$。系联为一类：

1. 巷类

降（古巷）絳（古巷）巷（戶絳、戶降）

附:绛韵反切字表

巷	户绛 1、學绛 1、户降 3
降	古巷 2、工巷 1、江巷 1
绛	古巷 3
衖	户绛 1
赣[戇]	陟降 1

（四）入声四觉

下字为"觉"韵的反切 103 条 306 次,其中以觉切屋 3 条 3 次,以觉切药 1 条 1 次。反切下字 8 个:角$_{84}$ 學$_{12}$ 剥$_3$ 捉$_2$ 邈$_1$ 岳$_1$ 卓$_1$ 濁$_1$。系联为一类:

1.角类

確（苦角、苦學）皰（蒲剥、步角）剥（邦角）較（古學、古岳）嶽（五角）卓（陟角、中學;勅角、吐濁）㸌（蒲卓）浞（仕角、仕捉）邈（亡角）嗌（烏邈）

附:觉韵反切字表

嗌	烏邈 1
雹	步角 5、皮學 1、蒲學 4
暴	步角 1
剥	邦角 7、北角 1、布角 1
皰	蒲剥 1、步角 1
皰（皰）	步角 1

续表

駮	邦角 6
駮（駮）	邦角 1
駮	邦角 2、布角 2、方角 1
爆（暴）	蒲卓 1
擉	初角 1
嚣	户角 1
觳	苦角 3、胡角 1、户角 1
㸫	侧角 1
較	古學 2、古岳 1
毂	古學 1
樂	五角 1
藐	亡角 6、美角 1
邈	亡角 1
搦	女角 1
鞭	匹學 2
璞	普剥 1
璞（樸）	丕角 1
朴	普角 3
樸	普剥 3、普角 6
埆	苦角 1、户角 1
碻	苦角 1
慤	苦角 4
慤（殼）	苦角 1

续表

愨	苦角 4、起角 1
確	苦角 3、苦學 3
數	所角 48、色角 31、雙角 1
朔	所角 1
喔	於角 8、烏學 1
握	厄角 1、於角 2、於學 1、烏學 2
渥	於角 8、烏學 1
腥	於角 1
嶨	五角 1
箹	烏角 1
汋	仕捉 1
嶽	五角 1
嶽(嶽)	魚角 1
噣(濁)	直角 1
噣[濁]	直角 1
卓	陟角 1、勅角 5、敕角 1、中學 1、吐濁 1
卓(踔)	勅角 1
倬	陟角 4
涿	丁角 2、陟角 1、中角 1
穛	側角 1
浞	仕角 1、仕捉 2
啄	丁角 1、陟角 3
椓	丁角 3、陟角 4、中角 1

椓(涿)	丁角 1
琢	丁角 7、陟角 7、竹角 1
斸	丁角 4、陟角 7、竹角 2
籗	助角 1
擢	直角 4
斲	丁角 1、陟角 3
濯	大角 5、直角 13、丈角 1
鐲	直角 2
毃(愨)	苦角 1
懪	步角 1
鸔[鷞]	布角 1
暴(爆)	邦角 1
瑴(珏)	古學 1
嗀[㱿]	許角 1

第四节　止摄系联

一、支、纸、寘

(一)上平五支

下字为“支”韵的反切 240 条 555 次,其中以支切之 9 条 12 次,以支切脂 16 条 25 次,以支切寘 1 条 1 次,以支切哈 1 条 1 次,

以支切微 1 条 1 次，以支切质 1 条 1 次。有反切下字 19 个：支$_{53}$
宜$_{42}$知$_{26}$皮$_{21}$規$_{18}$移$_{17}$危$_{15}$斯$_{14}$垂$_7$爲$_7$池$_5$馳$_5$隨$_3$彌$_2$奇$_2$卑$_1$
離$_1$貲$_1$。系联为一类，实当为两类：

　　1.支类（支宜知皮斯池馳彌奇卑離貲）

　　埤（避移、避支）羅（力支、力知）離（列池、力知）綏（如離）觜
（子斯、咨移）麗（力池、力馳、力支、力知）彌（亡卑、亡皮、亡移、面
支）紕（匹彌）奇（居宜）羆（彼皮、彼宜）疵（才斯、似移、祀知、辭貲）

　　2.規类（規危垂爲隨）

　　麾（毀皮、許危、毀爲）羸（力垂、力皮、劣隨、力危、力爲）虧（去
危、曲爲）綏（墮，許垂、許規）

说明：

　　1.《释文》中"支脂之"三韵多有相混，为了更好弄清其间的关
系，系联时将三者分开系联。上声和去声诸韵亦同此处理。

　　2.本组系联为一类，但实际应按开合分为两类。有些反切下
字为唇音字，因开合不分导致系联为一类。上声"纸"韵和去声
"寘"韵系联情况及原因同此。

附：支韵反切字表

陂	彼皮 6、彼爲 1、彼宜 10、披宜 1
卑（埤）	必彌 1
碑	彼皮 5、彼宜 1
被	普皮 3
庳	婢支 1

禆	婢支 8、避支 1
禆	婢支 5
辟〔禆〕	婢支 1
差	初宜 8
摛	勑知 1
螭	勑知 5
跜	直知 1
篪	直支 1
篪（鼷）	直知 1
疵	疾斯 1、字斯 1、在斯 3、才斯 5、似斯 2、似移 1、祀知 1
疵（概）	辭貲 1
雌（鶅）	七移 1
畸	居宜 2
觭	紀宜 1
羈	紀宜 2、居宜 7
伎（跂）	其宜 1
縭	力知 2
縭（褵）	力知 1
罹	力支 1、力知 3
罹（離）	力馳 1、力知 1
離	列池 1、力知 3
離（鷿鷉）	力知 1

蘺(離)	力知 2
孋(麗驪)	力知 2
離	力支 1、力知 1
驪	力馳 4、力知 10
驪(麗孋)	力宜 1
麗	力池 2、力馳 8、力支 1、力知 7
麗(離)	力知 1
麗(驪)	力馳 1
酈	力知 2
彌	亡卑 1、亡皮 1、亡移 1、亡支 2、面支 2
縻	亡皮 2
縻(靡)	亡池 1
糜	亡皮 2
靡	亡皮 1
靡(縻)	亡池 1
靡[糜]	密池 1
獼[彌](彌)	武移 1
披	普皮 4、芳皮 1
鈹	普皮 3
郫	婢支 2
陴	婢支 3、符支 1
埤	避移 1、避支 2、毗支 4

脾	扶移 1、婢支 11、毗支 1
羆	彼皮 8、彼宜 2
坡(陂)	北皮 1
踦	居宜 1、起宜 1
岐	其宜 12
奇	纪宜 3、居宜 6
歧	巨支 1
祇	巨支 2、祁支 3
祇(提)	上支 1
疧	祈支 1
奇	纪宜 7、居宜 6、其宜 1
奇(琦)	其宜 1
崎	起宜 1
跂	其知 1
軝	祁支 2
錡(奇)	巨宜 1
蛇	以支 9、餘支 1
施	始移 1、始支 1、式支 1
箷(椸篶)	羊支 2
斯	所宜 1
蜤(蜤斯)	私支 1
甋	私移 1

提	是移 1
羛	許宜 1
犧	許宜 11
犧（羛戲）	許皮 1
纙	力馳 1
戲	許宜 9
戲（戯犧羛）	許宜 3
猗	乙竒 1、於宜 9
猗（漪）	於宜 1
禕	於宜 1
漪（猗）	於宜 1
匜	以支 4、羊支 1
杝	以支 1、羊支 2
杝（椸）	以支 1
栀	弋支 1
栘	以支 1
酏	以皮 1、以支 3、羊支 1
蛦	余支 1
篒	丈知 1
倚（畸）	紀宜 1
倚［奇］	居宜 1
椅	於竒 1、於宜 3

義〔羛〕	許宜 1
攱	巨移 1
栀	章移 1
頾	子斯 3、子移 2
觜	子斯 1、咨移 1
觜（蠐）	子移 1
髭	子斯 2
訾	子斯 18
訾（呰）	才斯 1
訾〔疵〕	才斯 1、似斯 1
貖〔螭〕	勑宜 1
酏〔醨〕	以支 1
䕳（縻）	武皮 1
蛇（施）	式移 1
摩（麾）	毁皮 1
縻	亡皮 2、靡為 1
撝	毁皮 1
羸	力垂 1、劣隨 1、力危 1、劣危 2、劣為 1、力為 2、力皮 1、劣皮 1
䔄〔蠵〕	以規 1
炊	昌垂 5
歗	昌垂 1
錘	直為 1

墮	許規 26
媯	九危 4、居危 3
麾	許危 4、毀爲 1、毀皮 2
麾（撝）	毀危 1
隳	許規 2
劑	即隨 1、子隨 5
窺	苦規 1、起規 1、去規 1
窺（闚）	去規 1
虧	袪危 1、去危 2、曲爲 1
闚	苦規 3、棄規 1、去規 2
闚（窺）	苦規 1、去規 2
罙	面規 1
衰	初危 16
隋[墮]	許規 2
綏（墮）	許垂 1
綏[墮]	許規 1
逶	於危 1
委	於危 11
委（萎）	紆危 1
萎	於危 3
痿	人垂 1
倭（委）	於危 1

续表

觿	許規 1
觿（鑴）	許規 1
厜	姊規 1
于［爲］	羽危 1
紕	婢移 1、婢支 3、避支 1、匹彌 1
貔	婢支 1
呰	子斯 1
來	力知 1
譏	居宜 1
兹	子斯 1
期［萁］	居宜 1
僖	許宜 2
嬉	許宜 1
訑	以支 2
貽	羊支 1
頤	以支 2
貍	力知 1
氂	力知 1
絺	勑宜 2、恥知 1
饑（飢）	居宜 1
祁	巨移 5、工支 1、巨支 1
耆	巨支 1

续表

耆[祁]	巨支 1
彝	以支 2
梨	利知 1
犁	力知 2
絣	毗支 1
緌	如隹 1
壝	以垂 1
遺	猶垂 1

(二)上声四纸

下字为"纸"韵的反切 208 条 457 次,其中与其他韵混切 13 条 17 次。共有反切下字 20 个:氏$_{41}$ 爾$_{34}$ 委$_{27}$ 綺$_{22}$ 彼$_{16}$ 婢$_{12}$ 紙$_{11}$ 藥$_9$ 毀$_7$ 是$_7$ 髓$_5$ 倚$_4$ 詭$_3$ 捶$_2$ 尒$_2$ 弭$_2$ 篿$_1$ 累$_1$ 靡$_1$ 桀$_1$。系联为一类,实当为两类:

1.氏类(氏爾綺彼婢紙是倚尒弭靡)

侈(昌爾、昌氏、昌是、昌紙)技(其彼、其綺)俾(必尒、必爾、必爾)弭(亡婢、面爾、彌氏)庀(匹婢、匹爾、匹是)披(普彼、普靡)倚(於彼、於綺)踦(居倚)跂(丘弭、丘氏)

2.委类(委藥毀髓詭捶篿累桀)

累(劣彼、力弭)髓(素累)菙(時髓)蓮(爲彼、于委)揣(初委)跪(其詭、其毀、其委)委(於詭)捶(之桀、之藥)紫(而捶)猗(羊篿)篿(捶,章藥)

说明:

1.为了系联清楚,在括号当中用单字标出释文中的异文,如筤(捶,章蘂)。《释文》:"負筤,章蘂反。本又作捶。"(P1706)下同。

2.由于唇音字开合不分,本韵系联虽为一类,实际应该分为两类。

附:纸韵反切字表

埀(菙)	時髓1
卑	必爾1
卑(俾)	必爾10
被	皮彼1
比	必爾1、并是1
吡	匹爾1
俾	必尒1、必尔1、卑爾1、必爾25
俾(卑)	必爾4
庳	匹婢1
庳(庀)	匹爾1
蔽	必婢1
髀	畢婢1、必爾1、甫爾1、必氏1
弛	尸爾1、尸氏4、失氏1、始氏1、式氏9、尸是1、尸紙1
弛(施)	尸氏1、式氏2、式是1
侈	昌爾1、尺氏2、昌氏24、尺是1、昌是2、尺紙2、昌紙1

续表

佹（枍）	昌爾 1
扖	敕紙 1
袲	昌氏 2
鉹	昌紙 1
褫	勅紙 1
揣	初委 1
捶	之欒 1、之藥 3、章藥 1、拙藥 1
菙	時髓 2
棰	章藥 1
箠（捶）	章藥 1
茈	子爾 1
鮆（觜）	子髓 1
砥	之氏 1
踶	直氏 3
蛾	冝綺 1、魚綺 1
蛾（蟻）	魚綺 1
庋（庪）	九毀 1
佹	九委 6、久委 1
垝	居毀 1、俱毀 1、古委 1、居委 1
恑	九委 1
庪	九委 1、居委 1
庰（皮處）	九委 2

祪	俱毁 1
鮠	九委 1
詭	九彼 1、俱毁 1、九委 9、久委 1
跪	其詭 1、其毁 1、其委 8、求委 4
跪(危)	求委 1
咶[舐]	食纸 1
檓	況彼 1
燬	況委 4、吁委 1
觭[掎]	居綺 1
己	基倚 1
掎	寄彼 1、居綺 3
伎	其綺 1
技	其彼 1、具綺 1、其綺 24
技(伎)	竭彼 1
技(伎狋)	其綺 2
跂	丘藥 1、缺氏 1
頍	缺婢 1
纍[累]	劣彼 1
傫	力委 1
壘	劣委 1
累	劣彼 5、力弭 1
邐	吕纸 1

彌（弭）	亡婢 1
彌［弭］	亡婢 1
麛（麑）	亡彼 1
芈	彌爾 2、面爾 1、亡氏 2
弭	亡婢 2、面爾 2、莫爾 1、亡氏 2、彌氏 4
敉	亡婢 4、亡爾 1、亡氏 1
洣	亡婢 1、彌爾 1
葞	彌爾 1
瀰	弥爾 1、莫爾 1
披	普彼 3、普麛 1
脾	必爾 4、方爾 1
牌（髀）	方爾 1
庀	匹婢 4、芳婢 1、匹爾 1、匹是 1
嚭	普彼 1
踦	魚綺 1、居倚 1
衼［枝］	九委 1
跂	丘弭 1、丘氏 3、去氏 1
錡	其綺 2、魚綺 8
頍［跬］	缺婢 1
缺［頍］	丘藥 1
缺［頍］	去藥 1
絷	而捶 1

縈（榮）	如捶 1
施（弛）	式氏 1、書氏 1
施［弛］	式氏 1
豕	傷氏 1
舐（訑）	食纸 2
灑	相藥 1
髓	素累 2
抐	物氏 1
瓦	危委 1
䣜	于委 1
䣜（隔）	于詭 1
委	於詭 1
寪	于委 1
蔿	尤委 1、于委 14
頍	魚毁 1
蘤	爲彼 1
蘤	于委 3
蘤（蔿）	爲彼 1
蘤（蔿）	于委 1
徙	斯介 1、思爾 1
縰	所倚 1
烜	況彼 1

猗	於綺 4
移	以氏 1、羊氏 1、昌氏 2
誃	尺氏 1
迆	以爾 1、羊爾 1、以氏 1、羊氏 1
倚	魚綺 1、依彼 1、於彼 1、於綺 41、于綺 1
輢	於綺 2、於倚 1
螘	魚綺 1
螘（蛾蟻）	魚綺 1
蟻	魚綺 7
齮	五綺 1、魚綺 2
夅（侈）	昌氏 1
只	之氏 3
咫	之氏 1
枳	諸氏 2、吉氏 3、居氏 2、居紙 1
軹	之氏 2、之是 1
豸	丈爾 1、直氏 3
觜	子髓 1
呰	子爾 1
訾	子爾 1
訿	子爾 1
薾	而髓 1
狋（獼）	羊箠 1

屖[廖]	舒氏1
胘(侈)	昌纸1
施	式氏5
離	力氏1

（三）去声五寘

下字为"寘"韵的反切129条1909次，其中混切8条11次。有反切下字14个：豉$_{34}$ 僞$_{26}$ 賜$_{18}$ 義$_{12}$ 寄$_{10}$ 恚$_8$ 智$_8$ 睡$_4$ 臂$_3$ 瑞$_2$ 被$_1$ 避$_1$ 刺$_1$ 鼓$_1$。系联为一类，实当为两类：

1.豉类（豉賜義寄智臂被避刺鼓）

縊（一臂、一豉、一賜、一智）臂（必賜）刺（七豉、七賜、七智）恣（姿刺）企（丘豉、苦賜）披（彼寄、彼僞、彼義）騎（其寄、其義）寄（京義）

2.僞类（僞恚睡瑞）

瑞（常恚、垂僞）睡（垂臂、垂僞）累（劣被、劣僞）恚（一瑞、一睡、一僞）

说明：

1.由于唇音字开合不分，本韵系联虽为一类，实际应该分为两类。

附：眞韵反切字表

陂	彼寄 1、彼偽 1、彼義 3
被	皮寄 41、皮偽 3、皮義 27
被	彼義 1、普義 2
賁	彼偽 1、彼義 2
詖	彼寄 1
辟（譬）	匹臂 1
髲	皮寄 3、皮義 3
臂	必賜 1
臂（辟）	必豉 1
臂（擘）	必避 1
跛	彼義 3
柴	子智 1
豉（翅翄）	申豉 1
翅	矢豉 1、申豉 1、式智 1
啻	失豉 1、始豉 1
啻（翅）	始豉 1
啻〔試〕	詩豉 1
翄〔翅〕	失豉 1
吹	昌睡 2
吹（歈）	昌睡 1
炊（吹）	昌睡 1
錘	直偽 2、丈偽 1

续表

骴	似赐 1
骴（骴）	似赐 1
刺	七豉 1、七赐 33、千赐 1、七智 3
刺（刾莿諫）	七赐 4
庛［刺］	七赐 1
墮	許恚 2
觚［觶］	之豉 1
庪	九僞 1
恚	一瑞 4、一睡 5、一僞 1
毀	況僞 1
積	子赐 23、子智 2
芰	其寄 3、巨義 1
寄	京義 1
穦［積］	子赐 1
累	劣被 1、力僞 5、劣僞 27
累（纍絫）	劣僞 1
離	力智 72
詈	力智 4
披	彼寄 1、方寄 1、彼僞 1、彼義 3
跂	丘豉 4
騎	其寄 2、其義 1
企	丘豉 2、苦赐 1

企(跂)	去跂 1
瑞	常恚 1、時恚 1、垂偽 4
捼[墮]	許恚 1
施	尸跂 1、始跂 54、申跂 1、舒跂 1、式跂 22
施	以跂 18、羊跂 1、以智 1
示[實]	之跂 1
睡	垂臂 1、垂偽 1
隋[墮]	許恚 1
綏(隋[墮])	許恚 1
綏[墮]	許恚 1
綏{捼隋}[墮]	許恚 2
爲	于偽 1076
委	烏偽 1、紆偽 2、於偽 8、于偽 2
餧	於偽 1
戲	虛寄 1
猗	於寄 1
袘	以跂 1
移(施)	以跂 1
移[羨]	以跂 1
倚	於義 1
易	夷跂 11、以跂 253、羊跂 3
縊	一臂 1、一跂 5、一賜 13、一智 1

忮	之豉 5、之跂 1
寔	之豉 43
觶	之豉 10、章豉 1、支豉 2
惴	之瑞 4
甄	直偽 1、丈偽 1
甄（縋）	直偽 1
腄	治偽 1
縋	直偽 2、丈偽 1
恣	姿刾 1
胏	徐賜 1
齹	才賜 1
漬	子賜 1、才賜 2、辭賜 1、似賜 1
朿（刺）	七賜 1

二、脂、旨、至

（一）上平六脂

下字属“脂”韵的反切 142 条 236 次，其中混切 11 条 12 次。反切下字 20 个：悲$_{30}$ 追$_{19}$ 私$_{16}$ 誰$_{12}$ 夷$_{12}$ 隹$_{11}$ 龜$_9$ 伊$_6$ 尸$_5$ 維$_5$ 咨$_4$ 尼$_3$ 唯$_2$ 資$_2$ 梨$_1$ 眉$_1$ 毗$_1$ 鵻$_1$ 遺$_1$ 脂$_1$。系联为一类，实为两类：

1.悲类（悲私夷伊尸咨尼資梨眉毗脂）

鴟（尺尸、尺夷）祁（巨私、巨伊、巨夷）茨（在私、徐咨、徐資）毗（鼻尸、頻夷、房脂）枇（蒲梨、房私）//鉟（扶眉）丕（普悲）

2.追类（追誰佳龜維唯雖遺）

槌（直追）纍（律悲、力誰、力維、力追）葵（夫唯、其維 1）綏（須唯、息遺、息佳）緌（如誰、耳佳）龜（愧悲）逵（求龜）∥崔（子雖）

说明：

1.由于唇音反切下字开合不分，"脂"韵反切下字系联虽是一类，实当为两类，具体分类参《古今字音对照手册》。

2.反切下字"眉"（鈝，扶眉反）不系联，《释文》："楣，音眉。"（P740、P793、P841、P863）"楣，亡悲反。"据此可与"悲"等系联。

3.下字"虽"（崔，子雖反）不直接系联，《释文》："綏，音雖。"（P209、P242、P645、P856、P1390）"綏"有"須唯反、息遺反、息佳反"等切语，据此可与"唯佳"等系联。

附：脂韵反切字表

瞋	尺夷 1
絺	丑尼 1
鴟	尺尸 1、尺夷 4
遲	直私 1
遲	雉夷 1
槌	直追 1
茨	疾私 1、在私 2、徐私 1、徐咨 1、徐資 1
茨（資）	徂咨 1
茨（次）	祀咨 1
睿	在私 1、才私 1、財資 1

续表

瓷(粢)	自私 1
次(赵越趹)	七私 1
崔	子雒 1
榱	疎追 1、色追 1、所追 1
鬴	愧悲 1
逵	求鬴 5
逵(馗)	求追 1
頯	求鬴 1
馗(頯)	求鬴 1
葵	夬唯 1、其維 1、求維 1
頯	求鬴 1
騤	求鬴 4
夔	求鬴 13
樏	力追 1
縲	力追 1
羸	律悲 2、劣追 1
纍	類悲 1、律悲 1、力誰 1、力維 1、力追 5、良追 1、律追 1
纍(纍累)	力追 2
虆	類鬴 1
虆(樏蔂)	力追 1
儽	力追 1
累[樏]	力追 2

续表

綏（綏）	而隹 1
綏［綏］	而誰 1、耳隹 3
綏［綏蕤］	耳隹 1
推	昌誰 4、出誰 1、昌隹 1、出隹 1
溦（湄）	亡悲 1
帷	意悲 1、位悲 7
惟（帷）	位悲 1
偽［帷］	位悲 1
嚬	喜悲 1
鮨	巨伊 1
寅（夷）	以尼 1
衹	旨夷 1
胝	竹尼 1
椎	直追 12
椎（槌）	直追 1
錐	章誰 1
騅	章誰 1
恣	七咨 1
肶	昌私 1
虁［夔］	求龜 2

（二）上声五旨

下字属"旨"韵的反切共 64 条 180 次，其中混切 8 条 9 次。反切下字共 12 个：履$_{13}$ 癸$_{12}$ 軌$_{12}$ 美$_8$ 水$_7$ 鄙$_4$ 几$_2$ 旨$_2$ 妣$_1$ 揆$_1$ 視$_1$ 洧$_1$。系联为一类，当为两类：

1.履类（履美鄙几旨妣視）

辟［弭］（亡妣）妣（必履）底（之履、之視）視（常旨）第（侧几、侧美）嚭（普鄙、普美）

2.癸类（癸軌水揆洧）

篡（居洧）洧（于軌）癸（居揆）揆（葵癸、其水）葵（居揆）誄（力軌、力水）水（尸癸）趡（翠癸、翠軌）軌（媿美）

说明：

1.由于唇音反切下字开合不分，该韵反切下字系联虽是一类，实当为两类。

附：旨韵反切字表

兕（兕）	徐履 1
匕	必履 2
比	必履 7
朼	必履 2
妣	必履 10
俾［比］	必履 1
辟［弭］	亡妣 1

续表

趡	翠癸 1、翠軌 3
厎	之履 15、之視 3
砥	之履 1
否	備鄙 14、皮鄙 1、悲美 1
癸	居揆 1
軌	媿美 2
簋	居洧 1
跽	渠几 1
宄	丘軌 1、去軌 1
揆	巨癸 1、葵癸 7、其水 1
頯	去軌 1
誄	力軌 5、力水 1
儽（讄誄）	力水 1
壘	力軌 16
藟	力軌 2、力水 1
蕌（藥纍）	力軌 3
蘲［誄］	力水 1
纍［誄］（藥）	力水 1
秠	孚鄙 2
圮	備美 1、皮美 2
嚭	普鄙 2、普美 1
屎（矢）	尸旨 1

续表

视	常旨 2
水	尸癸 1
兕	徐履 10、詞履 1
兕(兟兟)	徐履 2
唯	于癸 6、惟癸 2、維癸 5、遺癸 1、余癸 1
鄈	于軌 1
洧	于軌 7
蜼	餘水 1
鮪	位軌 1、于軌 7
壝	唯癸 3、維癸 1
黟	於美 1
嶊	醉癸 1
胏	緇美 1
秭	咨履 1
笫	側几 2、側美 1
兟(兕)	徐履 1

(三)去声六至

下字属"至"韵的反切 203 条 659 次,其中混切 33 条 61 次。反切下字共 23 个:二$_{22}$ 位$_{22}$ 利$_{19}$ 至$_{16}$ 冀$_{15}$ 類$_{14}$ 器$_{13}$ 遂$_{13}$ 愧$_{12}$ 醉$_{12}$ 季$_{11}$ 媿$_6$ 寐$_6$ 四$_5$ 備$_4$ 致$_4$ 冀$_3$ 比$_1$ 庇$_1$ 媚$_1$ 祕$_1$ 示$_1$ 自$_1$。系联结果为一类,实为两类:

1. 二类(二利至冀器寐四備致冀比庇媚祕示自)

畀（必二、必利、必寐、并至）示（神至）侈（昌示）致（張利）施（始致）肆（以二、以四、以自）昧（亡比）比（必二、必利、毗至）//饐（於冀、於器）冀（居器）彪（眉奜、眉祕）媚（眉備、眉冀、）轡（冰媚、悲位）

2.位类（位類遂愧醉季媿）

出（尺類、尺遂）萃（在季、似類、在醉）队（直媿、直類）匱（其媿、其愧、其位）遂（雖遂、雖醉）愧（九位）媿（九位）

说明：

1.由于唇音反切下字开合不分，该韵反切下字系联虽是一组，实当为两类。

附：至韵反切字表

比	必二 6、必利 33、毗至 2
庇	必二 2、必利 14、必寐 3
庇（芘）	必寐 1
畀	必二 12、必利 18、必寐 5、并至 1
畀（鼻）	必二 1
惢	悲位 1
庫	方二 1
敝	步寐 1
痹	方二 1
閟	悲位 1、筆位 1
樊	婢庇 1

臂	必寐 1
羆	皮器 1
遟	直冀 1
遲	直冀 1
侈	昌示 1
熾	昌至 1
出	尺類 1、尺遂 5
次	资利 1
佽	七利 1
悴	在季 1、秦醉 1、在醉 3
萃	在季 1、似類 1、在醉 7、徂醉 1、似醉 2
瘁	在季 1、在醉 4、徂醉 1、似醉 3
瘁（萃悴）	似醉 2
粹	雖遂 6
翠	七遂 1
頼（悴）	在醉 1
地	徒利 1
隊（墜）	直媿 1、直類 3
隊［墜］	直媿 2、直類 37、直位 2
憝	直類 7
憝（懟）	直類 1
珥	如至 1

貳	而至 1
樲	而至 1
費	悲位 3
恚	於季 1、一遂 1
眭	息遂 1
嗺	恤遂 1
嗺（眭）	息遂 1
洎	其器 3
悸	其季 2
惎	其器 1
臮	其器 2
冀	居器 1
塈	許器 5
概	居器 1
曁	其器 23
驥	其冀 1
喟	丘媿 1、去媿 1、起愧 2、去愧 2、苦位 1
媿	九位 1、居位 1、俱位 1
媿（愧）	九位 2
愧（媿）	九位 2
匱	其媿 6、其位 17、求位 4
蕢	其位 3

蕢（蕢）	巨愧 1
横	去愧 1、起愧 1
餽	巨愧 1、其愧 1
餽（饋）	其位 1、求位 1
籄	求位 1
饋	其媿 8、巨愧 2、其愧 2、其位 19、求位 3
饋（餽）	巨愧 1、其位 1
類	力愧 1
纇	力愧 1
莅	履二 1、力至 1
率	色類 2、所類 4
率（帥）	所類 5
昧	亡比 1
媚	眉備 1、密備 1、亡冀 1、武冀 2、眉冀 2、美冀 1
寐	面利 1、莫利 1
彪	眉冀 1、眉祕 1
魅	亡備 2
魅（彪）	武冀 1
泌	悲位 1
孊	冰媚 1、悲位 2
紕	婢寐 1
芘	必利 1

芘（庇）	必利 1
譬（辟）	匹致 1
施	始致 1
蒔	時至 1
識	式至 1
示	神至 1
眂〔眡〕	視二 1
嗜	時至 1
笫	市利 1、市至 1
謚	實至 1、時至 1、市至 1
帥	色類 14、所類 61
帥（率）	所類 5
思	息利 1
兕	以二 3
兕（肂）	以二 1
肆（肂）	以二 2、以四 1
肆〔肂〕	以四 1
祟	息遂 3、雖遂 2
隧〔璲燧〕	雖遂 2
穗（穟）	似醉 1
邃	息遂 1、先遂 1、雖遂 1、雖醉 1
恴	虛備 1

续表

塈	許器 1
餼	許器 1
遺	于季 10、以季 1、尹季 1、唯季 55、惟季 2、維季 3
肄	以二 5、以四 1、以自 1
肄(肆)	以二 1
撎(揖)	於至 1
劓	魚巽 1、魚器 14
縊	一四 1
豷	許器 2
饐	於冀 1、於器 1
葘	側巽 1
致	張利 1
致[緻]	直致 1
彘	直利 1
稚	直利 1
輊	竹二 1
疐	竹利 1
摯	之二 1
摯[輊]	竹二 1
稺	直利 1
質	豬二 1
緻(致)	直致 1

续表

憒	㮰二 1
贄	之二 1
贄（挚）	之二 1
鷙	㮰二 1
鷙	之利 1
墜	直類 5
墜（队）	直類 3
悆	資利 1
疐（疌）	丁四 1
贄［贄］	真二 1
亟	欺冀 13、起冀 1、去冀 13
惎	其冀 1

三、之、止、志

（一）上平七之

下字属"之"韵的反切 131 条 284 次，其中混切 42 条 72 次。有反切下字 14 个：其$_{51}$ 之$_{40}$ 疑$_{12}$ 基$_9$ 而$_4$ 絲$_4$ 持$_2$ 時$_2$ 思$_2$ 詞$_1$ 姬$_1$ 釐$_1$ 詩$_1$ 司$_1$。系联结果为一类：

1. 疑类

坻（直基、直疑）饑（居其、居疑）遅（直詩、直疑）茎（直基、直其、直之）貍（吏持、力疑、力之）彝（以而、以之）衼（止而、諸時）頤（羊時、以之）//怩（女姬）柌（嗣思、嗣絲）緦（息詞）

说明：

1.下字"姬"（忺，女姬反）不系联，《释文》："姬，音基。"（P219）据此可与"基"等系联。

2.下字"词"（緫，息詞反）和"思丝"不直接系联，《释文》："祠，音詞。"（P637、P670、P683、P1602）据此可以系联一起。但是"思丝词"不与其他下字系联，依据《广韵》而定。

附：之韵反切字表

裨	婢之 1
蚩	尺之 4、昌之 1
笞	勑疑 1
嗤	尺之 1
絺	勑其 5、敕其 1、丑疑 1、勑之 4
鸱	尺之 4
鸱（鵄）	尺之 1
癡	勑疑 1
墀	直基 1、直其 1、直之 1
蚳	直基 1、直其 3、丈之 1
蚳（泜）	直其 1
遅	直詩 1、直疑 1
墀（坻）	直其 1
漦	仕其 1、士其 1
遟	直釐 1

純〔緇〕	側其 1
純〔紂〕	側其 5、莊其 1
祠	嗣思 1、自絲 1、嗣絲 2
祠（祀）	嗣絲 1
茨	在思 1
坻	直基 1、直疑 1
坻（墀泜）	直基 1
肌	居其 2、已其 1、居疑 1
飢（饑）	居疑 1
箕	居其 1
饑	居疑 3
饑（飢）	居其 1、居疑 2
來〔釐〕	力之 1
狸	力之 3
狸（貍）	力之 1
犛	利之 1
氂（釐）	力其 1、力之 1
貍	吏持 1、力疑 1、里之 1、力之 10
犛	力之 1
氂（釐）	李其 1
罹	力之 1
釐	力之 12、力基 1

釐（嫠）	力之 3
藜（蔾）	力之 1
尼	女持 1
怩	女姬 1
萁	居其 2
期（萁）	居其 2、居疑 1
期［萁］	居其 8
僛	起其 1
祁	巨之 7
祇	祈之 2
耆	巨之 3
琪	巨疑 1
綦	巨基 1
鬐	巨之 3
咍（嗣齝）	丑之 1
緦	息詞 1
椑	里其 1
台	以之 1
熙	許其 3
僖	許其 3
熙	火其 1、許其 5
嘻	香其 1、許其 7

嬉	許其 1
熹	許其 1
譆	許其 2
禧	許其 2
訢［僖］	許其 1
噫	於其 11
噫（意）	于其 1
醫	意其 1、於其 4
醫（毉）	於其 1
怡	以之 5
瓵	弋之 1
羡	羊而 1
嫛（熙）	許其 1
詒	以之 9、羊之 1
貽	以之 5
貽（詒）	以之 1
飴	以之 3、羊之 1
頤	羊時 1、以之 8
彝	以而 1、以之 5、羊之 1
意（噫）	於其 1
意［噫］	於其 1
億（噫）	於其 1

鮨（鰭）	巨之 1
懿［噫］	於其 1
枝	質而 1
祇	止而 1、諸時 1
淄	側其 2、仄其 1
滋	子絲 1
菑	側其 12
蕾（甾）	側基 1
緇	側基 8、側其 3
輜	側其 4
錙	側其 2
鶅	側其 2
肶	尺之 1
鵝（鶅）	去其 1
紂（純緇）	側基 2

（二）上声六止

下字属"止"韵的反切 63 条 88 次，其中混切 29 条 35 次。共有反切下字 14 个：里$_{22}$ 紀$_8$ 起$_5$ 恥$_3$ 耳$_3$ 巳$_3$ 似$_3$ 以$_3$ 矣$_3$ 止$_3$ 子$_3$ 李$_2$ 己$_1$ 理$_1$。系联结果为一类：

1. 里类

第（側里、壯矣、側子）枲（絲里、絲似、絲子）匕（必李、必以）徵（張里、張理）黹（致恥、張里）履（利恥）弭（彌耳）俾（必耳、必以）否

（悲巳、悲矣）峙（直紀、直里）儗（疑紀、魚起）∥已（夷止）

说明：

　　1.下字"止"（已，夷止反）不系联，据《广韵》而定。

附：止韵反切字表

匕	必李 1、必以 1
比	必里 2、并里 1
朼	必李 1
妣	必里 1
秕	悲里 1
俾	必耳 1、必以 1
絺	丁里 1
絺（希）	知里 1
絺［黹］	知里 1
邸	丁以 1
蛾（蟻）	魚起 1
餌	如止 1
否	悲巳 1、悲矣 2、备矣 2
履	利恥 1
弭	彌耳 2
儗	疑紀 1、魚起 2
儗（擬）	魚起 1

嶷	魚起 1
芑	羌紀 1
杞	去已 1
視	常止 2
兕	徐里 2、徐子 1
希（絺）	張里 1、陟里 1
希［絺］	張里 1
枲	思里 4、絲里 2、息似 1、思似 3、絲似 1、絲子 1
喜	許紀 1
蕙	絲里 1
醫	於己 1
已	夷止 1
俟	於起 1
臆（醷）	於紀 1
醷（臆）	於紀 1
徵	知里 1、陟里 1、張里 10、張理 1
祉	勅紀 1
黹	致恥 1、張里 1
峙	直紀 2、直里 1
庤	持恥 1
偫［偫］	直里 1
痔	治紀 1

第	侧里 2、壮矣 1、侧子 1
滓	侧里 2
戻（矢）	失耳 1
糇（俟）	事巳 1

（三）去声七志

下字属"志"韵的反切 106 条 981 次，其中混切 44 条 228 次。有反切下字 14 个：志$_{42}$ 吏$_{31}$ 记$_{13}$ 嗣$_7$ 置$_3$ 忌$_2$ 侍$_2$ 异$_2$ 意$_2$ 值$_1$ 治$_1$。系联结果为一类：

1. 志类

亟（墟记、去吏）憙（许忌、虚记）思（息吏、息嗣）致［緻］（直记、直吏、直置）置（知吏）緻（直吏）懥（勑值）值（直置）//咡（耳侍、而志）棄（丘异）嬄（补意）

说明：

1. 下字"侍志"（咡，耳侍反、而志反）不与其他下字系联，据《广韵》而定。

2. 下字"异"（棄，丘异反）不系联，下字"意"（嬄，补意反）不系联，均据《古今字音对照手册》而定。

附：志韵反切字表

比	毗志 132
辟	毗異 1
躄	補意 1
廁	初吏 1
遲	直志 1
熾	尺志 11
糦	尺志 1
饎	尺志 8、昌志 5
𢧵	七志 1
珥	如志 1、而志 2
珥[㖷]	而志 1
餌	如志 1、而志 3
佴	而志 1
刵	如志 1
咡	耳侍 1、而志 1
㖷	如志 1
機[譏]	其記 1
亟	墟記 1、去吏 1
忌	其記 1
暨	其記 1
鵋（忌）	巨記 1
媚	眉忌 1、眉記 1、美記 2

耆	常志 2、時志 5、市志 23
耆(嗜)	市志 1
綦	其記 1
棄	丘異 1
器	袪記 1
殺(弑)	式志 1
殺(弑試)	申志 5
殺［弑］	申志 35
施	始志 1
識	申志 12、傷志 1、式志 6
識(幟)	申志 1
使	色吏 54、所吏 185
始	式志 1
駛	所吏 1
示	神志 1
事	側吏 1
弑	申志 24
弑(殺)	申志 2、施志 1、式志 1
嗜	常志 1、時志 1、市志 8
諡	時志 1
思	悉吏 1、息吏 14、息嗣 36、司嗣 1、絲嗣 1
飤(食飼)	囚志 1

笥	息吏 1、司吏 1、息嗣 6、思嗣 3、絲嗣 1
喜	虛記 1
憙	許忌 1、虛記 1
憙（喜）	許記 1
咥	許意 1
肆	以志 1
撎	伊志 1
甾（榃）	側吏 1
菑	側吏 2
菑（甾）	側吏 1
直	丈吏 1
值	直置 1
植	直吏 10
治	直吏 276
致（緻）	直置 2
致［緻］	直記 1、直吏 2、直置 7
彘	直吏 1
稚	直吏 1
稚（稺）	直吏 2
置	知吏 1
稺	直吏 5
稺（稚）	直吏 4

续表

緻	直吏 2、之侍 1
懥	敕值 1
穉（稚）	直吏 1
穉［稚］	直吏 2
躓	陟吏 1
第	側吏 1
傳	側吏 1
恣	咨嗣 1
戴	莊吏 7、側吏 7
饎［饎］	昌志 1
枲	思治 1

四、微、尾、未

（一）上平八微

下字属"微"韵的反切 54 条 103 次，其中混切 10 条 10 次，有反切下字 11 个：非$_{12}$ 依$_{12}$ 韋$_8$ 衣$_6$ 歸$_5$ 祈$_3$ 威$_3$ 機$_2$ 菲$_1$ 畿$_1$ 希$_1$。系联结果为二类：

1. 依类（依衣祈機畿希）

沂（魚祈、魚依）旂（巨機、其衣、其依、巨畿）幾（居希、居依）畿（求衣）祈（勤衣）

2. 非类（非韋歸威菲）

霏（芳非、芳菲）微（亡非）//揮（許歸、許韋）巍（魚歸、魚威）

说明：

　　1.反切下字"非菲"和"归韦威"不系联,依据上声"尾"和去声"未"的系联情况以及《古今音对照手册》而定。

附:微韵反切字表

妃	芳非9、豐非1
霏	芳非1、芳非1
騑	芳非7、孚非1
肥	符非1
腓	房非2、符非1
腓（肥）	符非2
厞［騑］	芳非2
痱	符非1
揮	許歸2、許韋7
暉（輝）	許歸1
楎	許韋1
褘	許韋2
褘［翬］	許韋1
翬	許歸1、許韋4
徽	許歸3、諱韋1、許韋4
徽（幑）	許韋1
畿	求衣1
璣	其依1

磯	居依 1
饑	居祈 1
幾	居希 1、居依 1、其衣 1、既依 1、巨依 1、其依 1
近(祈)	巨依 1
圻	巨依 2、具依 1、其依 2
圻(畿)	巨衣 1
祈	勤衣 1
旂	巨機 2、其衣 1、勤衣 1、其依 2
旂[祁]	巨畿 1
頎	其機 1
微	亡非 1
巍	魚歸 1、魚威 1
爲	于威 1
魏[巍]	魚威 2
莃	虚祈 1
沂	魚祈 1、魚依 12

(二)上声七尾

下字属"尾"韵的反切 56 条 147 次,其中混切 3 条 3 次,反切下字 5 个:鬼$_{25}$ 豈$_{10}$ 尾$_{10}$ 匪$_8$ 偉$_3$。系联结果为二类:

1.豈类(豈)

宸(於豈)

2.鬼类(鬼尾匪偉)

菲(芳匪、芳鬼、芳尾)偉(韋鬼)尾(亡鬼)亹(亡匪、亡偉)

附:尾韵反切字表

虫	許鬼 2
虫(虺)	虛鬼 1
菲	芳匪 1、孚匪 1、芳鬼 1、妃鬼 1、芳尾 2
蜚	芳尾 1
朏	芳尾 1
匪	非鬼 1
匪(斐)	芳尾 1
匪[斐]	芳鬼 1
悱	芳匪 1、芳鬼 1
斐	芳匪 1、孚匪 1、芳尾 4、孚尾 1
斐(棐)	芳尾 1
棐	芳匪 1、方尾 1、芳尾 3
篚	方鬼 1、非鬼 1、芳鬼 1、方尾 2
簋	居偉 1
虺	況鬼 1、暉鬼 1、虛鬼 5、許鬼 8、許偉 1
幾	居豈 33
屍尾(混)	亡鬼 1
委	於鬼 1、于鬼 1
偉	韋鬼 1
葦	韋鬼 6、于鬼 15

续表

煒	于鬼 1
韙	韋鬼 1、于鬼 2
韡	韋鬼 2
亹	亡匪 6、亡偉 2
亹(亹)	亡匪 2
畏	於鬼 1
豨	虛豈 2、許豈 1
豨(俙)	虛豈 1
稀	虛豈 2
依(㐽)	於豈 4
依[㐽]	於豈 6
㐽	於豈 2
俙	於豈 2
顗	魚豈 1

（三）去声八未

下字属"未"韵的反切 58 条 203 次，其中混切 10 条 10 次，反切下字 11 个：味$_{18}$ 貴$_{11}$ 既$_9$ 氣$_8$ 未$_3$ 謂$_3$ 畏$_2$ 沸$_1$ 費$_1$ 胃$_1$ 魏$_1$。系联结果为二类：

1. 既类（既氣）

毅（魚既、魚氣）餼（許既、許氣）

2. 味类（味貴未謂畏沸費胃魏）

誹（方味、方畏、非謂）菲（扶未、扶味）費（芳貴、芳味）扉（符

費、房味、符沸)沸(方味)芾(非貴、方味1)匱(其貴、其魏)//罍(力胃)

说明:

　　1.下字"胃"(罍,力胃反)不直接系联,《释文》:"胃,音謂。"(P691)"媦,音胃。"(P1206)据此可与"未味"等系联。

附:未韵反切字表

被	皮既1
菲	扶未1、扶味1
菲(扉)	扶畏1
蜚	扶味5
蟦	扶味1
誹	方味1、方畏1、非謂1
沸	方味1、甫味2
剕[跰]	扶味1、扶謂1
扉	扶未2、扶味1
扉(陫)	符沸1
扉	符費1、房味1
扉(菲)	扶味1
費	芳貴8、芳味23、扶味6、符味1
佛[髴]	孚味1

芾	非貴1、方味1、芳味2
拂（佛）	芳味1
卉	許貴2、虚謂1
譏［饑］	其既1
既［𩜉］	許氣1
匱	其貴1、其魏1
蕢	巨貴1
簣	其貴1
饋	其貴1
壘	力胃1
沛	步未1
祈（饑）	巨既1
緯	有貴1
媦	于貴1
蔚	於貴2
蝟	於貴1
气（氣）	許氣1
熂	許氣1
餼	許既4、虚氣1、許氣14
衣	於既85、于既2
毅	牛既1、五既1、魚既3、魚氣1

续表

劓	魚氣 1
藙	魚氣 1
踑(剕)	扶味 1

第五节 遇摄系联

一、鱼、语、御

(一)上平九鱼

下字为“鱼”韵的反切 137 条 321 次,其中混切 4 条 4 次,反切下字 14 个:居$_{53}$ 魚$_{30}$ 餘$_{12}$ 於$_{10}$ 徐$_{10}$ 余$_{8}$ 如$_{6}$ 書$_{2}$ 除$_{1}$ 廬$_{1}$ 閭$_{1}$ 胥$_{1}$ 諸$_{1}$ 豬$_{1}$。系联结果为一类:

1. 居类

魚(疑居)虛(起居、起魚)菹(側居、側於、側魚)樗(勑居、勑書、恥余、丑於、勑魚、恥豬)豬(陟魚)胥(息廬、息徐、息魚、息餘)廬(力於、力魚)篨(直居、直閭)閭(力居、力於)余(羊如)苴(七如、七徐、七余、七餘)雎(七如、七胥、七徐、七余、七餘)//旟(羊諸)

说明:

1. 下字“诸”(旟,羊諸反)不直接系联,《释文》:“旟,音餘。”(P235、P292、P306、P340、P450、P490、P699)据此可与其他下字系联。

附：鱼韵反切字表

檋	勑居 4、丑居 1、勑書 3、恥余 1、丑於 1、勑魚 1、恥豬 1
蒢	直居 3、丈居 1
鉏	仕居 23、仕魚 2
鉏（鋤）	仕居 1
篨	直居 3、直閭 1
鋤	士魚 1、仕魚 1
鋤（鉏）	仕居 1
鋤（助）	仕魚 1
躇	直居 1、直於 2
儲	直居 1、直魚 2
都（豬）	張魚 1
狙	七徐 5、七餘 2
苴	子徐 1、子余 1、子餘 8
苴	七如 2、七徐 2、七余 4、七餘 4
疽	七徐 1、七餘 1
椐	羌居 1
腒	其居 4
雎	七如 1、七胥 1、七徐 1、七余 1、七餘 3
鴡（雎）	七徐 2
泪	七徐 2、七余 3、七餘 4
婁	力居 1
廬	力居 18

续表

廬	力於 6、力魚 1
臚	力居 1、吕居 1、力於 1
閭	力居 2、力於 3
蔖	力居 1、力於 1
驢	力居 1
旅〔臚〕	力於 1
慮	力居 1、力於 1
櫖	力余 1
挐	女居 7
且	子余 3、子餘 22
且（趄跙）	七餘 1
且（蛆）	子徐 1
祛	起居 1
肤	起居 1
袪	起居 2、去居 1、丘書 1、起魚 5、去魚 1
蛆	子余 1
敧（驅）	起居 1
伽	其居 1
渠	其居 3
渠（蕖蘘）	其居 2
蘧	其居 15
蘧（璩）	其魚 1

籧	其居 3
籧（籧）	巨魚 1
去	起居 2
帤	女居 1
袽	女居 1
摰	女居 1
蔬	所居 2
蔬（疏）	所魚 1
胥	息廬 1、息徐 5、思徐 3、息魚 1、息餘 2、思餘 1
虛	許居 1、起居 8、起魚 4、羌魚 1、丘魚 1、去魚 3
虛（墟）	起居 1、起魚 1、去魚 1
揟（偦）	思如 1
墟	去魚 2
蝑	相魚 3、思餘 1、粟居 1
响	況於 1
絮［絮］	女居 1
予	羊如 1
余	羊如 3
魚（鯦）	疑居 1
畬（畭）	羊如 1
旟	羊諸 1
豬	陟魚 1、張魚 4

助（鋤）	士居 1
著	直除 1、直居 4
菹	莊居 5、爭居 1、側居 2、側於 1、莊魚 2、側魚 2
菹（葅）	側魚 1、阻魚 1
葅［菹］	莊居 1
摣（砠）	七餘 1
絮（袽袖）	女居 1
絮（袖）	女居 1
疏（蔬）	色魚 1
疏（蔬踈）	所居 2
疏［疏］	色居 1、所居 1、所魚 1

（二）上声八语

下字为"语"韵的反切 95 条 684 次，其中混切 4 条 4 次，反切下字 11 个：呂$_{58}$ 汝$_{15}$ 許$_5$ 敘$_5$ 女$_3$ 與$_3$ 渚$_2$ 舉$_1$ 所$_1$ 序$_1$ 煮$_1$。系联结果为一类：

1. 吕类

褚（張呂、中呂、豬許）處（昌呂、齒渚、尺煮）煮（諸許、之與、）湑（息呂、息汝、息敘、私敘、思敘）俎（莊呂、側呂、側所）抒（時女、食汝）//旅（力舉）且（七序）

说明：

1. 下字"举"（旅，力舉反）不直接系联，《释文》："莒，音舉。"

（P1200、P1274、P1288）"莒,居吕反。"（P1377）据此可与其他下字系联。

2.下字"序"（且,七序反）不直接系联,《释文》:"鱮,音序。"（P386）"鱮,音敘。"（P341、P736）据此可与其他下字系联。

附:语韵反切字表

鉏（鋤）	事吕 1
杵	昌吕 10
褚	張吕 9、中吕 5、豬許 1
滻	初吕 1
處	昌吕 10、齒渚 1、尺煮 1
苴	將吕 1
沮	在吕 8、慈吕 1、辭吕 1、在汝 3、辭汝 1
莒	居吕 1
筥	紀吕 2、九吕 2、姜吕 2、居吕 3
齟	士女 1
巨［拒］（拒）	其吕 1
拒	其許 1
炬	其吕 1
秬	其許 1
距	具吕 1
旅	力舉 1
宁	直吕 1
且	七序 1

袪	起吕 1
篹［筥］	居吕 1
取	七與 1
去	起吕 330、羌吕 48、羌吕 1、丘吕 9
茹	如吕 1
抒	直吕 1、時女 1、食汝 3
紓	直吕 1
癙	傷汝 1
侮	亡吕 1
胥	相吕 1
稰	思吕 1
諝	思敘 1
湑	息吕 1、息汝 1、息敘 1、私敘 1、思敘 3
湑（醑）	思敘 1
鱮	才吕 1
予	羊汝 10、由汝 1、羊許 2、以渚 1
圉	魚吕 7
圄	魚吕 30
圄（敔禦）	魚吕 2
敔	魚吕 2
敔（梧圄）	魚吕 3
與	羊汝 2

語	魚呂 1
鋙	魚呂 1
齬	魚女 1
御（禦）	魚呂 12
御［禦］	魚呂 30
禦	魚呂 38
禦（御）	魚呂 5
陼	章汝 1
陼（渚）	章汝 1
渚	章呂 1、諸呂 1、之汝 1、之與 1
煮	諸許 1、之與 1
杼	直呂 15、除汝 1、食汝 1、常汝 1、時汝 1
竚	直呂 1
紵	直呂 5
羜	直呂 2
著	竹呂 1
貯	丁呂 1、張呂 1、中呂 1
阻	莊呂 5、側呂 1
俎	莊呂 3、側呂 2、側所 1

（三）去声九御

下字为"御"韵的反切 85 条 407 次,其中混切 4 条 4 次,反切下字 8 个：慮$_{30}$ 據$_{26}$ 庶$_{13}$ 預$_{10}$ 助$_2$ 豫$_2$ 去$_1$ 御$_1$。系联结果为一类：

1.慮类

處（昌慮、昌據、尺御、昌預）御（魚據、魚慮）遽（其據、其慮、其庶）茹（汝據、如庶、如預、如豫）豫（羊慮、餘慮、羊慮）飫（於據、於慮、於去、於庶、於預）詛（莊據、莊慮、莊助）去（起慮）庶（章預）

附：御韵反切字表

除	直據 1、直慮 3、治慮 1
處	昌據 1、尺慮 2、昌慮 150、尺御 1、昌預 2
居［踞］	舉慮 1、紀慮 1
沮	將慮 1、子預 1
倨	居慮 1、居庶 1
倨（居）	紀慮 1
詎	其庶 1
鉅［巨］	其據 1
劇（遽）	其據 1
踞	居慮 1
遽	其據 20、其慮 3、其庶 3
遽（蘧）	巨據 1
醵	其據 1、其庶 1
蜡	清預 1
蜡［䖪］	清預 1
勴	力庶 1

女	尼據 1、昵據 1、恧據 1
渠	其據 1
去	欺慮 1、起慮 1
呿	起據 1
㝹	起據 1
茹	汝據 1、如庶 2、如預 2、如豫 2
洳	人庶 1、如預 1
庶	章預 2
數	色助 1
鄔	於慮 1
絮	息據 1、勑慮 1、丑慮 1、胥慮 2、相預 1
菸	於據 2
語	魚據 79、魚慮 1、魚庶 2、魚預 1、魚豫 1
御	魚據 3、魚慮 1
梜	於據 3、於庶 3
飫	於據 1、於慮 1、於去 1、於庶 5、於預 1
馭	魚慮 1
豫	羊慮 1、餘慮 1、羊庶 1
飀	於據 1
鸒	弋庶 1
著	直據 1、知慮 5、珍慮 2、張慮 27
箸	直慮 4

续表

詛	莊據 1、側據 2、莊慮 7、側慮 10、側助 3
作[詛]	側慮 1
欮	丘據 1
鋁[鑢]	力庶 1
淤	於據 1

二、虞、麌、遇

(一)上平十虞

下字为"虞"韵的反切 182 条 406 次,其中混切 5 条 6 次,反切下字 18 个:于$_{49}$ 俱$_{48}$ 朱$_{43}$ 符$_7$ 須$_7$ 夫$_6$ 扶$_5$ 誅$_4$ 苻$_2$ 愚$_2$ 榆$_2$ 孚$_1$ 無$_1$ 俞$_1$ 瑜$_1$ 踰$_1$ 吁$_1$ 臾$_1$。系联结果为一类:

1. 俱类

貙(勑俱、丑于、勑誅)鈇(方夫、方苻、方于)郛(芳夫、芳扶)夫(方苻、方于)敷(芳夫、撫扶、芳無)俞榆瑜(羊朱)趨(七俱、七須、七俞、七朱)須(宣踰、脩于)踰(以朱)姝(子須、子榆、子瑜)濡(人于、如朱、如臾)臾(羊朱)株(張愚、陟朱)軀(起俱、丘于、匡愚)

附:虞韵反切字表

奥[斛]	九于 1
鬈(鬚)	脩于 1
貙	勑俱 1、丑于 1、勑誅 1

芻	初俱 24、楚俱 6
芻（蒭）	楚俱 1
趂	昌于 1
鉏	仕俱 2
廚	直誅 3
廚（蹰）	丈誅 1
雛	仕俱 1、仕于 1
雛（鶵）	仕俱 2
鶵	仕俱 1
躕	直誅 1
夫	方符 1、方于 5
柎	方于 5
荂	況于 1
稃	芳于 1
跗	芳扶 1、方符 1、芳符 1、方于 6
鈇	方夫 1、方符 1、方于 2
敷	芳夫 3、撫扶 1、芳無 1
膚	方于 8
孚	芳夫 1
扶	方于 1
泭（泭枹柎）	芳于 1
俘	芳夫 18、芳扶 2

郛	芳夫 8、芳扶 1
柎	芳符 1
鳧	房孚 1
拘	其俱 1、紀于 1、九于 5、句于 1
娵	子須 2、子榆 1、子瑜 1
句	其俱 6
句（岣）	其俱 1
瞿	其俱 2、求于 1
劉［膢］	力朱 1
婁	力俱 5
鏤	力俱 1
敺	丘于 2
溥（敷）	芳于 1
區	起俱 1、羗俱 1、曲俱 1、羗于 2、丘于 2
嶇	丘俱 1
敺	起俱 3、丘于 2
趨	七俱 4、七須 4、七俞 2、七朱 1
趨（趣趍）	七須 3
驅	起俱 1、丘于 1、匡愚 1
驅（駈）	起俱 1
岣	其俱 3、求于 1
胸	巨俱 1、其俱 6、其于 1

续表

朐（軥）	其俱 1
絇	其俱 6、求俱 1、其于 2
葋	求于 1
軥	其俱 1
鴝	其俱 1
臞	其俱 2
臞（癯）	求俱 1
衢	其俱 7、其于 1、求于 1
鸜	其俱 3
取	七庾 1
趣	清須 1、七于 11
趣（趨）	七須 1
儒	人于 1、日朱 1、如朱 1
濡	人于 1、如朱 2、而朱 5、如臾 1
褕	女俱 1
襦	而朱 2
襦（褕）	而朱 1
繻	而朱 1
殳	市朱 2
姝	赤朱 3、昌朱 1
樞	尺朱 4、昌朱 4
輸	失朱 1、式朱 1

续表

汙[纡]	於俱 1、憂于 1
巫	亡夫 1、亡扶 2、亡符 2
誣	亡符 1
莁	亡符 1
蕪	亡符 1
盱	喜俱 1、況于 2、香于 4、許于 1
盱(忓)	香于 1
訏	況于 3
訏(盱)	香于 1
須	宣踰 1
須(鬚)	脩于 1
驉(虚歔)	許俱 1
呴(煦)	況于 1
紆	乙俱 1、於于 1
渝	以朱 2、羊朱 16、陽朱 1、用朱 1
俞	以朱 2、羊朱 11
禺	遇俱 1
萸	羊朱 1、以朱 1
隅(嵎)	仰于 1
隅(嵎堣)	魚吁 1
愉	以朱 1、羊朱 4
腴	以朱 1、羊朱 3

榆	以朱 2
榆（俞）	羊朱 1
瑜	羊朱 3
羭	羊朱 1
蕍	羊朱 2
蝓	羊朱 1
諛	羊朱 3
澞（虞）	魚俱 1
覦	羊朱 2
踰	以朱 1
髃（膈）	魚俱 1
吁	況俱 1、況于 8、香于 3、許于 3
瘀	羊朱 2
邾	張俱 1
洙	常朱 1
茱	常朱 1
株	張愚 1、陟朱 1
跦	張于 1
陬（娵）	足俱 1
諏	子須 6、足須 1
菹	側俱 1
毆（驅）	起俱 1

续表

斪[斪]	矩于1
姝(毸)	所俱1
襦[襦]	如朱1
臾	羊朱4

（二）上声九麌

下字为"麌"韵的反切97条325次，其中混切1条1次，反切下字10个：甫$_{33}$　主$_{25}$　矩$_{16}$　禹$_{10}$　武$_4$　柱$_3$　宇$_2$　羽$_2$　辅$_1$　缕$_1$。系联结果为一类：

1. 甫类

偊（纡甫、纡矩、於缕、纡禹、纡主）麌（愚甫、鱼矩）栩（况甫、香羽、况禹）禹（于矩）缕（力主、力柱）柱（知矩、知主）矩（俱宇）

附：麌韵反切字表

不	弗武1
柎	芳甫1、方辅1
弣	芳甫3
拊	芳甫8、孚甫1、芳武1
拊（抚）	芳武1
釜	符甫2、房甫1
腐	房甫2、扶甫3、符甫1、扶矩2
抚	方武1

鬴	房甫 1
父	符甫 1
枸	俱甫 1
膴	亡甫 6
膴〔㬞〕	况甫 1
矩	俱宇 1
椇	俱甫 1、俱羽 1
踽	俱禹 1
拒	九甫 1、俱甫 2、俱宇 1、居禹 1
聚	似主 1、才柱 1
窭	其矩 3、求矩 1、其禹 1
偻	力矩 1、力主 7
偻〔傴〕	於矩 1
蒌	良主 1
缕	力主 4、力柱 1
缕（薸）	力主 1
襦	如主 1
醹	如主 1
乳	如主 1
数	色主 62、所主 88、色柱 3
竖	上主 4、市主 1
侮	亡甫 22

廡	亡甫 2、無甫 1
憮	亡甫 1
甒	亡甫 1
訏	況甫 1
冔	況甫 7
冔（咠）	況甫 1
栩	況甫 3、香羽 1、況禹 1
詡	況甫 1、況矩 2
煦	況甫 2
愉［瘉］	羊主 1
雨	于矩 1
俁	疑矩 1
禹	于矩 1
庾	俞甫 1、羊主 2
萬	姜禹 1
傴	紆甫 3、紆矩 1、於矩 1、於縷 1、紆禹 1、於禹 1、紆主 1
斞	羊主 1
楀	俱禹 1
楀［矩］	弓禹 1
瘐（庾）	羊主 1
窳	羊主 1
噳（麌）	愚甫 1

续表

麌	愚甫 1
麌（麞）	魚矩 1
愈	以主 1、羊主 5
嫗	紆甫 2、於禹 1
瘉	羊主 1
柱	知矩 1、張矩 1、誅矩 1、丁主 2、知主 3、張主 2
悇	亡矩 1
纑（縷）	力主 1

（三）去声十遇

　　下字为"遇"韵的反切 136 条 326 次，混切 10 条 16 次，反切下字 12 个：具$_{31}$ 住$_{29}$ 树$_{21}$ 付$_{17}$ 喻$_{11}$ 注$_{10}$ 遇$_6$ 戍$_5$ 附$_3$ 句$_1$ 裕$_1$ 裕$_1$。系联结果为一类：

　　1. 具类

　　具（求付）煦（况付、許具）数（色具、色住）注（之树、章喻、之住）戍（式喻、束遇、）註（之戍）趣（七树、七喻、促裕、七住）孺（如戍、如树，如喻，如住，而注）驱（起具、丘遇）遇（玉付）屦（九具、九遇、九住）句（九具、俱树）聚（才喻、才遇、才住、俗裕）裕（羊树）

附：遇韵反切字表

報［赴］	芳付 1
跊［趣］	倉付 1

傅	夫附 1
傅［附］	符付 1
鮒	苻付 1
駒	俱付 1
句	紀具 3、九具 1、居具 2、俱樹 1
具	求付 1
聚	才喻 4、才遇 1、才住 6、俗裕 1
屨	紀具 4、九具 17、俱具 1、九遇 1、俱遇 1、九住 1
瞿	俱付 1、紀具 3、居具 1、俱具 2、九遇 1
瞿（懼）	俱附 1、紀具 1
婁（屢）	力具 1、力住 2、力注 1
婁［屢］	力住 1
鞻［屨］	九具 1
屢	力具 2、力住 4、力注 2
屢（婁）	力具 1、力住 1
趣	七住 3
驅	起具 1、丘遇 2
驅（駈）	欺具 1、曲具 1
取（娶）	七具 1、七喻 6、七住 9
取［娶］	七樹 1、七喻 4、七住 9
娶	七具 1、七住 17、取住 1、促住 1、七注 2
娶（取）	七喻 1、七住 2

趣	七樹 1、七喻 4、促裕 1、七住 5
孺	如樹 2、如喻 2、如住 2、而住 1、而注 1
嬬（孺）	如具 1、而樹 2、如住 1
乳	儒付 1、如樹 1、而樹 3、如住 2、如注 3
贖	常戍 1
戍	式喻 2、束遇 1
數	色具 6、所具 6、色住 6、所住 1
澍	之樹 1
豎	上注 2
婺	無付 1、武付 1
休	虚喻 1
呴	況付 1、許具 1
昫（朐煦）	休具 1
酗	況付 2、況具 2、許具 1
煦	況付 1、許具 1
羽	于付 1
雨	于付 36
芋	于付 4、于附 1
芌［芋］	于句 1
寓	魚具 3
裕	以樹 1、羊樹 5
遇	玉付 1

嫗	紆具 1、於具 1
燠	於喻 1
譽	逸注 1
籲	羊戍 1
屬[注]	之樹 2
注	之樹 9、章喻 1、之住 4
注[註]	張具 2、張住 1
柱	張注 1
註	之戍 1
註(注)	之戍 1
斁	之樹 2、主樹 1
駐	丁住 1、張住 1、中住 1
鑄	之樹 12、止樹 1
足	將樹 1、將住 2、子住 1、將注 1
孺(孺)	如戍 1、而樹 1、如喻 1、如住 1
孺[孺]	而樹 2、如樹 1、如住 1、而注 2

三、模、姥、暮

(一)上平十一模

下字为"模"韵的反切 86 条 132 次,其中混切 3 条 4 次,反切下字 10 个:胡$_{29}$吴$_{20}$奴$_{13}$都$_7$吾$_5$孤$_4$乎$_4$乌$_2$枯$_1$蒲$_1$。系联结果为一类:

1. 胡类

粗（采都、七胡、七奴）幠（好胡、好吾、火吴）刳（口孤、口胡、口吴）謨（莫胡、莫蒲、亡乎）暮（没乎、莫胡）盧（力烏、力吴）鋪（普胡、普烏、普吴、普吾）//殂（才枯）

说明：

1. 下字“枯”（殂，才枯反）不直接系联，《释文》：“刳，音枯。”（P1514）“刳”字《释文》有“口孤、口胡、口吴”三条反切，据此可与其他下字系联。

附:模韵反切字表

逋	補吴 3、補吾 1、布胡 1、布吴 6、布吾 1
晡	布吴 3
鋪	布吴 1
鈤	子都 1
粗	采都 1、倉都 1、七胡 2、七奴 5
麤	七奴 1
麄（麤）	七奴 1
麤（麄）	七奴 2
徂	才孤 1
殂	才枯 1
闍	丁胡 1
惡［呼］（虖）	好胡 1
鈇	方胡 1

续表

罛	工胡 1
蛄	古乎 1
觚（孤）	姜胡 1
辜	古胡 1
苽	古吴 1
乎	好奴 2、火吴 1
呼	火胡 1
虖	唤胡 1
嘑（呼）	火吴 1
幠	好胡 1、好吾 1、火吴 5、火吾 1
膴	火奴 1、火吴 3
魱	户吴 1
苴〔菹〕	子都 1
刳	口孤 3、口胡 2、口吴 2、苦胡 1
挎	口孤 1、口胡 1
挎（刳）	口孤 1
盧	力烏 1、力吴 1
廬	力吴 3
廬（盧）	力吴 2
廬（蘆）	鲁吴 1
蘆	力吴 1
櫨	力奴 1

续表

鑢	力吴 1
鑪	力胡 1
鑪	力奴 1、力吴 1
鑪（壚）	力吴 1
艫（顱）	力胡 1
模	莫胡 3、亡胡 1
謨	莫胡 1、莫蒲 1、亡乎 1、亡胡 2
暮	没乎 1、莫胡 1
母［模］	莫胡 1
鋪	普胡 4、普乌 2、普吴 10、普吾 1
蒲（匍扶）	步都 1
薘	大奴 1
茶	大奴 1
駼	大胡 1
菟	大胡 1、兔都 1
毋［母］	莫胡 1
戲［呼］	好胡 1
麆（麤）	七奴 1
麆［麤］	七胡 1、七奴 1
租	子胡 1、子奴 1
菹	子都 2
詽（呼）	火乎 1

（二）上声十姥

下字为"姥"韵的反切 38 条 84 次,其中混切 5 条 5 次,反切下字 9 个:古$_{17}$ 户$_7$ 五$_4$ 鲁$_3$ 杜$_2$ 苦$_2$ 覩$_1$ 浦$_1$ 土$_1$。系联结果为一类:

1. 鲁类

睹（覩）（丁古、都杜、都鲁）卤（力杜、力古）杜（徒土）土（他覩、他古）簿（步古,步户）㟫（才古、才苦）圃（布古、布户、布五）

附:姥韵反切字表

簿	步古 6、步户 1、蒲户 1
㟫	才古 2、才苦 1
堵	丁古 13、丁鲁 1
睹	丁古 5
睹（覩）	丁古 1、都杜 1、都鲁 1
杜	徒土 1
甫（圃）	布五 1
顧	工户 1
虎	呼户 1
滹	呼五 5
卤	力杜 1、力古 2
莽	莫古 1
砮	乃古 1
圃	必古 1、布古 17、布户 1、布五 1
圃（圃甫）	布古 2

浦	判五 2
譜（誷）	布古 1
數	色户 1、所古 1
稌	待古 1
土	他覩 1、他古 1
鄔	烏户 2、烏苦 1
栩	況浦 1
駔	在魯 1
組	作古 1
牡	亡古 1

（三）去声十一暮

下字为"暮"韵的反切 100 条 642 次,其中混切 4 条 11 次,反切下字 5 个:故$_{66}$ 路$_{28}$ 布$_3$ 素$_2$ 露$_1$。系联结果为一类:

1. 故类

怖（普布、普故）措（七故、七路）錯（七故、七路、七素）胙（才故、才路、才素）吐（他故、他露）

附:暮韵反切字表

哺	蒲路 1
捕	蒲布 1
怖	普布 2、普故 7

簿	步故 1
耗	丁故 4
粗	才故 1
酢〔醋〕	七故 7
醋	七故 1
厝（措）	七故 3
措	七故 8、七路 2
措（错）	七故 1
错	七故 10、七路 2、七素 1
错（措）	七故 8
错（措厝）	七路 3
妬	丁故 4、丁路 3
度	徒布 1
蠹	丁故 6、都路 2、丁故 1
恶	乌故 2、乌路 382
垩	乌路 8、於故 1
遌（连逆）	五故 2
呼	好故 2、好路 1、呼路 1、唤故 1、火故 29
謼（呼）	火故 1
互	户故 3
冱	户故 3
枑	户故 2

姻	戶故 1
瓠	乎故 1、胡故 2、戶故 8
護	戶故 1
護（㦿）	戶故 1
㦿	戶故 4
穫（護）	胡故 1
袴	苦故 3
賂	來故 1
莫（暮）	忙故 1
怒	乃路 1、奴故 1
泝	息路 1
泝（遡）	蘇故 1
素	蘇故 1
訴（愬）	蘇路 1
愬	蘇路 4、息路 1、悉路 7
愬（訴）	蘇路 1
吐	他故 1、他露 1
兔	他故 3、佗故 1
兔（菟）	勑故 1、他故 1、土故 1
菟	湯故 1
菟（兔）	他故 1
鵵	他故 1

续表

橐	當路 1
汙	烏故 1、烏路 1
梧	吾故 1、五故 3
午［迕］	五故 1
忤	五故 5
迕	五故 2
迕（忤遻）	五路 2
捂	五故 1
悟	五故 2
晤	五故 1
瘝	吾故 2、五故 7
瘝（蕱）	五故 1
斁	丁故 1、多路 1
斁（殬）	丁故 1
阼	才故 9、才路 3
祚	才故 6、才路 1、徂路 1、在路 1
胙	才故 7、才路 2、才素 1、存故 1
胙（祚）	才路 1、在路 1
蠹（蠱）	丁故 1

第六节　蟹摄系联

一、齐、荠、霁

(一)上平十二齐

下字属"齐"韵的反切 172 条 334 次,其中以齐切之 1 条 1 次、以齐切支 2 条 2 次。共有反切下字 14 个:兮$_{98}$ 西$_{23}$ 圭$_{19}$ 奚$_{11}$ 低$_5$ 迷$_4$ 雞$_3$ 黎$_2$ 啼$_2$ 稽$_2$ 齎$_1$ 危$_1$ 俟$_1$ 攜$_1$。系联结果为两类:

1.兮类(兮西奚低迷雞黎啼稽齎俟)

黎(力低、力兮、力奚)氏(都黎、都啼、都兮)啼(田兮、徒奚)躋(子兮、子西、子奚)、鼙(薄迷、薄兮、薄西)梯(徒稽、徒兮、)稽(古兮、古奚)醯(呼雞、呼兮、呼西)雞(古兮)犀(蘇齎、細兮、)齎(子兮、子西)

2.圭类(圭危攜)

奎(口圭)圭(居危)攜(户圭)洼(烏攜)

附:齐韵反切字表

鞞	步兮 1、步西 1
鞞(鼙)	步西 1
低	丁兮 2
羝	丁兮 2
隄	丁兮 6

隄（提）	丁兮 1
堤	丁兮 2
鞮	丁兮 11、都兮 1
氐	都黎 1、都啼 1、丁兮 1、都兮 1
氐（底）	丁兮 1
苐（稊）	大西 1
諦（啼）	大兮 1
兒	五兮 1
兒（齯）	五兮 1
圭	居危 1
奎	苦圭 2
巂	户圭 2
巂（寯）	惠圭 1
巂（鄯）	户圭 1
笄	古兮 9、吉兮 1
稽	古兮 13、工兮 1、古奚 3
賷［齎］	子兮 1
隮	子兮 3、子西 2
隮（躋）	子兮 2
賫	子兮 1
賫（齎）	子西 1
櫅	子兮 1

雞[笄]	古兮 1
韲	作西 1
躋	子兮 8、子西 1、子奚 1
躋(隮)	子西 2
齎	子兮 3、子西 1
齎(賫)	子兮 2
齏(齊)	將兮 1
刲	苦圭 7
奎	口圭 1、苦圭 3
奎(睽)	苦圭 1
睽	苦圭 5
犁	禮兮 1、力兮 15、郎奚 1
犁(離)	力兮 1
黎	力低 1、郎兮 1、禮兮 1、力兮 11、力奚 1
藜	力兮 2、力西 1
鳌	力兮 1
鴼	力兮 1
蠡	力兮 1
麛	莫兮 1、米傒 1
麛(麑)	亡兮 1
泥	乃兮 1、奴兮 1
泥(尼坭)	乃兮 1

倪	五兮 2
郳	五兮 7
蜺	五兮 3
輗	五兮 1
霓	五兮 1
鯢	五兮 5
麑（猊）	牛奚 1
齯	乃兮 2、奴兮 1
齯（臡）	奴黎 1、乃兮 1
批	普迷 1
錍	匹迷 1
椑	薄兮 1
鼙	薄迷 2、步迷 1、薄兮 1、薄西 1、步西 1
淒	七西 4
淒（棲）	七西 1
妻	七西 6、切奚 1
棲	細兮 1
眭	口圭 1
眭	户圭 1
齊	徂兮 1、才兮 1
齊（齍）	子兮 1
齊［齏齏］	子兮 2

齊[臍]	子西1
齊[臍]（隮）	子兮2
蠐（齊）	祖西1
梯	他兮3
鷈（鷈）	他兮1
啼	田兮1
啼（諦）	徒奚1
媞	徒低1、大兮1
提	大兮1、徒兮4
提（題）	徒兮1
稊	徒稽1、徒兮1
嗁（啼）	杜奚1
綈	大西1
藦（稊）	大兮1
蹄	徒低1、大兮2、徒兮1、大西1
蹄（蹏）	徒兮1
題	徒低1、大兮4、徒兮3、大西1
鵜	徒低1、大兮1、徒兮1
洼	烏攜1
犀	蘇齎1、細兮1
溪	口兮1、苦兮1
溪（谿）	苦兮1

榼	許兮 1
谿	口啼 1、苦兮 9、苦奚 2
醯	呼雞 1、呼兮 6、許兮 1、呼西 2、許西 1
醯（醘）	呼兮 2、呼西 2
鄈	户圭 4、下圭 1
鄈（攜）	户圭 1
睽	户雞 1
觿	户圭 1
驨（巂）	户圭 1
攜	户圭 3、下圭 1、穴圭 1
緊	烏兮 7、於兮 1
鷖	於雞 1、烏兮 1、於奚 1
鷖（翳）	烏兮 1
黄	徒兮 1、徒奚 2
桋（夷）	大兮 1
鮧	大兮 1
殹（瞖）	烏兮 1
翳	於兮 1
折	大兮 1
鼙（黎）	郎兮 1
鑒［鑒］	子兮 5

（二）上声十一荠

反切下字属"荠"韵的反切 49 条 148 次,反切下字 3 个:禮$_{44}$
啓$_3$ 米$_2$。系联结果一类:

1.礼类

髀(步禮、步米、步啓)启(口禮)

说明:

1.反切下字太少,没有出现合口呼的字。

附:荠韵反切字表

椑	薄禮 1、步禮 1
蜌	步禮 1
髀	步禮 5、蒲禮 1、步米 1、步啓 2
髀(脾)	步米 1
氏〔柢〕	丁禮 1
邸	丁禮 7
底	丁禮 10、都禮 1
抵	丁禮 4
柢	丁禮 1
牴(羝)	都禮 1
牴(抵)	丁禮 1
蓝	丁禮 1
舭	都禮 3

弟（悌）	徒禮 2
爾（灑）	乃禮 1
爾［薾］	乃禮 1
沛（薺）	子禮 1
沛［濟］	子禮 11
濟	節禮 1、咨禮 1、子禮 36
濟（泲）	子禮 2
鱭（鮆）	徂禮 1
禰	乃禮 17
禰（祢）	乃禮 1、年禮 1
泥	乃禮 2
苨	奴禮 1
掜	五禮 1
启	口禮 1
薺	齊禮 2、才禮 1
洒	西禮 1
提	丁禮 3
悌	徒禮 3
悌（弟）	徒禮 1
涕	他禮 3
徯	胡禮 1、胡啟 4
洗	西禮 1、蘇禮 1、悉禮 1

謑	胡啓 1
疷	都禮 1

（三）去声十二霁

下字为"霁"韵的反切 147 条 403 次，其中混切 5 条 6 次。反切下字 10 个：計$_{88}$ 細$_{28}$ 帝$_{16}$ 惠$_4$ 麗$_3$ 弟$_2$ 係$_2$ 詣$_2$ 悌$_1$ 系$_1$。系联结果为一类，实为两类：

1. 計类（計細帝麗弟係詣悌系）

嬖（補計、補悌）悌（大計）棣（徒帝、大計、大細）濟（節計、節細、子細、箋詣、子詣）詣（五計）戾（力帝、力計、力細、連弟）弟（大帝、大計）泥（乃計、乃麗、乃細）麗（力計）係（戶帝）瞷（普係）∥媲（普惠、普計）嬖（必惠、必計、補悌）

2. 惠类（惠）

嘒（呼惠）

说明：

1. 系联结果为一类，实为两类。由于"媲嬖"二字属唇音，开合不分。

附：霁韵反切字表

俾（庳）	普計 1
閉	必計 2、補計 1
嬖	必惠 1、必計 28、補計 1、補悌 1

续表

薜	步計 1
逮	大計 1
髢	徒帝 1、大計 1、大細 1、徒細 1
髢（鬄）	大計 1
柢	丁計 4
柢（蒂）	丁計 1
弟	大帝 1、大計 7
弟（娣）	大計 1
弟（悌娣）	大計 9
枤	大計 1、徒細 1
娣	徒帝 1、大計 14、徒細 1
第	大細 1
棣	徒帝 1、大計 7、直計 2、大細 1
棣（逮）	徒帝 1、直計 1
睇	大計 4
禘	大帝 1、徒帝 1、大計 20、徒細 1
遞	大計 1
蝃	丁計 1
蝃（蟸）	丁計 1
踶	大計 1
蟸	丁計 1
迷［遞］	大計 1

妎	胡計 1
嘒	呼惠 5、虎惠 1
隋	子細 1
鐅(擊)	古帝 1
擠	子計 1、子細 1
薊	古帝 1
嚌	才計 10、才細 4
槷(繫)	工系 1
濟	節計 1、箋計 1、節細 2、子細 5、祖細 1、箋詣 1、子詣 1
懠	才細 2、徂細 1
秶	才計 3
穧(齊)	才細 1
繫	工帝 1、户計 6
霽	子細 1
離	力計 1
離[儷]	呂計 1
戾	連弟 1、力帝 1、郎計 1、力計 20、力細 1
荔	力計 1
隸	郎計 1
隸	力計 1
麗	郎計 1、力計 1
儷	力計 2

续表

儷（麗）	力計 1
列〔例〕	禄計 1
泥	乃計 5、乃麗 2、乃細 1、奴細 1
倪	五計 5
睨	五計 1、魚計 1、五係 1
媲	普惠 1、普計 3
睥	普計 1
僻	普計 1
妻	七計 20、千計 1、七細 3
齊	才計 10、才細 33
齊（嚌）	才細 1
懠	才計 1、才細 1
契	苦計 13
契（挈）	苦計 1
磬	苦計 1
挈（契）	苦計 3
剔〔剃〕	他計 1
蹄（踶）	大計 1
蹄〔踢〕	大計 1
題	大計 1
洟	他麗 1
悌	大計 2

涕	他弟 1、他計 1
涕（洟）	吐細 1
掦	勑帝 2
替	天帝 1、他計 9
裼（褅）	他計 1
薙	他計 1
薙（雉）	他計 1
鬄	他計 1
嚏	丁計 1
髢	大計 1
髢（髻）	徒帝 1
楔	兮計 1
緆	他計 1
係	戶帝 1
細	先計 1
壻	悉計 1、息計 1
壻（聟）	悉計 1
羿	五計 3
詣	五計 1
曀	於計 2
瘞	一計 2、於計 10
翳	烏帝 1、於計 9、烏細 1

𪓐	都麗 1
粢［齊］	才計 2、才細 1
眥	才細 2
𪕭（廌）	丁計 1
瞷	普係 1

二、祭、泰、夬、废

（一）去声十三祭

下字为"祭"韵的反切 165 条 403 次，其中以祭切霽 1 条 1 次、以祭切至 6 条 6 次。反切下字 19 个：世$_{46}$ 銳$_{35}$ 例$_{20}$ 制$_{17}$ 衞$_{14}$ 歲$_{11}$ 稅$_3$ 説$_3$ 衛$_3$ 滯$_2$ 芮$_2$ 逝$_2$ 弊$_1$ 祭$_1$ 袂$_1$ 睿$_1$ 誓$_1$ 曳$_1$ 製$_1$。系联结果为两类：

1. 世类（世例制滯逝弊袂誓曳製）

蔽（必袂、必世、必曳、必制）掣（昌世、昌逝）厲（力世、力滯）瘗（於例、於滯、）袂（彌世、滅制）泄（余誓、移世、以世）曳（以世、以制）

2. 锐类（銳衞歲稅説衛芮睿祭）

毳（充芮、昌銳）彗（似銳、似歲）銳（余祭、以稅、唯歲）綴（知銳、張歲、張衞）贅（之芮、章銳、專稅）稅説（始銳）芮（如銳、如説）睿（悅歲）腏（昌睿）蹶（居衞、居衛）

说明：

1.“祭”本为开口,《释文》作为反切下字仅有一处,“锐,余祭反”(P1639),被切字为合口,疑切语有误,但无可据正,这里暂将“祭”归入合口“锐类”。

附:祭韵反切字表

敝	婢世 7
敝(弊)	婢世 2、符世 1
敝［蔽］	必世 1
弊	必世 5、婢世 3
蔽	必袂 3、必世 14、畢世 1、必曳 1、必制 1
獙(獘)	婢世 2
獘	婢世 15
獘(弊)	婢世 4
掣	尺世 1、昌世 1、昌逝 1
掣(瘈)	充世 1
瘲	昌制 1
脃	七歲 1、七歲 8
脆	七歲 3
毳	充芮 1、昌鋭 7、尺鋭 5
膬	昌睿 1
遾	時世 1
劌	古衛 1、九衛 1、居衛 3

彗	似鋭 1、囚歲 1、似歲 2
篲	似歲 1
篲(彗)	似説 1
劚	紀例 1、九例 1、居例 4
瀾	居例 1
虇	居例 1
揭	苦例 2、欺例 1、起例 6
撅	居衞 1
嶡(撅)	居衞 1
蹶	居衞 1、俱衞 1、九衞 2、居衞 4、俱衞 3
蹶(蹳躄)	居衞 2
蹷	紀衞 1、俱衞 2
戾	力制 1
厲	力世 3、力滯 2
癘	力世 1
礪	力世 3
袂	武世 1、彌世 7、緜世 1、面世 8、滅制 1
内	如鋭 1
内(枘)	如鋭 1
内[枘]	如税 1
渜	匹弊 1、匹世 1
愒	欺例 1、起例 1

续表

甈	丘例 2
憩（愒揭）	起例 2
汭	人锐 2、仁锐 1、如锐 13、如说 1
汭（内）	如锐 2
芮	如锐 11、如说 1
芮（汭）	如锐 1
枘	如锐 1
枘（内）	人锐 1
蚋	人锐 1
蛥（蚋）	人锐 1
睿	悦岁 1
锐	余祭 1、以税 2、唯岁 1、悦岁 4
叡	悦岁 1
杀	所例 1
忕	时世 1
筮	市例 1、舌制 1、上制 1、市制 6
誓	市制 2
噬	市世 1、市制 7
澨	市世 1、市制 5
遾	甞例 1
齛（噬）	常世 1
帨	始锐 8、舒锐 1

帨（捝）	始鋭 2
況	始鋭 2、書鋭 1、舒鋭 3
税	始鋭 11、式鋭 1、申鋭 1、舒鋭 7
説	始鋭 11、書鋭 1、舒鋭 1
説（税況脱）	始鋭 3
蜕	始鋭 1
捝	始鋭 5、申鋭 1、舒鋭 1
泄	移世 1、以世 2
泄（呭）	余誓 1
洩	羊世 1
渫	以制 1
曳	以世 1、餘世 1、以制 5
抴	以制 1
枻（曳）	羊世 1
肄	以世 1、以制 1
肄（肆）	以制 1
裔	延世 1、以制 11
勩	夷世 1
勩（勚肄）	與世 1
蓺	魚世 4
槸	魚逝 1
瘞	猗例 1、乙例 1、於例 9、於滯 2

寱［寱］	牛世1
藝	魚世2
晢	之世1
晰（晢）	之世1
彘	直例12
滯	直例1
瘈	吉世1
綴	知鋭1、張歲1、丁衛2、丁衛3、陟衛1、張衛1
贅	之芮1、章鋭3、專税1
瘈（掣）	尺制1、尺製1
忕［忕］	石世1、時世3
隸	以世1

（二）去声十四泰

下字为"泰"韵的总切数 66 条 175 次，其中以泰切代 1 条 1 次、以泰切队 1 条 1 次、以泰切海 1 条 1 次。反切下字 10 个：外$_{28}$ 貝$_{11}$ 蓋$_{9}$ 害$_{7}$ 會$_{4}$ 大$_{2}$ 賴$_{2}$ 艾$_{1}$ 帶$_{1}$ 最$_{1}$。系联结果为二类：

1.貝类（貝蓋害大賴艾帶）

藹（於蓋、烏害）蓋（古害）旆（步貝、步蓋）艾（五蓋）賴（鹿艾）汏（徒賴）貝（補蓋）//籟（力大）籟（力帶）

2.外类（外會最）

薈（烏會、烏外）會（古外）最（徂會）蕞（在最）

说明：

1.下字"带"（籍，力带反）、"大"（藾，力大反）不直接系联，《释文》："籍，音赖。"（P1639）"藾，音赖。"（P287、P1436），据此可与其他下字系联。此外，《释文》"大，音太"出现 17 次，"大，音泰"出现 330 余次，亦可以系联。

附:泰韵反切字表

藹	於蓋 1、烏害 2、於害 1
艾	五蓋 20、魚蓋 1
拔	蒲貝 2
貝	補蓋 2
撮	子外 1
汏	徒賴 1
殆	田賴 1
兌	吐外 1、徒外 11
祋	都外 2
奪	徒外 1
伐(茷)	蒲害 1
茷	步貝 1
茷(斾)	蒲貝 1
肺	普貝 1
丐(匄)	古害 1
匄	古害 9

匄（丐）	古害 3
蓋	古害 2
襘	古外 2、户外 1
會	古外 18
會（檜瑢）	古外 2
喊	呼會 3
澮	古外 9、故外 1
薈	乌會 2、乌外 1
檜	古外 2
檜（鄶）	古外 1
翽	呼會 1
欬	苦大 1
鄶	古外 3
噲	古外 1
獪	古外 2
膾	古外 6
膾（鱠）	古外 1
鱠	古外 1
鬠	古外 1
賴	鹿艾 1
藾	力大 1
籟	力帶 2

妺	末貝 1
沛	普貝 2、步貝 1、蒲貝 1、普蓋 1
斾	薄貝 1、步貝 4、蒲貝 5、步蓋 1、蒲蓋 1
愒	苦蓋 4
税	吐外 2
脱	吐外 2、勑外 1
脱(兑)	通外 1
綴(袅)	都外 1
稡	子外 1
最	徂會 1
蕞	在最 1
會[會]	古外 13
帗	傅蓋 1

(三)去声十七夬

　　下字为"夬"韵的总切数 20 条 85 次,其中以夬切怪 4 条 5 次、以夬切泰 1 条 1 次。反切下字 3 个:邁$_{13}$ 快$_5$ 夬$_2$。系联结果为二类:

　　1.迈类(邁)

　　敗(必邁)蠆(勑邁)

　　2.快类(快夬)

　　快(苦夬)夬(古快)

附：夬韵反切字表

嘏	一邁 1
嘏（噎）	於邁 1
餲	烏邁 1
敗	必邁 37、伯邁 1、補邁 4
蠆	勑邁 8、丑邁 2
囆	勑邁 2
夬	古快 3
話	胡快 3、户快 8
介	古邁 2
芥	古邁 1、吉邁 1
快	苦夬 6
快（噲）	苦夬 1
薳	户快 1
屬［蠆］	敕邁 1
狭［猲］	古快 1

（四）去声二十废

下字为"废"韵的反切 31 条 85 次，反切下字 5 个：廢19 穢6 吠3 肺2 惠1。系联为一类，实为两类：

1. 废类（廢）

乂刈艾（魚廢）

2. 秽类（穢吠肺惠）

廢（方吠、方肺）吠（伐廢）肺（芳吠、芳廢）豗（況廢、呼惠、香穢）

说明：

1.本组系联结果虽为一类，实当为两类。由于唇音字开合不分导致。

附：废韵反切字表

艾	魚廢 16
艾（刈）	魚廢 2
茷	扶廢 6
吠	伐廢 1、扶廢 4、符廢 2
柿	孚廢 1
肺	芳吠 1、芳廢 9
肺（胇）	芳廢 1
廢	方吠 1、方肺 1
廢（癈）	甫穢 1
癈	甫肺 1
猭（貖）	符廢 1
豗	況廢 3、吁廢 1、呼惠 1、香穢 1、虛穢 1、許穢 10
薉	紆廢 1
餯	許穢 1
穢	紆廢 4、於廢 5

穢（濊）	紆廢 1
顪（顪）	許穢 1
濊（穢）	紆廢 1
饖	於吠 1
乂（躄刈艾）	魚廢 2
刈	魚廢 3

三、佳、蟹、卦

（一）上平十三佳

下字为"佳"韵的反切 22 条 62 次，反切下字 4 个：佳$_{14}$ 娃$_5$ 蝸$_2$ 街$_1$。系联结果为二类：

1. 佳类（佳街）

厓（五街、鱼佳）涯（五佳）

2. 娃类（娃蝸）

蛙（乌蝸、户蝸）//鼃（乌娃、户娃）

说明：

1. 蛙、鼃二字为异体字。

附：佳韵反切字表

簰（簰）	皮佳 1

猈（箄）	皮佳 1
差	初佳 28、楚佳 3
柴	士佳 1
柴（茈）	仕佳 1
鲑（蛙）	户娲 1
倪［涯］	五佳 1
麤	簿佳 1
哇	獲娲 1
蛙	烏蝸 1
蛙［黿］	户蝸 3
黿	烏娲 1、户娲 4
黿（蛙）	户娲 1
厓	五街 1
厓（涯）	魚佳 1
崖（涯）	魚佳 1
涯	五佳 3、魚佳 1
涯（厓）	五佳 2
涯（厓崖）	魚佳 4

(二)上声十二蟹

　　下字为"蟹"韵的总切数 29 条 82 次,其中以蟹切卦 1 条 1 次、以蟹切纸 2 条 2 次。反切下字 2 个:買$_{24}$ 蟹$_5$。系联结果为一类:
　　1.买类

蟹（胡買）灑（所買、所蟹）

说明：

1.反切下字太少，没有出现合口呼的字。

附：蟹韵反切字表

罷	皮買 3
罷（矲）	皮買 1
掛	卦買 1
解	革買 1、庚買 1、古買 10、佳買 17、胡買 5、户買 8、居蟹 1、嫌蟹 1
洒	色買 2、所買 1
洒（灑）	色買 1
灑	色買 1、所買 2、色蟹 2、所蟹 2
灑（洒）	所買 1
斯	所買 1
斯［纚］	色買 1
屣	所買 1
縰［纚］	所買 3
纚	山買 2、所買 5、色蟹 2
蟹	胡買 1、户買 4
廌	直買 1

（三）去声十五卦

下字为"卦"韵的反切 44 条 150 次,其中以卦切夬 3 条 3 次、以卦切锡 1 条 1 次、以卦切蟹 1 条 1 次。反切下字 6 个:賣$_{27}$ 懈$_9$ 卦$_5$ 解$_1$ 邂$_1$ 债$_1$。系联结果为一类,当为两类:

1. 卖类(賣懈解邂债)

隘(於賣、於懈)賣(摩懈)懈(工賣、工债)解(古賣、古邂)

2. 卦类(卦)

卦(俱賣)畫(胡卦、衡賣)

说明:

1. 系联一类,当为两类,因唇音"卖"开合不分,故"卦"以"卖"为下字。

附:卦韵反切字表

隘	烏賣 1、於賣 7、於懈 12
隘(阸)	於賣 1
罷	皮賣 1
敗	卑賣 1、必賣 1
稗	皮賣 1、蒲賣 2
粺	皮賣 1
差	初賣 33、初懈 1
蠆	勑賣 1
喫	口懈 1

疷	士賣 1
陇（隘）	於懈 2
陇［阮隘］	於賣 2、於懈 2
卦	俱賣 3
挂	户卦 1
絓	户卦 2
畫	乎卦 1、胡卦 4、衡賣 1
繣	户卦 2
解	古賣 11、佳賣 28、胡賣 1、户賣 3、古邂 1
繲	佳賣 1
賣	摩懈 1
洒	色賣 1、色懈 1、所懈 3
懈	古賣 1、工賣 1、佳賣 5、工債 1
邂	户解 1、户賣 2
邂（解）	户懈 1
溢（隘）	於賣 1
疙	疑賣 1

四、皆、骇、怪

（一）上平十四皆

下字为"皆"韵的反切总切数 34 条 157 次，其中以皆切佳 3 条 3 次。反切下字 3 个：皆$_{31}$ 諧$_2$ 階$_1$。系联结果为一类：

1. 皆类

偕(古諧)諧(户皆、下階)

说明：

　　1. 出现的反切及反切下字数较少,没有合口的用例。

附:皆韵反切字表

齋	側皆 1
諧	户皆 6、下階 1
偕	古諧 1
齊[斋]	側皆 59、爭皆 1
齊(齋)	側皆 36
排(俳)	皮皆 1
排	薄皆 1、步皆 2、皮皆 1
俳	皮皆 3
薶	亡皆 1、莫皆 1
埋(薶)	亡皆 1
埋(貍)	莫皆 1
埋	亡皆 4、無皆 1、武皆 1
貍[埋]	莫皆 2、亡皆 2
貍(埋)	亡皆 2
湝	户皆 1
喈	古諧 1

续表

骸	户皆 4
儕	仕皆 9
豺（犲）	士皆 1、仕皆 1
犲	仕皆 7
柴	士皆 1、仕皆 1
犲	仕皆 1
差	初皆 1
霾（霾）	亡皆 1

（二）上声十三骇

下字为"骇"韵的反切 6 条 10 次。反切下字 2 个：楷$_4$骇$_2$。系联结果为一类：

1. 楷类

楷（苦骇）骇（胡楷）

说明：

1.《释文》本类没有出现合口的用例。

附：骇韵反切字表

骇	五骇 1
楷	苦骇 1
駴（骇）	胡楷 1

騧	户楷 1
骸	胡楷 2、户楷 4

(三)去声十六怪

下字为"怪"韵的反切总切数 43 条 205 次,其中以怪切卦 2 条 2 次、以怪切夬 2 条 2 次。反切下字 7 个:界$_{13}$ 怪$_{10}$ 拜$_7$ 戒$_6$ 介$_5$ 誡$_1$ 恠$_1$。系联结果为一类,实为两类:

1. 界类(界拜戒介誡)

介(古拜)憊(皮拜、皮誡)殺(所介、所戒、所界)

2. 怪类(怪恠)

怪(古拜)瞶(五怪、五恠)

说明:

1. 系联一类,实为两类,唇音"拜"字开合不分,"介怪"均"古拜切"。

附:怪韵反切字表

䪥(薤)	户界 1
瘵	侧界 3
债	侧界 1
責[债]	侧介 1
醷	於界 1

噫	乙戒 1、於界 1
齘	户界 1
溎	下界 1
薤	户戒 1、户界 1
械	户戒 14
𥊽（殺）	色界 1
𥋇	色界 4
殺	色介 1、所介 3、色戒 10、所戒 12、所界 27、色界 34
排	扶拜 1
𤴙	莫拜 3
聵	五怪 8、魚怪 1、五恠 1
蕡	苦怪 2
塊	苦怪 2
蒯	苦怪 25、起怪 1
介	古拜 1
祭	側介 1、側戒 2、側界 20
蘾	户怪 1
壞	乎怪 2、户怪 1
怪	古拜 1
嘬	初怪 1
憊	備拜 2、皮拜 7、蒲拜 1、皮誡 1
餲	於介 1

五、灰、贿、队

(一)十五灰

下字为"灰"的韵反切 94 条 202 次,其中以灰切贿 1 条 1 次(协韵)。反切下字 3 个:回$_{60}$ 雷$_{18}$ 迴$_9$ 杯$_2$ 恢$_2$ 盃$_1$ 坏$_1$ 桮$_1$。系联结果为一类:

1. 回类

枚(莫杯、莫回、妹迴、亡桮)杯(布迴)摧(徂回、昨雷)坏(步回)靁(力回)

附:灰韵反切字表

杯	布迴 1
桮	必回 1
倍(陪)	步回 1
崔	罪回 1、徂回 4
摧	徂回 1、粗雷 1、在雷 1、昨雷 1、罪雷 1
縗	西雷 1
縗(衰)	七雷 1
堆	丁回 1
堆(塠)	丁回 1
堆(塠厓)	都回 1
敦	丁回 2、都回 1、都迴 1
瑰	古回 2

瓌	古回 2
坏	步回 1
恢	苦回 10
虺	虎回 1
虺(痕)	呼回 1
回(洄)	户恢 1
洄	胡恢 1
悝	口回 1、苦回 3
魁	口回 2、苦回 11、苦迴 1
㲪	力回 1、盧回 1
靁(雷)	力回 1
枚	莫杯 1、木坏 1、亡回 1、武回 1、芒回 1、每回 1、莫回 1、妹迴 1、亡杯 1
梅	莫迴 1
腜	武杯 1
媒	亡盃 1、亡回 1
禖	莫回 1
每	亡回 1
阫	普回 1
陪	步回 2、蒲回 4、薄迴 1
陪(培)	蒲迴 1
培	步回 1、蒲回 1
衰	七回 6、七雷 37

衰(纕)	七回 2、七雷 4
推	土雷 1、吐雷 1
荏	他回 1、吐雷 1
蘈	吐回 1
蘈(蘈)	徒雷 1
隤	大回 2、杜回 1、徒回 5
隤(穨)	徒回 2
穨	大回 1、徒回 5、徒雷 1
穨(穨隤)	徒回 1
魋	大回 2、徒回 8、徒雷 1
蘈	徒回 1
蘈(穨)	徒回 1
蘈	大回 1
焞(啍)	吐雷 1
隈	乌回 6、乌迴 1
隈(渨)	乌回 1
椳	乌回 1
嵬	五回 2
嵬(峞)	五回 3
畏[隈]	乌回 2
追	丁回 5、對迴 1、多雷 1
追[雕]	丁雷 1

续表

罍	力回 1
襗（縗衰）	七雷 1

（二）上声十四贿

下字为"贿"韵的反切 22 条 69 次，反切下字 2 个：罪$_{21}$ 悔$_1$。
系联结果为一类：

1.罪类

贿（呼罪）倍（蒲悔、蒲罪）

说明：

1.被切字"倍"《广韵》为海韵，《释文》"倍"作为被切字共出现
10 次，一次为平声"步回反"（P1152），通"陪"；一次去声"步内反"
（P716）；其余为上声"步罪反（P133、P842、P863、P1161、P1339）、
蒲罪反（P390、P1397）、蒲悔反（P1365）"《释文》"倍"作"背叛，背
弃"等意义时音注为"步内反、步罪反、蒲悔反、蒲罪反、音佩"等，
不当视为混切。

附：贿韵反切字表

倍	蒲悔 1、蒲罪 2、步罪 5
崔	千罪 1
潅	千罪 1
輠	胡罪 1

壞［瘣］	胡罪 1
賄	呼罪 23
瘣	胡罪 2
蒵	胡罪 1
磈（傀）	苦罪 1
磥（儡）	力罪 1
壘	力罪 1
浼	每罪 1
餒	奴罪 10
鯘（鮾鮾）	奴罪 2
洒（漼）	七罪 1
隗	五罪 7
猥	温罪 1、烏罪 4
畏（嵔猥）	烏罪 1
鮾	乃罪 1

（三）去声十八队

下字属"队"韵的反切 74 条 176 次，其中以队切它韵的混切 3 条 3 次。反切下字 5 个：内$_{36}$ 對$_{31}$ 妹$_4$ 背$_2$ 佩$_1$。系联结果为一类：

1. 内类

背（蒲對、蒲妹、步内；補内、補佩）佩（蒲對、步内）繢（胡對、户妹）昧（莫背、梅對、武内）内（乃對）

附：队韵反切字表

邶	蒲對 1、步内 1
邶（鄁）	蒲對 1
背	蒲對 2、蒲妹 1、步内 2、必内 1、博内 1、補内 1、布内 1、補佩 1
倍	步内 1
悖	補對 6、蒲對 1、必内 14、補内 3、布内 5
輩	必内 1、卜内 1、布内 2
孛	蒲對 1、步内 4、蒲内 1
勃（悖）	必妹 1
錞	徒對 1
倅	七對 3、七内 5
啐	寸對 1、七内 13
淬	七内 1
队	徒對 3
憝	徒對 1
鐓（錞）	徒對 1
菌	古内 1
晦	呼内 1
頮	呼内 1
繢	胡對 4、户對 4、胡妹 1、胡内 1、户内 4
繪（繢）	胡對 1、户妹 1
蒯	苦對 1
凷	苦對 1、苦内 1

塊	苦對 10、苦內 1
憒	古對 1、工內 1、古內 1
潰	胡對 1、戶對 8、乎內 1、戶內 20、回內 1
蕢[凷]	苦對 2
耒	力對 7、力內 1
纇	雷對 1
纇(類)	力對 1
昧	莫背 1、梅對 1、武內 1
痗	莫背 1
內	乃對 1
佩	蒲對 1、步內 1
啍	布內 1
駾	徒對 1
卒[倅]	七對 1、七內 1
捘	子對 2
萃[倅]	七內 1

六、咍、海、代

(一)上平十六咍

下字为"咍"韵的反切 51 条 71 次,其中以咍切灰 1 条 1 次。反切下字 8 个:来$_{22}$ 才$_{21}$ 哀$_4$ 開$_1$ 咳$_1$ 胎$_1$ 臺$_1$。系联结果为一类:

1. 来类

來(力胎)胎(他才、他來)陔(古哀、古才)該(古咳、古來)咳(胡來)∥棶(力臺)豥(工開)

说明:

1.下字"臺"(棶,力臺反)不直接系联,《释文》:"駘,音臺。"(P1439、P1441)"駘"有"大來、徒來"两条反切,据此可与其他下字系联。

2.下字"開"(豥,工開反)不系联,依据《广韵》而定。

附:哈韵反切字表

埃	烏來 1
敳	五才 1
偲	七才 1
猜	七才 4
漦(鳌)	他來 1
陔	古哀 1、改才 1、工才 1、古才 1
陔(祴)	古哀 1
荄	古來 1
該	古咳 1、古來 1
豥	工開 1
孩	戶哀 1、亥才 2
孩(咳)	戶才 2
胲	古來 1
剴	公哀 1

续表

咳	胡來 2
來（倈逨）	力胎 1
棶	力臺 1
騋	力才 1
能	吐才 1、他來 2
肧（环）	普才 1
鰓	西才 1
肆［陔］（祴）	古來 1
胎	他才 1、土才 1、他來 4、吐來 3
胎（台）	天才 1
駘	他才 2、他來 2、大來 2、徒來 1
台	吐才 2、㔹才 2、他來 2、湯來 2、土來 1
郃	他來 2
郃（台）	他來 1
菭（苔）	徒來 1
鮐	天才 1、他來 1、湯來 1
災（灾）	則才 1
哉（栽）	子來 1
栽［災］	將才 1

（二）上声十五海

下字为"海"韵的反切 25 条 36 次，其中以海切骇 1 条 1 次。

反切下字 6 个：在$_{10}$ 改$_8$ 待$_3$ 亥$_2$ 海$_1$ 乃$_1$。系联结果为一类：

1. 在类

采（蒼改、七在）醢（呼改、呼在）愷（開在、開待、苦亥）//紿（徒乃）颿（口海）

说明：

1. 下字"海"（颿，口海反）不直接系联，《释文》："醢，音海。"（P214、P326、P362、P561、P657、P666、P720、P726、P735、P781、P863、P896、P1029、P1121、P1144、P1675）"醢"有"呼改、虎改、呼在"三条反切，据此可与其他下字系联。

2. 下字"乃"（紿，徒乃反）不系联，依据《广韵》而定。

附：海韵反切字表

唉［欸］	哀在 1
采	蒼改 1、七在 6
茝（芷）	昌改 1
怠	大改 1
殆	大改 1、直改 1、唐在 1
紿	徒乃 1
醢	呼改 1、虎改 1、呼在 1
凯	開在 4
凯（愷豈）	開待 2、丘在 1
塏	苦待 1
愷	開待 1、苦亥 1、開在 3

续表

愷（豈）	苦在 1
颿（凱）	口海 1
豈（愷）	開在 1、苦在 1
豈（愷凱）	苦亥 1
豈［愷］	開改 1

（三）去声十九代

下字属"代"韵的反切 76 条 172 次，其中以代切其他韵的混切 4 条 5 次。反切下字 6 个：代$_{51}$ 愛$_{14}$ 再$_7$ 戴$_2$ 賚$_1$ 載$_1$。系联结果为一类：

1. 代类

溉（古代、古愛）栽（在代、才再 1）戴（丁代）逮（徒戴、徒賚）賚（來代）

附：代韵反切字表

礙	五代 4
材	才再 1
栽	在代 2、才再 1
采	七代 11
采（菜）	七代 1
菜	七代 1
逮	徒戴 1、徒賚 1

貸	他代 7、吐代 3、敕代 1
戴	丁代 1、多代 1
戴（載）	丁代 1
摡	古愛 4
槩	古愛 5、古代 4
溉	古愛 10、古代 4
溉（概概）	古愛 2
劾	亥代 1、户代 1
閡	五代 4、五戴 1
勾	古代 1
刞	古愛 2
慨	苦愛 3
鎧	苦愛 4、開代 3、苦代 10
欬	苦愛 1、開代 1、苦代 3
嘅	口愛 1
愾	苦愛 3、開代 1、苦代 1
咳［欬］	開愛 1、苦愛 1、苦代 1
來	力代 10、力再 1
來（勑賚）	力代 1
來［賚］	力代 1
倈（來）	力代 1
賚	來代 1、力代 8

耐	乃代 1
褦	乃代 1
能	乃代 1
能（耐）	奴代 1
汽［齓］	古愛 1
塞	西代 1、悉代 6、先代 2、蘇代 2、素代 2、悉再 1
態	他代 2、吐代 1、勑代 1
磑	古代 1
誒	於代 1
詒	吐代 1
栽	才代 2
載	才再 1
載（戴）	丁代 2
載［戴］	丁代 1
再	子代 1
戴	才代 1、才載 1、昨再 1、才再 1
橜［概］	古愛 1、古代 1

第七节　臻摄系联

一、真、轸、震、质

(一)上平十七真

下字为"真"韵的反切 81 条 157 次,其中以真切欣 6 条 7 次、以真切臻 13 条 43 次。反切下字 11 个:巾$_{42}$ 贫$_{13}$ 人$_{13}$ 真$_4$ 申$_3$ 辛$_2$ 陈$_1$ 邻$_1$ 仁$_1$ 银$_1$。系联结果为一类:

1. 巾类

豳(筆巾、彼贫)缗(亡巾、亡贫)麟(力人、力仁、吕辛)嫔(毗人、毗申、毗真)邻(栗人)愖(植邻)纫(女陈、女巾)蘋(毗人、符申)筋(居银)囷(丘贫)

说明:

1. 本组和"臻、欣"关系密切,多有混切,完全可以系联在一起。《释文》无上平十九臻韵的字作反切下字,"臻"韵的被切字均用"真"韵之字作切。仅有一处"以栉切栉"的反切,并且可以和"质"韵系联。

2. 本韵被切字分开合两类,反切下字系联为一类,原因是唇音开合不分。

附:真韵反切字表

| 邠 | 彼贫 1、筆贫 1 |

邠（豳）	彼贫 1
彬	彼贫 1
斌（彬）	彼贫 1
滨	必人 1
豳	笔巾 1、彼贫 9
豳（邠）	彼贫 1
瞋	赤真 1
矜	巨巾 1、其巾 1
矜（桼）	巨巾 1
筋	居银 1
筼	于贫 1
邻（隣鄰）	栗人 1
麟	力人 1、栗人 1、良人 1、力仁 1、吕辛 2
麟（驎）	吕辛 2
岷	亡巾 2、武巾 1
岷（嵋）	武巾 1
旻	亡巾 5、武巾 2、密巾 3、闵巾 1
玟	武巾 1
玟（砇）	武巾 1
珉	亡巾 1
罠	亡巾 1
瞥	武巾 1

瑉(珉)	亡貧 1
緡	亡巾 9、武巾 3、亡貧 1
閩	亡巾 3
嬪	婢人 4、毗人 4、鼻申 1、毗申 1、毗真 1、符真 1
矉	毗人 1
蘋	毗人 3、符申 1
芹	其巾 2
溱	側巾 8
囷	丘貧 1
紉	女陳 1、女巾 1
莘(莘)	所巾 1
牲	所巾 1
詵(侁)	所巾 1
駪	所巾 1
胂	以人 1
磌	之人 2
昕	許巾 1
莘	所巾 12
衣[殷]	於巾 1
沂	魚巾 1
殷(慇)	於巾 1
慇	於巾 1

黄	引真 1
闉	魚巾 2
圖	五巾 1、魚巾 6
尹［笥］（筠）	于貧 1
緷	于貧 1
蓁	側巾 1
榛	莊巾 1、側巾 10、士巾 1、側人 1
榛（蓁）	側巾 1
臻	側巾 4
振	之人 1
悉（臣）	植鄰 1
磻（璘）	武巾 1

（二）上声十六轸

下字为"轸"韵的反切 94 条 286 次，其中混切 5 条 6 次。反切下字 7 个：忍$_{59}$ 轸$_{12}$ 陨$_{10}$ 敏$_5$ 引$_5$ 闵$_2$ 殞$_1$。系联结果为一类，当为两类：

1. 忍类（忍轸敏引闵）

畛（之忍、之引）泯（面忍、亡轸）牝（頻忍、頻引）脈（上忍、上轸）菌（于閔）紖（直忍、丈引、直轸）轸（之忍）敏（密陨）愍（亡忍、眉陨）

2. 陨类（陨殞）

殞（于敏）陨（于敏、于閔）窘（其陨、求殞）

说明：

　　1.系联一类，当为两类，唇音开合不分。

附：轸韵反切字表

蜠（菌）	巨陨 1
膑	毗忍 1、频忍 2
陈	直忍 1
尽	津忍 68、子忍 11
窘	其陨 1、求殒 1
莙	其陨 1
菌	巨陨 1、其陨 1
麇	丘陨 3
箘	其陨 1、求陨 1
缗	民忍 1
泯	亡忍 4、弥忍 4、面忍 3、亡轸 1
敏	密陨 1
愍	亡忍 1、眉陨 1
黾	弥忍 1
僶（黾）	亡忍 1
牝	步忍 1、毗忍 4、频忍 17、频引 1
蜼	羌引 1
哂	诗忍 1
矧	尸忍 1、失忍 3、诗忍 2、申忍 2

续表

矧（哂）	失忍 1
脤	上忍 2、上軫 1、市軫 8
腎	上忍 1、時忍 2、市軫 1
腎（緊賢）	市軫 1
蜃	常忍 2、上忍 3、慎忍 1、石忍 1、市忍 1、食軫 1、常軫 2、辰軫 1、上軫 1、時軫 1、市軫 9
蜃（蟲）	市忍 1
引	夷忍 1、以忍 1
蚓	以忍 1
釧	以忍 1
靷	以忍 1
螾	以忍 1、羊忍 1
胤	羊忍 1
菌	于閔 1
隕	于敏 28、云敏 3、于閔 2
殞	于敏 2
磒	于敏 1
賱	于敏 5
畛	之忍 13、之引 1
眕	之忍 2
袗	之忍 5
紾（袗）	之忍 1
軫	之忍 7

軫（牫）	之忍 1
稹（槙）	之忍 2
賑	敕引 1
鬓	之忍 2、真忍 1
顥	之忍 1
振［衫］	之忍 1
朕	直忍 2
紖	直忍 1、陈忍 1、持忍 1、丈引 1、直軫 1
眹（朏眹）	直忍 1
縥［紖］	直忍 1
賑	之忍 1
镇	珍忍 1
鼍［蜃］	市忍 1

（三）去声二十一震

下字为"震"韵的反切总数 77 条 215 次，其中以震切娇 4 条 6 次。反切下字 8 个：刃$_{40}$ 慎$_{13}$ 覾$_{11}$ 震$_5$ 齐$_3$ 信$_3$ 訒$_1$ 胤$_1$。系联结果为一类：

1. 刃类

陈（直覾、直刃、直慎、直震）偾（必刃、寘胤）疢（勑覾、恥刃）胤（以刃、引信）震（止慎）慎（時震）刃（而慎）//僅（渠吝）

说明：

　　1.下字"吝"（僅，渠吝反）不直接系联，《释文》："僅，音覲。"（P1115、P1438），据此可与其他下字系联。

附:震韵反切字表

賔	必刃 2
賔（儐擯）	必刃 2
儐	必刃 3、賔胤 1
儐（賔擯）	必刃 4
擯	必刃 7、必慎 1
擯（儐賔）	必刃 4
殯	必刃 10
殯（賔）	必刃 1
鬢	必刃 1
陳	直覲 54、直刃 6、直慎 1、直震 1
疢	勑覲 4、恥刃 1
疢（疹）	勑覲 1
櫬	初覲 3
賮（賮）	苻刃 1
斤	紀覲 1
僅	渠吝 1
饉	渠吝 1
靳	居覲 3

续表

靳（靷）	居觐 1
蓋	才刃 2
蓋（爐）	徐刃 1
爐	才刃 1、徐刃 1、似刃 1、才信 1
燐（蟒）	洛刃 1
磷	力刃 1、鄰刃 1
吝	力刃 7、良刃 1
吝（悋）	力訒 1
藺	力刃 2、力信 1
臤（堅）	苦刃 1
親	七刃 1
藐	去刃 1
藐（蓳）	去刃 2
忍（刃朷）	而慎 1
刃	而慎 2
仞	人慎 1
仞（刃）	而慎 1
靷	仁震 1
娠	指慎 1
慎	辰震 1、時震 1、市震 1
慎［引］	羊刃 1
釁	許觐 12

续表

興〔釁〕	虚覲 1
引	以刃 3、以慎 1
靷	以刃 2
隱	於刃 1
印	一刃 8、因刃 1
胤	以刃 1、羊刃 1、引信 1
酳	侯吝 1、以刃 5
憖	魚覲 1
憖〔憖〕	魚覲 10
挋	之慎 1
陣(陳)	直刃 1
振	之刃 2、之慎 4
震	止慎 1、真慎 1
震(娠)	之慎 1
鎮	珍刃 1
䢦〔輚〕(棘)	余刃 1

(四)入声五质

下字为"质"韵的反切总数 108 条 241 次,其中以质切迄 6 条 8 次、以质切术 13 条 15 次、以质切栉 8 条 16 次。反切下字 17 个:乙$_{27}$ 必$_{14}$ 筆$_{10}$ 栗$_{10}$ 實$_{10}$ 一$_{10}$ 吉$_6$ 密$_4$ 逸$_4$ 畢$_2$ 七$_2$ 日$_2$ 失$_2$ 悉$_2$ 疾$_1$ 瑟$_1$ 質$_1$。系联结果为一类:

1. 乙类

叱（昌失、昌實、尺質）姞（其吉、其一、其乙）抶（敕一、恥乙）畢（卑吉）謐（彌畢）瞳（女栗、女乙）溢（羊栗、以日）室（珍栗、珍悉、知乙）慄（六日、利悉）肸（許密、許乙）日（人實、人一、而乙、人逸）櫛（側筆、側瑟、側乙）弼（白筆、皮密）∥膝（辛七）聖（子疾）

说明：

1. 下字“七”（膝，辛七反）不直接系联，《释文》：“膝，音悉。”（P671、P1633），据此可与其他下字系联。

2. 下字“疾”（聖，子疾反）不直接系联，《释文》：“即周，本又作聖，同子栗反。”（P657），据此可与其他下字系联。

3. “瑟”字为“櫛”韵。仅一次，可以系联。

附：质韵反切字表

邲	扶必 2、皮必 4、蒲必 1
佖	毗必 1
珌（瑾）	賓一 1
畢（嵂）	卑吉 1
弼	白筆 1
弼（拂）	皮密 1
馝	備筆 1
叱	昌失 1、昌實 3、尺質 1
抶	敕一 1、恥乙 2、粉乙 5
聖	子疾 1
眣	丑乙 1

续表

即（堲）	子栗 2
佶	其乙 1
姞	其吉 3、其一 1、其乙 3
柳	侧筆 1
柳（櫛）	莊密 1
蛣	子逸 1
蛄	起吉 1、起一 1、丘一 1、去一 1
詰	起吉 13、去吉 3、起一 3
橘	均筆 1、均必 2、均栗 1
慄	六日 1、利悉 1
汨	于筆 1
密	亡筆 1
蓿	亡筆 1
謐	彌畢 1
蠠［密］	彌畢 1
尼（昵）	女乙 1
尼［昵］	女乙 1
昵	女乙 14
昵（暱）	女乙 1
暱	女栗 1、女乙 11
暱（昵）	女乙 1
汔	許一 1、許乙 1

续表

迄	許乙 1
訖	斤密 1、居乙 2
日	人實 17、人一 8、而一 4、而乙 4、人逸 2
馹	人實 5、而實 1
瑟(璱)	所乙 1
肸	許密 1、許乙 11
肦[肸]	許乙 4
膝	辛七 2
膝(𨛀)	辛七 1
嘯[叱]	尺失 1
仡	魚乙 2
𡥈	女乙 1
溢	羊栗 1、以日 1
聿	于必 1、尹必 1、尹吉 1
矞	尹必 1
矞(獝)	況必 1
狊[鴥]	唯必 1、惟必 1
繘	均必 2
鷸	尹必 1
鷸(鴥)	尹必 1
扰(櫛柳)	莊筆 1
挃	珍栗 1

续表

桎	之實 8、章實 1
秩	直栗 1、長栗 1、直乙 5
窒	珍栗 3、張栗 1、珍悉 3、知乙 1、豬乙 1
鈇	直乙 1
袠（帙）	陳乙 1
銍	珍栗 2
質	之實 1
隤［騭］	之逸 1
櫛	側筆 1、側瑟 1、側乙 6、莊乙 5
騭	之實 1
騭	之逸 1
躓	之實 1
鑕	之實 2
袠［袠］	陳筆 1

二、谆、准、稕、术

（一）上平十八谆

下字为"谆"韵的反切 74 条 133 次，反切下字 10 个：倫$_{38}$ 旬$_{11}$ 春$_6$ 純$_6$ 遵$_6$ 均$_2$ 巡$_2$ 淳$_1$ 淪$_1$ 綸$_1$。系联结果为一类：

1. 伦类

淳（尚春、之純、章均、述倫）純（順倫）犉（而純、閏旬）醇（市春、順倫）麇（俱倫、俱綸）麇（九倫、九淪）洵（怐旬、蘇遵）巡（似遵

逡（七巡、七旬）馴（似倫、似遵）肫（之淳）

附：谆韵反切字表

杶	勑倫 1
椿	丑倫 1
橁	勑倫 1
輴	勑倫 5
橚	勑倫 3
鷷	勑倫 1
鷷（遁）	勑倫 1
純	順倫 1
淳	尚春 1、之純 4、章純 1、章均 1、述倫 1
犉	而純 1、閏旬 1
犉（𤚐）	而純 1
漘	順春 2
醇	市春 1、順倫 1、常倫 1
鶉	述春 1、順春 1、市春 2、順倫 2、士倫 1
壿	七旬 1
蹲	七旬 1
蹲（壿）	七旬 1
鈞	規旬 1、居旬 1
麇	九倫 14、京倫 1、俱倫 1、俱綸 1
麇（麕）	九倫 1

麢	九倫 2、九淪 1
麢（麖麢）	九倫 3、俱倫 1
麤	京倫 1、俱倫 2
麤（麖）	俱倫 1
麤（麖麢）	九倫 1、居倫 1
逡	七巡 3、七旬 16
楯	勑倫 2
楯（輴）	勑倫 1
屯	張倫 5
巡	似遵 1
旬	似遵 1
洵	恤旬 1、私旬 1、蘇遵 1
洵（恂）	息旬 1
紃	似倫 1
珣	胥均 1
循	似倫 2、似遵 2
詢	思巡 1、思遵 1
馴	似倫 1、似遵 5
肫	之淳 1
肫［纯］	時倫 1
窀	張倫 1
諄（訰）	之純 1

续表

犉［犉］	如純 1
犙（犉）	閏旬 1
困	起倫 1、丘倫 3、去倫 1
頵	憂倫 1、於倫 1

（二）上声十七准

下字为"准"韵的反切 53 条 90 次，其中以准切轸 2 条 2 次。反切下字 3 个：允$_{29}$ 尹$_{18}$ 準$_6$。系联结果为一类：

1. 允类

盾（述尹、食允、食準）準（之尹、之允）

附：准韵反切字表

春［蠢］	出允 1
純	之允 2、真允 1、章允 4、諸允 6
蠢	尺允 5、昌允 2、春允 1
盾	述尹 1、食允 2、順允 1、常允 1、食準 1、常準 1
盾（楯）	純尹 1、食允 1、順允 1、常準 1
黽	民允 1
黽（僶）	莫尹 1
楯	食尹 1、常尹 1、純尹 1、食允 5、述允 1、常允 3、食準 6、常準 1、時準 2
楯（盾）	食允 1

续表

隼	西尹1、息尹1、荀尹3、息允4、恤允1、荀允1、雖允1
筍	息尹2、思尹1、息允3
筍（筭筍）	恤尹2
箏	息尹1
簨	息尹1、恤尹2、息允1
枸	旬尹1、荀允1
埻	支允1
準	之尹1、諸尹1、之允1
簨（筍）	息允1
辇（準）	諸允1

（三）去声二十二稕

下字为"稕"韵的反切31条73次，其中以稕切准2条7次。反切下字6个：俊₁₅ 閏₇ 峻₄ 浚₂ 潤₂ 順₁。系联结果为一类：

1. 俊类

餕（子峻、子閏）峻（思俊、思閏、荀潤）徇（辭俊）//舜（尸順）

说明：

1. 下字"順"（舜，尸順反）不系联，依据《广韵》而定。

2. 本韵部还有一条切语"餕，慈瞋反"（P1613），以稕切狶，下字"瞋"字疑"演"字之误，韵部系联存疑不录。

附:稕韵反切字表

純	之閏6、諸閏1
峻	恤俊2、私俊2、思俊1、思閏1、苟潤1
晙	子峻1
浚	息俊1、思俊3、蘇俊3、苟閏1、苟潤1
畯	子峻1
埈(俊)	子峻1
餕	子峻1、子閏1
濬	苟俊1、思俊2
駿	苟俊1、子浚1
駿(俊峻)	子閏1
駿(峻)	苟閏1
逡	息俊1
舜	尸順1
恂[峻]	思俊1
徇	辭俊5、似俊19、似浚1
殉	辭俊6、似俊4

(四)入声六术

下字为"术"韵的反切38条74次,反切下字6个:律24 橘7 恤3 聿2 述1 戌1。系联结果为一类:

1.律类

恤(苟律、辛聿)卒(子律、子戌、子恤、遵聿)戌(先律)聿(允

橘)∥怵(呼述)

说明：

1.下字"述"（怵，呼述反）不系联，《释文》："術，音述。"（P1305）据此直音可以系联。

附：术韵反切字表

怵	敕律 6、敕律 3
絀	敕律 5、丑律 1
絀（黜）	敕律 3
黜	敕律 6、丑律 3
黜（出）	敕律 1
率	疎律 1、所律 4
术（茶）	徒律 1
蟀	所律 4
戌	先律 1、雖律 1
恤	峻律 1、荀律 1、辛聿 1
聿	户橘 1、允橘 2
裔（獝矞）	休律 1
遹	于橘 1、尹橘 1
鳪	户橘 1
驈	户橘 1
鷸	尹橘 1

续表

窙	丁律 1、知律 1、陟律 1、張律 1
卒	子律 1、遵律 1、子戍 1、子恤 9、遵聿 1、千恤 1
卒（猝）	子恤 2
怵〔忧〕	呼述 1
邮〔卹〕（恤）	荀律 1

三、文、吻、问、物

（一）上平二十文

下字为"文"韵的反切 66 条 164 次,反切下字 4 个:云$_{58}$ 文$_6$ 紛$_1$ 雲$_1$。系联结果为一类:

1. 云类

熅（紆云、紆文）墳（符云、符紛）蕡（扶文、扶云、浮雲）

附:文韵反切字表

頒	符云 1
蕡	扶云 9
蕡（蘈）	符云 1
蕡［棼］	扶文 1
分	方云 9
芬	孚云 1
氛	芳云 4

纷	敷文 1、芳云 6、孚云 1、拂云 1
纷（帉）	芳云 2
雰	芳云 1
馩	甫云 1
馩（馩）	方云 1
妢	扶云 1
汾	扶文 1、扶云 8、符云 1
枌	扶云 1、苻云 2、符云 1
枌（枌）	符云 1
棼	扶云 6
棼（焚）	符云 1
棼［纷］	芳云 1
焚	扶云 4
墳	扶云 12、符云 1、符云 3、符纷 1
幩	孚云 1
蕡	扶文 1、符文 1、扶云 5、浮雲 1
蕡（黂）	扶云 1
鈖	苻云 1
鳻	扶云 1
鳻（分）	扶云 1
轒	扶云 4
獖	苻云 1、符云 1

豮	符云1
葷	香云1、許云1
瀵	符云2
焄	許云2
焄(葷薰)	香云1
勛	香云1
熏	香云1、許云3
熏(爋薰纁)	許云4
熏(纁)	香云1
勳	許云1
薫	許云6
薫(焄葷)	許云1
爋	許云1
臐	許云5
纁	許云22
纁(勳)	許云1
煴	紆文1、紆云1
緼	於云1
緼(煴)	於云1
緼(氲)	紆云1

（二）上声十八吻

下字属"吻"韵的反切 28 条 57 次，反切下字 2 个：粉$_{27}$ 吻$_1$。
系联结果为一类：

1. 粉类

忿（芳粉、芳吻）刎（亡粉）

附：吻韵反切字表

歕[幩蚡]	扶粉 2
歕[憤]	扶粉 1
蚠	扶粉 3、符粉 1
蚡	扶粉 3
幩	扶粉 3、符粉 1
忿	芳粉 4、弗粉 1、拂粉 1、芳吻 1
憤	房粉 1、扶粉 5、符粉 2
瀵	扶粉 2
菀[蘊]	於粉 2
刎	亡粉 2、勿粉 1
抆	亡粉 1
苑[蘊]	于粉 1
緼	紆粉 6、于粉 1
緼（蘊）	紆粉 1
薀	紆粉 5、於粉 1

续表

薀(蘊)	紆粉 1
蘊	紆粉 3
韞	紆粉 1

（三）去声二十三问

下字属"问"韵的反切 35 条 138 次，其中混切 2 条 2 次。反切下字 2 个：問$_{22}$ 運$_{13}$。系联结果为一类：

1.问类

糞（方問、方運）慍（紆問、紆運）

附：问韵反切字表

抃	方問 3、甫問 1
抃(攢)	弗運 1
龀	初問 1
分	憤問 1、扶問 56、苻問 2、符問 21、扶運 3
鼢	扶問 1
僨	方問 3、弗問 1、甫問 1
奮	方問 9、甫問 2、弗運 1
糞	方問 3、弗問 3、甫問 1、方運 1、弗運 1
糞(抃攢)	弗運 1
濆	敷問 1
捃	君運 1

续表

温（薀愠）	於運 1
温〔蕴〕	紆運 1
訓	休運 1
巽	孫問 1
愠	紆問 5、於問 1、憂運 1、紆運 5
緼	於問 1
攢（拚）	甫問 1
坌（糞）	粉運 1

（四）入声八物

下字属"物"韵的反切 48 条 98 次，反切下字 5 个：勿$_{22}$ 弗$_{15}$ 物$_9$ 佛$_1$ 拂$_1$。系联结果为一类：

1. 勿类

鬱（雍勿、於物）欻（訓弗、訓勿）祓（芳弗、孚物）拂（芳佛、芳弗、芳勿）佛（扶弗）

附：物韵反切字表

費（拂）	扶弗 1
佛	扶弗 1
佛（拂）	扶弗 1
刜	芳弗 1、孚物 1
咈	扶弗 4、扶勿 1

怫	扶弗 1、符弗 1
拂	芳佛 1、芳弗、房弗 1、扶弗 4、符弗 4、附弗 1、芳勿 1
拂(佛)	扶弗 1
茀	方拂 1、方勿 1、府勿 1
袚	芳弗 5、孚物 1
紱(緋)	方物 1
緋(綍紱)	甫勿 1
掘	其勿 8、求勿 2、求物 1
鶌	居勿 1
屈	居勿 14、君勿 5、具物 1、丘勿 3、丘物 1、其勿 2、求勿 3、求物 1
詘	起勿 1、丘勿 6、求勿 2、勿 1
欻	訓弗 1、況勿 1、訓勿 1
歒［欻］	況物 1
鬱	雍勿 1、於物 1
崛	丘勿 1、起勿 1

四、欣、隐、焮、迄

(一)上平二十一欣

下字属"欣"韵的反切 11 条 16 次,其中以欣切真 2 条 3 次。反切下字 2 个:斤9勤2。系联结果为一类:

1. 斤类

欣(許斤)慇(於斤)//殷(於勤)

说明：

1.本组可和上平十七真系联为一组。上去入声同此。

2.下字"勤"（殷，於勤反）不直接系联，《释文》："慇，音殷。"（P310），可与他字系联。

附:欣韵反切字表

筋	居勤 2
圻	魚斤 1
蘄	巨斤 2
蘄(芹)	巨斤 1
芹	巨斤 1
昕	許斤 2
欣	許斤 1
言	魚斤 1
沂	魚斤 2
殷	於勤 2
慇	於斤 1

（二）上声十九隐

下字属"隐"韵的反切 16 条 16 次，其中以隐切轸 12 条 12 次、以隐切吻 1 条 1 次。反切下字 1 个:謹$_{16}$。系联结果为一类：

1.謹类

隱(於謹)亂(初謹)

附:隐韵反切字表

隱	於謹 1
殷	於謹 1
齓	初謹 1
粉	方謹 1
嚜	眉謹 1
敏	密謹 1、亡謹 1
潣	亡謹 1
閔	密謹 1、亡謹 1
閿(愍)	密謹 1、武謹 1
簡(簬)	密謹 1
眹	直謹 1
隖	韻謹 1
殞	韻謹 1

(三)去声二十四焮

下字属"焮"韵的反切 20 条 60 次,其中以焮切震 13 条 49 次。反切下字 2 个:靳$_{19}$ 近$_{1}$。系联结果为一类:

1. 靳类

焮(許靳)陳(直近、直靳)

附:焮韵反切字表

埑	魚靳 1

续表

㑞	許靳 1
隱	於靳 4
檼	於靳 2
瑾	其靳 1
懂	其靳 1
陳	直近 1、直靳 1
槦（藽）	楚靳 1
櫬	初靳 2
僅	巨靳 1、其靳 7
饉	巨靳 1、其靳 5
墐	其靳 1
覲	巨靳 1、其靳 6
憖〔憖〕	魚靳 3
䎀（釁）	許靳 1
釁	許靳 19

（四）入声九迄

下字属"迄"韵的反切 9 条 18 次,其中以迄切质 1 条 1 次。反切下字 2 个:乞$_5$ 訖$_4$。系联结果为一类:

1. 乞类

迄（許訖、許乞）

附：迄韵反切字表

迄	許乞 2、許訖 2
肸	許乞 3
汔	許訖 1
仡	許訖 1
褮	陳乞 1
疑	魚乞 6
愾	許乞 1
扢	許訖 1

五、魂、混、慁、没

（一）上平二十三魂

下字属"魂"韵的反切 67 条 110 次，反切下字 11 个：門$_{34}$ 昆$_8$ 温$_5$ 存$_4$ 孫$_4$ 尊$_4$ 敦$_3$ 魂$_2$ 奔$_1$ 昏$_1$ 昆$_1$。系联结果为一类：

1.門类

渾（户昏、户昆、户門、侯温）温（烏門）焄（苦存、苦昆、苦門、苦孫）昆（古門）盆（蒲奔、蒲門）豚（大昆、徒門、杜孫、徒尊）敦（都門）臀（徒敦、徒門、徒孫）巛（苦魂、空門）

附：魂韵反切字表

巛（坤）	苦魂 1、空門 1
純［屯］	徒温 1

惇	都昆 1、都温 1
惇（憞）	丁门 1
敦	都门 1
蹲	在尊 1
燉	徒门 1
浑	户昏 2、户昆 1、户门 8、侯温 1
溷	户昏 1、户门 1、侯温 2
坤	苦门 2、困门 1
坤（巛）	困魂 2
昆	古门 2
崐	古门 1
髡［髡］	苦存 1、苦昆 1、苦门 16、苦孙 1
髡	苦门 1
騉（昆）	古门 1
梱	五门 1
卵［鲲］	古门 1
捪	鲁门 2
侖	力门 1、昆仑
崘	路昆 1、力门 3、鲁门 1
論	力门 1
盆	蒲奔 2、蒲门 1
葐	步昆 1

飧	素昆 1、蘇尊 1、素尊 1
飱[飧]	素門 1
蓀	西存 1、蘇存 1
涺	湯昆 1
啍	他敦 1
焞	吐敦 1、他門 1
屯	徒門 6
豚	大昆 1、他門 1、徒門 3、杜孫 1、徒尊 1
豚（犱）	徒門 2
軘	徒温 2
臀	徒敦 1、徒門 4、徒孫 1
臋[臀]	徒門 1
温	烏門 1
肫（豚）	徒門 1
樽（尊）	子存 1
墩（敦）	丁門 1
𧒒	吐孫 1
犱（豚）	徒門 1
蚰	古門 1

（二）上声二十一混

下字属"混"韵的反切 45 条 110 次,其中以混切慁 1 条 1 次。

反切下字 2 个:本$_{41}$ 损$_4$。系联结果为一类:

　　1.本类

　　忖(寸本、七损)沌(徒本、徒损)混(胡本)

附:混韵反切字表

壸(壸)	苦本 1
純[屯]	徒本 1
刌	寸本 6
忖(刌)	寸本 1
忖(寸)	七损 1
敦	徒本 1
沌	徒本 3
沌(忳)	徒损 1
盾	徒本 12
腞(豚)	大本 1
衮	工本 2、古本 9
衮(卷)	古本 1
蓘	古本 1
緄	古本 3
緷	古本 2、胡本 1
鮌[鯀]	古本 2
鯀	工本 1、古本 6、故本 2
鯀(鯀)	古本 1

鯶	呼本 1、胡本 1
渾	胡本 4、户本 2
混	胡本 5、户本 2
溷(渾)	户本 1
卷(衮)	古本 5
卷[衮]	古本 8
焜	胡本 1
梱	口本 2、苦本 2
梱(閫)	苦本 2
壼	苦本 1
閫	苦本 1
悗	亡本 4
悶	亡本 1
懑	亡本 1
損	孙本 1
鱒	才損 3
僔	尊本 1
噂	子損 1
撙	祖本 1

（三）去声二十六慁

下字属"慁"韵的反切 35 条 66 次，反切下字 7 个：困16 頓6 悶5

遯$_5$寸$_1$鈍$_1$巽$_1$。系联结果为一类:

1.困类

遁(徒頓、徒困、徒遜)頓(都寸、徒困、徒遜)坋(步困、蒲悶)悶(門遜)遯(徒頓、徒困、徒遜、徒巽)

附:恩韵反切字表

敦	都鈍 1
遁	徒頓 1、徒困 10、徒遜 3
遁(遯)	徒遜 1
鈍	徒頓 3
頓	都寸 1
頓(鈍)	徒困 1
頓[鈍]	徒困 2、徒遜 1
遯	徒頓 2、徒困 3
遯(遁)	徒頓 2、大困 1、徒遜 4
遯(遁逡)	徒巽 1
遯(逡)	徒困 1
坋	步困 2、蒲悶 2
睔	古困 1、古困 2
溷	胡困 1
慁	胡困 1、户困 1
論	力頓 3、魯頓 1、力困 4、盧困 1、魯困 2
悶	門遜 1

噴	普悶 1
焞	存悶 1
鐏	在困 1、徂悶 1、存悶 2

（四）入声十一没

下字属"没"韵的反切 45 条 163 次，反切下字 4 个：忽$_{32}$ 没$_7$ 骨$_5$ 兀$_1$。系联结果为一类：

1. 忽类

勃（步忽、蒲没）扤（五骨、五忽）兀（五忽）渤（蒲兀）

附：没韵反切字表

悖（勃）	蒲忽 1
荸	蒲忽 1
勃	步忽 5、蒲没 1
浡	步忽 1
渤	蒲兀 1
咄	丁忽 1
朏	普忽 1
纥	恨没 1
汩	工忽 1、胡忽 1、古没 1
齕	恨没 1
搰	苦骨 1、胡忽 1

滑	古没 2
堀（窟）	苦忽 1
窟	口忽 2、苦忽 2
虺［虺］	五骨 1
髡（完）	五忽 1
殁	門忽 1
訥	奴忽 2、怒忽 1
突	徒忽 2、徒没 1
突（桜）	徒忽 1
鷢	徒忽 1
腯	徒忽 4
腯（豚）	徒忽 1
鶟（突）	徒忽 1
兀	五忽 1
扤	五骨 1、五忽 1
杌	五骨 1、五忽 4
軏	五忽 1
卒	子忽 65、祖忽 1、尊忽 14
卒	七忽 13、寸忽 15
卒	才忽 1
捽	才骨 1
崒［崪］	蘇没 1

六、痕、很、恨

(一)上平二十四痕

下字属"痕"韵的反切 5 条 5 次,反切下字 2 个:恩$_3$ 根$_2$。系联结果为一类:

1.恩类

䫀(胡根)//吞(勑恩)

说明:

1."痕"韵 2 个反切下字"恩根"不系联,依据《广韵》而定。

附:痕韵反切字表

吞	敦恩1、勑恩1、敕恩1
䫀	胡根1、户根1

(二)上声二十二很

下字属"很"韵的反切 13 条 26 次,反切下字 4 个:懇$_5$ 墾$_3$ 很$_3$ 佷$_2$。系联结果为一类:

1.恳类

很(胡墾、胡懇)墾(苦很)懇(苦佷、起很)佷(户懇)

附:很韵反切字表

佷[很]	户恳
很	胡墾6、户墾2、恨墾1、胡恳4
墾	苦很5
恳	苦很1、起很1
狠	胡墾1
豤	苦很1
顡	苦很1
䐴	鱼恳1
眼	鱼恳1

（三）去声二十七恨

下字属"恨"韵的反切2条5次,反切下字1个:恨$_2$。系联结果为一类:

1.恨类

艮（根恨、古恨）

附:恨韵反切字表

艮	根恨1、古恨4

第八节　山摄系联

一、元、阮、愿、月

(一)上平二十二元

下字属"元"韵的反切 70 条 117 次,其中混切 2 条 2 次。反切下字 6 个:袁$_{31}$ 元$_{23}$ 烦$_7$ 言$_6$ 爰$_2$ 鞬$_1$。系联结果为二类:

1. 言类(言鞬)

軒(許言)言(魚鞬)鞬(九言)

2. 袁类(袁元烦爰)

誼(許袁、況元)諼(況烦、況元、許爰、況袁)冤(於元、於袁)爰(于元)

附:元韵反切字表

拚[翻]	芳烦 1
犿(抃)	芳袁 1
番(潘繁)	方袁 1
幡	芳烦 1、孚烦 1、芳元 2、芳袁 1、孚袁 1
翻	孚袁 1
藩	甫烦 2、方元 14、方袁 2
藩(蕃)	方元 3
樊	扶袁 1

续表

蕃	方元 7、扶元 2、方袁 2、伐袁 1、扶袁 2
蕃(藩)	方煩 1、方元 2
燔	扶元 2、扶袁 1
膰	符袁 1
繁	扶元 1、扶袁 1
繙	敷袁 1
蹯	扶元 1
犍	紀言 1、九言 1
鞬	九言 1
樠	亡言 1
鄤	亡袁 1
暖	吁爰 1
煖	況袁 1
番[番]	芳元 1
潘[潘]	芳煩 1、芳元 1、芳袁 4
袢	符袁 1
揵	其言 1
宛	紆元 1、於元 5
軒	許言 3
誼	許袁 1
誼(喧)	況元 1
諼	況煩 1、況元 4、許元 2、許爰 1、況袁 1

諼（萱）	況袁 1
塤	虛袁 1
塤（壎）	許袁 1
壎	許元 1、況袁 1、許袁 1
言	魚鞬 1
冤	紆元 2、於元 3、於袁 1
薗	於袁 1
鴛	於袁 1
鵷	於袁 1
爰	于元 1
獂	魚袁 1
苑	於元 2
怨	紆元 1、於元 2、於袁 1

（二）上声二十阮

下字属“阮”韵的反切 45 条 128 次，反切下字 5 个：晚$_{19}$ 阮$_{19}$ 遠$_5$ 宛$_1$ 偃$_1$。系联为一类，实为两类：

1.偃类（偃）

楗（其偃）偃（於晚）

2.晚类（晚阮遠宛）

苑（於阮、於遠）喧（況阮、況晚）婉（紆阮、紆晚、怨遠）宛（紆阮）阮（魚宛）

说明：

　　1.系联为一组，实为两组。反切下字"晚"属唇音，开合不分。

附:阮韵反切字表

阪	甫晚 1
飯	煩晚 4、扶晚 34、符晚 2
飰	煩晚 1
蹇	紀晚 1
楗	其偃 1
圈	求阮 2
圈	翠遠 1
綣	起阮 1
綣（卷）	起阮 1
阮	魚宛 1
宛	紆阮 3、於阮 16、怨阮 1、于晚 1
宛（苑）	於阮 1
挽（輓）	亡遠 1
婉	憂阮 1、迂阮 1、紆阮 3、於阮 9、紆晚 2、怨晚 1、怨遠 1
菀	於阮 1
琬	於阮 2、紆晚 1
踠	於阮 1
咺	況阮 6、吁阮 1、況晚 2
烜	況晚 1

喧（咺）	況晚 1
烜（咺）	吁遠 1
鄢	謁晚 2、於晚 9
偃	於晚 1
偃（堰）	于晚 1
怨	於阮 1
阰	願晚 1
苑	紆阮 1、於阮 3、於遠 1

（三）去声二十五愿

下字属"愿"韵的反切 23 条 160 次，其中以愿切阮 2 条 2 次。反切下字 4 个：萬$_9$万$_7$建$_5$願$_2$。系联结果为二类：

1. 建类（建）

憲（許建）獻（軒建）匽（於建）

2. 万类（萬万願）

遠（于万、于萬、于願）怨（紆万、紆萬、於願）

附：愿韵反切字表

販	方万 2、甫万 3
飯	扶萬 1
飯（飰）	扶萬 1
飰（飯餅）	符萬 1

娩	敷萬 1
煇［韗］	況萬 1
娩	匹萬 1
憲	許建 1
獻	軒建 1
匽	於建 1
偃	於建 1
偃［堰］	於建 1
遠	于万 79、袁万 14、于萬 38、于願 1
怨	紆万 3、紆萬 2、於願 3
怨（宛）	紆萬 1
韗	況万 2
韗（韗）	況万 1

(四)入声十月

下字属"月"韵的反切 42 条 67 次,其中以月切没 2 条 11 次、以月切薛 2 条 2 次。反切下字 6 个:月$_{19}$ 謁$_{11}$ 厥$_4$ 越$_4$ 發$_2$ 伐$_2$。系联结果为二类:

1. 谒类(謁發伐)

羯(居謁)歇(許謁)//蠍(虚伐)紇(恨發)

2. 月类(月厥越)

噦(於厥、於月)厥(其月)掘(其月、其越)㭮(其厥、其月)

说明：

　　1.下字"伐"（蠘，虚伐反；韄，亡伐反）不直接系联，《释文》："蠆，許謁反。或敕邁反。或云依字上當作蠆，下當作蠘。《通俗文》云：長尾爲蠆，短尾爲蠘。"（P1492）据《释文》，"許謁反"当为"蠘"字之音，与"虚伐反"同音，据此可与"謁"系联。

　　2.下字"發"（紇，恨發反；齕，恨發反）不系联，据《广韵》而定。

附：月韵反切字表

蠆［蠘］	許謁 1
紇	恨發 10
齕	恨發 1
噦	於厥 1、於月 2
偈	居謁 1
偈（褐羯）	居謁 1
揭	其謁 2
訐	居謁 1
羯	居謁 3
孒	九月 1
掘	其月 2、求月 1、其越 1
厥（橛）	其月 1
蕨	居月 3
橛	其月 2、求月 2
樂	其厥 1、其月 1

蹶	居月 1
蹶	其厥 1、蹇月 1、其月 1
歷	其厥 1、其月 2、求月 1
鷢	巨月 1
孼	魚謁 1
闕	求月 1、其越 1
闕〔掘〕	其月 4
韱	亡伐 1
歇	虛謁 1、許謁 4
歇（猲）	許謁 1
蠍	虛伐 1
狘	況越 1、休越 1
曰	于月 1
越（粵）	于月 1
獗	許謁 1

二、寒、旱、翰、曷

（一）上平二十五寒

下字属“寒”韵的反切 69 条 136 次，其中以寒切桓 38 条 68 次（被切字均为唇音）、以寒切换 2 条 2 次、以寒切翰 1 条 1 次。反切下字 4 个：干$_{30}$ 丹$_{27}$ 安$_8$ 寒$_4$。系联结果为一类：

1. 干类

干（古丹）刊（苦安、苦干）鞰（步干、薄寒）槃（畔干、薄寒）寒（何干）

附：寒韵反切字表

般	蒲安1、步干3、薄寒1
般（盤）	步干1
弁	步干1、步寒1
滄	七丹1
餐	七丹2
彈	徒丹6
憚	徒丹1
樊	步丹2、步干3、畔干2
樊（繁）	步干1
繁	步干6
干	古丹2
戋	才丹1
刊	苦安2、苦干9
瀾	力安1
蘭	力丹1
瞞	莫干3
鞔	亡安1、莫干3
曼	莫干2
幔	莫干1

漫	莫干 1
缦	莫干 1
難	乃丹 1
潘	普安 1、判丹 1、判干 1、浦干 1、普干 3
槃	畔干 1、薄寒 1
槃（盤）	步干 1
盤	步丹 1、步干 3、畔干 1
盤（磐）	蒲安 1
盤（槃般磐）	步干 5
盤（盤鞶）	步丹 1
磐	步丹 1、畔干 1
磐（盤槃）	步干 1
繁（槃）	步干 1
蟠	步丹 1
鞶	步干 7、薄寒 1
胖	步丹 1
乾	古丹 1
嘽	他丹 1、吐丹 3
灘	他安 1
壇	大丹 7、但丹 1、徒丹 11、大干 1
檀	大丹 3、徒丹 2、直丹 1、徒干 1
嘆（歎）	吐丹 1

歎(嘆)	他安 1
歎[嘆]	吐丹 1
寒(寒)	何干 1
餐[餐]	七干 1
戔	在干 1

(二)上声二十三旱

下字属"旱"韵的反切 36 条 91 次,其中以旱切翰 5 条 6 次。反切下字 4 个:但$_{25}$ 旱$_8$ 坦$_2$ 袒$_1$。系联结果为一类:

1. 但类

散(素但、素旱)旱(户但)僤(吐袒)罕(呼旱、呼坦)坦(吐但)袒(徒旱)

附:旱韵反切字表

僤	吐袒 1
單[亶]	都但 1
癉	丁但 2
亶	丹但 1、丁但 8、都但 4、多但 1
亶(癉)	丁但 1
僤(癉)	當但 1
僤(亶)	都但 1
衦	古但 2

笴	工伹 2
幹	古伹 1
罕	呼旱 1、火旱 1、吁旱 1、呼坦 1
旱	户伹 1
暵	呼伹 1、呼旱 3
散	西伹 1、悉伹 14、息伹 5、思伹 1、素伹 5、素旱 2
潬	徒坦 1
坦	他伹 1、土伹 2、吐伹 7、敕伹 1
袒	大旱 1、徒旱 9
瓚	在伹 1、才伹 3、才旱 2

（三）去声二十八翰

下字属"翰"韵的反切 83 条 524 次，其中以翰切寒 1 条 1 次、以翰切旱 7 条 9 次、以翰切换 5 条 7 次、以翰切线 1 条 1 次。"翰旱"有混切的情况，"翰换"混切被切字为唇音。反切下字 6 个：旦$_{77}$ 幹$_2$ 案$_1$ 翰$_1$ 歎$_1$ 赞$_1$。系联结果为一类：

1. 旦类

旦（都歎）歎（汤赞）赞（子旦）翰（胡旦）悍（户旦、户幹）幹（古旦）旰（古旦、古案）

附：翰韵反切字表

犴	五旦 1
岸	五旦 2
按	安旦 1、一旦 1
豻	五旦 3
粲	七旦 6、采旦 3
亶	丁旦 1、都旦 1
旦（悬）	都歎 1
訑[诞]	徒旦 1
诞	大旦 1、但旦 1
弹	徒旦 4
憚	大旦 3、待旦 4、但旦 1、徒旦 13
干（豻犴）	五旦 2
干（扞）	户旦 1
干[豻]	五旦 1
旰	古案 1、古旦 4
幹	古旦 11
骭	古旦 1、工翰 1
骭（幹）	故旦 1
骭（翰幹）	胡旦 1
个[幹]	古旦 1
罕	呼旦 1
扞	曷旦 1、胡旦 4、户旦 10、下旦 2、户幹 1

续表

汗	户旦 3、下旦 1
悍	户旦 2、户幹 1
悍（捍）	胡旦 1
捍	胡旦 1、户旦 1
釬	胡旦 1
閈	户旦 2
馯	户旦 1
暵	呼旦 3
翰	胡旦 4、户旦 7
翰（鶾鷩）	胡旦 2
鶾（翰）	户旦 1
鷩（翰）	胡旦 1
侃	苦旦 2
衎	苦旦 13
衎（衍）	苦旦 1
灡	力旦 1
瀾	鲁旦 1
爛	老旦 1、力旦 2
連	力旦 1
樉（鏝）	末旦 1
漫	末旦 2
縵	末旦 2、武旦 1

续表

謾	末旦 1
難	乃旦 338、奴旦 4
散	西旦 1、悉旦 4、先旦 2、思旦 2、蘇旦 1、素旦 2
袒	徒旦 1
炭	他旦 1、吐旦 4
歎（嘆）	汤贊 1
嘆	五旦 2
贊（讚）	子旦 1
瓚	在旦 1、才旦 3
澶（儃）	徒旦 1
饡	子旦 1
屠	作旦 1

（四）入声十二曷

　　下字属"曷"韵的反切 58 条 98 次，其中以曷切末 12 条 15 次，被切字均为唇音字。反切下字 5 个：葛$_{25}$ 達$_{17}$ 曷$_7$ 割$_7$ 遏$_2$。系联结果为一类：

　　1. 葛类

　　怛（丹達、丹葛、丹曷）曷（户割、何葛）割（乾遏）遏（乌割、於葛、乌曷）刺（力達、洛割）蘖（五達、五葛）

附:曷韵反切字表

拔	步葛 1
茇	蒲曷 1
胈	步葛 1
軷	步葛 2
蔡	素達 1、素葛 1
妲	丹達 1、丁達 1
怛	丹達 1、旦達 1、丁達 1、都達 3、丹葛 1、丹曷 1
汏	他達 1
憚[怛]	都達 1
遏	烏割 1、安葛 2、於葛 17、烏曷 1
遏(謁)	於葛 1
頞	於葛 1
閼	烏割 1、安葛 1、於葛 4
割	乾遏 1
害[何]	戶葛 1
曷	戶割 1、何葛 2
曷(鶡)	苦割 1
曷[獦]	火葛 1
褐	戶割 1、戶葛 5
褐(䙓)	下葛 1
渴	苦葛 2、苦曷 1
剌	力達 1、洛割 1

末	亡遏 1、亡葛 1、武葛 1、莫曷 2、亡曷 2
秣	莫葛 1
枺	五割 1
擘〔枺〕	五葛 1
蘖	五達 1、五葛 1
掇	素葛 1
獭	他達 1
撻	他達 6、土達 2、吐達 4
闥	他達 1、吐達 1
眛	武葛 1
眛〔沫〕	亡曷 1
蝎	户葛 1

三、桓、缓、换、末

（一）上平二十六桓

下字属“桓”韵的反切 63 条 108 次，反切下字 4 个：官$_{29}$ 端$_{20}$ 丸$_{13}$ 完$_1$。系联结果为一类：

1. 官类

搏（徒端、大官、徒丸）丸（胡官）完（和端、胡官）

附:桓韵反切字表

鷻(鶉)	徒丸 1
攒	才官 1
攒(鑽)	再官 1
横	才端 1、才官 2、才丸 1、才完 1
横(挫)	在官 1
欑	才官 1
爨	七端 2、七丸 1
敦	徒端 2
讙	呼端 5、好官 2、呼官 1、火官 6、呼丸 1
讙(諠)	呼端 2
讙〔歡〕	火官 1
驩	呼端 3、唤端 1、好官 1、唤官 1
峘	胡官 1
萑	户官 1
貆	呼丸 1
孌	力官 1
欒	力端 1、力官 5、鲁官 2、力丸 3
欒(鸞)	力端 1
曫	力端 1
鸞	力端 2、盧端 1、力官 1
磐(盤)	步丸 1
狻	先官 1

酸	悉官1、素丸1
湍	吐端2
貒	他官2、吐官1
團	徒丸1
慱	徒端2
摶	徒端7、大官2、徒丸5
漙（團）	徒端1
鷻	徒端1
丸	胡官1
完	和端1、胡官1
莞	古丸1
䝯	乌丸1
專	徒丸1
專［拴团］	徒端1
葰	才官3
葰（横）	才官1
鑽	左端1、子官5、作官2
鑽（灼）	子官1

（二）上声二十四缓

　　下字属“缓”韵的反切 49 条 121 次，反切下字 4 个：管$_{29}$ 缓$_{15}$ 短$_4$ 卵$_1$。系联结果为一类：

1. 管类

斷（徒短、丁管、丁緩）緩（户管）管（古緩）短（丁緩）卵（鲁短、力管）

附:緩韵反切字表

横	子管 1
篹	素管 1、息緩 1
篹（匴算）	悉緩 1
短	丁緩 1
短（斷）	丁管 1
斷	徒短 1、丁管 29、都管 1、端管 1、大管 1、直管 1、丁緩 4、都緩 1
斷［短］	直卵 1
疳	古緩 1
管	古緩 2
舘	古緩 1
盥	古緩 3
輐	五管 1
緩	户管 3
浣	户管 5
澣	户管 4
澣（浣）	户管 3
梡	苦管 1
款	苦管 3

款（窾）	苦管 1
卵	魯短 1、來管 1、力管 13
臑	乃管 1
暖	奴緩 1
煖	乃管 6、乃緩 1、奴緩 1
匴（篹）	素管 1
算	思管 1、素管 1、素緩 1
算（筭）	素緩 1
睡（墥疃）	他短 1
魭	五管 1
鄼	子短 1、作管 4
撰［算］	息緩 1
纂	子管 3、祖管 1
纘	子管 4、祖管 1

（三）去声二十九换

下字属"换"韵的反切 117 条 437 次，其中以换切翰 4 条 4 次、以换切諫 1 条 1 次、以换切愿 1 条 1 次。反切下字 14 个：亂$_{60}$ 唤$_{21}$ 半$_{18}$ 玩$_4$ 貫$_3$ 覾$_3$ 段$_1$ 館$_1$ 奐$_1$ 逭$_1$ 換$_1$ 焕$_1$ 判$_1$ 叛$_1$。系联结果为一类：

1.乱类

斷（丁段、丁亂）段（徒亂）膖（丁亂、丁唤）觀（古唤、古奐、官焕、古亂、古玩）奐（呼亂）彖（吐亂、吐貫）貫（古唤、古亂、古玩）玩

（五貫、五亂）館（古亂、古半、古翫）翫（五唤、五亂）爨（七亂、七䢵、七判）䢵（胡亂）判（普半、普叛）

附：换韵反切字表

奥［爨］	七亂 1
竂	七亂 11、麤亂 1
爨	七䢵 1、七亂 16、七判 1
段	徒亂 3
段（腵）	丁亂 1
段（鍛）	多亂 1
段［鍛腵］	丁亂 2
椴	徒亂 3
腵	丁唤 1、丁亂 3
鍛	丁亂 10
鍛（碫）	丁亂 1
斷	丁段 1,丁亂 77,都亂 2、端亂 1、徒亂 2
斷（腵）	丁亂 1
幹	古半 1
冠	工唤 1、古唤 3、官唤 1、江唤 1、工亂 3、古亂 57
觀	古奐 1、工唤 7、古唤 7、官唤 6、官焕 1、工亂 1、古亂 34、古玩 4
館	古半 1、古亂 1、古翫 1
貫	工唤 1、古唤 1、古亂 30、古玩 1
祼	官唤 1、古亂 14

续表

楥(灌)	古半 1、古亂 1
灌	官唤 1、古亂 15
灌(裸)	古唤 1
灌(懽)	古玩 1
爟	古唤 1、古亂 1
瓘	工唤 1、古唤 2、古亂 1
瞳	古亂 3
鸛	古唤 1、古亂 1
鸛(觀)	古亂 1
鸛(蘿)	古玩 1
果[裸]	古亂 1
扞	胡半 1
汗	下半 1
翰	寒半 1
奂	呼亂 3
浣[垸]	户甐 1
逭	胡亂 1
换	户亂 1
换(逭)	胡唤 1
焕	呼貫 1、呼亂 4
曼	武半 1
幔	末半 1

续表

慢	武半 1
漫	亡半 1、武半 2、末半 1
縵	武半 1、莫半 1
澳	奴亂 1
懦	乃亂 8
懦（燸）	乃亂 1
判	普半 1、普叛 1
泮	普半 4
叛（畔）	普半 1
胖	普半 4
濡［澳］	奴亂 1
愞	乃亂 1
税［褖］	他喚 2、他亂 1、吐亂 1
笇（筭）	悉亂 1
筭	悉亂 3、桑亂 1
蒜	西亂 1
算（筭）	悉亂 1
彖	吐貫 1、吐亂 4
褖	他亂 1、吐亂 2、通亂 1
褖（税）	吐亂 1
忨	五館 1
玩	五貫 2、五亂 1

续表

玩（翫）	五换 1
捥	乌唤 1、乌乱 1
腕	乌乱 1
翫	五唤 1、五乱 2
缘（禒）	吐乱 1
垸	胡翫 1
擘	乌乱 2
踹（遺）	乎乱 1

（四）入声十三末

下字属"末"韵的反切 85 条 180 次，其中以末切曷 10 条 16 次、以末切没 1 条 1 次。反切下字 5 个：活$_{41}$ 末$_{30}$ 括$_6$ 夺$_5$ 阔$_3$。系联结果为一类：

1.活类

脱（吐夺、他活、它括）括（古夺、古活、觀阔）阔（苦活）活（胡阔）//拔（畔末）

说明：

1.下字"末"（拔，畔末反）不系联，据《广韵》而定。

附:末韵反切字表

拔	畔末 1、蒲末 4
拔(跋)	蒲末 1
茇	畔末 1、蒲末 1
胈	畔末 1
跋	半末 1、白末 1、步末 1、蒲末 4
跋(拔)	卜末 1
軷	步末 1、蒲末 4
魃	蒲末 1
撥	半末 4、本末 1、必末 1、卜末 1、蒲末 1
撮	七活 5、七括 1
怛	旦末 3
達	他末 2、大末 1
憚[怛]	丹末 2
掇	都奪 1、丁活 3
鮛	大活 1
遏	乌末 1
閼	安末 1
發	補末 1
鴰	古活 1
聒	古活 5、故活 1
曷	何末 3、寒末 1
檜	古活 2

豁	呼活 1、唤活 1、火括 1
佸	户括 1
活	古闊 1、胡闊 1
眽	呼括 1
括	古奪 1、工活 1、古活 19、故活 1、觀闊 1
栝	古活 2
栝(苦)	古活 1
萿	古活 1
闊	苦活 2
糯	蘭末 1
捋	力活 5
适	古活 2
适(括)	古活 1
税(说)	土活 1
税(脱说)	他活 2、吐活 3
税[脱]	吐活 3
说(税)[脱]	他活 4
说(脱)	吐奪 1、吐活 1
说[脱]	他活 5、土活 6、吐活 21
突	吐活 1
挩	他活 1
芚(蕨)	徒活 1

脱	吐夺 1、他活 1、湯活 1、佗活 1、代活 1、徒活 4、它括 1
脱（税）	吐活 1
脱（説）	土活 1
脱（説税）	他活 1
脱（莌）	徒活 1
濊	呼活 1
越	户括 2
桅	莵夺 1
汏	他末 1

四、删、潸、谏、黠

（一）上平二十七删

下字属"删"韵的反切 19 条 44 次，其中以删切山 3 条 3 次。反切下字 6 个：颜$_7$、關$_5$、姦$_3$、班$_2$、環$_1$、還$_1$。系联结果为二类：

1. 颜类（颜姦班）

删（所姦）姦（古颜）班（必颜）扳（普颜、普班）

2. 关类（關環還）

蠻（莫還）還（户關）環（户關）關（烏環）

附:删韵反切字表

扳	普颜 3
扳（攀）	普班 1
班	必颜 1
關（彎）	烏環 2
鰥	古颜 1
還	戶關 3
還（環）	戶關 2
環	戶關 5
鍰	戶關 1
轘	戶關 2
姦	古颜 2
菅	古颜 14
菛［蘭］	古颜 1
蠻	莫還 1
攀（扳）	普班 1
顏	苦颜 1
删	所姦 1、色姦 1
潸	所姦 1

（二）上声二十五潸

下字属"潸"韵的反切 25 条 32 次,其中以潸切产 3 条 7 次、以潸切桓 1 条 1 次。反切下字 3 个:板$_{14}$ 版$_{10}$ 綰$_1$。系联结果为

一类:

1.板类(板版縮)

赧(女板、女版)版(布縮)

说明:

1.系联虽为一类,当为两类。反切下字"縮"当为合口,因被切字为唇音,故混用。"盻(户板反)、皖(華板反、華版反、環版反)、鯇(華板反)"等字为合口,其反切下字用"版"。"版"为唇音字,开合不分。

附:潸韵反切字表

版	布縮 2
版(板)	薄版 1
盻	户板 1
皖	華板 3、華版 1、環版 1
鯇	華板 1
瞒	武版 1
赧	女板 1、女版 1
戁	奴板 1、奴版 1、女版 1
眅	普板 1、普版 1
莞	華板 1
莧(莞)	華版 1
偄	下板 1
偄(㑞)	下板 1

偘	遐板 1
撊	遐板 1
棧	士板 5、仕板 1
虦	仕版 1
撊[撊]	下板 1

（三）去声三十谏

下字属“谏”韵的反切 39 条 94 次,其中以谏切换 2 条 4 次。
反切下字 4 个:谏$_{22}$ 患$_9$ 晏$_6$ 串$_2$。系联结果为二类:

1.谏类(谏晏)

骭(户谏、户晏)晏(於谏)

2.患类(患串)

篡(初患)串(古患)輨(户串)

附:谏韵反切字表

串	古患 1
篡	初患 29
篹	初患 1
骭	户谏 2、下谏 1、户晏 1
棺	古患 3
毌	古患 1
貫[慣]	古患 4

续表

慣（貫遺）	古患 1
輨	户串 1
擐	户串 1
擐［患］	古患 1
澗	古晏 1、故晏 1
僈（慢）	武諫 1
嫚	亡諫 1、武諫 2
嫚（慢）	莫晏 1
慢	亡諫 2、武諫 5、武晏 1
慢（僈）	武諫 2、莫諫 1
漫	武諫 1
漫（慢嫚）	亡諫 1
謾	武諫 1
命［慢］	武諫 1
汕	所諫 2
訕	所諫 5
薍	五患 4
晏	一諫 1、於諫 6
鴳	一諫 1、於諫 1
鴳（鷃）	於諫 1
騴	一諫 1
鷃	於諫 1
澗［澗］	古晏 3

（四）入声十四黠

下字属"黠"韵的反切 43 条 95 次，其中以黠切鎋 2 条 3 次。
反切下字 4 个：八$_{30}$ 黠$_{10}$ 滑$_2$ 察$_1$。系联为一类，当为两类：

1. 八类（八黠察）

軋（於八、烏黠）殺（所八、始察、所黠）黠（戶八）

2. 滑类（滑）

刮（古八、古滑）滑（乎八）

说明：

1. 本组系联为一类，当为两类，反切下字"八"为唇音，开合
不分。

附：黠韵反切字表

拔	步八 3、皮八 7、蒲八 4
革	皮八 1
刮	古八 2、古滑 1
滑	乎八 5、胡八 1、于八 13
滑（猾）	于八 1
猾	戶八 1、于八
戛	簡八 1、居八 3、居黠 1
鵠（秸）	簡八 1
秸	居八 1
秸（鵠）	古八 1

续表

秸（稭）	工八1
靬	簡八1、江八1
劼	苦八1、苦黠1
揩	居八1
貀（豽）	女滑1
硈	古黠1
挈	起八1
殺	所八1、始察1、所黠1
莁	所黠1
樧	色八1、所黠1
夫〔殺〕	色黠1
黠	戶八1、閑八1
楔	古黠2
札	壯八1、側八22
軋	乙八1、於八1、烏黠1
蚻	側黠1

五、山、产、裥、鐥

（一）上平二十八山

下字属"山"韵的反切18条33次,其中以山切桓1条1次、以山切删3条3次。反切下字5个:顽$_{11}$ 閑$_4$ 鰥$_1$ 閒$_1$ 山$_1$。系联结果为两类:

1.闲类(闲闲山)

山(所闲)般(百闲)闲(古闲)斑(伯山)

2.顽类(顽鳏)

鳏(古顽)顽(五鳏)

说明:

1.《广韵》"顽"入删韵。周祖谟校本:此字切三入山韵,音吴鳏反①。

附:山韵反切字表

般	百闲 1
瘝	工顽 1、古顽 1、故顽 1
鳏	古顽 7、故顽 2、居顽 1
鰥(鳏)	古顽 1
管	古顽 1
艰	工闲 1
闲	古闲 3
矜(鳏)	古顽 2
矜[鳏]	古顽 6
綸	古顽 1
山	所闲 1
顽	五鳏 1

---

①周祖谟《广韵校本》第 693 页,中华书局,1960 年。

殷	於閑 1
斑（頒）	伯山 1

（二）上声二十六产

下字属"产"韵的反切 16 条 18 次,其中以产切潸 1 条 1 次。反切下字 4 个:产$_7$ 限$_4$ 简$_3$ 眼$_2$。系联结果为一类:

1. 产类

醆（莊产、壯簡、側眼）眼（五限）簡（古限）剗（初产、初限）

附:产韵反切字表

版（蝂）	甫簡 1
剗	初产 2、初限 1
簡	古限 1、居限 1
眼	五限 1
琖	莊产 1、側眼 1
琖（湔）	側产 1
醆	莊产 1、側产 2、壯簡 1、側眼 1
醆（琖）	側簡 1
棧	才产 1
輚	仕产 1

（三）去声三十一裥

下字属"裥"韵的反切 11 条 16 次,反切下字 2 个:莧$_9$、辦$_2$。

系联结果为一类：

1. 苋类

辦（皮苋）苋（閑辦）

附：裥韵反切字表

辦	皮苋 3、蒲苋 2
辨	簿苋 1、皮苋 2
辨（辯）	皮苋 1
幻	胡辨 1
間	古苋 2
盼	普苋 1、敷苋 1
苋	閑辦 1
綻（綻）	直苋 1

（四）入声十五鎋

下字属"鎋"韵的反切 16 条 22 次，其中以鎋切曷 1 条 1 次。反切下字 3 个：瞎$_{11}$ 刮$_3$ 鎋$_2$。系联结果为二类：

1. 瞎类（瞎鎋）

獺（勑鎋）鎋（户瞎）

2. 刮类（刮）

姡（户刮）

附：鎋韵反切字表

鶌	丁刮 1

黥	苦瞎 1
姡	户刮 2
楬	苦瞎 3
楬（黥）	苦瞎 1
袺（貊）	亡瞎 1
獺	勑鎋 3
舝	胡瞎 2
轄	胡瞎 1、户瞎 1
轄（舝）	胡瞎 1
轄（鎋）	户瞎 1
鎋	户瞎 1
鎋（轄）	胡瞎 1
刖	五刮 1
鵽	工鎋 1

六、先、铣、霰、屑

（一）下平一先

下字属"先"韵的反切 55 条 82 次，其中以先切仙 3 条 4 次。反切下字 12 个：田$_{23}$ 贤$_9$ 玄$_6$ 坚$_4$ 边$_3$ 年$_3$ 千$_2$ 颠$_1$ 肩$_1$ 牵$_1$ 天$_1$ 咽$_1$。系联结果为二类：

1. 田类（田贤坚边年千颠肩牵天咽）

蠙（蒲边、薄田）傎（丁年、丁田）牵（苦年、去贤）豣（古牵）憐

（力堅、力田）汧（苦堅、苦賢）骿（步邊、步田、蒲賢）闐（徒顛、徒天）
顛（都年、都田）天（土堅）肩（古賢）//瞑（亡千）肩（胡咽）

　　2.玄类（玄）

　　蠲（古玄）蜎（烏玄）

说明：

　　1.下字"千"（瞑，亡千反）、"咽"（肩，胡咽反）不系联，均据《广
韵》而定。

附：先韵反切字表

跰	步田1
便	毗肩1
蹁	蒲邊1、薄田1、步田1
傎	丁年1、丁田2、都田1
傎（顛）	丁田2、都田1
瘨	都田2
顛	都年1、丁田5、都田3
巔	丁千1
肩	古賢1
肩	胡咽1
豣	古牽1
箋	即田1
蠲	古玄6、吉玄1
蓮	力田1

续表

憐	力堅 1、力田 2
舜（憐）	力田 1
瞑	亡千 1
胼	薄田 1
楄	蒲田 1
骈	步邊 1、蒲邊 1、薄田 3、步田 1、薄賢 1、蒲賢 2、扶賢 1
汧	苦堅 1、苦賢 1
牽	苦年 1、去賢 2
掔	苦田 1、却賢 1
雅	苦田 1
天	土堅 1
天［先］	西田 1
闐	徒顛 1、徒天 1
咽（㷪）	烏玄 1
研	五堅 1
燕	烏田 1、烏賢 5、於賢 3
悁	烏玄 2
蜎	烏玄 1
蹎	悉田 1
虔［涓］	古玄 2

（二）上声二十七铣

下字属“铣”韵的反切 63 条 109 次，反切下字 5 个：典$_{40}$ 犬$_{12}$ 顯$_8$ 殄$_2$ 畎$_1$。系联为一类，实当为两类：

1. 典类（典顯殄）

扁（邊典、邊顯）洗（先典、素殄）殄（大典）

2. 犬类（犬畎）

鉉（玄典、玄犬、胡畎）

说明：

1. 系联一组，实为两组。“鉉，玄典反”一条反切开合不分，阙疑。

附：铣韵反切字表

编	步典 1、薄殄 1
扁	邊典 1、邊顯 1
扁（鶣）	蒲典 1
蚕	他典 1
趼	古顯 1
繭	古典 12、工典 1、古顯 1
繭（蠒）	公典 1、古顯 1
襺	古典 1
襺（繭）	古典 1
絹［罥］	古犬 1

蜸	苦顯 1
倪	胡典 1
汱	姑犬 1
畎	古犬 3、工犬 2、公犬 1
畎（甽畎）	古犬 2
洒	先典 1、蘇典 1、素殄 1
洒（洗）	先典 1
姺	西典 1
塡〔殄〕	徒典 1
殄	大典 5、田典 1、徒典 3
腆	他典 14、它典 1、天典 1
靦	他典 1、土典 1
町（圢）	他典 1
蜓（蟮）	徒典 1
洗	西典 1、息典 1、屑典 1、先典 1、素典 1
銑	先典 1、蘇典 2
毨	先典 2
蜆	下顯 1
跣	悉典 3、先典 3、素典 1
睍	胡顯 1
泫	胡犬 1
鉉	玄典 1、胡犬 2、玄犬 3、胡畎 1

鞙(琄)	胡犬 2
贇	胡犬 2
蝘	烏典 1
燕[宴]	於典 1
郾	於顯 1
殄	武典 1
畎[甽]	古犬 2

（三）去声三十二霰

下字属"霰"韵的反切 112 条 903 次,其中以霰切裥 1 条 1 次、以霰切铣 3 条 3 次、以霰切线 2 条 2 次。反切下字 9 个:見$_{45}$ 遍$_{49}$ 薦$_{17}$ 練$_{17}$ 徧$_4$ 殿$_4$ 縣$_3$ 電$_2$ 現$_1$。系联结果为二类:

1.见类(見遍薦練徧殿電現)

甸(徒徧、徒遍、大見、徒薦、徒練)徧(邊見)薦(將見、遭練)瑱(吐遍、吐殿、他見、吐練)殿(都遍、丁電、丁見、多薦、丁練)電(徒練)

2.县类(縣)

絢駽(呼縣)睊(古縣)

附:霰韵反切字表

薨(薦)	牋練 1
瓣	補遍 1

徧	邊見1
辨	普見1
甸	徒徧2、大遍1、田遍3、徒遍5、大見2、田見2、大薦1、徒薦1、大練2、徒練6
奠	田遍1、大見1、田見1、田薦1、徒薦1、徒練1
殿	都遍2、丁電1、丁見6、多見2、多薦1、丁練5、都練4、多練4
電	大練1、徒練3
澱	徒薦1
趼（研）	五見1
見	賢徧177、賢遍467、胡薦1
洊	在薦2
荐	在徧1、在遍1、在薦5、徂薦1
荐（栫）	在薦1
荐（薦）	在見1
箭	節見1
薦	將見1、作見1、牋練1、遭練1
薦（薼）	將電1、子見1
薦［荐］	徂殿1、在見1
罥	古縣2
鍊	來見1
眄	莫遍1、亡見1、莫練1
瞑	莫遍1
倪	牽遍1

倩	七練 2
倩（蒨）	七薦 1
蒨	七見 1、千見 2
蒨（茜）	七見 1
綪	七見 1
輤	七見 1、千見 2
胗	亭遍 1 大見 1、徒現 1
瑱	吐遍 1、他殿 1、吐殿 1、佗殿 1、他見 3、它見 1、天見 1、吐練 2
瑱（顚）	他見 1
先	蘇徧 1、蘇遍 1、西見 1、悉見 4、西薦 3、悉薦 74、息薦 4、蘇薦 5、蘇練 1
羈	許見 1
顯	許遍 1
顯〔羈〕	呼遍 1
睍	乃見 1
霰	蘇薦 1
䀏	呼縣 1
眩	玄遍 6、玄見 1
絢	呼縣 2
咽	於見 3
莚	餘見 1
宴	一見 1、於見 2、烏練 1
宴（晏）	於見 1

续表

晏	伊見 1
燕	於遍 1、烏見 1、伊見 1、於見 9
燕(宴)	於遍 1、於見 2
驠	於見 1
薽(薦)	即見 1
霓(霰)	悉練 1

(四)入声十六屑

下字属"屑"韵的反切 132 条 280 次,其中以屑切薛 2 条 2 次。反切下字 9 个:结$_{90}$ 節$_{24}$ 穴$_{12}$ 截$_1$ 決$_1$ 蔑$_1$ 切$_1$ 缺$_1$ 絜$_1$。系联结果为二类:

1.结类(結節截蔑切絜)

耊(田結、田節)節(在結、在切、薦絜)切(千結)截(才結、才節)窡(作截)篾(眠結)苾(蒲蔑)

2.穴类(穴決缺)

決(古穴、喜缺)袺(胡決)缺(苦穴)

附:屑韵反切字表

荼[茶]	乃結 1
必	府結 1
苾	蒲蔑 1
飶	蒲節 1

蟞	步結 1
茎	田節 1
趹	大結 2、待結 2
芺	大結 1
迭	大結 7、待結 4、徒結 1、直結 4 大節 1、田節 4
垤	大結 1、田節 1
胅	大結 1
姪	大結 2、田節 2
耊	大結 2、田結 1、田節 3、徒節 1
絰	大結 10、田結 4、直結 8 待節 1、田節 1
戴	大結 1
臷	大結 1
昳	大結 1、田結 1、田節 1
夬(決抉)	古穴 1
浧	乃結 1
蛣	古節 1
榢(楁)	作截 1
節	在結 1、才結 1、在切 1、薦絜 1
截	昨結 1、才結 2、才節 1
頡	戸結 12
桔	戸結 1、戸結 2
抉	古穴 1、烏穴 4

决	古穴 5、喜缺 2
英（决）	古穴 1
玦	古穴 4
訣	古穴 1
譎	古穴 10
鐍	古穴 1
觼	古穴 1
眜〔眛〕	亡結 1
蔑	亡結 4 忙結 1、迷結 1、莫結 2
篾	眠結 1
蠛	亡結 2、眠結 1
鱴	亡節 1
陧	五結 1
涅	乃結 6
埶［涅］	乃結 1
篞	乃結 1
蜺	五結 1
齧	五結 9、魚結 1、研節 1
齧（嚙）	五結 2
批	備結 1
嫳	普結 2
契	苦結 2

契（挈）	苦結 2
切（齧）	千結 1
挈	苦結 17、去結 2、口節 1
挈（契）	苦結 3
鍥	苦結 1
竊	千節 1
缺	苦穴 1
闋	苦穴 14
楔	素結 1
蛈	大結 1
鐵	他結 2、天結 2、佗結 2
驖	田結 1
餮	他結 1、吐結 1、他節 1
咥	直結 2
楔	悉結 1、息結 1、先結 1、桑結 1、悉節 1
絜	苦結 1、户結 1
縏	賢節 1
擷（襭）	户結 1
襭	胡結 1
屑	先結 1、蘇節 1、素節 1
蠥（薛）	悉結 1
祄	胡決 1

噎	伊結 1、於結 1
蠞	於結 2
佚	大結 1
軼	待結 1、直結 2
疢	乃結 1
姪	大結 11、待結 2、直結 2 大節 2、徒節 1
袟	大結 2、待結 1
窒	直結 1
窒（涅）	乃結 1
蛭	丁結 1
躾（鴶）	大結 1

七、仙、狝、线、薛

（一）下平二仙

下字属"仙"韵的反切 161 条 555 次,其中以仙切先 2 条 2 次。下字 20 个:然$_{34}$ 專$_{27}$ 連$_{21}$ 全$_{19}$ 延$_{15}$ 虔$_{10}$ 緜$_{11}$ 圓$_5$ 權$_3$ 宣$_3$ 貟$_3$ 乾$_2$ 仙$_2$ 纏$_1$ 攣$_1$ 泉$_1$ 焉$_1$ 緣$_1$ 沿$_1$。系联结果为二类:

1. 然类(然連延虔緜乾仙纏焉)

編(必連、必緜、必然、必仙)斿(章然、章延)緜(彌延)愆(起連、起乾、起然、起虔)寋(起連、去焉、起虔)虔(其連、其然)纏(直連)漣(力纏)焉(於虔)

2. 专类(專全圓權宣貟攣泉緣沿)

傳(直攣、直宣、直專)捐(以全、以專)卷(起全、起權、巨負、苦圓)攣(力圓、力專)權(巨負、其圓)鳶(悦全、悦宣、悦專)圜(于權)攣(力圓、力專)//甎(章沿)蠲(吉緣)

说明：

1.下字"沿"(甎,章沿反)、"緣"(蠲,吉緣反)不系联,据《广韵》而定。

附:仙韵反切字表

擩(擩)	而專1
萹	匹縣1
箯	婢縣1
編	必連8、必綿1、卑縣1、必縣8、必然2、必仙3
鞭	卑縣1、必縣3、必然1
鯿	必連1
鯿(鰏)	方仙1
便	婢縣4
梃	丑連1
廛	直連4
廛(壥厘)	直連1
瀍	直連1、直然1
蟬	示延1、市延1
纏	直連2
纏	直連1

顫	舒延 1
邅	市專 15
傳	直攣 1、直宣 3、大專 2 直專 83、丈專 30
椽	直專 4
歂	市專 6
輲[軘槫]	市專 1
輇[軘]	市專 1
亶	張連 1
圌[軘]	市專 1
煎	子然 2
寋[寋]	起虔 1
捐	以全 1、悦全 2、以專 1
蠲	吉緣 1
卷	起全 1、起權 2、巨負 1、苦圓 1、去圓 1
卷(姥)	其負 1
漣	力纏 1
攣	力圓 1、力專 3
緜	彌延 2、面延 1、武延 1
矊	武延 1
偏	匹緜 1
翩	匹然 1
梗	鼻緜 1

平	婢縣 1、婢延 1
鈆	悦全 1
愆	起連 2、去連 3、起乾 1、去乾 2、起然 1、起虔 19、去虔 2
愆（愈）	起連 1
愆（愈衍）	起虔 2
愈	起虔 1、去虔 1
遷	七延 1
褰	起連 1、去焉 1、起虔 3
騫	起連 1、起虔 4、去虔 1
虔	其然 1
乾	其連 5、竭然 1、其然 1
乾（乹）	其連 1
悛	七全 14
圈	起權 2
荃	七全 1
拳	求圓 1
痊	七全 1
筌	七全 1
輇	七全 1、市專 3
銓	七全 1
權	巨員 1、其圓 1
攟（撋）	而專 1

擩［撋］	而泉 1
撋	人專 1
挺	始然 1
羶	失然 2、設然 1、升然 1、書然 1
團［輇槫］	市專 1
槫［輇］	市專 2
鮮	息連 1
蠡	悉然 1
唌（次涎）	因延 1
儇	許全 1
琁（旋）	悉全 1
巡［�］	悦專 1
焉	於虔 138
研	倪延 1
筵	以然 1、羊然 1
綖	以然 1
饘［饘］	之然 1
蜎	於全 1
鳶	以全 1、悦全 1、悦宣 1、以專 2、弋專 1、悦專 1
鳶（鸢）	悦專 2
蜿	以全 2、悦全 3、與專 1、悦專 1
圈	于權 5

旃	之然 13、章然 2、章延 1
飦（饘）	之然 1
飦［饘］	之然 1
澶	善然 1、市然 6、市延 1
氈（旃）	之延 1
氈［氈］	之然 1
旜	之然 4
饘	之然 4
饘（飦）	之然 1
鱣	知连 1、陟连 1、張连 3
鸇	之然 4
甄	吉然 1
甄（塼）	章沿 1
膞［輇］	市専 1
顓	之宣 1
塼	市専 1
諯	七全 1
屦（餐屦）	之然 1
次	似延 1
虔	其连 2、其然 1
键［衒］	之然 1
载（鳶）	悦全 1

（二）上声二十八狝

下字属"狝"韵的反切 168 条 316 次，其中以狝切裥 2 条 2 次、以狝切阮 1 条 1 次、以狝切铣 1 条 2 次、以狝切线 4 条 5 次。反切下字 18 个：善$_{32}$ 轉$_{27}$ 淺$_{26}$ 兖$_{26}$ 展$_{15}$ 免$_{10}$ 勉$_{10}$ 辇$_9$ 踐$_3$ 辯$_2$ 衍$_2$ 蹇$_1$ 齹$_1$ 冕$_1$ 耎$_1$ 鮮$_1$ 選$_1$。系联为一类，实为两类：

1. 善类（善淺展免勉辇踐辯衍蹇冕鮮）

闡（尺善）沔（面善、亡淺）湎（面善、緜鮮、莫衍）衍（以善、以淺）鮮（斯踐、息淺、仙善）連（力善、力展）辨（扶免、皮勉）蹇（紀免、紀勉、紀辇）搴（居辇）鍵（其辇、其展）辯（兵免、皮勉）飌（魚蹇、魚免、魚辇、魚展）演（以善）

2. 转类（轉兖齹耎選）

兖（悦轉）喘（川兖、川轉）卷（卷免、卷勉、卷冕、紀轉）膞（市齹）齹（力轉）孌（力兖、力轉）耎（人兖、耳轉）台（羊耎、以選）選（息兖、息轉）

说明：

1. 系联一类，实为两类，反切下字"免勉"为唇音，开合不分。

附：狝韵反切字表

甏（甍）	人兖 1、如兖 1
萹	匹善 2
惼［褊］	必善 1
褊	必淺 8

辨	扶免 1、皮勉 1
辯	兵免 1、皮勉 2
幝	尺善 1
蔵	勑展 1
燀	章善 1
闡	尺善 4、昌善 3
瀾（墠）	昌善 1
舛	昌兖 1、川兖 1
舝	尺兖 1
喘	昌兖 3、川兖 1、川轉 1
僤	昌善 1
僤（闡）	昌善 1
脟〔篆〕	直轉 1
膜	而善 2
幻	滑辯 1
揃	子淺 3
戩	子淺 1
翦	子踐 4、咨淺 1、子淺 5
搴（寋）	居輦 1
蹇	紀免 1、紀勉 1、紀輦 5、居輦 1
鬋	子淺 1
建〔键〕	其展 1

续表

傓	錢淺 1
寋（謇）	紀展 1
跈（踂）	女展 1
踐	賤淺 1、似淺 2
踐［剸］	子淺 2
鍵	其辇 1、其展 3
鍵（楗）	其展 1
餞	賤淺 3、錢淺 1、在淺 1、徂淺 1、賤衍 1
卷	俱免 1、卷免 1、眷勉 1、卷勉 1、眷勉 6、卷冕 1、紀轉 1、九轉 1
卷（袞）	眷勉 1
捲	俱勉 1
連	力善 1、力展 1
連（璉）	力展 1
璉	力展 1
鄻	列勉 1
孌	力兗 1、力轉 3
臠	里轉 1、力轉 5
臠（樂）	力轉 1
沔	亡淺 1、緜善 1、面善 1
冕	亡展 1
湎	面善 7、緜鮮 1、莫衍 1
緬	亡善 1

续表

辇	力展 1
论	皮勉 1
搴	九辇 1
搴（攓）	居展 1
攓[搴]	居辇 1
錢	子踐 1、子淺 2
缱	弃善 1
瓀	如兖 1、而轉 1
奭	人兖 1、如兖 1、耳轉 1
軟（瓀）	如兖 1
碝（瓀）	如兖 1
堧	如兖 1
瓀[碝瑌]	而兖 1
礝（碝儒擩）	如兖 2
墠	尺善 1
樿	章善 2
灗	緜善 1
省[獮]	思淺 1
省[獮]	仙淺 1
嘽	昌善 2
襢	章善 2、之善 3
剬	之免 1

摶	直轉1、除轉1
鮮	斯踐1、悉淺1、息淺41、仙淺1、仙善6
鮮（嶰）	息淺1
廯	息淺1
尟（鮮）	仙善2
獮	息淺7、思淺1
莧	閑辯1
羨	以善1
需［耎］	人兗2
蠕	況兗1
選	息兗3、胥兗1、雪兗1、宣兗1、息轉2、宣轉1
兗	悦轉2
衍	以淺1、以善9、延善5
偃	約免1
莚	悦轉1
演	以善4
戭	以善1
甗	魚塞1、魚免1、魚辇6、魚展1
甗（巘）	魚辇1
黄	羊善1
蜎	巨兗1、求兗1
蹍	女展2

第四章　反切下字的系联　　　　　　　　　485

续表

踺(跈)	女展 1
輾	張輦 1
皽	章善 1
鄟	市轉 1
膞	市臠 1
轉	市轉 3
瑑	大轉 2、直轉 3
僎(撰)	士免 1
撰	士免 1、仕勉 1、仕轉 1
撰[选]	息轉 1
篆	大轉 1、直轉 5、丈轉 1
㒒(蜎喘)	川兗 1
篆	丈轉 2
瑑(瑑)	丈轉 1
衒(蝘)	以善 1
沇	羊� 1、以選 1
葖	人兗 1

（三）去声三十三线

下字属"线"韵的反切 110 条 358 次，其中混切 3 条 4 次。反切下字 14 个：戰₂₆ 戀₁₆ 眷₁₅ 絹₁₂ 彦₁₁ 面₈ 賤₆ 卷₄ 變₄ 轉₃ 箭₂ 倦₁ 扇₁ 院₁。系联为一类，实为两类：

1. 战类（戰彦面賤變箭扇）

戰（章扇、之彦）便（婢面、毗戰）線（息賤、似戰）箭（子賤）羨（才箭、似面）禪（知彦、陟戰、張戰）//喭諺（魚變）

2.恋类（眷絹卷轉倦院）

緣（悦絹、悦面）絹（七絹、七戀）選（息變、息戀、宣面）饌（士眷、士戀）倦（其卷、其眷）卷（去院）

说明：

1.系联一类，实为两类，反切下字"面變"为唇音，开合不分。

2.下字"變"（喭，魚變反；諺，魚變反）不直接系联，《释文》："諺，音彦。"（P887、P879、P905、P977、P1075、P1106、P1116、P1164、P1294）"喭，音彦。"（P236、P307、P318、P653、P907、P1024、P1131、P1143、P1258、P1325）据此可与其他下字系联。

附:线韵反切字表

猵	篇面 1
卞	皮彦 8
卞（弁）	皮彦 2
弁	皮變 2、皮眷 1、皮戀 1、皮彦 11
弁（卞）	皮彦 2
汴	皮彦 1
便	婢面 60、毗戰 1
開（弁）	皮彦 1
禪	善面 1、善戰 1、時戰 3、市戰 2
傳	丁戀 1、陟戀 2、張戀 8、中戀 4、直戀 5、治戀 1

续表

僢	昌絹 2、昌戀 1
竄	昌絹 3
葥	子賤 1
箭	子賤 2
卷	去院 1
倦	其卷 4、其眷 3
倦（卷）	其卷 1
倦（勌）	其眷 1
勌（倦）	其卷 1
勌[倦]	其眷 1
眷	俱倦 1
鄄（甄）	規面 1
玣（弁）	皮彦 1
遣	弃戰 17
譴	弃戰 10、遣戰 8
縓	七絹 6、倉絹 1、七戀 1
擅	善戰 2、時戰 1、市戰 16
膳	上戰 1、市戰 3
繕	善戰 1、上戰 1、市戰 6
襢	知彦 1、張彦 1、陟戰 1、張戰 2
羨	才箭 1、徐箭 1、似面 1
羨（衍）	餘戰 1

羨［羡］	錢面 3
綫	思賤 1
線	息賤 1、思賤 1、似戰 1
線（綫）	息賤 1、仙戰 1
選	息變 3、息戀 3、雪戀 2、宣戀 3、宣面 3
延	以戰 1
莚	以戰 1
莚（延）	以戰 2
衍	以戰 1
唁	魚變 1
諺	魚變 1
援	於眷 1、于眷 12
緣	以絹 10、于絹 1、説絹 1、移絹 1、尹絹 1、悦絹 18、悦面 3
媛	爲眷 1、于眷 2
掾	弋絹 1
瑗	于卷 2、爲眷 1、于眷 10
褑	于眷 1
展［襢］	張彦 1、陟戰 1、張戰 1
戰	章扇 1、之彦 1
轉	丁戀 1、張戀 1
撰	仕眷 1
縛	息絹 1

襈	仕眷 1
饌	士眷 1、仕眷 8、士戀 7、仕戀 5
縛	直轉 3
饌	仕轉 1、士轉 1

（四）入声十七薛

下字属"薛"韵的反切 150 条 664 次，其中以薛切月 2 条 2 次、以薛切屑 2 条 5 次、其余 2 条 3 次。反切下字 12 个：列$_{64}$ 悦$_{26}$ 劣$_{21}$ 設$_8$ 滅$_8$ 舌$_5$ 竭$_{10}$ 熱$_4$ 烈$_2$ 絶$_1$ 雪$_1$ 拙$_1$。系联结果为二类：

1.列类（列設滅舌竭熱烈）

鷩（必列、必滅）別（彼竭、彼烈、彼列）竭（巨列）孑（紀列、居熱）折（之列、之熱、之舌、之設）

2.悦类（悦劣絶雪拙）

啜（昌劣、昌悦）缺（傾雪、苦悦）拙（之劣）説（始拙）//蕝（子絶）

说明：

1.《释文》例子证明，在陆氏音系中，"竭"属"薛"部，不像《广韵》既属"薛"部，又属"月"部。

2.下字"绝"（蕝，子絶反）不系联，据《广韵》而定。

附：薛韵反切字表

鷩	必列 6、必滅 4
鷩（鼈）	卑列 1、必滅 2

鼈	必列 2、卑滅 2、必滅 3、畢滅 1
鼈(鱉)	卑滅 2
別	兵列 1、彼烈 1、彼列 268、方列 1
蟞(鱉)	必滅 1
徹	丑列 1、直列 5
徹(徹撤)	直列 2
撤(徹)	直列 1
澈	直列 1
啜	張劣 1、昌劣 1、昌悅 1、川悅 1、常悅 1
惙	丁劣 1、張劣 1
惙[輟]	丁劣 1
輟	丁劣 5、張劣 3
歠	昌悅 6、川悅 1、昌悅 1
蝃(蚰)	章悅 1
揲	時設 1
剟	丁悅 1
掇	專劣 1
掇[棳]	章悅 1
揭	起列 1、其列 1
孑	紀列 1、吉熱 1、居熱 2
桀	其列 3、其烈 1、居竭 1
訐	九列 1

傑（桀）	渠列 1
楬	其列 2
榤	巨列 1
碣	其列 1
竭（渴）	巨列 1
竭［揭］	其列 1
蕝	子絶 1
渴	其列 1
埒	力悦 1
裂	力竭 1
鋝	色劣 2
呐［商］	如悦 1
臬［闌］	魚列 4
槷	魚列 4
闌	魚列 15
孽	魚竭 1、彦列 1、魚列 10
辥（蠥）	魚列 1
蘖	魚列 1
櫱［櫱］	魚列 4
鑸	魚列 1
契	斯列 1
契（偰离）	息列 1

契〔㓶〕	息列 14
朅	欺列 1、丘列 1
缺	倾雪 1、苦悦 2、窺悦 2、起悦 1、丘悦 5
蒛	去悦 1
擩	人悦 2
芮	人劣 1
焫	如悦 2
爇	人悦 3、如悦 2
刷	色劣 2、所劣 2
刷（叐）	所劣 1
说	始拙 1
说	亦劣 1
渫	息列 26
渫（洩）	息列 1
洩	息列 1
洩〔渫〕	息列 14
緤	息列 5
媟	息列 5
渫	息列 2
緦	息列 2
暬	思列 1
緤	息列 1

褻	息列 10
薛	息列 3
威	呼悦 2
讘	魚列 1
撕〔揲〕	時設 1
紲〔緤〕	息列 1
枻〔槸〕	魚列 1
折	之列 4、之熱 1、之舌 13、章舌 1、示舌 1、之設 50、時設 2、市設 1
折(斯)	時設 1
哲	陟列 2、張列 1
晢	之列 1、章舌 1、之舌 1、之設 3
喆	陟列 1、貞列 1
轍	直列 2
制(浙)	諸設 1
畷	丁劣 1
綴	丁劣 10、知劣 1、陟劣 1
拙	之劣 1
棳(梲)	之劣 1
挩	章悦 3、專悦 1
挩(掇)	章悦 1
罬	張劣 1
蓺〔蒸〕	如悦 1

薛（薛）	息列 1
蕝（爇）	卑灭 1
蠿［蠿］	子列 1
麧［糵］	鱼列 1
掜	如悦 1、人悦 1
褻［褻］	息列 12、仙列 1
别	彼竭 2
讞	鱼竭 2
藕	去竭 1
揭	纪竭 1、居竭 1

第九节　效摄系联

一、萧、筱、啸

（一）下平三萧

下字属"萧"韵的反切 78 条 146 次，其中以萧切宵 4 条 4 次、以萧切肴 1 条 1 次。反切下字 10 个：彫$_{37}$ 尧$_{25}$ 條$_5$ 遼$_4$ 蕭$_2$ 凋$_1$ 雕$_1$ 調$_1$ 聊$_1$ 挑$_1$。系联结果为一类：

1. 彫类

彫（都聊、丁遼、丁條、多調）苕（徒凋、徒彫）佻（他彫、他尧）桃（他彫、他條、他尧）蕭（先遼、先條）膋（力彫、力雕）雕（丁遼、都挑、丁條）挑（汤尧）

附:萧韵反切字表

摽	敷蕭 1
彫	都聊 1、丁遼 1、丁條 1
彫(凋)	丁條 1
彫(雕)	多調 1
鵰	丁堯 1
雕	丁遼 1、都挑 1、丁條 1
蓧	他彫 1
澆	古堯 1
僥	古堯 2
僥(徼)	古堯 1
傲(邀)	古堯 1
傲[徼]	古堯 8
徼	古堯 14
僚	力彫 8、了彫 1、了蕭 1
僚(寮)	力彫 3、了彫 1
寥(廖)	力彫 1
廖	力彫 5
膋	力彫 2、了彫 2、力雕 1
寮	力彫 2
寮(僚)	力彫 2
敹	了彫 1
鐐	力彫 1

料	力彫 2
勠	力彫 1
庂	祁堯 1
翹	祁堯 1
苕	徒凋 1、大彫 1、徒彫 1
佻	他彫 1、徒彫 1、他堯 2
恌	他彫 1、吐彫 1
挑	湯堯 1
桃	他彫 13、勑彫 1、他條 1、他堯 2
芀（苕）	徒彫 1
條	他彫 1
蜩	大彫 1、徒彫 1、直彫 1
絛	徒彫 1
窕	他彫 1、吐彫 1、勑彫 1
跳	徒彫 4、直彫 2
梟	古堯 4、九堯 1
翛	素彫 1
嘵	呼堯 1
憢（嘵）	許堯 1
膮	呼彫 1、呼堯 1、許堯 4
蕭	先遼 1、先條 1
蟰（蠨）	悉彫 1

髎	苦尧 1
幺	乌尧 1
邀	古尧 4
要	於尧 1
剑	姜遼 1、古尧 3、工尧 1
澆（澆）	古尧 1

（二）上声二十九筱

下字属"筱"韵的反切 24 条 39 次，其中以筱切小 2 条 3 次。反切下字 3 个：了$_{22}$ 皎$_1$ 晓$_1$。系联结果为一类：

1. 了类

皎（古了）燎（力皎）曒（古了、古晓）

附：筱韵反切字表

皎	古了 1
曒	古了 1、古晓 1
皦	古了 3
皎（皎）	古了 1
燎	力皎 2
裹	奴了 1
芍	户了 1
挑	徒了 2
朓	他了 1

窔	徒了 2
篠	西了 3、悉了 1、息了 1、先了 1、思了 1、素了 3
謏	思了 1
薸	鸟了 1
宨	鸟了 2
窈	鸟了 6
膫	鸟了 1
趙	徒了 1
裛［裛］	奴了 1

（三）去声三十四啸

下字属"啸"韵的反切 29 条 66 次，下字 3 个：弔$_{25}$ 叫$_3$ 叫$_1$。系联结果为一类：

1. 弔类

　　澆（五弔、五叫）叫（古弔）窾（苦弔、苦叫）

附：啸韵反切字表

釣（釣）	彫叫 1
掉	徒弔 10
蓧	徒弔 1
蓧（條莜）	徒弔 1
調	徒弔 7、直弔 1

蓶	徒弔 3
蓶（藋）	徒弔 1
澆	五弔 1、五叫 1
徼	古弔 3
叫	古弔 1
叫（嚣）	古弔 1
訆〔叫〕	古弔 1
噭	古弔 1
噭（叫）	居弔 1
噭	古弔 3
撩	力弔 1
撽	苦弔 1
竅	苦弔 9、苦叫 2
覜	他弔 6、吐弔 3、通弔 1
嘯	蕭叫 1
穾（窔）	烏弔 1
窔（窔）	一弔 1
溺	奴弔 1、乃弔 1

二、宵、小、笑

（一）下平四宵

下字属"宵"韵的反切 172 条 669 次，其中以宵切萧 2 条 2 次。

反切下字 14 个：遥$_{73}$ 骄$_{20}$ 消$_{17}$ 招$_{13}$ 昭$_{11}$ 嬌$_8$ 苗$_5$ 饒$_5$ 喬$_4$ 焦$_3$ 橋$_3$ 朝$_2$ 腰$_2$ 憍$_1$ 宵$_1$ 逍$_1$ 偓$_1$ 摇$_1$ 謡$_1$。系联结果为一类：

　　1. 遥类

　　摇（餘招、餘昭）韶（上遥、上招、上昭）蕘（如遥、如謡、而招、而昭）翹（祁饒、祁消、祁遥）喬（其娇、其骄、巨苗）焦（子消、子遥）要（於宵、一偓、一遥）䠗（許骄、許橋）樵（在焦、在消、在遥）憍（九苗、居喬）朝（張遥）貓（亡朝）僑（其骄、其憍）譙（在消、在遥、在逍）//雕（丁腰）

说明：

　　1. 下字"腰"（雕，丁腰反）不系联，据《广韵》而定。

附：宵韵反切字表

杓	必遥 1、敷招 1
猋	必遥 2
猋（飆飘）	必遥 2
藨	必遥 1
標	必遥 2
熛	必消 1、必遥 3
麃	表嬌 2
麃（穮）	方遥 1
儦	表骄 1
儦（麃爊）	表嬌 1
瀌	符娇 1

蔍	表驕1、皮苗1
瞟（猋）	方遥1
穮	彼驕1
鑣	彼驕2、表驕3、彼苗3
摽	必遥1
操［橾］	七消1
弨	昌遥1、尺昭1
朝	陟遥2、張遥4、直遥306
雕［琱］	丁腰1
椒	子消1、子遥1
椒（茮）	子消2
焦	子消2、子遥1
焦（燋）	子消1
焦（鐎）	子遥1
憍	九苗1、居喬1
憍（驕）	紀橋1
蕉	在遥1、似遥1
燋	子消1、將遥1
簥	九遥1
驕	起橋1
驕（獢）	許喬1
鷦	子消1、子遥3

噍	子遥 2
嶠[嶣]	渠骄 1
醮[憔]	在遥 1
貓	亡朝 1
漂	匹遥 1
漂（飘）	匹遥 1
螵	匹遥 1、婢遥 1
飘	匹遥 1、鼻遥 1、婢遥 3、避遥 1、毗遥 1、符遥 1
飘（票）	避遥 1
瓢	婢遥 2、毗遥 1
薸	扶遥 1
票（飘）	避遥 1
嘌（票）	匹遥 1
幧	七消 1
苃	祁饶 1
乔	其娇 1、其骄 1、巨苗 1
乔（橋）	渠骄 1
僑	其骄 12
僑（乔）	其憍 3
憔	在遥 4、昨遥 1、慈遥 1
蕎	居乔 1
樵	在焦 1、徂焦 1、在消 1、在遥 1、似遥 2

樵(蘸)	徂焦 1
橋(喬橋)	其驕 1
譙	在消 1、在遙 3
譙(嶕)	在逍 1
譙(燋)	在消 1
翹	祁饒 3、祁消 1、巨遙 2、祁遙 1
翹(蘪)	祁饒 1
萩	子遙 1
蕘	如遙 3、如謠 1、而招 1、而昭 1
襓	如遙 1
饒	而遙 1
幒[幧]	七消 2
燒	叔招 1
韶	常遙 2、上遙 1、上招 1、常昭 1、上昭 1、時昭 1
韶(招)	上昭 1
袑	赤遙 1
枵	許嬌 1、虛驕 1、許驕 4
獢	虛驕 1
鴞	于嬌 3、户驕 2、于驕 4、于苗 1
蹺	許驕 5、許橋 1
嚣	許驕 1
馨	虛嬌 1

续表

焱（炎）	必遥 1
夭	於嬌 1、於驕 6
妖	於驕 2
妖（訞）	於驕 1
祅（妖）	於喬 1
喓	於遥 3
蘷	於遥 1
姚	羊消 1、羊昭 1
珧	余招 1、餘招 1
摇	餘招 1、餘昭 1
摇（繇）	以昭 1
摇（搖）	羊招 1
銚（蓸）	羊招 1
銚［斛］	七遥 2
窯	弋消 1
繇（摇）	以招 1
要	於宵 1、一倈 1、一遥 79、於遥 23
要（腰）	一遥 1
揄	羊昭 1
揄［摇］	羊消 1
招	之遥 1、照遥 1、章遥 1
招	常遥 3、上遥 3、上昭 1

续表

招（韶）	上朝 1
昭	章遥 3
昭	上饶 3、市遥 1、式遥 1、常遥 9、绍遥 1、上遥 5、時招 1、上招 1
昭（绍）	上饶 1
昭（佋）	上招 1
炤（灼昭）	章遥 2
炤［昭］	章摇 1
薰	芳腰 1

（二）上声三十小

下字属"小"韵的反切 57 条 134 次，其中以小切筱 1 条 9 次、其余 4 条 7 次。反切下字 8 个：小$_{24}$ 表$_{19}$ 绍$_3$ 兆$_4$ 沼$_3$ 眇$_2$ 少$_1$ 趙$_1$。系联结果为一类：

1. 小类

摽（婢眇、婢小）撟（居表、几小、居兆）縹（匹眇）眇（彌小）绍（市小、市沼）沼（之绍、之兆）//糾（其趙）

说明：

1. 下字"趙"（糾，其趙反）不系联，据《广韵》而定。

附：小韵反切字表

芙	於表 1

苞	白表 1
標	方小 1
膘	毗小 1
藨	白表 1、皮表 1
摽	婢眇 1、婢小 1、符小 1
湫	子小 9
撟	居表 1、几小 1、居兆 2
撟(矯)	居表 1
敽[敿]	居表 1
矯	紀表 1、居表 17、居兆 4
矯(撟)	紀表 1
蟜	居表 6
蟜(矯蹻)	居表 1
糾	其趙 1
鷯	力小 1
杪	亡小 1
眇	亡小 3、彌小 3、妙小 2、名小 1
藐	妙小 1
撓	而小 4
剽(標)	甫小 1
縹	匹眇 1
犥(皫)	芳表 1

续表

悄	七小 4
蹻	居表 2
橋	居表 1
橋（矯）	居表 1
愀	七小 2
萩	子小 1
擾	如小 3、而小 9、而沼 1、而少 3
繞	而沼 2
紹	市小 1、市沼 1
夭	於表 10、於兆 3
殀	於表 1
鷕	以小 1
沼	之紹 7、之兆 2
兆	直表 1
旐	直小 1、持小 1
鷢	羊紹 1
骱［鷢］	羊紹 1

（三）去声三十五笑

　　下字属“笑”韵的反切 64 条 342 次,其中混切 2 条 2 次。反切下字 9 个:照$_{21}$ 召$_{17}$ 妙$_{15}$ 笑$_5$ 詔$_3$ 廟$_1$ 誚$_1$ 繞$_1$。系联结果为一类:

　　1. 照类

　　醮(子妙、子笑、子召)燎(力妙、力召、力詔、力照)漂(匹妙、匹

照)召(上詔、上照)廟(苗笑)橋(居廟)笑(蘇誚)昭(焌,之召、之
繞)

附:笑韵反切字表

熛	孚照 1
僬	子妙 1
噍(嚼)	子笑 1
醮	子妙 3、子笑 3、子召 2
醮(湫)	子召 1
釂	子妙 1、子召 1
燎	力妙 4、力召 19、良召 2、力詔 1、力照 1
療	力召 2、力照 1
廟(庿)	苗笑 1
剽	匹妙 9、芳妙 1、匹召 1
漂	匹妙 5、匹照 1
橋	居廟 1
陗	七妙 1
誚	在笑 2
少	失召 1、詩召 49、式召 2、申召 3、升召 1、詩詔 3、詩照 129、施照 1
劭	上照 1
邵	上照 1
邵(召)	上照 3

续表

哨	七笑 1
爥〔燿〕	以照 1
削	七妙 1
肖	悉召 1
笑	蘇誚 1
要	一妙 1、因妙 2、於妙 5
曜	羊照 1
燿	以照 1、羊照 1
鷂	羊召 1、以照 1
約	因妙 1、於妙 5
昭	之繞 1
昭（炤）	之召 1
召	上詔 4、實照 1、上照 30、時照 8、市照 1
召（邵）	上照 5、尚照 1、時照 2
潐	子召 2
竂（燎）	力召 1
笑（嘆）	悉妙 1

三、肴、巧、效

（一）下平五肴

下字属"肴"韵的反切 86 条 160 次，其中以肴切宵 1 条 1 次、其余 1 条 1 次。反切下字 8 个：交$_{72}$ 茅$_5$ 教$_3$ 包$_2$ 苞$_1$ 郊$_1$ 茭$_1$ 爻$_1$。

系联结果为一类：

1.交类

包（必交、必茅）骰（户交、户教）庖（步苞、步交、蒲茅）苞（補交、補茅）匏（蒲包、白交）麃（步交、步郊）茅（卯交）爻（户交）∥枹（逋茭）

说明：

1.下字"茭"（枹，逋茭反）不直接系联，《释文》："茭，音交。"（P200、P525、P555）据此可与其他下字系联。

附:肴韵反切字表

坳	於交1
包	必交2、伯交1、白交1、必茅1
包（庖）	白交2
苞	百交1、伯交1、補交1、逋茅1、補茅1
苞（包）	必交1
胞	普交1、步交2
胞（庖）	白交1
抱	必茅1
骲〔髇〕	火交1
麃	步交1
摽	普交1
抄	初交1、初教1
鈔	初教1

巢	仕交 1
嘲	陟交 1
欁（巢）	助交 1
欁（窠）	侧交 1
窠	侧交 1
鵰［鴡］	陟交 2
枹	逋菱 1
嚆（嗃）	許交 1
嗃	許交 1
姣	户交 1
筊（筊）	户交 1
絞	古交 1、户交 12
勦	初交 3
茅	亡交 11、卯交 2、兒交 1、莫交 1
茅（蕘）	萌交 1
罞（茅）	亡包 1
呶	女交 2
怓	女交 1
譊	乃交 1、女交 1
鐃	女交 3
庖	步苞 1、鮑交 1、步交 6、蒲茅 1
炮	百交 1、薄交 2、步交 4

续表

炮(炰)	白交 1
炮(炰炰)	薄交 1
炰	蒲包 1、白交 2
匏	薄交 3、白交 7、步交 1、步郊 1
泡	普交 2
鄗	苦交 1
敲	苦交 1
墝	苦交 2
墝(墽)	苦交 2
骹	苦交 1
筲	色交 1、所交 4
蛸	所交 2
虓	火交 2
掣	色交 1
嘵[譊]	女交 1
崤	户交 1
淆	户交 1
烋	火交 1
爻	户交 4
肴	户交 4
肴(殽)	户交 2
殽	户交 9、户教 2

骰（肴）	户爻 1
骰（肴崤）	户交 2
咬	於交 1
鵁	竹交 1

（二）上声三十一巧

下字属"巧"韵的反切 27 条 110 次，其中混切 2 条 3 次。反切下字 4 个：卯$_{18}$ 鲍$_5$ 巧$_3$ 鲍$_1$。系联结果为一类：

1. 卯类

鲍（步鲍、步卯）卯（馬鲍、亡巧）

附：巧韵反切字表

鲍	步鲍 1、白卯 1、步卯 4
熮（煼焻炒齱燢）	初卯 1
姣	古卯 1
葵（芰）	胡巧 1
膠	交卯 1
佼	古卯 6、交卯 1
佼（姣）	古卯 4
狡	古卯 9、交卯 2
狡（交）	古卯 1
絞	古鲍 1、古卯 11、交卯 2

攬	交卯 1
挍〔校〕	古飽 51
卯	馬鮑 1、亡巧 1
撓	乃卯 1
骹	胡飽 2、户卯 1
校	古飽 1、古卯 1
妖（狡姣）	古卯 2
爪	側巧 1

（三）去声三十六效

下字属"效"韵的反切 55 条 130 次，其中以效切笑 2 条 2 次。反切下字 2 个：孝$_{28}$ 教$_{27}$。系联结果为一类：

1. 孝类

校（户教、户孝）

附：效韵反切字表

豹	百教 2、包教 1、必孝 1
窖	古孝 2
覺	古孝 12、交孝 1
樂	五教 3、五孝 4
撓	乃孝 1、女孝 1
撓〔橈〕	乃教 1

鐃	乃孝 1
淖	乃孝 1、奴孝 1、女孝 3
敲	苦孝 1
巧	苦教 3、起教 1、苦孝 1
橈	乃教 3、女教 2、乃孝 7
稍	所教 1
削（稍郶）	所教 1
効	户教 1
效	胡教 1、户教 8、下教 1、户孝 5
校	交孝 1、古孝 1
校	户教 11、爻教 1、胡孝 4、户孝 3
傚	胡教 3、户教 10、下教 1、胡孝 3
傚（效）	户教 1、胡教 1
詨（傚）	户教 1、户孝 1
斅	户孝 1
斅〔斆〕	户教 1
學	户教 2、户孝 1
學〔斆〕	胡孝 1
學〔斅斆〕	胡孝 3
爻〔效〕	胡孝 1
約	乌孝 1
罩	張教 1

续表

櫂	直教 2
濯	直孝 2
燿[䘨]	所教 1

四、豪、皓、号

(一)下平六豪

下字属"豪"韵的反切 150 条 336 次,其中混切 1 条 1 次。反切下字 8 个:刀$_{98}$ 羔$_{23}$ 毛$_{12}$ 高$_{7}$ 劳$_{4}$ 曹$_{3}$ 豪$_{2}$ 褒$_{1}$。系联结果为一类:

1. 刀类

褒(保刀、保毛)操(七曹、七刀)皋(古刀、古豪)蒿(好刀、好羔、好高、呼毛)豪(户刀)陶(徒刀、同劳)

附:豪韵反切字表

敖	五刀 7、五羔 3
敖(遨)	五刀 1、五羔 1
敖(謷嗷)	五高 1
嗸	五刀 1
嗸(嗷)	五刀 1
獒	五刀 2、五羔 2
摮	五羔 1
熬	五刀 3、五羔 5

翱	五刀1、五羔2
謷	五羔3
驁	五羔1
傲[敖]	五羔1
鰲	五刀1
襃	保刀2、保毛2、補毛1
報[襃]	保毛2
参(操)	七曹1
操	七曹14、七刀22、草刀2
操(懆)	七刀1
綢	他刀1、吐刀1
叨	吐刀1
忉	都勞2
翿	徒刀3
皋	古刀8、古豪1
膏	古刀1
槔	古毫1
櫜	古刀6、古毛2
鼕	古毛1
獋	户刀1
茠(薅)	火羔1
蒿	好刀2、好羔2、許羔1、好高1、呼高1、呼毛3

嫫	呼毛 1
毫	户高 1
毫（豪）	户刀 1
嗥	户羔 1
嗥（號）	户羔 1
豪	户刀 1
豪（毫）	户刀 1
號	户刀 8、户羔 9、户高 7、胡毛 1、户毛 3
號［豪］	户羔 1
峼	古刀 3
尻	苦刀 2、苦羔 3
牢	老刀 1、力刀 7、鲁刀 1
螃	力刀 2
螃（勞）	力刀 1
醪	老刀 1、力刀 1、鲁刀 1
旄	亡襃 1
猱	乃刀 1
猱	乃刀 1
猱（獶）	奴刀 1
獶（猱）	乃刀 1
袍	步刀 11、蒲刀 1、步羔 2、薄勞 1、包毛 1、步毛 1
裒（褒）	保毛 1

搔	蘇刀1、素刀2
繅	先刀2、素刀1
臊	素刀1、索刀1
騷	蘇刀1、素刀4
繆［繅］	悉刀1
搜	素羔1
弢	他刀2、吐刀6、敕刀1
條	他刀1、佗刀1
條（條）	吐刀1
慆	他刀2、吐刀3、徒刀1
滔	他刀1、吐刀7
榖	吐刀1
綯	他刀1、吐刀2
綯（弢）	他刀1
濤	徒刀2
謟（慆）	他刀1
謟（滔）	佗刀1
韜	他刀2、土刀2、吐刀7
韜（弢綯弢）	吐刀3
饕	他刀1、土刀1、吐刀3
咷	道刀1、徒刀1、道羔2
洮	他刀9、吐刀3、徒刀1

续表

洮(桃)	他刀 1
陶	大刀 1、道刀 1、徒刀 6、同劳 1
陶(鋾)	徒刀 1
淘	大刀 1
綯	徒刀 2
蜪	徒刀 1
鞀(鞉)	大刀 1
檮	徒刀 6
騊	大刀 1
鼗	大刀 1、徒刀 1
鼗(鞀鞉)	徒刀 2
挑	他羔 1
号[号]	胡刀 1
翺	五刀 2、五羔 1
嚻	五刀 3、五羔 2、五高 2
糟	子曹 2、早劳 1
薂(薂)	五高 1
鞠[陶]	徒刀 1

（二）上声三十二皓

下字属"皓"韵的反切 79 条 213 次，反切下字 6 个：老$_{59}$ 早$_{15}$ 考$_2$ 道$_1$ 杲$_1$ 稿$_1$。系联结果为一类：

1. 老类

埽（素老、蘇早）杲（古老）昊（胡杲、胡考、胡老）好（蒿縞）縞
（古老）

附:皓韵反切字表

褶（襬）	丁老 1
倒	丁老 13、都老 2、多老 1
搗（擣）	丁老 1
擣	丁老 1
搗（瘑搗）	丁老 3
禱	丁考 2、丁老 21
稻	徒老 1
筶	古老 3
杲	古老 1
槀	古老 5、苦老 3
槁	古老 1、口老 1、枯老 1、苦老 16
稾	古老 10、故老 1
稾（藥）	古老 2
縞	古老 18
藥	古老 1
鎬	胡老 8、户老 3
鎬（鄗）	胡老 1
薧	苦老 1

续表

薧（槁橐）	苦老 2
好	蒿縞 1
昊	胡杲 1、胡考 1、胡老 2、胡老 7、户老 4
昊（皓）	胡老 1
浩	古老 1、胡老 4、户老 3
晧	胡老 1
晧（昊）	胡老 1
皓	古老 1、胡老 1、户老 1
皓（顥）	胡老 1
暤	胡老 1、户老 2
暤［暤］	胡老 3、户老 1
蒿	胡老 1
枯（槁）	苦老 1
潦	力道 1
腦	乃老 1、奴老 2
鄗	户老 1
繰（璪藻）	子老 1
慅	七老 1
嫂	悉早 3、先早 1、素早 1
嫂（娞）	素早 1、悉早 1
埽	素老 2、蘇早 1
夭	烏老 3

薻	子老 1
皁	才老 2、在早 3、才早 5
造	在老 1、才老 1、在早 1、才早 4、徂早 1
燥	素老 1、西早 1、悉早 1、素早 3
刟（膥）	乃老 1
㺟（玃）	乃老 1
嫂（嫂）	素早 2

（三）去声三十七号

下字属"号"韵的反切 112 条 823 次，混切 1 条 1 次，反切下字 5 个：报$_{94}$ 到$_{15}$ 告$_1$ 耗$_1$ 号$_1$。系联结果为一类：

1. 报类

蹈（徒报、徒到）奥（乌报、於耗）告（故报、工號）耗（呼报）号（户报、胡到）劳（力报、力到、力告）

附：号韵反切字表

敖（傲）	五报 1
敖［傲］	五报 18
熬	五报 1
警	五报 1
謷（嫠）	五报 1
傲	五报 12

傲（敖憿奡）	五報 6
奡	五報 2
奥	烏報 15、一報 1
奥（隩）	烏報 1、於耗 1
懊	烏報 1
驁	五報 2
驁（敖）	五報 1
暴	薄報 1、白報 1、步報 1、蒲報 1
暴（虣）	薄報 1、蒲報 2
暴（曝）	步報 1
虣	薄報 2、白報 1、蒲報 1
操	七報 3
郳	七報 1
幬	大報 1、徒報 2
蹈	徒報 9、徒到 1
悼	徒報 1
盗	徒到 1
道（導）	徒報 6
道［導］	徒報 3
燾	徒報 3
燾（濤）	徒報 1
纛	桃報 1、徒報 1
高	古報 4、古到 1

膏	古報 5
槀	苦報 1
槁	苦報 3
稾	苦報 1
稾[犒]	苦報 1
告	故報 1、工號 1
郜	古報 14
誥	羔報 1、古報 7、故報 3
好	呼報 396、呼到 1
耗	呼報 5
耗(旄)	亡報 1
耗	呼報 2
號	户報 2、胡到 1
吉[告誥]	羔報 1
犒	苦報 7
勞	老報 3、力報 76、力到 6、力告 1
嫪	力報 1
旄	亡報 1、莫報 3
旄(毛)	亡報 1、莫報 1
芼	亡報 4、毛報 2、莫報 3
冒	亡報 11、莫報 23
眊	莫報 1
耄	毛報 1、莫報 5

媢	莫報 1
瑁	莫報 1
臑	乃報 4、奴報 3、乃到 1、奴到 3
掃	悉報 1、先報 1
掃（埽）	素報 1
埽	悉報 4、素報 9、素到 2
埽（掃）	蘇報 1
陶	徒報 1
隩	烏報 1
鑿	在報 1、才報 1、曹報 2
造	七報 41、七到 4
造（舡）	草報 1
慥	七到 1
譟	息報 1、素報 7
趮［躁］	子到 1
躁	早報 8、子到 1、早到 1
竈	則到 2
搔（搔）	素報 1
栖	亡報 1
纛（纛）	徒報 1
耄（旄）	莫報 1
耄（薹）	毛報 1

第十节　果摄系联

一、歌、哿、箇

(一)下平七歌

下字属"歌"韵的反切 123 条 204 次,其中以歌切戈 24 条 34 次。反切下字 6 个:何$_{54}$ 多$_{35}$ 河$_{30}$ 阿$_2$ 哥$_1$ 柯$_1$。系联结果为一类:

1.何类

柯(古阿、古多、古何、古河)阿(乌何、乌河)苛(胡柯)峨(五哥、五多)

附:歌韵反切字表

阿	乌何 1、乌河 1
陂	普河 1
差	七何 2
瘥	才何 1、徂何 1、才河 2
池	徒多 1
瑳	七何 2
磋	七多 2、七何 6、七河 1
磋(瑳)	七何 1
蹉(差)	七何 1
蒫	才河 1

续表

嵯	才何 1
鼃	才何 2
妸	於河 1
俄	五多 1、五何 1
峨（俄）	五哥 1
峨（娥）	五多 1
峩	五何 1
莪	五多 1、五何 1、五河 3
睋	五多 1
鵝	五何 2
鵝（鵞）	五河 1
鵞	五多 1、五何 3
番	布何 1
繁	步河 1
呵	呼多 1、胡何 1
荷［訶］	呼何 2
苛	胡柯 1
苛（呵）	呼河 1
苛［訶］	呼多 1
柯	古阿 1、古多 1、古何 4、古河 7
羅	洛何 1
蘿	力多 1、力何 1

摩	末多1、莫何2、莫河1
磨	末多1
劘	莫何1
那	乃多2、奴何1、乃河2
那（朗）	乃多1
那（姌）	奴多1
難	乃多9
難（儺）	乃多1
儺	乃多1
皤	蒲多1、步何1
頗	破多3、普多3、破何1、普何1、破河2、普河3
沙	素何1、素河2
莎	素何1
蟺（蟮）	徒多1
娑	桑何1、素河2
傞	素多1
他	徒何2、徒河1
他（它）	吐何1
它	徒何1
它（他）	土多1、敕多1
它（他紽）	徒何1
它（佗）	徒多1

续表

佗	大阿 1、大多 2、徒多 1、吐何 1、大何 3、待何 1、徒何 12、大河 4、徒河 5
佗（它）	徒河 1
陀	大何 1
沱	唐何 1、徒何 2、大何 1、徒河 5
沱（池）	徒河 1
駝	大河 1
鮀	徒多 1、待何 1、徒何 2
驒	徒河 2
鼉	大多 1、徒多 1、徒何 1、徒河 1
犧［献］	素何 2、素河 1
献	素何 1、素河 4、素河 1
献（戲犧）	素何 2
献［莎］	素何 1
鄌	才多 1、才河 2
鄌［醝］	在何 1
厓（峩）	五何 1
厔［嵯］	才何 1
摩（磨）	末多 1、末何 2、末河 1
磨（摩）	莫何 1

（二）上声三十三哿

下字属"哿"韵的反切 34 条 55 次,其中以哿切果 7 条 19 次、以哿切过 3 条 4 次。反切下字 3 个：可$_{19}$ 我$_{13}$ 左$_2$。系联结果为一类：

1.可类

哿（古可、哥我）播（彼我、彼左）

附：哿韵反切字表

播	彼我 2、彼左 1、波左 1
跛	波可 3、布可 3、彼我 3、波我 4、布我 1
簸	波我 3
瑳	七可 1、七我 1、仓我 1
哿	古可 1、哥我 1
何	何可 1、河可 2、胡可 4、户可 2、胡我 2、户我 1
何（荷）	何可 1、河可 1、胡可 1
荷	何可 2、户可 1、胡我 1
荷（何）	河可 1、胡可 1
荷（河）	胡我 1
攌	乃可 2
颇	破可 2
拖（拖）	徒我 1
拖［拖］	徒可 1
猗［婀］	於可 1

（三）去声三十八箇

　　下字属"箇"韵的反切 15 条 41 次，其中以箇切过 9 条 12 次。反切下字 3 个：贺$_7$佐$_7$餓$_1$。系联结果为一类：

　　1. 贺类

　　播（波餓、補賀、彼佐）

附：箇韵反切字表

播	波餓 1、補賀 2、彼佐 2、波佐 2、甫佐 1
大	代賀 1
癉（憚）	丁賀 1
憚（癉）	丁佐 2
个	古賀 23
個	古賀 1
呼	好賀 1
磨	末佐 1、莫佐 1、木佐 1
佗	吐賀 1

二、戈、果、过

（一）下平八戈

　　下字属"戈"韵的反切 47 条 125 次，其中以戈切歌 1 条 1 次。反切下字 4 个：禾$_{26}$戈$_{11}$波$_5$和$_5$。系联结果为一类：

　　1. 禾类

痤(在戈、在禾)戈(古禾)和(胡戈)科(苦禾、苦和)//皤(白波)

说明：

1. 下字"波"(皤,薄波反;白波反)不系联,据《广韵》而定。

附:戈韵反切字表

痤	在戈1、才戈1、在禾2、才禾1、徂禾2
惰	徒禾1
吪(訛)	五戈1
訛	五戈3、五禾3
訛(吪譌)	五戈1
譌	五和1
戈	古禾4
過	古禾51、古和1
過(渦)	古禾1
和	胡戈1
科	苦禾4、苦和2
科(蝌)	苦禾1
薖	苦禾1
螺	力禾1
蠃	力戈1
蠃	郎戈1、力戈1、力禾7
蠃(螺)	力禾1

摩〔廳〕	莫波 1
婆	步波 1
皤	薄波 1、白波 2
捼	乃禾 1、奴禾 1
沙〔莎〕	素禾 1
莎	息禾 1、先禾 1、蘇禾 2、素和 1
衰（襄）	素戈 1
隋	徒禾 1
莏	素禾 1
蓑	素戈 1、素禾 3
矮	烏禾 1
蝸〔螺〕	力禾 6
座〈痤〉	在禾 1
峻	子和 1
蛾	我波 1

（二）上声三十四果

下字属"果"韵的反切 51 条 94 次,反切下字 3 个:果$_{40}$ 火$_{10}$ 禍$_1$。系联结果为一类:

1.果类

倮（力果、魯火）果（工火）//跛（補禍）

说明：

　　1. 下字"祸"（跛，補禍反）不系联，据《广韵》而定。

附：果韵反切字表

跛	補禍 1
揣	丁果 2
捶	丁果 2
脞	倉果 1
朵	多果 1
鬌	丁果 4、多果 1
惰	徒火 1
墮	湯果 1
隋（墮）	吐果 1
憧[墮]	待果 1
果（蜾蝸）	工火 1
果[贏]	魯火 1
裹	古火 1
夥	戶果 1
顆	苦果 4
累[倮]	力果 1
蠡	力果 1
螺（贏）	力果 1
倮	力果 5、魯火 1

蓏	力果 5、力火 1
裸	力果 1
臝	力果 1、鲁火 1
蠃	力果 6、鲁果 1
嬴（倮 蠃 臝 蓏）	力果 4
隋	他果 4、大果 2、追果 1、待果 2、徒火 3
隋（墮）	唐果 1、徒火 1
綏［妥］	土果 1 他果 1、湯果 1
瑣	悉果 1、息果 1、桑果 1、素果 8、素火 1
瑣（璅）	星果 1
鏁（瑣）	桑果 1
妥	他果 6、湯果 1
橢	他果 1
橢（隋）	他果 1
璅［瑣］	息果 1

（三）去声三十九过

下字属"过"韵的反切 24 条 162 次，反切下字 2 个：卧₂₃ 课₁。
系联结果为一类：

1. 卧类

课（口卧）蜾（徒课）

附:过韵反切字表

攉[莝]	采卧 1
剉(挫)	子卧 1
挫	子卧 7、作卧 4、災卧 1
莝	采卧 1、倉卧 1
蓌	子卧 1
惰	他卧 1、徒卧 26
惰(憜)	徒卧 1
過	古卧 23、姑卧 1
和	户卧 15、胡卧 35
課	口卧 1
隋[惰]	大卧 1、徒卧 1
蜕	吐卧 1
唾	他卧 1、吐卧 4
坐	在卧 1、才卧 33
嫷(隋)	徒課 1

第十一节　假摄系联

一、麻、马、禡

(一)下平九麻

下字属“麻”韵的反切 85 条 251 次,其中以麻切佳 1 条 1 次。

反切下字 17 个:加$_{14}$ 嗟$_{12}$ 瓜$_{11}$ 花$_{10}$ 奢$_8$ 巴$_6$ 牙$_4$ 華$_3$ 家$_3$ 麻$_3$ 蛇$_3$ 虵$_2$ 斜$_2$ 遮$_2$ 差$_1$ 蛙$_1$ 邪$_1$。系联结果为二类,实当为三类:

1.加类(加家巴牙麻)

牙(五加)杷(步巴、白加、白麻 1)巴(必加、伯家、必麻)茄(古牙)

2.嗟类(嗟奢差蛇虵斜遮邪)

嗟(迹斜)邪(似嗟;也差、以嗟)罝(子邪、子斜)車(尺奢、尺蛇、尺遮)遮(支奢、之蛇)蛇(食奢)奢(書虵)

3.瓜类(瓜花華蛙)

華(胡瓜、胡花)夸(苦瓜、苦花、苦華)瓜(古花、古華)髽(側巴、側瓜)//華[㼌](苦蛙)

说明:

1.系联结果为二类,实当分为三类。"髽"有"側巴、莊瓜、側瓜"三反,其切下字"巴"为唇音字,导致开合不分。

2.下字"蛙"(華[㼌],苦蛙反)《释文》有"烏蝸、户蝸"二反,为"佳"韵字。《广韵》属"佳、麻"两韵,这里依据《广韵》而定。

附:麻韵反切字表

巴	必加 2、布加 1、伯家 1、必麻 1
蚆	普巴 1
犯	百加 1、百麻 2
差	測加 1
車	尺奢 1、赤奢 1、尺蛇 3、昌蛇 4、尺遮 1、昌遮 1

瓜	工花 1、古花 3、古華 8
騧	古花 3
華	胡瓜 3、户瓜 1、乎花 1、胡花 1、户花 1
華〔瓜〕	苦蛙 1
譁	户瓜 1
驊	户花 1
佳	格牙 1
徦	古牙 1
貑（麚）	古牙 1
嗟	迹斜 1
苴	七加 1
罝	子邪 1、子斜 3
夸	苦瓜 4、口花 2、苦花 2、苦華 1
誇（夸）	苦瓜 1
侉	苦瓜 2
摩	亡巴 1
蟆	武巴 1
蟆（蟇）	亡巴 1
杷	步巴 1、白加 1、白麻 1
茄	古牙 1
奢	書蚅 1
賒	傷蚅 1

蛇	食奢 1、市奢 2
窊	烏瓜 1
蝸	工花 1
污	烏華 1
鰕（蝦）	下家 1
瑕	戶加 2、下加 1、下家 1
騢	乎加 1
邪	似嗟 111、也差 1、以嗟 2、羊嗟 1
邪（衺耶）	似嗟 3
邪（耶）	餘嗟 1
衺	似嗟 2
衺（邪）	似嗟 3
鴉（鵶）	於加 1
牙	五加 1
耶（邪）	似嗟 1
耶［邪］	似嗟 1
鎁	以嗟 1
鋣	也嗟 1
柤	莊加 6、側加 5
樝（查）	側加 1
遮	支奢 1、章奢 2、正奢 1、諸奢 1、之蛇 1
觰	陟瓜 1、張瓜 1
髽	側巴 1、莊瓜 1、側瓜 11

（二）上声三十五马

下字属"马"韵的反切 34 条 235 次，反切下字 8 个：雅$_{19}$ 马$_4$ 寡$_3$ 者$_3$ 下$_2$ 也$_1$ 瓦$_1$ 冶$_1$。系联结果为三类：

1. 雅类（雅馬下）

把（百馬、百雅）假（工下、工雅）

2. 者类（者也冶）

且（七也）//野（羊者）寫（悉冶）

3. 寡类（寡瓦）

瓦（五寡）踝（胡瓦）

说明：

1. 第二类反切下字"也者冶"不直接系联。《释文》："野，音也。"（P776）"冶，音也。"（P124、P652、P768、P889、P935、P936、P965、P1054、P1101、P1102、P1300、P1308、P1357）据此可辗转系联为一类。

附：马韵反切字表

把	巴馬 1、百馬 1、必馬 2、百雅 1
槎	士雅 1、仕雅 1
哆	昌者 2
椵	古雅 17
椵（假）	古雅 2
踝	胡瓦 1

续表

斝	古雅 7
椵	古雅 1
榎	古雅 2、皆雅 1
榎（檟）	古馬 1
檟	古雅 3
假	工下 1、古雅 12、工雅 1
苴	侧雅 1
髁	户寡 1
且	七也 6
社	市者 1
土	敕雅 1
瓦	五寡 1、颜寡 1
夏	古雅 1、胡雅 4、户雅 155、行雅 1
寫	悉冶 1
野（埜）	羊者 1
鮓	侧下 1
鮺［鮓］	侧雅 1

（三）去声四十祃

　　下字属"祃"韵的反切 84 条 310 次，其中混切 6 条 8 次。反切下字 13 个：嫁$_{31}$ 夜$_{20}$ 駕$_{10}$ 化$_8$ 霸$_4$ 詐$_4$ 怕$_1$ 赦$_1$ 暇$_1$ 迓$_1$ 訝$_1$ 乍$_1$ 罵$_1$。系联结果为三类：

　　1. 嫁类（嫁駕霸詐怕暇迓訝乍罵）

禡(馬嫁、莫駕、馬怕)蜡(仕嫁、仕迓、仕詐)嗄(行嫁、行訝)迓(五嫁、五駕)訝(五嫁)詐(側嫁、側駕)罵(馬嫁)貉[禡](莫霸、莫駕)//稼(古乍)

2.夜类(夜赦)

藉(在夜)射(食夜)舍(式夜)借(子夜)柘(章夜)炙(之赦、章夜)

3.化类(化)

華(戶化、胡化)

说明:

1.第一类下字"乍"(稼,古乍反)不直接系联,《释文》:"稼,音嫁。"(P92、P1377),据此可与其他下字系联。

附:禡韵反切字表

詫	敕駕 1
惡(亞)	於嫁 1
貉(通禡)	莫駕 1
貉[禡]	莫霸 1、莫駕 2
芐	戶嫁 1
鱯	下化 1
華	戶化 21、胡化 6
椛	戶化 1
擭	華霸 1、華化 1、胡化 2
嘉	戶嫁 3

賈	加霸 1
假	戶嫁 2
假（暇）	戶嫁 1
稼	古乍 1
借	子夜 9
藉	字夜 2、在夜 20、慈夜 3、才夜 3
跨	口化 1、苦化 3
蜡	士嫁 2、仕嫁 4、仕迓 1、士詐 1、仕詐 5
蜡（褚）	仕詐 1
輅［迓］	五嫁 3
禡	馬嫁 2、亡駕 1、莫駕 2、馬怕 1
罵	馬嫁 2
弝	普霸 1
髂	苦嫁 1
舍	式夜 2
射	食夜 8、神夜 1、市夜 1
貰	市夜 1
槀［橐］	章夜 1
橐	章夜 2
暇	遐嫁 1、行嫁 1、行訝 1
下	戶嫁 43、迴嫁 1、遐嫁 51
夏	戶嫁 25、遐嫁 1、胡駕 1

续表

嚇（呼）	許嫁 1
牙（迓）	五嫁 1
徛（御）	五嫁 1
迓	五嫁 2、五駕 1
迓（訝）	五嫁 3
亞	於嫁 6
亞（婭）	一駕 1
訝	五嫁 5
訝（迓）	五駕 1
御（訝迓）	五嫁 1
御［迓］	牙嫁 1、五嫁 1
御［訝］	五嫁 1
咋［乍］	仕詐 1
咤	陟嫁 1
詐	側嫁 1、側駕 1
柘	之夜 1、止夜 1、章夜 4
蔗	章夜 1
炙	之赦 1、支夜 1、者夜 2、章夜 9、諸夜 1
虖（鏵）	呼暇 1
罷	扶罵 1

第十二节　宕摄系联

一、阳、养、漾、药

(一)下平十阳

下字属"阳"韵的反切 129 条 376 次,反切下字 16 个:良$_{55}$羊$_{51}$方$_5$长$_3$狂$_2$详$_2$章$_2$常$_1$房$_1$匡$_1$羌$_1$亡$_1$相$_1$祥$_1$陽$_1$張$_1$。系联结果为两类:

1.良类(良羊長详章常羌相祥陽張)

莨(直良、丈羊)漿(子良、子详、子羊)彊(其良、渠羌)羌(卻良)疆(居長、居良)殇(式長、式羊)湯(失羊、失章)央(於良、於相)相(息羊)饗(漿,子祥)//涼(飆,力張)颺(餘常)塌(失陽)

2.方类(方狂房匡亡)

筐(匡,丘方)筐(丘方、丘房、丘狂)狂(求匡)匡(曲亡)

说明:

1.下字"張"(涼,力張反)不直接系联,《释文》:"粻,音張。"(P383、P1612、P1705)"粻,知良反;陟良反。"据此可与其他下字系联。

2.下字"常"(颺,餘常反)、"陽"(塌,失陽反)不系联,据《广韵》而定。

附：阳韵反切字表

鶬（鏘鏘）	七羊 2
鶬[蹌]	七良 1
倀	勑良 1
長	直良 10
萇	直良 6、丈羊 1
塲	失陽 1
場	直良 7、丈良 1、直羊 1
牀	助良 1、士良 1
牀（床）	仕良 1
創	初良 12、初羊 2
創（瑲鎗）	七羊 1
創[瘡]	初良 1
魴	符方 1
姜	居良 1、居羊 1
僵	子羊 1、居良 5
漿	子良 2、子詳 1
漿（浆）	子羊 1
彊	居良 1、巨良 1、其良 6、渠羌 1
薑	居良 1
橿	居良 2
殭	居良 1
螿	子羊 1

续表

礓	居羊 1
疆	居長 1、紀良 1、居良 87、君良 1
彊（竟畺壃）	居良 4
疆［彊］	其良 2
繮	居良 1
韁	居良 1
將	七良 1、七羊 10
牆（鏘）	七羊 4
畺	居良 2
匡	曲亡 1
筐	丘方 3、曲方 1、丘房 1、起狂 1、丘狂 1
筺（匡）	丘方 1
狂	求匡 5
涼（飈）	力張 1
蠰	息詳 1
羌	卻良 1
戕	在良 8、在羊 1
斨	七良 1、七羊 2
蜣	丘長 1
槍	七羊 1
牄	七良 1
鶬（蹌）	七羊 1

瑲（鎗）	七羊 1
蹡	七良 1、七羊 6
蹡（鶬鏘）	七良 2
鎗	七羊 3
鎗（鏘）	七羊 1
鏘	七羊 1
强	巨良 1、其良 15
强（彊）	其良 2、渠良 1
嬙（廧牆）	在羊 1
廧	在良 3
廧（嬙）	在良 1
牆	在良 3、慈羊 1
牆（廧）	疾良 1、在良 1
蘠	在羊 1
搶	七良 1、七羊 1
儴	如羊 1
瀼	如羊 2
禳	如羊 13
禳（穰）	而羊 1
禳（攘）	如羊 1
瓤	女良 1
穰	如羊 5

禳（攘）	如羊 1
攘	如羊 25、若羊 2、而羊 1
殇	式長 1、式羊 4、舒羊 1
螪	失羊 1
觞	式羊 2
觞（酾）	失羊 1
湯	失羊 1、書羊 1、失章 1
王	于方 1
相	息羊 1
相［襄］	如羊 1
廂（箱）	息羊 1
湘	息良 1
箱	息羊 2
襄	息羊 2、四羊 1
驤	息羊 1
央	於良 3、於相 1
泱	於良 2
殃	於良 6
瘍	余章 1
颺	餘常 1
粮	知良 1、陟良 2
璋	之羊 1

续表

莊	侧良 3
裝	侧良 1
裝(莊)	侧良 1
饗(漿)	子祥 1
醇(凉)	力羊 1

（二）上声三十六养

下字属"养"韵的反切 80 条 921 次,其中以养切荡 2 条 2 次、以养切漾 3 条 11 次。反切下字 8 个:丈$_{38}$ 兩$_{18}$ 往$_{12}$ 掌$_6$ 网$_3$ 枉$_1$ 想$_1$ 杖$_1$。系联为一类,当为两类:

1. 丈类(丈兩掌想杖)

上(時掌、時丈)享(許兩、許丈)鞅(於兩、於丈、於杖)丈(直兩)痒(以掌、以想)

2. 往类(往网枉)

俇(虚往)紡(芳往、芳网)网(亡丈、亡兩)網(亡兩)

说明:

1. 系联一类,当为两类,唇音字开合不分。

附:养韵反切字表

長	丁兩 2、丁丈 359、知丈 1、張丈 47、誅丈 1
長(丈)	丁丈 1
仿	孚往 1

昉	甫往 1
瓬	方往 2、甫罔 1
紡	芳往 1、芳罔 1
放	方兩 2、方往 21、甫往 8、甫罔 1
放(瓬)	方丈 1
亨[享]	許兩 1
慌	況往 1
怳	況往 1、虛往 1
怳(恍)	況往 1
彊	其丈 7
疆[彊]	其兩 1、其丈 1
蔣	將丈 2
強(彊)	巨丈 1
強[彊]	其兩 10、巨丈 1、其丈 79
繦(襁)	居丈 1
壤	如掌 1、人丈 1、如丈 8、汝丈 1、而丈 4
壤(穰)	而掌 1
上	示掌 1、時掌 244、時丈 3
爽	所丈 1
倘	尺掌 1
柱	紆往 11
罔	亡丈 1

罔（冈誷）	亡兩 1
網	亡兩 1
迋	求往 2、求枉 1
郷（嚮）	許丈 1
享	香兩 5、興兩 1、許兩 6、香丈 1、虛丈 1、許丈 17
享（饗）	許兩 1、許丈 1
嚮	許丈 3
嚮（響）	香兩 1、許兩 1、許丈 1
蠁	許兩 1
響	許丈 3
響（嚮）	許丈 1
饗	許兩 1
饗（享）	香兩 1、香丈 1
向	香丈 1、許丈 7
象	翔丈 1
鞅	於兩 2、於丈 11、於杖 1
蛘	以丈 1
卬	魚丈 1
佒（央）	於丈 1
痒	以掌 1
養（癢）	以想 1
丈	直兩 2

续表

拚(仿)	芳丈 1

(三)去声四十一漾

下字属"漾"韵的反切 128 条 922 次,其中以漾切宕 1 条 1 次、以漾切养 3 条 15 次。反切下字 15 个:亮$_{78}$ 尚$_{18}$ 况$_7$ 讓$_6$ 放$_4$ 諒$_4$ 匠$_2$ 向$_2$ 狀$_1$ 訪$_1$ 誑$_1$ 上$_1$ 迋$_1$ 兼$_1$ 仗$_1$。系联结果为二类:

1.亮类(亮尚讓諒匠向上兼仗)

倡(昌亮、昌諒、昌尚)創(初亮、初向)向(舒亮、式上、舒尚)上(時兼)兼(羊讓)創(初亮、初向)煬(羊亮、羊讓、羊尚)帳(張亮、張仗)仗(直亮)將(子匠、子亮)壯(側亮、側諒、側狀)

2.况类(况放狀訪誑迋)

誑(俱放、九况)眖(許誑)防(扶放)//舫(方訪)狂(其迋)

说明:

1.下字"訪"(舫,方訪反)、"迋"(狂,其迋反)不系联,据《广韵》而定。

附:漾韵反切字表

倉[愴]	初亮 1
昌[倡]	尺亮 1
長	丁亮 1、直亮 26、直諒 2
長(張)	丁亮 1
償	常亮 2、時亮 5、市亮 2、時讓 1

倡	尺亮 3、昌亮 10、昌諒 1、昌尚 3
倡（唱）	昌亮 1
鬯	勑亮 17、敕亮 1、丑亮 1
鬯（暢韔）	勑亮 2
唱（倡）	昌亮 1
悵	勑亮 1
暢	勑亮 6、丑亮 1
韔	勑亮 2
創	初亮 4、初向 1
創（刅）	初亮 3
愴	初亮 2
防	扶放 1
舫	方訪 1
皇	于况 1
將	子匠 89、子亮 9
强	巨亮 1
醬	子匠 1、子亮 1
狂	其迋 1
誑	俱放 1、九况 6
誑（誆）	九况 1
眖（況）	許誑 1
纊	苦放 1

续表

涼（諒）	力尚 1
亮（諒）	力尚 1
量	力尚 1
釀	女亮 5
蹌［蹐］	七亮 1
上	時羕 1
尚	時亮 1
王	往況 8、于況 53
枉	紆放 1
眮	于況 2
妄	亡亮 1、亡尚 1
忘	亡亮 5、忘尚 1、亡向 1
忘（妄）	亡亮 1
迋	于況 2
相	悉亮 1、息亮 298
鄉	許亮 85、許諒 3
鄉（蠁向鼐）	許亮 30、香亮 4
鄉［向］	休亮 1
鄉	許亮 1
鄉（鼐蠁）	許亮 3
餉	式亮 1、始尚 1
蠁	許亮 10

嚮（曏鄉向）	許亮 11
饟	式亮 4
向	失亮 1、式亮 3、傷亮 2、書亮 1、舒亮 25、式上 1、舒尚 1、香亮 1、許亮 4
向（鄉嚮）	許亮 2
曏	許亮 5
曏（嚮）	許亮 1
煬	羊亮 1、餘亮 3、羊讓 1、餘讓 1、羊尚 1
養	于亮 1、羊亮 8、余亮 1、餘亮 11、予亮 3、羊讓 1、以尚 3、羊尚 24、餘尚 1
怏	於亮 1
恙	羊亮 1、餘亮 1、羊讓 1、羊尚 4
瀁	羊讓 1
漾	羊尚 1
張	豬亮 1
張	中亮 2
章（障）	之尚 1
鄣〔障〕	之亮 1、章亮 1、之尚 1
仗	直亮 1
杖	直亮 13
帳	陟亮 1、張亮 1、張仗 1
障	之亮 4、章亮 2、之尚 3、章尚 1
壯	莊亮 2、阻亮 1、側亮 7、側諒 1、側狀 2

鞃（鞥）	勑亮 1

（四）入声十八药

下字属"药"韵的反切 140 条 324 次,其中以药切铎 4 条 4 次。反切下字 12 个:略$_{59}$ 若$_{29}$ 灼$_{19}$ 縛$_{10}$ 約$_{7}$ 虐$_{3}$ 弱$_{3}$ 藥$_{3}$ 酌$_{3}$ 斫$_{2}$ 勺$_{1}$ 籥$_{1}$。系联结果为一类:

1. 略类

綽（昌略、昌若、處約、昌灼、昌斫）繳（章略、諸若、章弱、章藥）蹻（紀略、其略、巨虐）勺（章略、上若、上灼、上酌）谑（許略、許虐、許約）約（於略）礿（襡,予若、餘弱）籥（羊略、余若、羊勺、羊灼）雀（將籥、將略）縛（扶略）

附:药韵反切字表

鵲（䧿）	七約 1
杓	上灼 1、市灼 1
踖（辵）	丑略 1
辵	敕略 1
綽	昌略 2、昌若 2、處若 1、處約 1、昌灼 1、昌斫 1
綽（卓）	昌灼 1
縛	扶略 1
膗	枉略 1
蠼	枉縛 1、紆縛 1、枉略 1

续表

爝	哉約 5
脚	居略 1
繳	章略 2、諸若 2、章弱 1、章藥 1
屫	九略 1
臄（醵）	渠略 1
嚼	才略 1、詳略 1、疾略 1、字若 1
矍	俱縛 3、吁縛 1
矍（瞿）	俱縛 1
懼	況縛 1
攫	俱縛 7
戄	俱縛 13
戄（彏）	俱縛 1
钁	九縛 1
淖［綽］	昌略 1
瘧	魚略 4
蹻	紀略 1、其略 1、渠略 1、巨虐 1
卻	起略 4、羌略 1、去略 2
卻（却）	去略 1
雀	將籥 1
雀（爵）	將略 1
碏	七略 5
鵲	七略 1、七藥 1

续表

鵲（誰）	七略 2
婥	丑略 2、勅略 3、勅若 1
勺	章略 2、上若 2、上灼 6、時灼 3、市灼 3、上酌 2、時酌 2
勺（杓）	上灼 1
妁	時酌 1
爍	失約 1
鑠	舒若 2、失灼 1、舒灼 2、始灼 1
郤（却）	去略 1
郤〔卻〕	起略 2、去略 1
削	相略 2、胥略 1、思略 1、息略 2、悉若 1、息約 1、思約 1
謔	香略 1、許略 3、虛虐 2、許虐 1、許約 2
約	於略 1
汋	七藥 1、上灼 1、由若 1、余弱 1、以灼 2
汋［勺］	章略 1
礿	羊略 1、余若 1、餘若 1、羊灼 1
礿（禴）	予若 1、餘弱 1
瀹	餘若 1、羊灼 1
瀹（汋）	餘若 4
蘥	予若 1、餘若 1
禴	羊略 2、由若 1、餘若 1、羊灼 1
躍	羊略 4、由若 1、餘若 1、予若 1、羊灼 4、余斫 1
籥	羊略 5、由若 1、余若 2、餘若 4、予若 1、羊勺 1、以灼 1、羊灼 6

续表

鵲（鷸）	予若 1
炤［灼］	之若 1
著	丁略 29、知略 3、陟略 1、張略 4、中略 1、直略 61
灼	之略 1
斫	章略 1、諸若 1
酌	市略 1
斮	莊略 1、側略 1
禚	章略 1、諸若 3
鐯（櫡）	直略 1
臭	勑略 1
奥［臭］	勑略 1

二、唐、荡、宕、铎

（一）下平十一唐

下字属"唐"韵的反切 85 条 232 次，反切下字 14 个：郎$_{34}$ 剛$_{24}$ 黄$_6$ 光$_4$ 皇$_3$ 康$_3$ 當$_2$ 旁$_2$ 倉$_1$ 綱$_1$ 崗$_1$ 桑$_1$ 堂$_1$ 臧$_1$。系联为一类，当为两类：

1. 郎类（郎剛康當旁倉綱崗桑堂臧）

臧（徂倉、才剛、才郎）囊（乃當、乃剛、乃郎）當（丁郎、丁堂）康（苦郎）行（户剛、户康、户郎）桑（蘇臧）臧（作剛、作郎）卬（五剛、五綱、五郎）滂（普光、普郎、普旁）彷（薄剛、薄皇）芒（莫剛、莫黄、莫郎）//鴦（於崗）

2.黄类(黄光皇)

　　光(古黄)皇(胡光)尪(乌光、乌皇、乌黄)

说明:

　　1.系联一类,当为两类,唇音开合不分。

　　2.下字"崗"(鴬,於崗反)不系联,据《广韵》而定。

附:唐韵反切字表

傍	薄剛1、蒲郎1
傍(旁)	蒲郎1
蒼	且剛1
蒼(倉)	采郎1
藏	徂倉1、才剛2、才郎1
閶[鼞]	吐剛1
當	丁郎2、丁堂1
蟷	丁郎2
方	蒲郎1
彷	薄剛2、薄皇1、蒲皇1
岡	古康1
岡(罡)	古郎1
光(芫)	古黄1
洸(僙)	古皇1
芫	户剛1

杭	户郎 1
笕（亢）	户刚 1
魧	户刚 1
頏	户郎 1
桁	户刚 1
衡［桁］	户刚 1
皇	胡光 1
将［牂］	子郎 1
康	苦郎 1
康（穅）	口郎 1
漮（歉）	苦郎 1
亢	胡郎 1
汇	莫刚 2
汇（芒）	武刚 1
芒	武刚 1 莫刚 6、莫黄 1、莫郎 4
芒（汇）	武刚 1
囊	乃当 1、乃刚 3、乃郎 9、奴郎 1
雱	普康 1
滂	普光 1、普郎 1、普旁 1
旁	步光 2、步郎 2
旁（磅）	薄刚 1
彭	步郎 1、必旁 1

续表

桑	蘇臧 1
喪	息郎 1、蘇郎 1
湯	佗郎 1
鏜	吐當 1、吐郎 1
尪	烏光 1、烏皇 1、烏黃 5
尩	烏黃 1
汪	烏黃 6
朚（望）	莫剛 1
行	戶剛 33、戶康 1、戶郎 48、下郎 1
薵	於崗 1
卬	五剛 6、五綱 1、五郎 5
卬（昂仰）	五剛 1、五郎 2
仰（卬）	五剛 1
牂	子郎 6、作郎 2、子桑 2
臧	作剛 1、子郎 13、作郎 6
狼	烏郎 1
幌	莫剛 1、莫黃 1

（二）上声三十七荡

下字属"荡"韵的反切 40 条 78 次，其中以荡切宕 1 条 1 次。反切下字 7 个：黨$_{21}$荡$_9$朗$_6$廣$_1$晃$_1$莽$_1$儻$_1$。系联结果为二类：

1. 党类（黨荡朗莽儻）

荡（徒黨、徒朗、大儻）曩（乃黨、乃荡、乃朗）莽（亡黨、莫荡、莫

朗)顙(桑黨、桑蕩、桑朗)奘(徂朗)簜(他莽)

2.广类(廣晃)

壙(苦晃)∥潡(莫廣)

说明:

1.下字"广"不系联,应属合口,被切字"潡"为开口,唇音字开合不分。

2.下字"晃"《广韵》属上声,而被切字"壙"属去声。《集韵》"苦晃切",属上声。

附:荡韵反切字表

讜	當荡1
蕩	唐黨1、徒黨2
蒼	七蕩1
荡(盪)	徒朗1、大儻1
盪	徒黨1
璗(瑒)	徒黨1
盪	徒黨1
盪(荡)	徒黨2
簜	大黨3、徒黨1
簜(簜)	徒朗1
沆	胡黨1、户黨1
壙	苦晃10
莽	亡黨2、武黨1、亡蕩1、莫蕩6、莫朗1

澣	莫廣 1
曩	乃黨 4、奴黨 2、乃荡 1、乃朗 1
顙	息黨 8、桑黨 5、蘇黨 1、素黨 3、桑蕩 1、桑朗 1
帑	吐黨 1
儻	吐黨 1、敕黨 2 丁荡 1、敕荡 2
儻（黨）	勑荡 1
奘	徂朗 1
篡	他莽 1

（三）去声四十二宕

下字属"宕"韵的反切 37 条 392 次，其中以宕切荡 1 条 1 次。反切下字 4 个：浪$_{30}$ 曠$_3$ 葬$_3$ 壙$_1$。系联结果为一类，当为两类：

1.浪类（浪葬）

浪（力葬）亢（苦浪）

2.旷类（曠壙）

廣（古壙、古曠、光浪）

说明：

1.系联一类，当为两类。"廣，光浪反"出现五次，被切字属合口，而反切下字属开口，混切原因待考。

附：宕韵反切字表

盎	烏浪 8
盎（瓮）	烏浪 1
傍	薄浪 1、蒲浪 1
徬	薄浪 1、步浪 1
謗	博浪 2、愽浪 1、補浪 2、布浪 4
藏	才浪 42
當	丁浪 59、都浪 1
蕩	徒浪 1
碭	徒浪 1
盪	土浪 1、吐浪 1
廣	古壙 1、古曠 42、光曠 4、光浪 5
横	古曠 3
康［抗］	苦浪 1
亢	口浪 1、苦浪 30
伉	苦浪 7
伉（亢）	苦浪 2
抗	苦浪 11
抗（亢）	苦浪 1
炕	苦浪 1
浪	力葬 1
旁	步浪 1、薄葬 1
喪	息浪 148、蘇浪 2

行	胡浪 1
瓮[盎]	乌葬 1

（四）入声十九铎

下字属"铎"韵的反切 152 条 448 次，反切下字 10 个：各$_{70}$
洛$_{42}$ 博$_{14}$ 郭$_{14}$ 莫$_4$ 落$_3$ 愽$_2$ 閣$_1$ 霍$_1$ 廓$_1$。系联为两类：

1. 各类（各洛博莫落愽閣）

泊（白博、步各、步洛）博（布莫、波洛）薄（旁博、旁各、蒲莫）莫
（美博）幕（武博、武愽）錯（七各、七洛、七落）涸（户各、胡洛）//厝
（口閣）

2. 郭类（郭霍廓）

郭（廓，苦霍）廓（苦郭）椁（古廓）霍（呼郭）

说明：

1. 下字"閣"（厝，口閣反）不直接系联，《释文》："閣，音各。"
（P305、P661、P1628）据此可与其他下字系联。

附：铎韵反切字表

泊	白博 1、步各 5、步洛 1
亳	步博 2、傍各 1、步各 10、旁各、2 步洛 1、蒲洛 1
博	布莫 1、波洛 1、逋莫 1
搏（膊）	普博 1

膊	普博1、普各1
薄	旁博1、平博1、普各1、步各1、旁各1、蒲各2、蒲莫1
薄（亳）	步各1
薄（簿）	蒲博1
礴	蒲博1、傍各1
酢	才各7、在洛1、才洛5
酢（酬）	才洛1
醋（酢）	才各2
醋［酢］	才各3
削（厝）	七各1
措	七各1
错	七各9、仓各1、七洛2、七落1
度	大各12、待各2、徒各3、大洛7、待洛86、特洛1、徒洛12、直洛1
剫	徒各1
鐸	大各5、徒各1、直各1 大洛1、待洛13、徒洛2、直洛1
恶	乌各7、乌洛3
咢	五洛1
咢（鄂𠗂）	五各1
堊	於各1
堊（恶）	乌各1
鄂	五各8、魚各1
鄂（䛾）	五各1

愕	五各 2
蝁	乌洛 1
噩	五各 1
噩(咢)	五各 1
鍔	五各 2
鶚	五各 1
鵠(鶴)	户各 1、胡洛 1
鵠[鶴]	户各 1
郭(廓)	苦霍 1
椁	古廓 1
蠚	火各 1、呼莫 1
涸	户各 4、胡洛 3
貈	乎各 1
貉	户各 4、户洛 1
貉(貈)	户各 2、胡洛 1
嗃	呼落 1
壑	火各 8、許各 1、呼洛 1
壑(叡)	許各 1
鶴	呼各 1、户各 4
瓠	户郭 1
獲(穫)	户郭 1
霍	户各 1、呼郭 1、許郭 1

㩐	户郭 1
穫	户郭 14、黄郭 1
穫（鑊獲）	户郭 2
霍	火郭 3
鑊	户郭 9
鑊（濩）	户郭 1
恪	口各 1、苦各 10、苦洛 1
廓	苦郭 2
鞟	苦郭 4
莫	武博 1、美博 1
莫（漠）	武博 1
莫（蟇）	武博 1
幕	亡博 2、武博 1、亡愽 1、武愽 3
諾	乃各 1
魄	普各 1
鄗	呼洛 1
厝	口閤 1
索	西各 1、悉各 16、息各 1、素各 1、悉洛 1、息洛 1、桑洛 2、素洛 3、悉落 1
橐	他洛 1
槖	他各 3、他洛 2
柝	吐各 1、他洛 2、吐洛 1
𣏾	他洛 2

昔［错］	七各 1
鑿	子各 1、在各 5、子洛 3、在洛 11
迮	子各 1
昨	才各 1
筰	才各 1
作	子各 2、子洛 1
怍	才各 1、在洛 2、才洛 2
柞	子各 2、子洛 6
膗	火各 2
藿（萑）	火郭 1

第十三节　梗摄系联

一、庚、梗、映、陌

（一）下平十二庚

下字属"庚"韵的反切 59 条 141 次，其中以庚切耕 3 条 3 次。反切下字 9 个：庚$_{22}$ 衡$_{10}$ 彭$_{11}$ 京$_7$ 盲$_3$ 横$_2$ 更$_2$ 行$_1$ 英$_1$。系联结果为两类，当为三类：

1. 庚类（庚衡彭京盲更）

阬（苦庚、苦衡）衡（华盲）喤（华盲、华彭）更（古衡、古行）祊（伯更、必庚、必彭）行（户庚）

2.英类(行英)

英(於京)苹(皮英)

3.横类(横)

横(觥,古横)

说明:1.“觥(黌),虢彭反。”一条,被切字“彭”属唇音,开合不分。

附:庚韵反切字表

傍	布彭 1
祊	伯更 1、百庚 2、必庚 2、補庚 1、百彭 2、必彭 1、補彭 1、布彭 1
瞠	敕庚 1
棖	直庚 4、直衡 2
阬	苦庚 2、苦衡 1
更	古衡 12、江衡 1、古行 2
庚	古衡 1
庚(羹)	古衡 1
羹	古衡 3
觥	古横 4
觥(黌)	虢彭 1
黌(觥)	古横 3
亨	普庚 26、普彭 5
亨	許庚 16
亨(烹)	普更 1

续表

亨（言）	普庚 1
桁	户庚 1
衡	華盲 2
衡［横］	華彭 2
喤	華盲 1、華彭 1
韹（喤鍠）	華盲 1
鯨	其京 1
坑	苦庚 1、苦衡 1
盲	亡庚 1、陌庚 1、莫庚 1
虻	孟庚 1
蝱（蝱）	亡庚 1
旁	補彭 1
烹	普庚 2、普彭 2
苹	皮英 1
緒［绷］	側庚 1
鎗	初衡 1
卿	去京 2
剠	其京 1
勍	其京 1
黥	其京 4
行	户庚 1、下庚 1
央（英）	於京 1

英	於京 3
罃	於庚 1
争	責衡 1
宦	孟庚 2

（二）上声三十八梗

下字属"梗"韵的反切 38 条 100 次，其中以梗切迥 4 条 4 次、以梗切静 3 条 8 次。反切下字 5 个：猛$_{13}$ 景$_{12}$ 杏$_6$ 永$_4$ 冷$_3$。系联结果为三类：

1. 猛类（猛杏冷）

梗（古猛、古杏）緪（格猛、古杏）杏（户猛）//頂（丁冷）

2. 景类（景）

省（色景、所景）

3. 永类（永）

憬（九永）

说明：

1. 下字"冷"（頂，丁冷反）不系联。被切字属"迥"韵，下字属"梗"韵，混切。下字系联据《广韵》。

附：梗韵反切字表

柄[秉]	兵永 1
並	白猛 1、薄杏 1

续表

併	薄冷 3
呈（逞）	勑景 1
逞	勑景 4
騁	勑景 3
頂	丁冷 1
鼎	丁冷 1
郠	工杏 1、古杏 1
哽	庚猛 1
梗	更猛 2、古猛 2、古杏 4
緪	格猛 1、古杏 1
鯁	格猛 1、工杏 1
鯁（哽）	古猛 1
卝	革猛 2、華猛 1
獷	虢猛 1
景〔影〕	暎永 1
憬	九永 1
囧（煛）	九永 1
礦	虢猛 1
皿	武景 1、命景 2
省	色景 2、所景 40
眚	生景 1、色景 1、所景 7
渻	所景 1

续表

渻(渻)	所景 1
杏	户猛 3
苍	衡猛 1

（三）去声四十三映

下字属"映"韵的反切 38 条 474 次,其中以映切庚 2 条 2 次、以映切梗 2 条 2 次、以映切净 1 条 1 次、以映切证 1 条 1 次。反切下字 5 个:孟$_{13}$命$_{11}$敬$_7$病$_6$柄$_1$。系联结果为二类,当为三类:

1.孟类(孟)

更(古孟、居孟)

2.命类(命敬病)

迎(魚敬、魚命)柄(彼病、彼命)命(眉病)

3.柄类(柄)

泳(于柄)

说明:

1.系联结果为二类,当为三类。第三类被切字"泳"为合口,下字"柄"为唇音字,开合不分。

附:映韵反切字表

榜	必孟 1
迸	北孟 1
邴	彼病 2、彼命 2

恆	彼病 1、兵命 1
柄	彼病 4、兵病 1、彼命 3、兵命 7
柄（秉）	彼命 1
柄（枋）	兵病 1、兵命 1
枋	彼命 4
枋［柄］	彼命 1
更	古孟 3、居孟 1
賡	古孟 1、加孟 1
鯁	古孟 1
横	華孟 3
蝗	華孟 2
競	其敬 2
命	眉病 1
平	皮命 2
行	户孟 1、遐孟 1、下孟 388
杏	户孟 1
應	於敬 1
迎	逆敬 1、宜敬 1、魚敬 27、魚命 1
泳	于柄 1
禁	榮敬 1、爲命 1
禁（榮）	榮敬 1

（四）入声二十陌

下字属"陌"韵的反切 123 条 243 次,其中以陌切铎 1 条 1 次、以陌切麦 3 条 3 次、以陌切昔 3 条 3 次。反切下字 10 个:百$_{35}$、白$_{28}$伯$_{15}$逆$_{15}$格$_{12}$客$_6$戟$_5$宅$_4$虢$_2$劇$_1$。系联结果为二类,当为三类:

1.百类(百白伯格客宅)

坼(勑白、勑宅)頟(魚白、五客)客(口白、苦百)赫(呼白、許百、呼伯、虎格)格(庚白、古百、古伯)磔(陟百、竹伯、陟格、竹客、知宅)

2.逆类(逆戟劇)

隙(去逆、去戟)戟(九逆)劇(巨戟)撠(戟,京劇)

3.虢类(虢)

虢(寡白、瓜百、古伯)漍(好虢、火虢)

说明:

1.系联结果为二类,当为三类。第二类被切字"虢"为合口,下字"白百伯"为唇音字,开合不分。

附:陌韵反切字表

泊	普白 1
笧	初格 1
坼	勑白 4、丑白 1、勑宅 3、丑宅 1
頟	魚白 1、五客 1

续表

頟（額）	魚格 1
詻	五格 2
茖	古百 1
革	更百 1
格	庚白 2、更百 1、古百 4、加百 1、古伯 1
格（假）	古百 1
格（袼）	更伯 1
格〔垎〕	户白 1、胡客 1
觡	古伯 1、加客 1
骼	更白 1、古白 1、庚百 1、古百 2、江百 1
虢	寡白 3、瓜百 4、古伯 1
核	幸格 1
貉	亡白 4、孟白 1、莫白 1、亡百 1、武百 1、孟百 1
貉（貈）	武伯 2
赫	呼白 2、火百 2、許百 3、呼伯 1、虎格 1、火格 1、虚格 1
赫（赤）	火白 1
赫（爀）	火百 1
赫（荋）	呼白 1
潝	好虢 1、火虢 7
諫	化百 1
乵	飢逆 1
戟	九逆 1

撒(戟)	京劇 1
假[格]	庚白 2、更白 2、更百 1、古百 4、加百 1、古伯 1
劇	巨戟 1
客	口白 1、苦百 2
鵅	古客 1
莫	亡伯 1
貊(貉)	武伯 1
貊[貃]	亡白 1、武伯 1
貃	亡白 1、孟白 1、亡百 1
獏	亡白 1
拍	普百 2、普伯 1
魄	普白 4、普百 1、普伯 1
魄(鬼)	普白 2
跂	其逆 1
卻〔郤〕	丘逆 1、去逆 7
索	色白 8、所白 20、色百 5、所百 7、所伯 1
郤	丘逆 1、去逆 11
郤(隙)	去逆 1
隙	去逆 6、去戟 1
隙(郤)	去逆 2
綌	去逆 11
覤	許逆 1

续表

虩	許逆 1
啞	烏客 1
迮	側百 2
唶［諎］	莊百 1、側百 2
笮	側白 3、側百 1
笮（迮）	側格 1
笮（舴）	側白 1
栅	楚格 1
磔	陟百 3、竹百 1、竹伯 1、陟格 2、張格 2、竹客 1、知宅 1、張宅 1
蹢（躑蹢）	直戟 1
擿	直戟 1
擿（擲）	直戟 1
舴［笮］	側百 1
柞	莊百 1、側百 4、側伯 1
筳（笮）	阻格 1
隙［隟］（郤）	去逆 1
隙〔隟〕	去逆 1

二、耕、耿、诤、麦

（一）下平十三耕

下字属"耕"韵的反切 46 条 74 次，其中以耕切庚 4 条 4 次、以耕切清 1 条 1 次。反切下字 4 个：耕$_{40}$ 萌$_3$ 宏$_2$ 伻$_1$。系联为一类，当为二类：

　　1.耕类（耕萌伻）

　萌（莫耕）亨（普伻、普萌）

　　2.宏类（宏）

　宏（户萌）泓（乌宏）

说明：

　　1.系联为一类，当为二类。"宏"为合口，其下字"萌"属唇音字，开合不分。

附：耕韵反切字表

伻	普耕2
閍	補耕1
橙	直耕1
丁	陟耕2、豬耕1
觵	古宏1
亨	普伻1、普萌1
宏	户萌1
泓	乌宏5
竑	獲耕1
紘	獲耕3
閎	獲耕2
莖	河耕1、户耕3、幸耕1
莖（英）	户耕1

续表

牼	苦耕 3
硁	苦耕 2
誙	户耕 1
鏗	苦耕 5
氓	亡耕 1、莫耕 1
萌	亡耕 4、武耕 1、莫耕 2
甍	亡耕 1
抨	普耕 1
硑	八耕 1
拼	北萌 1
茾（迸拼）	普耕 1
䝼	侧耕 2
罃	乌耕 1、乙耕 4、於耕 3
嫈	於耕 1
嫈（鸎）	厄耕 1
甖（罃）	乙耕 1
嘤	乌耕 1、於耕 1
樱	乙耕 1、於耕 1
鹦	於耕 1
争	侧耕 1
箏	侧耕 1
揁（桪）	宅耕 1

（二）上声三十九耿

下字属"耿"韵的反切 7 条 13 次，其中以耿切梗 1 条 1 次、以耿切映 1 条 1 次。反切下字 2 个：幸$_5$ 耿$_2$ 耿。系联结果为一类：

1. 幸类

耿（耕幸、古幸）

附：耿韵反切字表

耿	耕幸 1、古幸 4
䵂（黽）	莫幸 1
黽	莫幸 4
生	所幸 1
瞢	色耿 1
倖	胡耿 1

（三）去声四十四诤

下字属"诤"韵的反切 3 条 3 次，反切下字只有 1 个：诤$_3$。系联结果为一类：

1、诤类

诤（彼诤、檗诤、補诤）

附：诤韵反切字表

诤	彼诤 1、檗诤 1、補诤 1

（四）入声二十一麦

　　下字属"麦"韵的反切 61 条 125 次，其中以麦切陌 2 条 2 次、以麦切昔 1 条 1 次。反切下字 6 个：革$_{39}$ 麥$_{12}$ 獲$_4$ 厄$_2$ 隔$_2$ 責$_2$。系联为一类，当为二类：

　　1.革类（革麥厄隔責）

　　薜（卜革、彼麥）阨（於革、於隔）革（姑麥）麥（亡革）嘖（莊革、仕責）策［筴］（初厄、初革）厄（於革）

　　2.获类（獲）

　　蟈馘（古獲）//畫（乎麥、胡麥）

说明：

　　1.系联为一类，当为二类。"畫"为合口，其下字"麥"属唇音字，开合不分。

　　2."畫"字反切为"乎麥反、胡麥反"，《释文》："畫，音獲。"（P129、P534、P560、P590、P600、P612、P624、P628、P675、P769、P905、P1058、P1194、P1252、P1281、P1361、P1438、P1527）说明"畫、獲"同音，据此将"畫"归入合口。

附：麦韵反切字表

猏（狐）	於革 2
擘（擗擘）	卜麥 1
擗	補麥 1
薜	卜革 1、卑麥 1、彼麥 1、布麥 1、方麥 1

欂	皮麥 1
擘	彼革 1、補革 2、甫革 1、必麥 1
筴	初革 15
筴（册策箣）	初革 5
萊	初革 1
柧（軶）	於革 1
厄	於革 1
厄（阨厇）	於革 2
阨	於革 1、於隔 1
阨（厄）	於革 1
扼	於革 1
蚅	烏革 1、於革 1
軶	於革 4
軛	於革 1
搤	於革 2
搤（厄）	於革 1
革	姑麥 1
蝈	古獲 2
馘	古獲 12
馘（膕）	古獲 1
核	何革 1、胡革 1、户革 3、幸革 1、行隔 1
翮	户革 4

畫	乎麥 4、胡麥 4
騞	呼獲 1
麥	亡革 2
霢	亡革 1
霢（同霡）	亡革 1
覛〔脈〕	亡革 1
擗	補麥 1
適〔讁〕	直革 3
棟（榛）	山厄 1
棟〔楝〕	所革 1
愬	所革 1、山革 1
嘖	莊革 1、仕責 2
賾	仕責 2
謫	丁革 1、直革 5
讁	直革 3
策（册筴）	初革 4
策〔筴〕	初厄 1、初革 3

三、清、静、劲、昔

（一）下平十四清

　　下字属"清"韵的反切 54 条 306 次，其中以清切青 2 条 2 次、以清切蒸 1 条 1 次。反切下字 9 个：營$_{21}$ 貞$_{11}$ 盈$_8$ 征$_6$ 呈$_3$ 成$_2$ 傾$_2$

垕₁。系联结果为两类：

1.贞类(貞盈征呈成并)

盛(時征)令(力成、力呈、力征)征(之成)樫(勑呈、勑貞)贏(以征)//嬰(一盈)正(之盈)

2.营类(營傾垕)

嬽(其傾、求營)營(縈，一傾)傾(去營)//坰(古垕)

说明：

1.下字"垕"(坰，古垕反)不直接系联，《释文》："垕，音營。"(P464、P647、P700、P1611)据此可系联。

2.下字盈"(嬰，一盈反；於盈反)不直接系联，《释文》："贏，音盈。"(P329、P433、P676、P883、P899、P918、P920、P930、P939、P944、P947、P957、P963、P1017、P1066、P1115、P1178、P1184、P1206、P1280、P1306、P1548)"贏，以征反"，据此可系联。

附:清韵反切字表

稱	尺征 1
幀	勑貞 1
頳	恥貞 1、勑貞 4、丑貞 2
樫	勑呈 1、勑貞 2、丑貞 1
樫(打)	勑貞 1
竀	勑呈 1
竀(輕頳)	勑貞 1
打	勑貞 1

打(椿)	他貞 1
郢	尚征 1
裎	直貞 1
坰	古塋 1
扃	古營 1
令	力成 6、力呈 221、力征 8
帪[縈]	於營 1
名	武征 1
傾	去營 1
蜻	子盈 1
勍	巨盈 1
勍(勶)	巨盈 1
惸	其營 1
惸(煢)	其營 1
惸(嫈)	巨營 1、求營 1
嫈	求營 1
睘(嫈煢)	求營 1
藑	巨營 1
瓊	求營 3
盛	時征 1
騂	息營 12、恤營 1、私營 1、雖營 1
嬛	其傾 1、求營 1

嫈	一盈 2、於盈 1
攖	一營 1、於營 2
褮	於盈 1
纓	於盈 1
嬴（嬴）	以征 1
謍（縈）	一傾 1
縈	烏營 1、於營 1
征	之成 1
正	之盈 1
幣（縈）	烏營 1

（二）上声四十静

下字属"静"韵的反切 60 条 127 次，其中以静切梗 17 条 39 次、以静切迥 1 条 1 次。反切下字 7 个：领$_{35}$ 井$_{16}$ 郢$_5$ 顷$_1$ 颍$_1$ 颖$_1$ 颕$_1$。系联结果为一类：

1. 领类

逞（勑井、勑领）颈（吉井、吉领、居郢）郢（以井）井（精领）颍（營井、餘顷）颖（營井、役领）顷（苦颍、苦颕）

说明：

1. 依《广韵》当为两类，"颍颖顷颕"等为合口，这几字《释文》开合不分，原因待考。

附:静韵反切字表

辟	必領 1
炳	兵領 1
餅	必領 2
餅	必井 1、必領 1
并	必領 1
逞	勑井 1、勑領 4
騁	勑領 7、敕領 1
綆	方穎 3
井	精領 1
景	京領 1
儆	京領 2、敬領 1、居領 3
儆(敬)	京領 1
頸	吉井 3、吉領 1、古郢 1、居郢 2
警	京領 6、居領 5
警(敬)	居領 1
竟[境]	居領 2
靖	在井 1
靖(靖)	才井 1
靖	才井 1
穎	京領 1
屏	必井 1、必領 3、寶領 1、并領 1、卑郢 1、必郢 1
頃	苦穎 3、苦頴 1

請	七井 2、七領 2
省	生領 1、色領 2、所領 3
省	悉井 7、昔井 1、息井 2、先郢 1
省（眚）	息井 2
眚	生領 7
眚（省）	所領 1
渻	生領 1
郢	以井 14
穎	嘗井 1、餘頃 1
潁	嘗井 1、役領 1
瘦	於井 1、一領 1
整	之領 3、征領 2
景	於領 1

（三）去声四十五劲

下字属"劲"韵的反切 38 条 102 次，其中以劲切径 1 条 1 次、以劲切静 3 条 3 次、以劲切映 2 条 2 次、以劲切证 2 条 2 次。反切下字 5 个：政$_{17}$ 性$_{10}$ 正$_7$ 并$_3$ 盛$_1$。系联结果为一类：

1. 政类

并（必性、必正、必政）屏（卑并、必政）盛（市正、成政、是政）夐（况盛）

说明：

1.依《广韵》当为两类，"复"为合口，《释文》用开口字"盛"作下字，开合不分，原因待考。

附:劲韵反切字表

秉(柄)	兵政 1
并	必性 3、必正 4、卑政 1、俾政 1、必政 21
并(倂)	必性 1
逞	勑并 1
甸[乘]	繩正 1
急[劲]	吉政 1
劲	古政 2、吉政 2
阱	在性 1、才性 1
阱(穽)	才性 1
穽	在性 1
靓(静)	才性 1
令	力正 2、力政 10
娉(聘)	匹政 1
聘	匹正 2、匹政 3
屏	卑并 1、必政 1
清(清)	七性 1
清[清]	才性 3
輕	起政 1、遣政 22

续表

鏧	遣政 1
清	七性 1
晠（盛）	市正 1
盛	市正 1、成政 1、是政 1
复	況盛 1
迎	魚正 1
塍	羊政 1
傾	窺并 2

（四）入声二十二昔

下字属"昔"韵的反切 89 条 423 次，其中以昔切麦 1 条 1 次、以昔切實 1 条 1 次。反切下字 11 个：亦$_{48}$ 石$_{10}$ 昔$_7$ 益$_7$ 赤$_5$ 隻$_5$ 夕$_3$ 碧$_1$ 尺$_1$ 奭$_1$ 釋$_1$。系联结果为二类：

1. 亦类（亦石昔益赤隻夕尺奭釋）

辟（婢尺、毗赤、婢亦、扶益）斥（昌石、昌亦）瘠（在昔、在亦、在益）適（始赤、傷亦、施隻）易（羊石、羊隻）擿（直赤、呈釋、直隻）奭（詩亦）薜（方奭）

2. 碧类（碧）

躩（駈碧）

说明：

1. "躩"字《广韵》"居缚切、丘缚切"，《集韵》"亏碧切，足貌"，当依《释文》。

附:昔韵反切字表

辟	必亦 39、必益 1
辟	匹亦 34
辟	婢尺 1、毗赤 3、扶亦 6、婢亦 63、扶益 1
辟(擘)	避亦 1
辟(闢擗)	婢亦 3
辟(僻)	匹亦 8
薜	方奭 1
躄	必亦 1
斥	昌石 1、昌亦 1
刺	七亦 19、七赤 1
捈	采昔 1
迹	子亦 1
迹(跡)	子亦 1
積	兹亦 1、子亦 1
瘠	秦昔 1、情昔 1、在昔 2、在亦 12、在益 1
踖	七夕 1、子昔 1、子亦 4、精亦 2、在亦 2
蹐	井亦 1
脊	子昔 1、精亦 1、井亦 1、子亦 2、井益 1
脊[藉]	在亦 1
跡(迹蹟)	子益 1
蹟	井亦 1、子亦 1
借	子亦 2

藉	在亦 4
躤	駈碧 2
闢	婢亦 7
闢（辟）	婢亦 2
擗	婢亦 1
擗（躃）	婢亦 1
僻	匹亦 15
僻（辟）	匹亦 2
射	食亦 118、示亦 1
射（斁）	羊石 1
麝	食亦 1
適	始赤 1、傷亦 1、施隻 1
奭	詩亦 1、始亦 1
螫	失石 1、失亦 1、式亦 1
蕮	四夕 1
蕮（舄）	私夕 1
液	以隻 1
易	羊石 1、羊隻 1、盈隻 1
奕	以昔 1
益	於亦 1
場	羊石 1
嶧	羊石 1

繹	以石 1
醷（噫）	於亦 1
跖	之石 4
摭	之石 3
蹢	呈亦 1、丈益 1
蹢（躑）	直亦 1
炙	之石 2、之亦 1
擿	直亦 1
擿	直赤 1、持赤 1、呈釋 1、直隻 1
鶺（脊鶺）	精益 1
刺［刺］	七亦 1
鶺（即）	精亦 1

四、青、迥、径、锡

（一）下平十五青

下字属"青"韵的反切 100 条 176 次,其中以青切清 7 条 14 次。反切下字 15 个：丁$_{50}$ 經$_{18}$ 扃$_6$ 熒$_5$ 形$_4$ 寧$_3$ 庭$_3$ 零$_2$ 刑$_2$ 螢$_2$ 坰$_1$ 暝$_1$ 銘$_1$ 瓶$_1$ 亭$_1$。系联为一类,当为二类：

1. 丁类（丁經形寧庭零刑暝銘瓶亭）

經（古刑）冥（亡丁、莫經、莫亭、莫庭）螟（亡丁、莫經、莫瓶、莫庭）屏（步丁、步經、薄刑）聽（吐丁、體寧）瓶（白經）暝（亡丁）鎣（鎣,烏暝）//青［菁］（子零）

2. 扃类（扃埛熒螢）

熒（迥丁、乎铭、户埛、户扃）扃（古熒、古螢）

说明：

1. 系联一类，当为二类，被切字"熒"为合口，其下字"丁、铭"为开口，"铭"属唇音开合不分，"丁"字原因待考。

2. 下字"零"（青[菁]，子零反）不直接系联，《释文》："泠，音零。"（P430、P737、P1411、P1418、P1516、P1564、P1583）"泠，郎丁反；力丁反。"据此可系联。

附：青韵反切字表

併	步丁1
打	他丁1、勑丁1、丑丁1
菁	子丁8、作宁1
菁（青）	子零1
經	古刑1
鵛（徑）	古形1
埛	古熒1、故螢1
扃	古熒4、古螢5
駉	古熒1
泂	古熒1
泠	郎丁1、力丁4
泠（伶）	力丁1
苓	力丁3

瓴	力丁 1
笒	力丁 5
笒（䇶）	力丁 1
蛉	力丁 2
䇶	力丁 1、歷丁 1
鈴	郎丁 1、力丁 1
鴒（令）	力丁 2
蘦	力丁 1
蘦（苓）	力丁 1
廳	力丁 1
令	力丁 5
冥	亡丁 11、覓經 3、莫經 2、莫亭 1、莫庭 1
冥（溟）	覓經 1
鄍	亡丁 1、覓經 1
蓂	亡丁 1
暝	亡丁 2
銘	亡丁 1
瞑	莫經 1
螟	亡丁 12、覓經 1、莫經 1、莫瓶 1、莫庭 1
鸋	乃丁 1
甹	普經 1
苹	薄經 1

续表

邟	步丁 3、蒲丁 1
屏	步丁 5、步經 1、薄刑 1、薄經 1、並經 1、步形 1
荓	普經 1
瓶	白經 1、步經 1
瓶（缾）	步丁 1
萍	蒲丁 1
缾	步丁 1、蒲丁 2
缾（瓶）	步丁 1
洴	步丁 1、蒲丁 2
洴（萍）	薄丁 1、薄經 1
蛢	蒲丁 1
軿	薄經 2
青（菁）	子丁 1
青［菁］	子零 1
縈	岐扃 1
馨［馨］	許經 2
扃［扃］	古熒 1
玎	勑丁 1
聽	天丁 1、吐丁 4、體寧 1
廷	徒寧 1
霆	徒丁 3
鼮	徒形 1

续表

馨	呼丁 1、呼庭 2
娙	虚形 1
濴	户肩 1
裵	胡肩 1
鎣(瑩)	乌暝 1
荧	迥丁 1、户坰 1、户肩 7、乎銘 1
熒(螢)	户肩 1
螢	惠丁 1
螢(荧)	户肩 1
冥	亡丁 1

(二)上声四十一迥

下字属"迥"韵的反切 46 条 91 次,其中以迥切耿 2 条 2 次、以迥切径 2 条 2 次、以迥切静 3 条 3 次。反切下字 4 个:頂$_{31}$ 迥$_{11}$ 鼎$_2$ 挺$_2$。系联为一类,当为二类:

1.頂类(頂鼎挺)

町(徒頂、吐鼎)鞞(必頂)挺(他頂)緊(苦挺)

2.迥类(迥)

耿(公迥、工迥)迥(户頂)潁(口迥、苦迥)

说明:

1、系联一类,当为二类。被切字"耿"为开口,其下字"迥"为合口,原因待考。被切字"迥"为合口,其下字"頂"为开口,原因待考。

附:迥韵反切字表

鞞	必顶2、補顶1
鞞（琕）	補顶1
併	必顶1、步顶21
併（並）	步顶1
併	步顶2
珵（珽）	他顶1
訂	待顶1
耿	公迥2、工迥1
剄	古顶3
扃［炯］	工迥1
絅	苦迥1
絅（頴褧）	口迥1
迥	户顶1
熲	古迥3
褧	苦迥2
頴	口迥1、苦迥1
茗	亡顶1
溟	亡顶2
縈	苦挺1
磬	苦顶1
磬［䃘］	口挺1
省	西顶1

续表

芌	天頂 1
町	徒頂 4、吐鼎 1
挺	他頂 1、大頂 3、敕頂 1
珽	他頂 4、吐頂 1
脡	他頂 5、大頂 3、徒頂 1
鋌	他頂 1、徒頂 1、直頂 1
頲	他鼎 1
醒	星頂 2
泞	户頂 2
瑩	於迥 1
穎[潁]	役頂 1
蕷[藞]	苦迥 2

(三)去声四十六径

下字属"径"韵的反切 35 条 96 次,其中以径切劲 1 条 1 次、以径切迥 1 条 1 次、以徑切青 3 条 9 次。反切下字 3 个:定$_{26}$佞$_8$甯$_1$。系联结果为一类:

1. 定类

定(丁佞、丁甯)甯佞(乃定)

附:径韵反切字表

定	丁佞 4、都佞 1、多佞 6、丁甯 1

续表

定（頿）	都佞 1
頿	丁佞 1
頿（定）	多佞 1
經	古定 1
俓	古定 2
俓（徑）	古定 1
徑	古定 13、經定 4
脛	胡定 3、户定 6、刑定 4、形定 1
踁	户定 2
令	郎定 1
冥	莫定 3、亡定 5
瞑	亡定 1
瞑（冥）	莫定 1
佞	乃定 6
甯	乃定 7
濘	乃定 1
磬	口定 2、苦定 1
罄	苦定 2
聽	吐定 5、勑定 1
廷	徒佞 4
庭	勑定 1
侹（挺）	他定 1

挺	徒佞 1
屏	步定 1

（四）入声二十三锡

下字属"锡"韵的反切 231 条 554 次，其中以锡切昔 5 条 5 次。反切下字 13 个：歷$_{136}$ 狄$_{36}$ 曆$_{20}$ 的$_9$ 閴$_8$ 覓$_6$ 寂$_4$ 闐$_4$ 鷤$_3$ 壁$_2$ 雞$_1$ 歴$_1$ 瀝$_1$。系联为一类，当为二类：

1. 歷类（歷狄曆的覓寂壁歴瀝）

迪（大的、大歷）的（丁曆、丁歷）嫡（都狄、丁歷）激（古狄、古曆、古歷、經覓）績（子狄、子寂）溺（乃狄、乃歷、乃瀝）

2. 閴类（閴闐鷤雞）

湨（古歷、古閴、古闐）閴（苦鷤、苦雞）鷤（圭覓）焧（古閴）闐（苦鷤）

说明：

1. 系联一类，当为二类。被切字"鷤"为合口，其下字"覓"为唇音字。被切字"湨"为合口，其下字"歷"为开口，原因待考。

附：锡韵反切字表

惉（慭）	乃歷 1
辟	步曆 1、步歷 1、蒲歷 1
辟（壁）	布狄 1、布覓 1
辟（僻）	匹壁 1

续表

辟［壁］	必覓 1
壁	并歷 1
璧	千歷 1
蓆［摘］	他歷 1
踧	徒歷 1
顑［戚］	千寂 1
的	丁曆 1、丁歷 3
的（菂）	丁歷 1
鏑	丁歷 1
狄	他歷 1
迪	大的 1、大歷 1、徒歷 2
笛（篴）	徒歷 1
靮	丁曆 2、丁歷 1
滌	直的 1、直曆 1、大歷 7、待歷 1、廷歷 1、庭歷 1、徒歷 8、直歷 1
嫡	都狄 1、丁歷 7、都歷 1
嫡（適）	丁狄 1、丁歷 9
敵	丁歷 1
篴（笛）	徒歷 1
蔋（同荻）	徒的 1
糴	大歷 1、徒歷 3
覿	大曆 1、大歷 6、徒歷 6、直歷 3
菂	丁歷 1

续表

甂	丁歷 1
弔	都歷 1
鬲	力的 1
墼	古狄 1
激	古狄 6、古曆 1、古歷 6、經歷 5、經覓 1
激（浮）	古狄 1
擊	古狄 1、經歷 1
績	子狄 1、子寂 1
臭	古闃 1
臭（湨）	古聞 1
郹	古闃 3
湨	古歷 1、古闃 1、古聞 2
禝	古闃 1
鵙{鶪}	圭覓 1
鶪	古聞 1、古闃 1
矎	古闃 1
矎（臭）	古闃 1
蒚	力的 1
櫟	力的 3、力狄 9
櫟（躒濼）	力狄 3
礫	力的 2
躒	力狄 4

躒(櫟)	力狄 1
轣	力狄 1
靂	力狄 1
冪	亡狄 1、迷狄 1、民狄 1、莫歷 2
冪(鼏)	亡狄 2、莫歷 1、亡歷 1
塓	莫歷 1
幎	莫歷 1
幎(冪鼏)	莫歷 1
鼏	亡狄 4、亡歷 1
幦	亡狄 1、亡歷 1、莫歷 1
簚(幭)	莫曆 1
幭[簚]	莫歷 1
冥{冪}	莫歷 1
嫢	亡歷 1
幕[簚]	莫曆 1
怒	乃歷 2、奴歷 1
溺	乃狄 5、奴狄 2、乃歷 12、寧歷 1、奴歷 1、乃瀝 1
箄	薄歷 1
霹	普覓 1
椑	簿曆 1、步歷 1、蒲歷 1
澼	普歷 1
甓	薄歷 1、步歷 1、蒲歷 1、蒲覓 1

续表

甓(甓)	步歷 1
戚	七狄 1、千寂 4、倉寂 1、七歷 4、千歷 7
慼	七歷 1、千歷 2
慼(戚)	七歷 1
闃	苦鵙 1
関	苦鵙 1、苦鶪 1
適	丁狄 7、丁曆 6、多歷 1、丁歷 92、都歷 2
適(嫡)	丁狄 1
適(嫡敵)	丁歷 18
適［敵］(敵)	大歷 2
肆	他歷 1、託歷 3、勑歷 2
肆［鬵］	他歷 1
剔	他歷 1、勑歷 1
剔(鬵捌)	他歷 1
逖	他歷 2、湯歷 1、吐歷 1、勑歷 1
惕	他狄 1、他曆 2、他歷 4、湯歷 1、吐歷 1、佗歷 1、勑歷 1
逷	他歷 2
裼	星曆 3、思曆 1、西歷 1、思歷 4、蘇歷 1、素歷 1
鬵［剔］	吐曆 1、託歷 1
籊	他歷 1
趯	他歷 4、吐歷 1、託歷 1
條［滌］	徒歷 1

蓨	他的 1、他狄 1
析	思狄 1、星曆 4、思曆 3、西歷 1、悉歷 1、先歷 1、星歷 31、思歷 5
淅	西歷 2、先歷 1、星歷 1、蘇歷 1
蒺	思歷 1
晰〔晢晰〕	星歷 9、思歷 1
晳	星歷 4
緆	悉歷 2
蜥	先歷 1
錫	思狄 1、思曆 1、思曆 2、悉歷 3、星歷 14、思歷 1
覡	何狄 1、胡狄 1、戶狄 1、胡歷 1
蔽（敿）	戶歷 1
檄	形的 1
脩〔滌〕	直歷 1
溴｛渼｝	古壁 1、古闃 1
殈	呼闃 1
蜴（蜥）	星歷 1
鷊	五歷 4
鸄（鷊）	五歷 1
鷁〔鷊〕	五歷 1
鶂（鷁）	五歷 1
摘	他狄 1、吐狄 1、敕歷 1
擿（擿）	他狄 1

续表

翟	大歷1、直歷1、亭歷1、庭歷1、徒歷2、直歷1
翟(狄)	徒歷1
楠	丁狄1
蹢	丁歷1
蹢(猶)	丁歷1
蹢[的]	都歷1
禚	莫歷1
闃[闃鵙]	苦鵙1
鷭〈鵬〉(鷩)	蒲歷1

第十四节　曾摄系联

一、蒸、拯、证、职

(一)下平十六蒸

下字属"蒸"韵的反切91条246次,其中混切1条1次。反切下字15个:陵$_{25}$ 升$_{16}$ 冰$_{12}$ 承$_7$ 仍$_7$ 矜$_5$ 凌$_4$ 膺$_4$ 丞$_3$ 澄$_2$ 綾$_2$ 繩$_1$ 勝$_1$ 烝$_1$ 蒸$_1$。系联结果为一类:

1. 陵类

冰(彼凌、彼升)升(式陵)凝(魚冰、魚承、魚澄、魚矜、魚凌、魚升)矜(居冰、居澄、居陵)膺(之丞、之承、職升)凌(力膺、力升)膺(於矜、於陵)蒸(之升、章勝、之丞、之承、諸仍、之膺)烝(之丞、之

承、之仍、之升、之膺）蠅（以仍、以繩）繩（食承、食陵）繒（似陵、似
綾）仍（而承、而升）

附:蒸韵反切字表

冰	彼凌 1、彼升 1
䮃	辭陵 1
稱	昌升 2
偁（稱）	尺仍 1
承〔懲〕	直升 1
脀	之丞 1、之承 4、職升 1
椉（乘）	事陵 1
塍	市陵 1
懲	直冰 1、直承 1、直陵 1、直升 19
馮	皮冰 30、符冰 1
馮（憑）	皮冰 8、符冰 1、皮陵 1
矜	居冰 1、棘冰 1、居澄 1、几陵 1、居陵 4
兢	棘冰 1、己冰 1、其冰 1、居凌 1、居陵 1
兢（矜）	居陵 3
凌	力膺 1、力升 1
凝	魚冰 1、魚承 1、魚澄 1、魚矜 1、魚凌 1、魚升 1
憑	皮冰 2
仍	而承 1、而升 1
仍（扔）	汝烝 1

陾	耳升 1
升	式陵 1
繩	食承 1、食陵 1、市陵 1、市升 1
繩（憴）	食蒸 1
興	許膺 1
應	於陵 2、憶升 1
應（膺）	於矜 1
膺	於矜 1、於陵 4
鷹	憶矜 1、於陵 4
蠅	以仍 1、餘仍 3、以繩 1
鄫	才陵 7、似陵 4
鄫（繒）	似綾 1
檜	辭陵 1
繒	疾陵 1、茨陵 1、才陵 3、在陵 3、似陵 6、似綾 1
繒（增）	似仍 1
繒（鄫）	在陵 1
烝	之丞 14、之承 36、之仍 3、之升 4、之膺 2
烝（蒸）	之仍 2
蒸	之丞 3、之承 3、諸仍 1、之升 3、之膺 3
蒸（烝）	之升 1、章勝 1
徵	張陵 1、張升 1
徵	直升 2

蔆(菱蔆)	力矜1
鰧(甋)	即凌1

（二）上声四十二拯

《释文》无“拯”韵之反切，只有直音一条两次：“抍，音拯。”（P439、P448）暂系联为一类。

1.拯类

拯（抍，音拯）

（三）去声四十七证

下字属“证”韵的反切 39 条 481 次，其中以证切劲 1 条 1 次。反切下字 5 个：證$_{32}$ 應$_2$ 膺$_2$ 孕$_2$ 甋$_1$。系联结果为一类：

1.证类

興（許應、許膺）應（於甋、於證）甋（子孕）孕（以證）

附：证韵反切字表

胹[孕]	以證1
稱	尺證167、赤證2
乘	繩證217、成證1承證2、時證6
乘(椉)	繩證1
秤	尺證1
甸[乘]	繩證1

凌	力證 10、陵證 1
令	力證 1
扔	人證 1
仍[認]	而證 1
勝	尸證 4、詩證 3、始證 2、世證 1、商證 1、升證 6、舒證 1、式證 1
騰[媵]	以證 1
興	虛應 5、許應 4、虛膺 1、許膺 2
應	於甑 1、抑證 1、於證 1
媵	以證 15、羊證 2
孕	以證 8、羊證 1、餘證 1
甑	即孕 1、子孕 4
賸[賸]	以證 1

(四)入声二十四职

下字属"职"韵的反切 113 条 260 次,其中混切 3 条 3 次。反切下字 13 个:力$_{61}$逼$_{17}$职$_{16}$域$_5$侧$_3$式$_3$弋$_2$棘$_1$极$_1$食$_1$息$_1$织$_1$陟$_1$。系联为一类,当为两类:

1.力类(力逼职侧式弋棘极食息织陟)

寔(時力、常式、時職)棘(紀力)仄(菹棘)蟙(章弋)弋(羊職)嶷(魚極)極(紀力)疑(魚陟)陟(知力)逼(彼側、彼力)愎(皮力、皮逼)//嫐(子息)

2.域类(域)

洫(況逼、況域)緎(許域)域(于逼)

说明：

　　1.系联为一类，当为两类。"域、洫"为合口，其下字"逼"属唇音开合不分。

　　2.下字"息"（稷，子息反）不系联，据《广韵》而定。

附：职韵反切字表

罭（罭）	于逼 1
奭［奭］	許力 2
偪	彼力 18、鄙力 1
偪（幅）	彼力 1
逼（偪）	彼侧 1、彼力 1
堛	普逼 2、孚逼 1
愊	普力 1
愎	皮力 1、皮逼 6
湢（偪）	彼力 1
嫀	楚侧 1
嫀（稷）	楚力 1
恻	初力 4
恻（惄）	楚力 1
测	初力 1
萴	仕侧 1
勑（勅）	恥力 1
洔	恥力 1

敕	丑力 1
敕（餝）	恥力 1
餝	丑力 1
餝（勅）	恥力 1
副	普逼 3、孚逼 2
革〔亟〕	紀力 3
亟	紀力 14、居力 3
亟（急）	居力 1
亟（極）	紀力 2
疾（亟）	居力 1
棘	紀力 4、居力 3
棘（蕀）	居力 2
極〔殛〕	紀力 2
殛	紀力 6、居力 1
殛（極）	紀力 4
蕀	古力 1
襋	紀力 1
稷	初力 1
愇（極亟）	紀力 1
昵	女力 1
匿	女力 25
䵑	孚逼 2

薔	師力 1
嗇	生力 1
寔	時力 2、市力 1、常式 1、時職 1
飾	申職 2
飾（餝）	申職 1
盡	許力 1
窢（咸闃）	況逼 1
侐	況域 2
洫	況逼 1、況域 10、呼域 1
疑	魚陟 1
嶷	魚極 1
弋	以職 4、羊職 5、餘職 2
弋（杙）	羊職 1
抑	於力 9
杙	餘式 1、以職 1、羊職 1
杙（弋）	羊職 1
翊	與職 1
億	於力 12
黓	余職 1
薏	於力 1
檍	於力 2
檍（億）	於力 1

续表

翼(翌我)	羊式 1
繶	於力 4
域	于逼 1
淢	況域 1
棫	位逼 1、爲逼 1、于逼 1、雨逼 1
緎	許域 1
閾	于逼 3
仄(側仄)	菹棘 1
蕺(職)	諸弋 1
埴	時力 1、市力 2、時職 1
植	時力 5、市力 3、時織 1、常職 1、恃職 1
殖	承力 1、時力 3、市力 6、時職 1
職	之力 1、之食 1
蟙	章弋 1
陟	知力 1、張力 1、竹力 1
穉	張力 1、徵力 1
糒(煏)	皮逼 1
鵯	皮逼 1
愗(稷)	子息 1

二、登、等、嶝、德

(一)下平十七登

下字属"登"韵的反切33条71次,混切1条1次。反切下字6个:登$_{17}$ 弘$_7$ 能$_6$ 崩$_1$ 肱$_1$ 增$_1$。系联为一类,当为两类:

1.登类(登能崩增)

朋(蒲登、蒲弘)曾(在登、在能、在增)能(乃登)//憴(惴,莫崩)

2.弘类(弘肱)

薨(呼弘)轋(胡肱)肱(古弘)

说明:

1.系联为一类,当为两类。"朋"属唇音开合不分,其下字"弘"为合口。

2.下字"崩"(憴,莫崩反)不系联,据《广韵》而定。

附:登韵反切字表

滕(滕)	徒登1
肱	古弘17、國弘1
薨	呼弘3、虎弘1、火弘1
轋	苦弘1
棱	力登1
稜	力登1
憴(惴)	莫崩1

续表

能	乃登 1
朋	蒲登 1、蒲弘 1
鹏	步登 1
滕	徒登 6
縢	大登 4、徒登 5
縢（縢縤）	徒登 2
螣（螣蟘）	徒登 1
藤	徒登 1
騰	大登 1
曾	则登 1、则能 2
曾	在登 1、才登 1、在能 1、才能 7、在增 1
橧（增曾）	则登 1
增	则能 1、作能 1
繒〔矰〕	则能 1
硅〔䮄〕	胡肱 1

（二）上声四十三等

下字属"等"韵的反切 2 条 2 次,反切下字只有 1 个:等₂。系联结果为一类:

1. 等类

肯（口等、苦等）

附:等韵反切字表

肯	口等 1、苦等 1

（三）去声四十八嶝

下字属"嶝"韵的反切 12 条 17 次,其中以嶝切送 2 条 2 次、以嶝切登 1 条 2 次。反切下字 2 个:鄧$_{11}$ 赠$_1$。系联结果为一类:

1. 邓类

鐙(都鄧)𪗔(亡鄧、莫赠)

说明:

1."𪗔"字《广韵》"莫鳳切",属"送"韵。《释文》"亡鄧、莫赠"二反,属"嶝"韵。

附:嶝韵反切字表

塴	北鄧 2、補鄧 1
鐙	都鄧 1
揯	古鄧 1
緪	古鄧 1
堩	古鄧 3
恒	古鄧 1
恒(緪亘)	古鄧 2
絚(緪)	古鄧 1
𪗔	亡鄧 1、莫赠 1
倗	補鄧 2

（四）入声二十五德

下字属“德”韵的反切 35 条 107 次，反切下字 3 个：得$_{16}$ 北$_{15}$ 则$_4$。系联结果为一类：

1. 得类

塞（先北、先得、先则）

附：德韵反切字表

踣	步北 1、皮北 1、蒲北 10
踣（仆）	蒲北 1
贷[貣]	吐得 1
伏（匐服）	蒲北 1
匐	蒲北 5
扐	郎得 1
冒	亡北 5
默	亡北 1
默（嘿）	亡北 6
螺（蠌）	亡北 1
纆	亡北 2
匿	他得 1
仆	薄北 1、蒲北 5
塞	先北 1、先得 1、悉则 1、先则 1、素则 1
忒	他得 12、它得 1、吐得 3、佗得 1

特（犆）	大得 1
貣	吐得 1
犆［特］	大得 1、徒得 1
愿	他得 23、吐得 11、他则 1
縢（忒）	徒得 1
棘［㷿］	蒲北 1
忒（螣练）	徒得 1

第十五节　流摄系联

一、尤、有、宥

（一）下平十八尤

下字属"尤"韵的反切 149 条 249 次，其中以尤切侯 2 条 2 次、以尤切幽 1 条 1 次。反切下字 15 个：留$_{46}$ 由$_{34}$ 求$_{32}$ 周$_{11}$ 牛$_8$ 浮$_4$ 尤$_3$ 流$_2$ 谋$_2$ 秋$_2$ 鸠$_1$ 休$_1$ 羞$_1$ 脩$_1$ 州$_1$。系联结果为一类：

1.留类

彪（甫休）休（虚求）鸠（九牛、九求、九尤）逑（巨鸠）尤（有牛）丘（羌牛、去求）駠（侧留、侧求、侧尤、侧由）瘳（勑留、敕由、勑周）犨（尺由、尺州、尺周）遒（在羞、在由）搜（所求、所由、所流）//蝤（徂秋、似脩）浮（缚谋）谋（莫浮）

说明:

1.下字"秋、脩"(蝤,徂秋反;似脩反)不直接系联,《释文》:"羞,音脩。"(P858)"脩,音羞。"(P1709)据此可系联。

2.下字"謀、浮"(浮,縛謀反;謀,莫浮反)两两互切,不与其他下字系联,据《广韵》而定。

附:尤韵反切字表

裒	薄謀 1
彪	甫休 1
不	方浮 1
抽	勑留 5、敕留 1、勑由 1
瘳	勑留 12、敕留 1、丑留 2、敕由 1、丑由 2、勑周 1
犫	尺由 6、尺州 2、尺周 1
椆	直留 1
愁	狀由 1
愁[擎]	子留 1
稠	直留 1、直由 4
裯	直留 1、直由 1
酬	市由 2
酬(醻)	市由 1
綢	直留 3、直周 1
幬(幭)	直留 1
疇	直留 2、直由 1

畴（壽）	直留 1
籌	直由 2、直周 1
躊	直留 2
醻	市由 2、市周 1
醻（酬）	市由 2
讎	常由 1、市由 2、市周 2
讎（雠）	市由 1
魗（斀）	市由 1
調	竹留 1
調（輖）	張留 1
紑	孚浮 1
䍲	芳浮 1
浮	縛謀 1
茠［休］	虚求 1
噍［啾］	子流 1
鳩	九牛 1、居牛 2、九求 1、九尤 1
梳（流）	力求 1
旒	力求 1、力周 1
旒（斿）	力求 1
騮	力求 1
謀	莫浮 1
蚘（茩蚘）	房尤 1

续表

丘	羌牛 1、去求 1
酋	將由 1、子由 1、在由 6
逑	巨鳩 1
殊（求）	巨牛 1
球	渠周 1
遒	在羞 1、子由 1、在由 5
遒（酒）	子由 1
蝤	徂秋 1、似脩 1
鰌	徂秋 1
區〔丘〕	去求 1
捜（搜廋）	所求 1
蹂	如由 2
騥（柔）	而周 1
鶔（柔蹂）	而由 1
收	式周 1
儵（鯈）	直由 1
儵〔鯈〕	直留 3
搜（捜）	色留 1
鄋	所求 1
廋	所留 3、所求 2
廋（搜蒐）	所求 3
廋〔蒐〕（搜）	所求 1

续表

搜	所求 1、所由 1
搜（廀）	所流 1
搜（蒐）	所求 1
溲	所留 1、所求 1
溲（廀）	所求 1
蒐	色留 2、所留 11、所求 14、所由 1
蓃	所留 1
餿	色留 1
叟	所求 1
叟（溲）	所留 1
鰽	所留 2、所求 1
鰽（膄）	所求 1
檮	直由 1
休	虚求 3
庥	許求 1
庥（休）	虚求 1
貅（狖）	許求 1
烋	香牛 1、香求 1、虚求 1
烋（烋）	許求 1
麀	於牛 2
優	於求 2
尤	有牛 1

续表

郵	有牛 1
郵（尤）	有周 1
啁	張留 1
州（鞻）	尺由 1
侜	陟留 1
輈	丁留 1、陟留 3、張留 2、竹留 1、竹求 1、竹由 2
鼀	直留 2
燽	竹求 1
妯	勑留 1
郰	側留 1
郰（鄹）	側留 1
陬	側留 2
菆	側留 3
棸	側留 1
鄒	側留 3、莊由 1
緅	側留 2、莊由 1
鄹	側留 2
騶	責留 1、側留 6、側求 1、側尤 1、側由 1
霌（鵰）	直留 1
盩［螯］	直留 1

（二）上声四十四有

下字属“有”韵的反切101条229次，其中以有切厚1条1次、以有切尤1条1次、以有切宥2条6次。反切下字9个：九$_{44}$ 久$_{30}$ 有$_{7}$ 酉$_{5}$ 丑$_{4}$ 柳$_{4}$ 手$_{4}$ 酒$_{2}$ 受$_{1}$。系联结果为一类：

1. 九类

否（方九、方久、方有）臼（其九、其久、强柳、求酉）柳（力九、良久、力手）紐（女丑、女九、女久）糔（息酒、思柳）帚（之手、之受、之有、之酉）

附：有韵反切字表

罶（罚）	力九1
不	方九1
醜	昌九1
缶	方九2、方有4
否	方九8、方久1、方有3
阜	扶九1、扶有1、符有1
負（鴅）	房九1
萯	房九1
韭	居有1
臼	其九6、其久1、强柳1、求酉1
咎	其九47、求九2、其久4
柩	其久5
廏	居久1

廫	其九 1
劉（懰）	力久 1
柳	力九 3、良九 1、良久 4、力手 1
罶	力九 1
蔞	力久 1
狃	女九 10
杻	女丑 1、女九 1、女久 2
紐	女丑 1、女九 8、女久 2
愀	在九 2
糗	起九 2、丘九 1、去九 3、去久 1、丘酉 1
趥	莊久 1
揉	而九 2、汝久 1
蹂	如久 1
輮	人九 1、如九 2、而久 1
楺［煣］	如酉 1
首	舒酉 1
溲	所九 2、所柳 1
醙	所九 1
朽	香久 1、許久 3、虛有 1
朽（殠）	許九 1
滫	思酒 1
糔	息酒 1、思柳 1

续表

懮	於久 1
槱	羊久 3
輶	由九 1、由久 1、餘久 1
卣	由手 1
羑	由九 1、羊久 1
莠	由九 1、羊九 3、羊久 1、餘久 2
梄	弋九 1
槱（槱）	羊九 1
牖	由九 1、羊九 3、予九 1、由久 2、羊久 1
肘	竹丑 1、張九 1、竹九 7、中九 1、張久 1、竹久 1
帚	之手 1、之受 1、之有 1、之酉 1
帚（箒）	之手 1
紂	直丑 1、直九 5、直久 7、丈久 1
掫	侧九 1、莊九 1、侧柳 1
誘	余九 1

（三）去声四十九宥

下字属"宥"韵的反切 140 条 1055 次,其中以宥切厚 1 条 1 次、以宥切尤 1 条 1 次、以宥切有 3 条 3 次、以宥切幼 1 条 1 次。反切下字 6 个:又$_{76}$ 救$_{52}$ 富$_4$ 究$_4$ 秀$_3$ 舊$_1$。系联结果为一类:

1. 又类

臭(昌救、昌又)覆(芳富、敷救)究(九又)柚(由究、由救、羊又)甃(侧救、侧舊)祝(周救、之秀、之又)

附:宥韵反切字表

臭	尺救 1、昌救 2、昌又 5、許又 1
嗅	許救 1
伏	扶又 4
複	扶又 1
副	芳富 1
復	扶富 7、符富 2、扶又 633、符又 3、附又 1
覆	芳富 3、敷救 1、扶又 5
宭	力救 1
究	九又 6、久又 1、居又 1
灸	久又 1
臼	其究 1、求又 1
疚	九又 2、久又 5、居又 2
柩	其救 4、巨又 1、其又 8、求又 1
廄	居又 1、九又 11、久又 1、居又 4
鮗	具救 1
聚(驟)	仕救 1
溜	力救 2
留	力救 1
餾	力又 2
蓼	良救 1
廇	力又 1
霤	力救 9、力又 14

畱（溜）	力又 1
鷚	力救 1
揉（柔）	汝又 1
糅	如救 1、如又 1、女又 1
肉	而救 1、如又 1
收	手又 2
守	手又 83
守（狩）	詩救 1、手又 9
首	手又 11
狩	尸救 1、手又 11
狩（守）	手又 2
售	市救 1、受又 2
售（讎）	市又 1
瘦	色救 2、色又 1、所又 2
膄（瘦）	所救 1
壽	市又 1
瘦（膄）	所又 1
獸	叔又 1
漱	色救 1、所救 1、所又 3、色救 1
廋	色救 1
宿	夙又 2
岫	徐究 1

续表

袖	徐又 1
袖（褎）	在又 1
褎（裒）	由救 1
褎（褎）	詳又 1
褎［袖］	徐秀 1
褏（袖）	詳又 1
褏（褎）	徐救 1
繡	修又 1
畜（嘼）	許又 1
畜［嘼］	呼又 1、香又 1、吁又 1、許又 26
嗅	許又 1
繇	直救 4、直又 9、除又 1
柚	由究 1、由救 2、羊救 1、餘救 1、羊又 2
猶	以救 1
幼	伊秀 1
侑（宥）	于救 1
宥	于救 1
狖	餘救 1
鼬	由救 1、由又 1 由又 2、餘又 1
篍（蒩）	初又 1
宙	治救 1
咮	猪究 1、陟救 1、張又 1、竹又 1

续表

胄	直救 5、直又 18
晝	竹救 1、中救 1、知又 1、竹又 2
酎	直救 1、直又 2
甃	側救 1、側舊 1
喌	張救 1
縐	側救 1
驟	在救 1、助救 1、狀救 1、士救 3、仕救 7、愁又 1
注〔咮〕	陟又 1、張又 1
祝	周救 1、之秀 1、之又 16、州又 1
祝（咒）	州又 1
騶〔騶〕	仕救 1
狖〔狖〕	由救 1

二、侯、厚、候

（一）下平十九侯

下字属"侯"韵的反切 76 条 204 次，其中以候切尤 27 条 50
次。反切下字 5 个：侯$_{72}$ 溝$_1$ 句$_1$ 婁$_1$ 偷$_1$。系联结果为一类：

1. 侯类

齵（五溝）溝（古侯）婁（郎侯、郎句）句（古侯）鍐（蘇婁）

附:侯韵反切字表

兜(兠同)	丁侯11、都侯1
溝	古侯1
鉤	古侯7
鉤(鴝拘)	古侯3
緱	古侯4
韝	古侯3
拘	古侯3
句	古侯28、故侯1
彄	苦侯16
彄(嫗)	苦侯1
摳	苦侯2
婁	郎侯1、力侯6、郎句1
僂	力侯2、吕侯1
樓(蔓)	力侯1
螻	來侯1、力侯2
摟	力侯1
漏[螻]	力侯1
縷(樓)	洛侯1
矛	莫侯1、亡侯5
堥(蝥)	木侯1
蝥	莫侯2、亡侯1
髳	茂侯1

蝥	莫侯 1
蝥（蛑）	亡侯 1、莫侯 1
繆	莫侯 3、亡侯 3
牟	莫侯 4、木侯 1、亡侯 10、武侯 1
侔	莫侯 1、亡侯 1
侔（桙）	莫侯 1
眸	茂侯 1、莫侯 1
謀	亡侯 1
鍪	莫侯 4、亡侯 2
獳	乃侯 5、奴侯 1
甌	乌侯 1
蓲	乌侯 1
謳	乌侯 3
謳（嘔）	乌侯 1
齵	五溝 1
嘔	乌侯 2
抔	步侯 1
捊	薄侯 2
掊	蒲侯 1
裒	薄侯 1、蒲侯 3
裒（褒桴）	蒲侯 1
區	乌侯 11

區[句]	古侯1
樞（蓲）	烏侯1
漱	悉侯1、素侯2
偷	他侯7
媮	他侯1
愉（偷）	他侯1
愉[偷]	他侯2、吐侯1
陬	子侯1、走侯1
鍪（矛）	亡侯1
鏂（鎯）	蘇婁1
聚	才偷1

（二）上声四十五厚

下字属"厚"韵的反切65条134次,其中以厚切候2条2次。反切下字5个:口$_{50}$ 后$_{10}$ 苟$_2$ 走$_2$ 斗$_1$。系联结果为一类:

1. 口类

母（莫后）牡（茂后、茂口）趣（七口、七走）藪（速苟、素后、素口）彀（奴斗）斗（都口）走（祖口）

附:厚韵反切字表

棓	普口1
部	蒲口1

蔀	步口 2
斗	都口 1
斗（斜）	都口 1
柎	步口 1
狗	古口 5
狗（豿）	古口 1
者	工口 1
笱	古口 2
垢	工口 2、古口 9
垢（詬）	古口 1
苟	古口 1
穀	奴口 2
蔞（塿）	路口 1
甄	路口 1
簍	鲁口 1
母	莫后 1
牡	亡古 1、亡后 2、茂后 14、牟后 1、木后 1、茂口 1、莫口 1
拇	茂后 2
偶	五口 2
腢	五口 1
嘔	於口 1
嘔（晤）	乌口 1

续表

耦	吾口1、五口5
耦(偶)	五口1
藕	五口1
藕(蕅)	五口1
剖	普口7
掊	普口4
趣	七口3、倉口1、倉走1、七走1
籔	素口1
漱	素口1
搜(叟)	素口1
叟	素口2
叟(傁)	素口1
傁	素口3
傁(叟)	素口1
瞍	素口1
膄	素后2、素口2
膄(叟膠)	蘇口1
膄(膠)	素口1
藪	速茍1、素后1、素口17
妵	他口1
黈	他茍1、吐口2
吼	呼口1

续表

椒(薮)	素口 1
走	祖口 1
叞(踇跂)	莫后 1
毃(穀)	奴斗 1
媾	古后 1

（三）去声五十候

下字属"候"韵的反切 66 条 146 次，反切下字 4 个：豆$_{54}$ 候$_{10}$ 遘$_1$ 奏$_1$。系联结果为一类：

1. 豆类

漚（乌豆、乌候）奏（千豆）後（胡豆、胡遘）遘（工豆）

附：候韵反切字表

湊	七豆 4、千豆 1
楱	直奏 1
腠	七豆 3
蔟	七豆 5
鉤	古候 1
垢	苦豆 1
姤	古豆 2
冓	古候 1
冓（遘）	古候 1

续表

詢	呼豆 2
詢(詬)	許候 1
媾	古豆 6
彀	古豆 1
詬	口豆 1、呼豆 3
詬(詢)	呼豆 2
遘	工豆 2、古豆 2
遘(覯)	古豆 1
遘(逅)	胡豆 1
雊	工豆 1、古豆 5
構	古豆 3、古候 1
覯	古豆 7、古候 1
覯(逅)	胡豆 1
購	古豆 3
彀[構]	公豆 1
厚	胡豆 2、户豆 7
後	胡豆 13、户豆 12、胡遘 1
逅	户豆 2
候	户豆 2
喙	丁豆 1
句	古豆 1
寇	苦豆 1、苦候 2

㲉	口豆2、苦豆1
漏	力豆1、鲁豆2
䁩	来豆1、娄豆2、力豆2、鲁豆1
茂（懋悉）	亡候1
貿	莫豆1
督	莫豆2
姆	莫豆1、莫候1
槈	乃豆3、奴豆3
鎒	乃豆1
鎒（槈）	乃豆1
漚	乌豆4、乌候1
嗽（欶）	西豆1
渥［漚］	乌豆1
奏（湊）	采豆1、七豆1
奏（腠）	千豆1
奏［腠湊］	千豆1

三、幽、黝、幼

（一）下平二十幽

下字属"幽"韵的反切16条44次，其中以幽切尤5条27次。反切下字4个：虯₇虬₄樛₃幽₂。系联结果为一类：

1.虯类

樛（居虬、居虯）觓（其樛）//鏐（力幽）

说明：

1.下字"幽"（鏐，力幽反）不系联，据《广韵》而定。

附：幽韵反切字表

彪	彼虬 2、彼虯 4
觓	其樛 1
觩	巨樛 1
璆	其樛 2
朻（樛）	居虯 1
樛	居虬 1、居虯 2
繆	居虯 1
繆[樛]	居虯 1
鏐	力幽 1
休	虚虬 5、許虬 2、虚虯 4、許虯 15
飂	力幽 1

（二）上声四十六黝

下字属"黝"韵的反切 7 条 35 次，反切下字 2 个：糾₄黝₃。系联结果为一类：

1.糾类

糾（吉黝、居黝）黝（伊糾、於糾）

附:黝韵反切字表

糾	吉黝 2、居黝 16
赳	居黝 3
幽〔黝〕	幼糾 1、於糾 2
黝	伊糾 1、於糾 10

（三）去声五十一幼

下字属"幼"韵的反切 2 条 3 次,其中以幼切宥 1 条 1 次。反切下字 2 个:謬$_1$幼$_1$。系联结果为一类:

1.謬类

飂（力謬）謬（靡幼）

附:幼韵反切字表

謬（繆）	靡幼 2
飂	力謬 1

第十六节　深摄系联

一、侵、寝、沁、缉

（一）下平二十一侵

下字属"侵"韵的反切 78 条 156 次,其中混切 1 条 1 次,有反切下字 8 个：金$_{30}$ 林$_{27}$ 今$_{12}$ 針$_4$ 心$_2$ 諶$_1$ 壬$_1$ 尋$_1$。系联结果为一类：

1. 金类

参(所金、所林)諶(市林、氏壬、時針)壬(而今、而林、而心)箴(章諶、之金、之林)沈(直今、直金、直林)//僭(七尋)

说明：

1. 下字"尋"(僭，七尋反)不直接系联，《释文》："灊，音尋。"(P277、P625)"灊，徐林反。"据此可系联。

附：侵韵反切字表

参	初金 2、初林 4
參	所金 7、色林 1、所林 8
岑	士金 1、仕金 1
琛	勅金 2
綝	勅金 1
忱	市林 8
莐(芃)	直林 1
煁	市林 1、市針 1
諶	市林 3、氏壬 1、甚針 1、時針 1
諶(忱)	市林 1
僭	七尋 2
衾	苦今 1、起金 1
嶔	許金 1
駸	楚金 1

笒	其今 1
壬	而今 1、如林 1、而林 3、而心 1
鵀（紝）	女金 1
任	如金 1、而金 3、人林 1、而林 4、而針 1
紝	女今 1、女金 3
絍［紝］	女金 2
嵾	所林 1
沈	直今 3、直金 2、直林 1
椹	陟金 1、張林 3
椹（砧）	張林 1
歆	喜今 1、許今 2、許金 12
廞	虛今 1、虛金 1、許金 3
鷣	徐林 1
愖	一心 1
瘖	於今 1、於金 1
吟	疑今 1、魚今 1
吟（唫）	魚今 1
吟（訡）	魚金 1
崟（嶔）	魚金 1
簪	側金 1、莊林 2、側林 2
湛	直林 1、市林 1
湛（諶）	市林 1

箴	之金 1、之林 2
斟	之金 1、章金 1、之林 5
箴	章谌 1、之金 3、章金 1、之林 11
箴(鍼)	之林 1
鍼	执金 1、之林 3
蔭(陰)	於金 1

(二)上声四十七寝

下字属"寝"韵的反切 38 条 102 次,其中以寝切沁 3 条 26 次。有反切下字 5 个:甚$_{17}$ 审$_{10}$ 锦$_8$ 荏$_2$ 品$_1$。系联结果为一类:

1. 甚类

廩(力锦、力品、力甚)寝(七甚、七荏)荏(而审、而甚)

附:寝韵反切字表

趻	勑甚 1
稟	彼锦 5、必锦 1
廩	力锦 4、力品 1、力甚 17、良甚 1
懔	力甚 2
坅	五锦 1
寝	七荏 1、七甚 1
寝(寑)	七审 1
荏	而审 2、而甚 6

棯	而審 1
稔	而審 1、入甚 1、而甚 3
稔（飪）	而審 1
衽	入錦 1、而審 12、而甚 13
脍	而審 2、而甚 2
飪	而審 3、入甚 1、而甚 5
飪（脍）	而甚 1
沈	尸甚 1
沈（瀋）	昌審 1
瞫	尺甚 1
瀋	尺審 1
腍（朕）	直錦 1
蕈	辭荏 1
飲	邑錦 1
朕	直錦 2
蘸	良甚 1
枕	之甚 1

（三）去声五十二沁

下字属“沁”韵有反切 51 条 210 次，其中混切 1 条 1 次。反切下字 4 个：鸩$_{36}$ 蔭$_{11}$ 禁$_3$ 浸$_1$。系联结果为一类：

1. 鸩类

禁（居鸩、居蔭）鸩（直蔭）蔭（廕，於鸩）廕（蔭，於禁、於鸩）浸

（子鴆）沁（七浸）

附：沁韵反切字表

廕（廕）	於鴆2
廕（蔭）	於禁1、於鴆2
酖（鴆）	直蔭1
酖［鴆］	直蔭3
衿	其鴆3
衿（紟）	其鴆1
紟	其鴆4、其蔭2
紟（衿）	其鴆1
浸	子鴆26
浸（寖）	子鴆1
祲	子鴆6
寖（浸）	子鴆2
禁	今鴆1、金鴆1、居鴆4、居蔭1
噤	其蔭1
臨	良鴆1、力鴆1、力蔭3
賃	女鴆3
衾	其蔭1
沁	七浸1
任	汝鴆1、而鴆17
衽	而鴆2

深	尸鸠9、式鸠1、申鸠2
沈	直蔭1
渗	所鸠1
陰[蔭]	於鸠4
飲	於鸠58
廕	於鸠1
譖	側禁1、莊鸠1、責鸠1、側鸠10
針	之鸠1
枕	之鸠15、支鸠1、針鸠1、之蔭1
鸠	直蔭1
鸠(酖)	除蔭1
蔭(廕)	於鸠1
蔭[蔭]	於禁1、於鸠3
闖	丑鸠1

（四）入声二十六缉

下字属“缉”韵有反切 63 条 129 次，反切下字 12 个：及$_{17}$ 立$_{17}$ 入$_{10}$ 急$_7$ 十$_3$ 执$_3$ 级$_1$ 戢$_1$ 泣$_1$ 什$_1$ 习$_1$ 邑$_1$。系联结果为一类：

1. 及类

挹（一人、於十）汁（之十、之什）缉（七立、七入、七习）泣（起及、器立）岌（鱼泣）翕（許及、許急、虚级）级（九立）执（至入）熠（以执）戢（側立）澀（所戢）蟄（知急、張立、張执）罶[蟄]（丁邑）

附:缉韵反切字表

鵖	彼及 1
扱〔吸〕	許急 1
鵖	皮及 1
圾	魚及 1
圾(炭)	五急 1
芨	居及 1
緝	七立 3、七入 13、七習 1
伋	居及 1
炭	魚泣 1
汲	己及 1、居及 5
級	九立 1
戢	莊立 2、側立 7
濈(湒戢)	莊立 1
輯	側立 2
泣	起及 1、器立 1
湆	起及 1、丘及 1、去及 6、去急 1
葺	七入 3、侵入 1
翣	所立 1
澁(瀒澀)	所立 1
澀	所戢 1
淫(濕)	申入 1
濕	始立 1、申入 1
吸	許及 4、許急 1

续表

翕	許及 4、許急 4、虛級 1
噏	許及 1
歙	許及 2
隰	詳立 1、徐入 1
潝	許急 1
揖	一入 2、伊入 1
挹	一入 2、於十 1
浥（挹）	於及 1
熠	以執 1
蟄	直立 10、沈執 1、尺十 1
汁	之十 4、之什 1
執	至入 1
黺［繁］	丁邑 1
繁	知急 1、陟立 6、張立 5、豬立 1、中立 1、張執 1
詌	莊立 1
胎（脇）	香及 1

第十七节　咸摄系联

一、覃、感、勘、合

（一）下平二十二覃

下字属“覃”韵的反切 45 条 110 次,其中以覃切盐 1 条 1 次。

反切下字 4 个:南$_{37}$ 含$_6$ 諳$_1$ 妠$_1$。系联结果为一类:

1. 南类

惏(力妠、力含、力南)含(湖南、胡諳)

附:覃韵反切字表

闇	烏南 1
闇［鷂］	烏南 1
參	七南 23
參(三)	七南 1
驂	七南 15
蠶	雜南 1、在南 1、才南 1、徂南 1
妉	丁含 1
眈	丁南 1
耽	丁南 4、都南 3
耽(湛)	都南 1
含(函)	湖南 1
含(唅)	胡諳 1
函	胡南 4、戶南 2
堪(戡)	苦含 1
龕	苦南 1
婪	力含 1
嵐	力含 1
惏	力妠 1、力含 1、力南 1

续表

雒	古含 1
三[参]	七南 1
覃	大南 2、徒南 5
覃(蕈)	徒南 1
潭	徒南 1
薻	徒南 1
譚	大南 1、徒南 4
探	他南 2、吐南 9
撢	他南 1
蕈	徒南 1
鐕	子南 1
湛	苔南 2、丁南 2、都南 2
湛(耽)	都南 1
蕱[薱]	徒南 1
鵪	乌南 1

（二）上声四十八感

下字属"感"韵的反切 39 条 73 次，反切下字 2 个：感$_{35}$ 坎$_4$。系联结果为一类：

1. 感类

憪（七感、七坎）坎（口感、苦感）

附:感韵反切字表

閣	於感 1
隌(晻)	烏感 1
參	素感 2
參[糝]	素感 2
慘	七感 1
慘(懆懆)	七感 2
噆(憯)	七感 1
憯	七感 1
懆[慘]	七感 1
歜	在感 1
菭(欿菭)	度感 1
菭(歃)	大感 1
窞	徒坎 1
髧(㲸)	徒坎 1
禫	大感 9、直感 1
菡	戶感 1
菡(荅歃)	戶感 2
蛤	戶感 1
頷	乎感 1、戶感 4
頷(頜)	五感 1
坎	口感 2、苦感 6
坎(欿)	苦感 1

续表

欻	大感 1
歁	口感 1
穇	西感 1、素感 6
噆	勑感 1
醂	他感 5
醂（涔）	吐感 1
寁	帀坎 1
寁（揸）	子感 1
蕈（菡萏）	徒感 1
憯（惨）	七感 1
憯［㦲］	七感 5、千感 1、七坎 1

（三）去声五十三勘

下字属“勘”韵的反切 19 条 46 次，其中以勘切阚 1 条 1 次。
反切下字 3 个：暗$_{13}$ 闇$_5$ 绀$_1$。系联结果为一类：

1. 暗类

绀（古闇、古暗）憺（徒绀）憾（户闇、户暗）

附：勘韵反切字表

憺	徒绀 1
感（憾）	胡暗 2、户暗 2
感［憾］	胡暗 1 户暗 2

紺	古闇 3、古暗 2
含(唅)	户暗 8
含(唅玲)	胡闇 2
含[玲]	胡闇 2、胡暗 2、户暗 6
唅(含)	户暗 1
憾	户闇 1、胡暗 1、户暗 5
憾(感)	胡暗 2、户暗 2
黮	貪闇 1

（四）入声二十七合

下字属"合"韵的反切 30 条 48 次，其中以合切盍 2 条 4 次。反切下字 5 个：荅$_{14}$ 合$_{12}$ 納$_2$ 沓$_1$ 答$_1$。系联结果为一类：

1. 荅类

合(古荅)邰(户荅、户納)沓(徒荅、徒答、徒合)挾(子沓)

附：合韵反切字表

帀(唈)	烏合 1
沓	他荅 1、徒荅 4、徒答 1、徒合 2
荅(嗒)	吐荅 1
婕[呢]	子荅 1
姶	烏荅 1
鴿	古合 3

蛤	古荅 6
鞈	古荅 1
合	古荅 1
郃	户荅 2、户納 1
頜	烏納 1
拉	力荅 1
擖	力荅 1
臘	力合 3
漯	天荅 1
噠	他荅 1
拹（擖拉）	路合 1
挾	子沓 1
㖞	烏合 1
帀	子合 1
帀（迊）	子合 1
匝	子合 1
雜	七合 4、徂合 1
迊	子合 2
嗒（沓）	徒荅 1

二、谈、敢、阚、盍

（一）下平二十三谈

下字属“谈”韵的反切 18 条 40 次，反切下字 3 个：甘$_{14}$ 蓝$_3$

談$_1$。系联结果为一类：

1. 甘类

藍（力甘、盧談）擔（都甘、都藍）

附：谈韵反切字表

珊	乃甘 5
珊［聃］	他甘 2、吐甘 1、吐藍 2
聃	乃甘 2
儋	丁甘 3
擔	丁甘 4、都甘 1、都藍 1
澹	待甘 1、徒甘 1
蚶	火甘 1
酣	户甘 2
藍	力甘 7、盧談 1
濫	力甘 4
惔	徒藍 1
檐［擔］	丁甘 1

（二）上声四十九敢

下字属"敢"韵的反切 31 条 45 次，其中以敢切感 3 条 3 次、以敢切槛 4 条 8 次、以敢切豏 2 条 2 次。反切下字 3 个：敢$_{17}$ 覽$_{13}$ 攬$_1$。系联结果为一类：

1. 敢类

紞（丁敢、丁覽）䃺（力敢）

附:敢韵反切字表

摻	所覽 1
紞	丁敢 2、多敢 1、丁覽 1、都覽 2
膽	丁敢 2、丁覽 1
啖	大敢 3
啖(淡)	直覽 1
啗	大敢 4、徒覽 1
啗(啖)	待敢 1
啗(啖噉)	徒覽 2
淡	大敢 1、度敢 1
噉	大敢 1
减	古攬 1
檻	胡覽 2、户覽 4、衔覽 1
坎	口敢 1、苦敢 1
㘝	力敢 1
灠	力敢 1
灠[檻]	胡覽 1
糁	三敢 1
菼	他敢 1、吐敢 2、他覽 1
菼(薂)	他敢 1
櫟(墮)	呼覽 1

（三）去声五十四阚

下字属"阚"韵的反切 30 条 93 次,其中以阚切鉴 10 条 17 次。反切下字 4 个:暂$_{25}$ 蹔$_3$ 淡$_1$ 滥$_1$。系联结果为一类:

1. 暂类

淡(徒暂、徒蹔)暂(才淡)滥(力暂)

附:阚韵反切字表

擔	丁暂 1、都暂 1
啖	徒暂 1
淡	大暂 1、徒暂 10、徒蹔 1
淡(澹)	徒暂 1
澹	大暂 1、徒暂 4
澹(惔)	徒暂 1
憨	呼滥 1
监	古暂 1、工暂 2、古蹔 2
监(鑑)	古暂 1
监(鉴)	甲暂 1
鑑	古暂 6、工暂 1
鑑(监)	胡暂 1
鉴	古暂 1
阚	口暂 8、苦暂 3
滥	力暂 12

三	息暂 25、息蹔 1
惔	大暂 1、徒暂 1
惔（淡）	徒暂 1
暂	才淡 1
夅［瞯］	户暂 1

（四）入声二十八盍

下字属"盍"韵的反切 19 条 88 次，其中以盍切合 3 条 3 次。

反切下字 3 个：腊$_{14}$ 盍$_4$ 闔$_1$。系联结果为一类：

1. 腊类

闔（户腊）盍（户腊）腊（力盍、力闔）

附：盍韵反切字表

嘈	子盍 1
蓋	户腊 1
蓋［盍］	户腊 1
蛤	古盍 1
盍	胡腊 11、户腊 33
闔	胡腊 6、户腊 20
闔（盍）	胡腊 1
榼	苦腊 1
嗑	胡腊 2

续表

臘	力盍1、力闔2
鑞	力盍1
榻	吐臘1
踏	徒臘1
蹋	徒臘2
闔	吐臘1
蹹	徒臘1

三、盐、琰、艳、叶

(一)下平二十四盐

下字属"盐"韵的反切101条201次,其中以盐切添1条1次。反切下字8个:廉$_{51}$ 占$_{25}$ 鹽$_{13}$ 潛$_5$ 炎$_3$ 鉗$_2$ 淹$_1$ 沾$_1$。系联结果为一类:

1.廉类

鹽(余廉、餘占)炎(于廉、榮鉗、于沾)袡(而廉、如鹽、如占)黔(巨廉、巨淹)廉(力占)潛(捷廉、捷盐)鉗(其炎)淹(於廉、英鉗)

附:盐韵反切字表

觇	勑廉2
袡	尺占1、昌占2
幨	昌廉2

襜	尺占 1、赤占 1、昌占 1
覘	之廉 1
柑〔拑〕	其廉 1
尖	子廉 1
熸	子潜 3
瀸	子廉 3、息廉 1
殲	子廉 5、將廉 1、子潜 1
鐵	子廉 2
漸	子廉 4、子潜 1
漸〔潜〕	似廉 1
廉	力占 1
濂〔黏〕	女廉 1
蘼	力占 1
柟	冉鹽 1、而占 1
黏	女廉 4、女占 1
僉	七廉 5、七潜 3
鈐	其廉 1
鉗	其炎 1
黔	其廉 5、巨廉 2、巨淹 1
黚	起廉 1
潜〔潜〕	在廉 1、捷盐 1
潜	捷廉 1、捷盐 1、昨盐 1

綖	息廉 3
鵮	巨炎 1
鍱（鑯）	七廉 1
袡	而廉 2、如鹽 1、如占 1
袡（紳）	而占 1
髯	人鹽 1、而占 1
痁	失廉 1、詩占 1、始占 1
苫	傷廉 1、失占 3、始占 6、式占 3、傷占 1
甜	大廉 1
憸	息廉 3
纖［織］	息廉 5
咸（鍼）	其廉 1
燂	詳廉 1
淹	於廉 3、英鉗 1
厴	於占 1
炎	于廉 3、榮鉗 1、于沾 2
炎（惔）	于廉 1
閻	以廉 1、以占 1
檐	以占 3、餘占 1
鹽	余廉 2、餘占 1
猒	於鹽 2
猒（厭）	於鹽 1

厭（魘）	於鹽 1
厭［懕］	一鹽 1、於鹽 20
爓	徐廉 1、在廉 1、似廉 2、似盐 1
爓（臁）	夕廉 1
魘（厭）	於鹽 1
沾	張廉 1
沾［覘］	敕廉 1
蛅（蚺）	而占 1
詹	之廉 5、者廉 1、章廉 3
霑	竹廉 2
瞻	之廉 1
佔［覘］	敕廉 1
湛	接廉 1、子廉 2、子潛 3
鍼	其廉 14、其炎 1
顩［霑］	而占 2
佔	敕沾 1

（二）上声五十琰

下字属"琰"韵的反切 51 条 126 次，其中以琰切儼 5 条 12 次。反切下字 8 个：檢$_{26}$ 冄$_{12}$ 儉$_3$ 琰$_3$ 撿$_3$ 漸$_3$ 險$_1$。系联结果为一类：

1. 检类

染（人漸、如琰）漸（捷撿）琰（以冄）冄（如琰）儉（其檢）檢（紀

儉)揜(於檢、意冉、於險)弇(於檢、於簡)

附:琰韵反切字表

菴	於檢 1
貶	彼檢 8、必檢 1
辨[貶]	彼檢 1
諂	他檢 1、勑檢 11、敕檢 1
諂(讇)	勑檢 1
讇	勑檢 1
讇(諂)	勑檢 1
儉	其檢 1、勤檢 1
檢	紀儉 1
漸	捷撿 1
斂	力儉 3、力檢 7
冉	如琰 1
染	人漸 1、而漸 4、如琰 8
陝	失冉 5、式冉 1
閃	失冉 1
剡	以漸 1、以冉 5、羊冉 2
覃	以冉 1
險	許檢 2
閹(掩)	於撿 1
嚴(儼)	魚檢 3

嚴[儼]	魚檢1
奄	於檢5
弇	於檢6
弇(奄揜)	於檢2
掩	於檢4
揜	於檢6、意冉1、於險1
揜(掩)	於揜2
揜[掩]	於檢1
渰(弇)	於檢1
琰	以冉2、餘冉1
陝	魚檢1
儼	魚儉1、魚檢4
儼(嚴曭)	魚檢3
掞(剡)	以冉1
厴	於冉2、以冉1、於琰3

（三）去声五十五艳

下字属"艳"韵的反切 33 条 167 次，反切下字 4 个：豔$_{18}$ 驗$_8$ 艷$_4$ 贍$_3$。系联结果为一类：

1.艳类

艷（以驗、以贍、移驗）贍（常豔）斂（力驗、力豔）厴（於艷、於豔）

附:艳韵反切字表

窆	彼驗 9
擔	市豔 1、是豔 1
封	彼驗 5
封[窆]	彼驗 3
斂	力驗 38、吕驗 1、力豔 17
殮	力贍 1
壍	七豔 5
槧	七豔 1
塹	七豔 1
染	如豔 2
贍	常豔 3、常艷 1、涉豔 2、涉艷 2、時豔 1
贍(儋)	食艷 1
獫	力驗 2
猒	於豔 4
猒(厭)	於豔 1
厭	於艷 4、一豔 5、於豔 44
厭(壓猒饜)	於豔 3
饜	於豔 2
饜(厭)	於豔 1
艷	以驗 1、以贍 1、餘贍 1、移驗 2
壍(塹)	七豔 1

（四）入声二十九叶

下字属"叶"韵的反切 52 条 145 次,其中以叶切缉 1 条 3 次、以叶切怗 2 条 2 次、以叶切狎 1 条 1 次。反切下字 7 个:涉$_{22}$ 辄$_{14}$ 葉$_6$ 接$_4$ 妾$_4$ 攝$_1$ 輒$_1$。系联结果为一类:

1. 涉类

厭（一妾、一涉、一葉）葉（始涉）躡（女涉、女攝、女輒）楫（子葉、將輒）接（在妾、字妾）捷（在接、在妾）

附:叶韵反切字表

楫（檝）	子葉 2、將輒 1
接	似輒 1
接［捷］	在妾 1、字妾 1
捷	在接 15、才接 5、在妾 4
捷（踕）	在接 1
獵	力涉 2、里輒 1、力輒 5
犣	力涉 1
躐	力涉 1、力輒 6、良輒 1
鬣	力涉 2、力輒 11
臘	力輒 1
鬣（驪）	力輒 1
跕	女輒 1
聶	女涉 1、女輒 6、之涉 2
聶（攝朦）	之涉 1

续表

躡	女涉 1、女攝 1、女輒 2
慴	之涉 3
讋	失涉 1
慹	之涉 2
攝	之涉 2
欇	之涉 1
燮	蘇接 1
壓	於葉 1
厭	一妾 1、一涉 5、於涉 9、一葉 2、於葉 4、于葉 1
偞	虛涉 1
葉	舒涉 7、始涉 9、式涉 1
擖	以涉 1
饁	于輒 8
熱	之涉 1
萴（蒢）	豬葉 1
燁［烨爗］	于輒 1
腺（臃）	之涉 1
䐉	直輒 3

四、添、忝、㮇、怗

（一）二十五添

下字属"添"韵的反切 16 条 20 次，反切下字 4 个：謙7 恬5 兼2

嫌₁沾₁。系联结果为一类：

　　1.谦类

　　嫌（户謙、户恬）恬（田兼、徒謙、撰嫌）兼（古恬）

附:添韵反切字表

沾	丁恬 1
兼	古恬 1、户謙 1
蒹	古謙 1、古恬 1
縑	古謙 1
鶼	古恬 2
鮎	乃兼 2、乃謙 1
恬	田兼 1、徒謙 3、撰嫌 1
甜	徒謙 1
嫌	户謙 1、户恬 1

　　（二）上声五十一忝

　　下字属"忝"韵的反切 16 条 33 次,其中以忝切琰 1 条 4 次。反切下字 3 个:簟₁₂點₃忝₁。系联结果为一类:

　　1.簟类

　　點（多簟、多忝）簟（徒點）忝（他簟）

附:忝韵反切字表

| 點 | 都簟 2、多簟 1、多忝 1 |

玷	丁簟 7
簟	大點 1、徒點 4
驔[簟]	徒點 1
㶕	力簟 1
嗛	口簟 2、苦簟 1
嗛	苦簟 2、去簟 1、下簟 1
忝	他簟 3
鼸	下簟 1
㲲	烏簟 4

(三)去声五十六㮇

下字属"㮇"韵的反切 11 条 73 次,其中混切 2 条 2 次,反切下字仅 1 个:念$_{11}$。系联结果为一类:

1. 念类

僭(子念、作念、賤念)

附:㮇韵反切字表

坫	丁念 13
墊	丁念 5
僭	子念 46、作念 2、賤念 1、七念 1
壍	七念 1
㮇	餘念 1

譖(僭)	子念1、子念1
譛［譖僭］	子念1

（四）入声三十帖

下字属"帖"韵的反切45条73次，其中以帖切叶2条2次、以帖切业1条2次。反切下字7个：协$_{19}$　恊$_{10}$　牒$_8$　颊$_4$　叶$_2$　箧$_1$　燮$_1$。系联结果为一类：

1. 协类

燮（蘇颊、素协、素恊）挟（户牒、户颊）颊（古协、古恊、兼叶）叶（户牒）箧（苦牒、苦协、苦恊）

附：帖韵反切字表

諜［諜］	徒协1
諜	徒协3、徒恊1
疊	徒恊1
浹	子协3
梜	古协1
荚	古协2、古叶1
颊	古协3、古恊1、兼叶1
㪿	乃协1
慊（嗛）	苦牒1
箧	口牒1、苦牒2、口协1、苦协4、苦恊4

呫[貼]	他箧 1
帖	他協 1
協	胡頰 1、户頰 1
挾	子協 7、子燮 1
挾	胡牒 1、户牒 6、户頰 1
挾（浹）	子協 1
㩉（協）	户牒 1
燮	蘇頰 1、悉協 1、昔協 1、息協 1、素協 2、悉恊 1、息協 2、素恊 1
爕	素協 1、息協 1、素恊 1
壓（壓）	乃協 1
叶（汁）	户牒 1
輒	丁協 1
熱	乃牒 1
夾[鋏]	古協 2

五、咸、豏、陷、洽

（一）下平二十六咸

下字属"咸"韵的反切 22 条 32 次,其中以咸切衔 5 条 10 次。反切下字 4 个:咸$_{18}$ 鹹$_2$ 緘$_1$ 杉$_1$。系联结果为一类:

1. 咸类

咸（行緘）緘（古咸）咸[緘]（古鹹）嶃（士杉）黏（杉,所咸）

附:咸韵反切字表

毚	士咸 1
鄭	仕咸 1
巉	士杉 1
讒	士咸 2
械(緘)	古咸 1
監	古咸 6
緘	古咸 3、工咸 1
臧(麁)	五咸 1
芟	色咸 1、所咸 1
縿	所咸 1
黏(杉)	所咸 1
咸	行緘 1
咸(緘)	古鹹 1
咸[緘]	古鹹 1
喦	語咸 1、五咸 3
喦(巖)	五咸 1
嵒	五咸 1
麁(獄)	五咸 1
讒[讒]	仕咸 1

（二）上声五十二豏

下字属"豏"韵的反切 12 条 24 次,其中以豏切敢 1 条 1 次、以赚切槛 1 条 1 次、以赚切琰 3 条 10 次。反切下字 3 个:斩$_7$ 减$_4$ 湛$_1$。系联结果为一类:

1.斩类

减(古斩、古湛 1)湛(直减)

附:赚韵反切字表

黯	於减 1
澹	大斩 1
减	古斩 1、佳斩 1、古湛 1、胡斩 2
槛	户减 1
咸(减)	洽斩 2
湛	直减 4
黡	於减 3、於斩 6
厭[黡]	乌斩 1

(三)去声五十七陷

下字属"陷"韵的反切 2 条 2 次,均为以陷切鉴的混切。反切下字只有 1 个:陷$_2$。系联结果为一类:

1.陷类

监(古陷、工陷)

说明:

1."陷"韵反切下字只有"陷"字,且两条切语均为"鑑"韵的"监"作下字。今暂单独系联。

附:陷韵反切字表

监	古陷1、工陷1

（四）入声三十一洽

下字属"洽"韵的反切31条136次,其中混切1条1次。反切下字2个:洽$_{20}$夹$_{11}$。系联结果为一类:

1.洽类

洽(户夾)夾(古洽、工洽、居洽)

附:洽韵反切字表

扱	初洽13、楚洽1
扱(捷插)	初洽1
插	初洽1、楚洽1
鞈	古洽2
夾	古洽44、工洽1、居洽2
夾(挾)	古洽1
袷	古洽2
郟	古洽11
捷	初洽2
捷(插扱)	初洽3
洽	户夾4
洽(合)	咸夾1

歃	初洽 1、色洽 3、所洽 13
歃（喢歃）	所洽 4
侠［夾］	古洽 7
陕	乎夾 2、户夾 1
陕（狭）	乎夾 1
狭	乎夾 1、胡夾 1、户夾 6、下夾 1
袷	户夾 3、咸夾 1
挟	子洽 1

六、衔、槛、鉴、狎

（一）下平二十七衔

下字属"衔"韵的反切 16 条 58 次，其中以衔切咸 3 条 3 次。反切下字 2 个：衔$_{15}$ 巖$_1$。系联结果为一类：

1. 衔类

巖（五衔）嵁（苦巖）芟（色衔、所衔）

附：衔韵反切字表

掺	所衔 1
儳	仕衔 1
监	古衔 22、工衔 4
渐［巉嶄］	士衔 1

嵁	苦巖 1
嵌	苦銜 1
芟	色銜 1、所銜 14
穇（縿）	所銜 1
穇［縿］	所銜 1
縿	所銜 4
縿（襂襂衫穇）	所銜 2
嚴（巖）	五銜 1
巖	五銜 2
巖［嚴］	語銜 1

（二）上声五十三槛

下字属"槛"韵的反切 1 条 2 次,反切下字仅 1 个:槛$_1$。系联结果为一类:

1.槛类

闞（呼槛）

附:槛韵反切字表

闞	呼槛 2

（三）去声五十八鉴

下字属"鉴"韵的反切 2 条 2 次,反切下字 2 个:監$_1$ 儳$_1$。系
联结果为一类:

1. 監类

撕(所監)監(古儳)

附:鉴韵反切字表

撕	所監 1
監	古儳 1

（四）入声三十二狎

下字属"狎"韵的反切 20 条 60 次,其中以狎切洽 2 条 4 次。
反切下字仅 1 个:甲$_{20}$。系联结果为一类:

1. 甲类

狎(乎甲、户甲、下甲、下甲)

附:狎韵反切字表

嗑	許甲 1
翣(霎)	所甲 1
翣［霎］	所甲 1
裌	所甲 1
霎	所甲 12

续表

翣(箑篓)	所甲 2
匣	胡甲 1
匣(柙)	户甲 1
狎	乎甲 2、户甲 14、下甲 2
柙	户甲 1
狭	户甲 3
祫(洽)	胡甲 1
鴨	於甲 1
壓	於甲 5
厭	於甲 6、于甲 1
厭(壓)	於甲 3
鼻(鴨)	一甲 1

七、(严)、(俨)、(酽)、业

(一)入声三十三业

下字属"业"韵的反切 20 条 54 次,反切下字 3 个:业$_{12}$ 劫$_6$ 怯$_2$。系联结果为一类:

1. 业类

業(魚怯)怯(起劫、丘劫、去業)劫(居業)

附:业韵反切字表

祫	居業 1

续表

跲	其劫 2、其業 2
刧	許業 1
刧［劫］	居業 1
劫	居業 9
劫（跲）	居業 1
衱	居怯 1、居業 1
怯	起劫 1、丘劫 1、去業 3
拾	其劫 9、其業 4
脅	許劫 6、虛業 3、許業 5
脅（脇）	許業 1
噂	許劫 1
業	魚怯 1

八、（凡）、（范）、梵、（乏）

（一）去声六十梵

下字属"梵"韵的反切 16 条 38 次,其中以醶切艳 2 条 2 次。反切下字 2 个:劍$_{11}$ 劒$_5$。系联结果为一类:

1. 剑类

汎（孚劍、芳劍）

附:梵韵反切字表

帆	凡劒 1

氾	芳劍 2、浮劍 1、芳劔 9
氾（汎）	芳劔 2、孚劍 1
汎	芳劍 2、芳劔 7、敷劍 1、孚劍 3
泛	芳劍 2
泛（汎）	孚劍 1
封	彼劍 1
欠	起劍 2、丘劔 2
㪍	力劍 1

　　说明：1.《释文》"下平二十八严、上声五十四俨、下平二十九凡、上声五十五范、去声五十九酽、入声三十四乏"几韵的字缺反切用字。

第十八节　小结

　　经过系联，我们得出了《释文》陆氏音系的韵类状况，具体见下表（韵部举平声以赅上、去、入）：

表 4—18—1：《释文》陆氏音系韵类表

韵部 ＼ 韵类	平	上	去	入
东	一东二类 1.工类 2.忠类	一董一类 1.孔类	一送二类 1.弄类 2.凤类	一屋二类 1.木类 2.六类
冬	二冬一类 1.冬类		二宋一类 1.宋类	二沃一类 1.毒类
钟	三钟一类 1.容类	二肿一类 1.勇类	三用一类 1.用类	三烛一类 1.玉类

续表

韵类 韵部	平	上	去	入
江	四江一类 1.江类	三讲一类 1.项类	四绛一类 1.巷类	四觉一类 1.角类
支	五支二类 1.支类 2.规类	四纸二类 1.氏类 2.委类	五寘二类 1.豉类 2.伪类	
脂	六脂二类 1.悲类 2.追类	五旨二类 1.履类 2.癸类	六至二类 1.二类 2.位类	
之	七之一类 1.疑类	六止一类 1.里类	七志一类 1.志类	
微	八微二类 1.依类 2.非类	七尾二类 1.岂类 2.鬼类	八未二类 1.既类 2.味类	
鱼	九鱼一类 1.居类	八語一类 1.吕类	九御一类 1.虑类	
虞	十虞一类 1.俱类	九麌一类 1.甫类	十遇一类 1.具类	
模	十一模一类 1.胡类	十姥一类 1.鲁类	十一暮一类 1.故类	
齐	十二齐二类 1.兮类 2.圭类	十一荠一类 1.礼类	十二霁二类 1.计类 2.惠类	
祭			十三祭二类 1.世类 2.锐类	

续表

韵部＼韵类	平	上	去	入
泰			十四泰二类 1.贝类 2.外类	
佳	十三佳二类 1.佳类 2.娲类	十二蟹一类 1.买类	十五卦二类 1.卖类 2.卦类	
皆	十四皆一类 1.皆类	十三骇一类 1.楷类	十六怪二类 1.界类 2.怪类	
夬			十七夬二类 1.迈类 2.快类	
灰	十五灰一类 1.回类	十四贿一类 1.罪类	十八队一类 1.内类	
咍	十六咍一类 1.来类	十五海一类 1.在类	十九代一类 1.代类	
废			二十废二类 1.废类 2.秽类	
真	十七真两类 1.巾类	十六轸两类 1.忍类 2.陨类	二十一震一类 1.刃类	五质一类 1.乙类
谆	十八谆一类 1.伦类	十七准一类 1.允类	二十二稕一类 1.俊类	六术一类 1.律类
文	二十文一类 1.云类	十八吻一类 1.粉类	二十三问一类 1.问类	八物一类 1.勿类

续表

韵类＼韵部	平	上	去	入
欣	二十一欣一类 1.斤类	十九隐一类 1.谨类	二十四焮一类 1.靳类	九迄一类 1.乞类
魂	二十三魂一类 1.门类	二十一混一类 1.本类	二十六慁一类 1.困类	十一没一类 1.忽类
痕	二十四痕一类 1.恩类	二十二很一类 1.恳类	二十七恨一类 1.恨类	
元	二十二元二类 1.言类 2.袁类	二十阮二类 1.偃类 2.晚类	二十五愿二类 1.建类 2.万类	十月二类 1.谒类 2.月类
寒	二十五寒一类 1.干类	二十三旱一类 1.但类	二十八翰一类 1.旦类	十二曷一类 1.葛类
桓	二十六桓一类 1.官类	二十四缓一类 1.管类	二十九换一类 1.乱类	十三末一类 1.活类
删	二十七删二类 1.颜类 2.关类	二十五潸二类 1.板类 2.绾类	三十谏二类 1.谏类 2.患类	十四黠二类 1.八类 2.滑类
山	二十八山二类 1.闲类 2.顽类	二十六产一类 1.产类	三十一裥一类 1.苋类	十五鎋二类 1.瞎类 2.刮类
先	一先二类 1.田类 2.玄类	二十七铣二类 1.典类 2.犬类	三十二霰二类 1.见类 2.县类	十六屑二类 1.结类 2.穴类
仙	二仙二类 1.然类 2.专类	二十八狝二类 1.善类 2.转类	三十三线二类 1.战类 2.恋类	十七薛二类 1.列类 2.悦类
萧	三萧一类 1.彫类	二十九筱一类 1.了类	三十四啸一类 1.弔类	

续表

韵 类 韵 部	平	上	去	入
宵	四宵一类 1.遥类	三十小一类 1.小类	三十五笑一类 1照类	
肴	五肴一类 1.交类	三十一巧一类 1.卯类	三十六效一类 1.孝类	
豪	六豪一类 1.刀类	三十二皓一类 1.老类	三十七号一类 1.报类	
歌	七歌一类 1.何类	三十三哿一类 1.可类	三十八箇一类 1.贺类	
戈	八戈一类 1.禾类	三十四果一类 1.果类	三十九过一类 1.卧类	
麻	九麻三类 1.加类 2.嗟类 3.瓜类	三十五马三类 1.雅类 2.者类 3.寡类	四十祃三类 1.嫁类 2.夜类 3.化类	
阳	十阳二类 1.良类 2.方类	三十六养二类 1.丈类 2.往类	四十一漾二类 1.亮类 2.况类	十八药一类 1.略类
唐	十一唐二类 1.郎类 2.黄类	三十七荡二类 1.党类 2.广类	四十二宕二类 1.浪类 2.旷类	十九铎二类 1.各类 2.郭类
庚	十二庚二类 1.庚类 2.京类 3.横类	三十八梗三类 1.猛类 2.景类 3.永类	四十三映三类 1.孟类 2.命类 3.柄类	二十陌三类 1.百类 2.逆类 3.虢类
耕	十三耕二类 1.耕类 2.宏类	三十九耿一类 1.幸类	四十四诤一类 1.诤类	二十一麦二类 1.革类 2.获类

续表

韵类 / 韵部	平	上	去	入
清	十四清二类 1.贞类 2.营类	四十静一类 1.领类	四十五劲一类 1.政类	二十二昔二类 1.亦类 2.碧类
青	十五青二类 1.丁类 2.扃类	四十一迥二类 1.顶类 2.迥类	四十六径一类 1.定类	二十三锡二类 1.历类 2.阒类
蒸	十六蒸一类 1.陵类	四十二拯一类 1.拯类	四十七证一类 1.证类	二十四职两类 1.力类 2.域类
登	十七登两类 1.登类 2.弘类	四十三等一类 1.等类	四十八嶝一类 1.邓类	二十五德一类 1.得类
尤	十八尤一类 1.留类	四十四有一类 1.九类	四十九宥一类 1.又类	
侯	十九侯一类 1.侯类	四十五厚一类 1.口类	五十候一类 1.豆类	
幽	二十幽一类 1.蚪类	四十六黝一类 1.纠类	五十一幼一类 1.谬类	
侵	二十一侵一类 1.金类	四十七寝一类 1.甚类	五十二沁一类 1.鸩类	二十六缉一类 1.及类
覃	二十二覃一类 1.南类	四十八感一类 1.感类	五十三勘一类 1.暗类	二十七合一类 1.荅类
谈	二十三谈一类 1.甘类	四十九敢一类 1.敢类	五十四阚一类 1.暂类	二十八盍一类 1.腊类
盐	二十四盐一类 1.廉类	五十琰一类 1.检类	五十五艳一类 1.艳类	二十九叶一类 1.涉类

续表

韵类　韵部	平	上	去	入
添	二十五添一类 1. 谦类	五十一忝一类 1. 簟类	五十六㮇一类 1. 念类	三十帖一类 1. 协类
咸	二十六咸一类 1. 咸类	五十二豏一类 1. 斩类	五十七陷一类 1. 陷类	三十一洽一类 1. 洽类
衔	二十七衔一类 1. 衔类	五十三槛一类 1. 槛类	五十八鉴一类 1. 监类	三十二狎一类 1. 甲类
严	二十八严 （　　）	五十四俨 （　　）	五十九酽 （　　）	三十三业一类 1. 业类
凡	二十九凡 （　　）	五十五范 （　　）	六十梵一类 1. 剑类	三十四乏 （　　）

第五章　韵母讨论

第一节　需要说明的几个问题

系联出《释文》陆氏音系各韵类之后，我们还不能直接得出《释文》的韵母。需要根据系联结果，结合各韵类的自切和混切情况，综合运用多种音韵学方法，对韵类的分合进行仔细地辨析和讨论。本章所讨论的主要是存在混切的一些韵部，对于那些没有和他韵混切的韵类则不予详细讨论。在讨论韵类和韵母关系时，还有两个不可回避的问题，一是重纽问题，第二个是唇音字的开合问题。

一、重纽的问题

重纽指"支脂祭真仙宵侵盐"八个三等韵遇唇、牙、喉音时韵图上被分成两类，一类与舌齿音所拼的音节同处于三等格，一类处于四等格。依据习惯，排在四等格的称作重纽 A 类；排在三等格的称作重纽 B 类。重纽的音值在今天看来一般是没有区别的，但在韵图制图时可能有一定的差别，因而被分成了两类。

重纽的性质是音韵学界目前尚未完全解决的问题之一，虽然学界做了相当多的研究，也提出了不少有见地的解释，但目前为止仍未能达成一致看法。对于重纽的处理,目前主要有两派意见,一派认为重纽应当是韵母的差别,虽然差别较小,但构成重纽A、B两类的韵母存在细微差别,主张将A、B两类构拟为两个不同的韵母,如邵荣芬先生;另一派意见虽然也承认重纽两类可能存在差异,但由于反切下字不分,没有足够证据证明两者的区别,主张采取保留态度,暂时不主张将二者分立,如周祖谟先生。

《经典释文》的反切也存在重纽的状况,并有不少人进行过研究,但总体也没有形成一致的意见。我们也考察了《释文》的重纽状况,发现A、B两类自切,即A类切A类,B类切B类为常见。"止摄"的"支、脂"两韵系均有重纽存在,我们以"支、脂"为例简要说明。

《释文》陆氏音中,支韵反切240条555次,去除混切29条41次,支韵自切211条514次反切中,A类切A类、B类切B类的176条432次,A、B两类混切的35条82次。纸韵反切208条457次,去除混切13条17次,纸韵自切195条440次反切中,A类切A类、B类切B类的167条365次,A、B两类混切的28条75次。寘韵反切129条1909次,去除混切8条11次,寘韵自切121条1898次反切中,A类切A类、B类切B类的106条1773次,A、B两类混切的15条125次。脂韵反切142条236次,去除混切11条12次,脂韵自切131条224次反切中,A类切A类、B类切B类的116条203次,A、B两类混切的15条21次。旨韵反切64条180次,去除混切8条9次,旨韵自切56条171次反切中,A类切A类、B类切B类的41条106次,A、B两类混切的15条65次。至韵反切203条659次,去除混切33条61次,支韵自切170条598次反切中,A类切A类、B类切B类的146条439次,A、B两类混切的24条159次。

下表反映了各韵部自切反切中的各类数据：

表 5—1—1:《释文》"支、脂"两韵系重纽情况表

反切数据 韵部	反切数		A、B类自切数 及百分比				A、B类混切数 及百分比			
	切语	切次	切语	切次	切语	切次	切次	切次	切次	切次
支	211	514	176	83.41	432	84.05	35	16.59	82	15.95
纸	195	440	167	85.64	365	82.95	28	14.36	75	17.05
寘	121	1898	106	87.60	1773	93.41	15	12.40	125	6.59
脂	131	224	116	88.55	203	90.62	15	11.45	21	9.38
旨	56	171	41	73.21	106	61.99	15	26.79	65	38.01
至	170	598	146	85.88	439	73.41	24	14.12	159	26.59

支、脂两韵系中，A 类切 A 类、B 类切 B 类的反切占大多数，说明这两个韵部中确实存在重纽的现象。但 A、B 两类的区别难以准确把握。

周祖谟《万象名义中之原本玉篇音系》一文在讨论具有重纽诸摄的韵母时，对于其中的重纽现象也作了探讨，但由于反切用字的问题，认为重纽 A、B 两类不能确定是否语音有别，如他在探讨止摄时说："止摄之、支两部各有两类，a 类指舌音、齿音（齿头与正齿三音）与韵图列于四等之唇牙喉音字而言，b 类指韵图列于三等之唇牙喉音字及正齿二等字而言。两类字之反切下字分列不混。韵母读音盖有不同，确切分别，尚不能定。"①

我们比较认同周先生的做法，原因有三：一是重纽的实质至

----

① 周祖谟《万象名义中之原本玉篇音系》，《问学集》第 396 页，中华书局，1966 年。

今没有定论；二是《释文》反切下字的系联不支持将 A、B 两类分开；三是《释文》A、B 两类有混切的现象。基于以上原因，我们也采取较为保守的态度，探讨韵母时暂时不考虑重纽的区别。罗常培先生遗稿《经典释文音切考》之《释文韵类长编》卷一，在系联止摄平声时，将支韵系联为"支开"、"支合"两类（上、去同），将脂韵系联为"脂开"、"脂合"两类（上、去同）。说明罗先生在系联时也没有考虑重纽的因素。

二、唇音的开合问题

中古韵书的反切中，唇音字的开合往往不明确，具体表现是唇音字作反切上字或被切字时，往往会有反切下字与被切字开合相混的现象。《广韵》中存在这种唇音开合不分的现象，《释文》中也存在唇音开合不分的情况。这种唇音字的开合口问题，往往会影响系联的结果，进而可能会影响到韵母的归纳。《释文》中，因反切下字属唇音而导致系联结果受到影响的有"支、纸、寘、脂、旨、至；霁、卦、怪、废；真、轸；阮、删、潸、黠、狝、线；麻、阳、养、唐、荡；庚、映、陌、耕、麦、青、锡；职、登"等 32 个韵部；具体表现是，这些韵部本来应有开合两类韵母，而由于唇音字作为反切下字或被切字，导致系联结果为一个韵类。

如去声十二霁韵反切下字为"计细帝丽弟係诣悌系惠"等 10 个。系联结果为一类（实为两类）：媲（普惠、普计）躄（必惠、必计、補悌）嘒（呼惠）。被切字"媲躄"二字的反切下字"计、悌"属开口，而"惠"属合口，由于被切字属唇音，开合不分，导致系联出现问题，必须依靠其他证据才能确定其韵类。

再如下平九麻，"麻"韵有"加嗟奢巴牙家麻蛇虵斜遮差蛙邪瓜花華"等 17 个反切下字。系联结果为二类（实当为三类）：1. 斜类;2.巴(必加、伯家、必麻)鼆(侧巴、侧瓜)。被切字"鼆"有"侧巴、莊瓜、側瓜"三条切语,其反切下字"瓜"属合口,"巴"为唇音字,开合不分,导致系联出现问题,也应根据其他材料确定韵类。

由于唇音字数量庞大,其开合口不明确的特点,对 32 个韵部的系联都产生了影响。如果不对唇音开合明确区分,肯定会影响韵类的系联,进而影响对韵母的归纳。因而本文对唇音开合的处理上,多方参考《广韵》以及《释文》的其他材料,确定韵类以及唇音的开合。

第二节　通摄韵母讨论

通摄包含"东、冬、钟"等 11 个韵部,各韵部的系联情况支持各自独立。"东、董、送、屋"四韵的字和其他韵部的字偶有混切的情况,具体如下:

(一)以东切钟:

蝩,寸東反。(P1688)(案:《广韵》"子红切,又七恭切"。《释文》疑误。)

(阏)逢,符隆反。(P1641)

濃,濃濃,奴同反。又女龍反。厚貌。(P296)(案:浓有又音,属钟韵。"奴同切"当属东韵。)

(二)以董切送:

恫,勅動反。又音通。痛也。(P167)(案:"勅動反"当为"恫"的另一读音。)

(三)以董切用:

甹,方孔反。(P1668)(案:《集韵》有"补孔切"。)

(三)以董切肿:

騋（擞），素動反。（P1263）

（四）以送切用：

縫，扶弄反。（P602）

（五）以屋切沃：

督，丁木反。（P195）

沃，烏谷反。（P791）

沃，烏鹿反。（P1656）

沃，於木反。（P859）（案："沃"字作"沃丁、曲沃、沃沃、沃若、沃宮"等意义时为"烏毒反、烏酷反"，属"沃"韵，作"灌浇"义时为"烏谷反、烏鹿反、於木反"，属"东"韵。不应视为混切。）

（六）以屋切燭：

局，彊六反。（P1612）

（七）以屋切筱：

勛，子六反。玉篇子小反。馬本作巢，與《玉篇》《切韻》同。（P160）（案：此条反切有"切韵"字样，疑为后人所改。）

除去"沃濃恫葑"等字，混切的情况仅有几例。因此我门可以说"东董送屋"是独立的。

由于《释文》音义书"不需要凡字注音"的特殊性质，有些韵母的字没有出现。上声"董"韵系联只有一类，而和它相承的平声"东"韵、去声"送"韵、入声"屋"韵系联均为两类，根据陈澧《切韵考》的补充条例："今考平上去入四声相承者，其每韵分类亦多相承。切语下字既不系联，而相承之韵又分类，乃据以定其分类。否则虽不系联，实同类耳。"[1]我们认定"董"韵亦当分为两类。

通摄其余韵部系联结果均没有问题，不需要专门讨论。结合

---

①陈澧著，罗韦豪点校《切韵考》第 4 页，广东高等教育出版社，2004 年。

通摄反切系联的具体情况，我们将本摄韵母归纳为以下八个（其拟音主要参考胡安顺先生《音韵学通论》中关于中古韵母的拟音）：

1. 东_{开一}[oŋ]；屋_{开一}[ok]
2. 东_{开三}[ioŋ]；屋_{开三}[iok]
3. 冬_{合一}[uŋ]；沃_{合一}[uk]
4. 钟_{合三}[iuŋ]；烛_{合三}[iuk]

第三节　止摄韵母讨论

中古止摄包含"支、脂、之、微"等 12 个韵部，《经典释文》陆氏音系"支脂之"三部存在争议。

一、各家看法

从《释文》反切的情况看，支、脂、之（含上去）诸韵混切的用例比较多，有合并的趋势。

王力先生《〈经典释文〉反切考》一文认为："大量的例子足以证明，支脂之微，纸旨止尾，寘至志未，实当合为一韵。玄应《一切经音义》支脂之混用，纸旨止混用、寘至志混用，可以作为佐证。"[1]王力先生没有从韵母的角度进一步分析，且所举的例证既有陆氏的，也有徐刘诸氏的，层次较为复杂。由于没有进一步对各类反切进行细化分析，难免会影响到结论的准确性。

邵荣芬先生《〈经典释文〉音系》认为："陆德明止摄之韵系与支、脂两韵系的开口系联为一类，说明它们已经合并（这里说'合

---

[1] 王力《〈经典释文〉反切考》，《音韵学研究（第一辑）》第 43 页，中华书局，1984 年。

并’，不包括重纽也合并的意思。下同）。支、脂两韵系的合口也系联为一类，说明它们也已合并。"①"支、之、脂三韵系合并，是陆氏反切与《广韵》音系的一大差别。"②

　　王、邵两位先生主要关注了"支、脂、之"诸韵之间的互用情况，将"支脂之"、"纸旨止"、"寘至志"分别合并有语音方面的根据和道理。但这样做无形中忽略了《释文》中"支、脂、之"诸韵反切的实际状况。《释文》中有不少诸韵混切的例子，更有大量自切的情况。因而我们认为将它们简单合并，不利于我们观察《释文》"支、脂、之"诸韵的实情。

二、"支、脂、之"三韵混切状况

（一）支、脂、之三韵混切例：

1. 以支切脂 16 条 25 次：

饑（飢），居宜反。（P677）

梨，利知反。（P363）

犁，力知反。（P1224、P1236）

紕，匹彌反。（P757）

貔，婢支反。（P647）

祁，巨移反。（P293、P329、P386、P416、P1619）

祁，巨支反。（P893、P1239）

耆，巨支反。（P668）

耆［祁］，巨支反。（P861）

綏，如離反。（P564）

①邵荣芬《〈经典释文〉音系》第 148 页，台北学海出版社，1995 年。

②邵荣芬《〈经典释文〉音系》第 156 页，台北学海出版社，1995 年。

壝,以垂反。（P600）

遺,猶垂反。（P706）

彞,以支反。（P182、P806）

絺,勅冝反。（P644、P684）

絺,恥知反。（P207）

麋,亡皮反。（P934、P935）

2.以支切之 9 条 12 次：

詒,以支反。（P928、P955）

貽,羊支反。（P180）

頤,以支反。（P746、P861）

玆,子斯反。（P1636）

貍,力知反。（P678）

氂,力知反。（P1611）

期[萁],居冝反。（P1386）

僖,許冝反。（P659、P665）

嬉,許冝反。（P912）

3.以脂切支 6 条 7 次：

蠃,律悲反。（P99、P109）

蠃,劣追反。（P885）

蜱,皮佳反。（P615）

岐,巨伊反。（P1684）

衹,諸夷反。（P811）

鈹,普悲反。（P1178）

4.以脂切之 2 条 2 次：

嘻,喜悲反。（P101）

肶,昌私反。（P737）

5.以之切脂 40 条 68 次：

絺,勑其反。(P154、P157、P425、P694、P791)

絺,敕其反。(P584)

絺,丑疑反。(P742)

絺,勑之反。(P233、P528、P880、P1370)

鴟,尺之反。(P197、P282、P1053、P1662)

鴟(鵄),尺之反。(P1700)

莖,直基反。(P464)

莖,直其反。(P1674)

莖,直之反。(P1680)

蚳,直基反。(P319)

蚳,直其反。(P735、P1688、P1690)

蚳,丈之反。(P803)

蚳(胝),直其反。(P1696)

遟,直詩反。(P775)

遟,直疑反。(P167)

墀(坻),直其反。(P136)

遟,直螯反。(P1605)

茨,在思反。(P1302)

坻,直基反。(P328)

坻,直疑反。(P1099)

坻(墀泜),直基反。(P1658)

肌,居其反。(P526、P1413)

肌,巳其反。(P1401)

肌,居疑反。(P1691)

飢(饑),居疑反。(P244)

饑（飢），居其反。（P1375）

饑（飢），居疑反。（P1309、P1641）

犂，利之反。（P1360）

尼，女持反。（P1333）

伲，女姬反。（P160）

祁，巨之反。（P280、P914、P946、P987、P1092、P1141、P1205）

耆，巨之反。（P515、P1129、P1606）

鬐，巨之反。（P597、P611、P622）

羪，羊而反。（P1666）

彝，以而反。（P1596）

彝，以之反。（P177、P787、P1029、P1108、P1271）

彝，羊之反。（P1152）

鮨（鰭），巨之反。（P598）

衹，止而反。（P198）

衹，諸時反。（P417）

（二）纸、旨、止三韵混切例：

1. 以纸切旨 5 条 5 次：

比，必爾反。（P947）

比，并是反。（P883）

儽，力委反。（P1222）

壘，劣委反。（P602）

嚭，普彼反。（P672）

2. 以纸切止 1 条 1 次：

己，基倚反。（1405）

3. 以旨切纸 4 条 4 次：

辟［弭］,亡姚反。(P730)

砥,之履反。(P321)

俾［比］,必履反。(P774)

鄬,于軌反。(P1008)

4.以旨切止4条5次:

醫,於美反。(P429)

胏,緇美反。(P89)

第,側美反。(P438)

第,側几反。(P616、P469)

5.以止切纸4条5次:

俾,必耳反。(P189)

俾,必以反。(P291)

弭,彌耳反。(P371、P1117)

蛾(蟻),魚起反。(P765)

6.以止切旨23条28次:

匕,必李反。(P673)

匕,必以反。(P111)

比,必里反。(P356、P1321)

比,并里反。(P903)

朼,必李反。(P610)

妣,必里反。(P1625)

秕,悲里反。(P163)

履,利恥反。(P82)

視,常止反。(P177、P639)

締,丁里反。(P599)

締(希),知里反。(P705)

絺［𪗱］，知里反。（P337）

否，悲巳反。（P111）

否，悲矣反。（P1066、P1085）

否，備矣反。（P900、P1301）

兕，徐里反。（P667、P960）

兕，徐子反。（P1397）

希（絺），張里反。（P435）

希（絺），陟里反。（P473）

希［絺］，張里反。（P505）

𪗱，致恥反。（P1616）

𪗱，張里反。（P473）

戾（矢），失耳反。（P1598）

（三）真、至、志三韵混切例：

1. 以真切至 1 条 1 次：

恣，姿刺反。（P276）

2. 以至切志 13 条 36 次：

熾，昌至反。（P1614）

珥，如至反。（P787）

蒔，時至反。（P447）

識，式至反。（P670）

思，息利反。（P1071）

亟，欺冀反。（P271、P405、P1097、P1123、P1139、P1146、
P871、P875、P902、P921、P931、P1298、P1600）

亟，起冀反。（P1149）

亟，去冀反。（P758、P1209、P1225、P1240、P1243、P1248、

P1248、P1249、P1260、P1260、P1265、P1305）

　　亟，去冀反。（P1385）

　　惎，其器反。（P973）

　　惎，其冀反。（P1195）

　　憙，虚备反。（P82）

　　菑，侧冀反。（P553）

3.以至切寘 6 条 6 次：

　　臂，必寐反。（P1401）

　　恚，於季反。（P283）

　　恚，一遂反。（P351）

　　縊，一四反。（P1164）

　　譬（辟），匹致反。（P316）

　　施，始致反。（P1397）

4.以志切寘 2 条 2 次：

　　施，始志反。（P1404）

　　辟，毗异反。（P702）

5.以志切至 35 条 219 次：

　　比，毗志反。（P77、P78、P81、P84、P84、P88、P90、P91、P92、P94、P95、P101、P102、P103、P106、P107、P108、P110、P117、P118、P120、P120、P131、P135、P135、P136、P137、P137、P138、P164、P168、P168、P174、P177、P185、P187、P261、P264、P264、P265、P298、P300、P310、P319、P324、P334、P338、P363、P377、P404、P423、P426、P439、P439、P445、P448、P448、P453、P458、P459、P470、P482、P482、P487、P493、P495、P501、P503、P506、P508、P512、P517、P517、P519、P520、P525、P527、P547、P571、P576、P577、P579、P586、P587、P629、P765、P768、P769、P772、P778、

P806、P807、P832、P845、P849、P860、P868、P906、P913、P922、
P956、P958、P1004、P1055、P1059、P1067、P1076、P1086、P1091、
P1100、P1107、P1110、P1140、P1156、P1187、P1239、P1243、
P1280、P1352、P1356、P1383、P1383、P1418、P1483、P1485、
P1506、P1519、P1539、P1544、P1563、P1604)

耆，常志反。（P253、P261）

耆，時志反。（P1071、P1144、P1536、P1539）

耆，市志反。（P326、P374、P414、P611、P684、P699、P702、
P727、P733、P740、P798、P803、P806、P811、P976、P1050、P1052、
P1057、P1095、P1252、P1444）

耆（嗜），市志反。（P1424）

棄，丘異反。（P1613）

示，神志反。（P1347）

嗜，常志反。（P1378）

嗜，時志反。（P1502）

嗜，市志反。（P160、P173、P183、P242、P661、P662、P695、
P1206）

謚，時志反。（P564）

肄，以志反。（P468）

恣，咨嗣反。（P825）

遲，直志反。（P814）

曁，其記反。（P749）

媚，眉忌反。（P636）

媚，眉記反。（P1121）

媚，美記反。（P354、P1354）

器，袪記反。（P1630）

咥,許意反。(P240)

擅,伊志反。(P997)

致(緻),直置反。(P340、P864)

致[緻],直記反。(P447)

致[緻],直吏反。(P547、P701)

致[緻],直置反。(P265、P305、P364、P410、P535、P542、P721)

稚,直吏反。(P1296)

稚(穉),直吏反。(P191、P227)

穉,直吏反。(P94、P363、P603、P846、P1579)

穉(稚),直吏反。(P135、P280、P669、P1626)

緻,直吏反。(P1613、P1621)

緻,之侍反。(P1616)

懥,勅值反。(P852)

穉(稚),直吏反。(P236)

穉[稚],直吏反。(P512、P766)

躓,陟吏反。(P976)

三、"支、脂、之"三韵混切情况分析

从混切的情况看,"之、脂"两韵系混切的用例更多,"支"韵系与"之、脂"韵系混切的用例要少很多。为了更为直观地观察三韵系之间的混切情况,我们将有关数据进行统计,情况如下:

(一)五支、六脂、七之

切下字属"支"韵的反切共 239 条 555 次,其中以支切支 210 条 514 次,以支切脂 16 条 25 次,以支切之 9 条 12 次。切下字属"脂"韵的反切 142 条 236 次,其中以脂切脂 130 条 224 次,以脂切

支6条7次,以脂切之2条2次。切下字属"之"韵的反切125条283次,其中以之切之84条212次,以之切脂41条71次。具体情况参看下表:

表5—3—1:"支、脂、之"三韵系反切数据表

反切下字韵部＼被切字韵部	支		脂		之		合计	
	切语	切次	切语	切次	切语	切次	切语	切次
支	210	514	16	25	9	12	235	551
脂	6	7	130	224	2	2	138	233
之	0	0	41	71	84	212	125	283

从上表可以看出,"之、脂"两韵混切的用例有43条73次,尤其是"以之切脂"的反切更是达到了41条71次,在以"之"韵作反切下字的反切中比例分别占到了32.8%和25.1%。而"支"与"脂、之"混切的用例较少,其中"支、之"混切的用例仅9条12次,均为"以支切之",未出现"以之切支"的用例。

（二）四纸、五旨、六止

切下字属"纸"韵的反切210条457次,与"纸、旨、止"相关的反切203条447次。其中以纸切纸197条441次,以纸切止1条1次、以纸切旨5条5次。

切下字属"旨"韵的反切64条180次,其中以旨切止4条5次,以旨切纸4条4次。

切下字属"止"韵的反切63条88次,与"纸、旨、止"相关的反切61条86次。其中以止切止34条53次,以止切旨23条28次,以止切纸4条5次。

表 5—3—2："纸、旨、止"三韵反切数据表

反切下字韵部＼被切字韵部	纸		旨		止		合计	
	切语	切次	切语	切次	切语	切次	切语	切次
纸	197	441	5	5	1	1	203	447
旨	4	4	56	171	4	5	64	180
止	4	5	23	28	34	53	61	86

从"纸、旨、止"三韵的混切情况看，"旨、止"两韵混切的用例为 27 条 33 次，其中"以止切旨"的反切有 23 条 28 次，占下字属"止"韵反切的 37.7％和 32.6％，比例非常高。而"纸"与"旨、止"混切的反切则很少，尤其是"纸、止"混切的用例仅为 5 条 6 次。

(三)五真、六至、七志

切下字属"真"韵的反切 128 条 1909 次，与"真、至、志"相关的反切 121 条 1899 次。其中以真切真 120 条 1898 次，以真切至 1 条 1 次。

切下字属"至"韵的反切 200 条 657 次，与"真、至、志"相关的反切 187 条 638 次。其中以至切至 168 条 596 次，以至切志 13 条 36 次，以至切真 6 条 6 次。

切下字属"志"韵的反切 106 条 981 次，与"真、至、志"相关的反切 99 条 974 次。其中以志切志 62 条 753 次，以志切至 35 条 219 次，以志切真 2 条 2 次。

表 5—3—3 ："真、至、志"三韵反切数据表

反切 下字韵部　被切字 韵部	真		至		志		合计	
	切语	切次	切语	切次	切语	切次	切语	切次
真	120	1898	1	1	0	0	121	1899
至	6	6	168	596	13	36	187	638
志	2	2	35	219	62	753	99	974

从"真、至、志"的混切情况看，"至、志"两韵混切的用例为 48 条 255 次，其中"以志切至"的反切达到 35 条 219 次，分别占到"志"韵反切的 35.4％和 22.5％。而"真"与"至、志"混切的仅为 9 条 9 次，其中"真、志"两韵的混切仅为 2 条 2 次，没有出现"以真切志"的反切。

四、"支、脂、之"三韵关系探讨

从"支、脂、之"三韵系来看，"脂、之"的关系最为密切，"支"与"脂、之"的关系较弱，尤其是"支"与"之"的关系则最为疏远。平、上、去三声的情况相同，说明三韵系的合并情况较为复杂，将三韵系简单地合并为一个韵系，则很难说明三者之间的区别。

我们经过比较，认为在《释文》陆氏音系中，脂之两韵系合并的情形是不用怀疑的，而"支"韵系与"脂、之"韵系的合并则方显趋势，可能开始未久。真正"支脂之"混切的用例只有几例：

表 5—3—4:"止"摄混切反切细表

被切字	反切及反切下字归属		
	支、纸、寘	脂、旨、至	之、止、志
絺脂	勑冝支、恥知支	丑尼脂	勑其之、敕其之、丑疑之、勑之之
犂脂	力知支	力兮脂、力私脂	利之之
祁脂	巨移支、巨支支	巨私脂、巨伊脂、巨夷脂	巨之之
耆脂	巨支支	巨伊脂、巨夷脂、渠夷脂	巨之之
比旨	并是纸、必爾纸	必履旨	并里止、必里止
弭纸	亡氏纸、亡婢纸、莫爾纸、面爾纸、彌氏纸	亡姊旨	彌耳止
俾纸	必爾纸、必尒纸、卑爾纸	必履旨	必以止、必耳止
恣至	姿刺寘	資利至	咨嗣志
施寘	申豉寘、尸豉寘、始豉寘、式豉寘、式氏寘、舒豉寘	始致至	始志志

　　从开合关系来看,"脂"有开合两类韵母,"之"则只有开口韵。《释文》反切中也没有出现"之"韵字和"脂"韵合口字混切的用例。我们还从重纽方面考察了"支、脂、之"三韵系的混用情况,发现和不计重纽的状况基本一致。

　　《释文》几条又音也反映了"支"、"之"的区别应当存在:

祁,巨之反,一音巨支反。(P1092)

耆,巨之反,一音巨支反。(P1129)

结合以上情况,我们认为《释文》止摄韵母中,"之"韵系和"脂"开口韵系合并为一类,"脂"合口韵系独立,"支"韵系独立。同时"支"韵系与"脂之"韵系的合并也已开始,"支"与"脂之"混切的字在当时存在着异读。罗常培先生遗稿《经典释文音切考》之《释文韵类长编》卷一,在系联脂韵时,专门强调指出:"脂之不分为陆氏反切之特征一。"①虽然罗先生没能归纳韵母,但从上述话语中可以看出罗先生关注到了"脂、之"的联系。罗先生的发现也可以为我们的结论提供一些证据。

同时期或略晚的其他材料也能说明"支脂之"三韵系之间的区别。

王力先生《汉语语音史》第三章"魏晋南北朝音系"中,认为"支、脂、之"属于三个不同的韵部(参该书第113页韵部表),第四章"隋——中唐音系"中,则认为"支、脂、之"三韵已经合并为"脂"②。由于中间缺少一个合并的过程,变化则显得非常突然。

前人研究成果表明,"支脂之"三韵系在合并的过程中,"脂之"韵系首先合并,其后"支"韵系才和"脂之"合并。

王力先生《汉语诗律学》一书中,提到过"支"与"脂之"的情况:"杜甫时代,唐韵中的支韵尚未与脂之相混,此诗中连用'知垂斯为规疲奇儿时亏碑移枝螭危卑池麾支罴宜离'二十二个韵脚都是支韵字,决没有插进一个之韵'词'字的道理。这些都是浅人所

---

① 罗常培《经典释文音切考》第957页,中华书局,2012年。

② 王力《汉语语音史》第175页,中国社会科学出版社,1985年。

擅改,不可不知。"①"切韵时代,支脂之分为三韵,平水韵合为一韵(支)。杜甫诗中,支韵常独用,脂之则同用。例如《紫宸殿退朝口号》'叶、垂、仪、移、知、池',全用支韵字,不杂脂之韵字。"②

鲍明伟《唐代诗文韵部研究》:"止摄古体诗支、脂、之、微四部同用,但支与脂之之间,支与微之之间都有界限,脂与之之间无条件通押,看不出有任何界限。"③在"初唐诗文的韵系"一章中又说:"支与脂之之间又有界限,脂、之两韵最为密切,在用韵上看不出有任何界限。如果在初唐时脂、之两韵的读音已很接近,甚至混同,但支、脂之、微之间有明显区别,而支与脂之较近。所以《广韵》规定支脂之同用,微独用。"④

周祖谟先生《万象名义中之原本玉篇音系》一文中,将《玉篇》韵部的止摄归纳为"十四之几利、十五支尔弢、十六归鬼贵"三类,并说:"名义第十四部(之)相当切韵脂之两韵系,第十五部(支)相当切韵支韵系,第十六部(归)相当切韵微韵系。""切韵脂之两韵系名义为一部,反切表现极为明显。脂之两韵系不分,为六、七世纪南方字书之共同现象。例如陆德明经典释文尔雅释诂释文'彝'音以而反,'耆'音巨伊反,又音巨之反。'彝''耆'在切韵为脂韵字,以'而'切'彝',以'之'切'耆',是脂之不分。"⑤

张洁《支、脂、之、微韵在语音史上的重整与合并》认为:"从以上南北朝时期的诗文押韵中,我们已经可以看到当时南北语音的

①王力《汉语诗律学》第 49 页,上海教育出版社,2005 年。
②王力《汉语诗律学》第 52 页,上海教育出版社,2005 年。
③鲍明伟《唐代诗文韵部研究》第 45 页,江苏古籍出版社,1990 年。
④鲍明伟《唐代诗文韵部研究》第 400 页,江苏古籍出版社,1990 年。
⑤周祖谟《万象名义中之原本玉篇音系》,《问学集》第 369—370 页,中华书局,1966 年。

一些差异,南方脂之合并,而北方音脂与之的关系较远,而与支相近,之与微的关系较密切。""早在晋代,脂之就有合并的萌芽,到南北朝时期,脂之合韵在南方一直延续着,而在当时的北方却丝毫不混。"①

综合以上情况,我们认为《经典释文》陆氏音系中,"脂之"韵系合并,而"支"韵系暂时独立,但可以看出,"支"与"脂之"的合并已经开始。

五、微韵的情况

从止摄反切的情况来看,"微"韵系与"支、脂、之"三韵系之间有少量混切的用例,情况如下:

1.以支切微1条1次:

譏,居宜反。(P683)

2.以至切未3条8次:

薙,其器反。(P877、P894)

墍,許器反。(P217、P227、P366、P983、P1123)

鱀,許器反。(P1191)

3.以止切尾1条1次:

俙,於起反。(P840)

4.以志切未1条1次:

禨[釁],其記反。(P763)

5.以尾切纸2条2次:

委,於鬼反。(P1221)

---

① 张洁《支、脂、之、微韵在语音史上的重整与合并》,张渭毅主编《汉声(下)》第463页,中国文史出版社,2011年。

委,于鬼反。（P1211）

6.以未切至 6 条 6 次;以未切實 1 条 1 次:

匱,其貴反。（P1404）

匱,其魏反。（P713）

蕢,巨貴反。（P1666）

簣,其貴反。（P179）

饋,其貴反。（P924）

劓,魚氣反。（P680）

被,皮既反。（P1298）

"微"韵系与"支、脂、之"三韵系混切的数量极少,我们主张"微"韵系独立。

基于上文所述的情况,我们认为《释文》止摄有三类六个韵母,分别是:

1.支开三[ie]

2.支合三[iue]

3.脂(之)开三[i]

4.脂合三[iui]

5.微开三[iəi]

6.微合三[iuəi]

第四节　遇摄韵母讨论

"鱼、虞、模"三韵之间只有少量反切出现混切的现象,其余分用划然。混切的情况及例子如下:

1.以鱼切虞 3 条 3 次:

敺(驅),起居反。(P724)

劬,其居反。(P1193)

屢,力居反。(P1214)

2. 以语切虞 2 条 2 次：

侮,亡吕反。(P970)

取,七與反。(P342)

3. 以御切遇 2 条 2 次：

數,色助反。(P84)

饇,於據反。(P338)

4. 以虞切鱼 3 条 4 次：

鉏,仕俱反。(P961、P962)

菹,側俱反。(P334)

驢(虛貙),許俱反。(P1650)

5. 以遇切虞 2 条 3 次：

柱,張注反。(P473)

豎,上注反。(P926、P1081)

6. 以遇切御 1 条 1 次：

譽,逸注反。(P1401)

7. 以模切鱼 1 条 3 次：

廬,力吳反。(P550、P1098、P1313)

8. 以模切虞:1 条 1 次：

鈇,方胡反。(P1284)

9. 以姥切虞 3 条 3 次：

數,所古反。(P1303)

數,色户反。(P1283)

栩,況浦反。(P271)

混切的被切字多有本韵相切的例子,并且数量比较多,具体请看下表:

表5—4—1:"遇"摄混切反切细表

被切字		混切反切		自切反切	
被切字	韵部	切语及切次	下字韵部	切语及切次	下字韵部
敺(驅)	虞	起居1	鱼	起俱3	虞
				丘于2	虞
劬	虞	其居1	鱼	其俱3	虞
				求于1	虞
婁	虞	力居1	鱼	力俱5	虞
侮	麌	亡吕1	语	亡甫22	麌
取	麌	七與1	语		
数	遇	色助1	御	色具6	遇
				所具6	遇
				色住6	遇
				所住1	遇
饇	遇	於據1	御		
鉏	鱼	仕俱2	虞	仕居23	鱼
				仕魚2	鱼
菹	鱼	侧俱1	虞	莊居5	鱼
				争居1	鱼
				侧居2	鱼
				侧於1	鱼

续表

被切字		混切反切		自切反切	
				莊魚 2	鱼
				側魚 2	鱼
驢（虚豦）	鱼	許俱 1	虞		
柱	麌	張注 1	遇	知矩 1	麌
				張矩 1	麌
				誅矩 1	麌
				丁主 2	麌
				知主 3	麌
				張主 2	麌
豎	麌	上注 2	遇	上主 4	麌
				市主 1	麌
譽	御	逸注 1	遇		
廬	鱼	力吳 3	模	力居 18	鱼
				力於 6	鱼
				力魚 1	鱼
鈇	虞	方胡 1	模	方于 2	虞
				方苻 1	虞
				方夫 1	虞
數	麌	所古 1 色户 1	姥 姥	色主 62	麌
				所主 88	麌
				色柱 3	麌

被切字		混切反切		自切反切	
栩	麌	况浦 1	姥	况甫 3	麌
				香羽 1	麌
				况禹 1	麌

　　混切主要是"鱼、虞"两韵系之间,"模"韵系和"鱼、虞"韵系混切的较少。此外这三韵系还有和其他韵系混切的用例,如与"尤"韵系,我们将在"尤"韵系讨论。由于数量极少,不影响我们对"鱼、虞、模"三韵系韵母情况的判断。我们认为"鱼、虞、模"三韵系相互独立,他们的韵母为:

　　1.鱼_{开三}[io]

1. 鱼_{开三}[io]
2. 虞_{合三}[iu]
3. 模_{合一}[u]

第五节　蟹摄韵母讨论

一、十二齐、十一荠、十二霁

"齐"韵系反切与它韵相混的用例极少,混切情况如下:

1.以齐切之 1 条 1 次:

從殹,乌兮反。徐乌例反。本或作翳。(P434)

2.以齐切支 2 条 2 次:

蠡也,力兮反。或郎戈反。(P469)

鷖,力兮反。又力知反。(P1705)(案:此字《释文》有多音,不当视为混切。)

3.以霁切祭 2 条 3 次：

捗，勑帝反。（P233）

捗，勑帝反。（P260）（案："捗"，《广韵》"丑例切"，《集韵》"捗，所以摘髮"，"丑例切"又"他计切"，是"捗"有"霁"韵一读，可以不视为混切。）

以列，禄計反。注同。（P460）（案：《周礼·地官·稻人》："稻人，掌稼下地。以潴畜水，以防止水，以沟荡水，以遂均水，以列舍水，以浍写水，以涉扬其芟作田。"郑司农注："列，田之畦畔也。"《释文》此条外"列"字作反切下字出现 64 条 465 次，均为入声。"列"字作被切字为去声仅此一处，应视为《释文》之音，不当视为混切。）

4.以止切荠 1 条 1 次：

邸，丁以反。（P1636）（案："邸"作被切字，《释文》共有 8 条反切，其中 7 条为"丁禮反"，仅有一处"丁以反"。）

二、去声十三祭

"祭"韵反切混切情况如下：

1.以志切祭 1 条 1 次：

巂，直吏反。（P700）（案：《释文》"巂"字有"直利反［1 次］"、"直例反［10 次］"两条自切切语，混切"直吏反"仅一次。）

2.以祭切霁 1 条 1 次：

戾，力制反。（P1001）（案：《释文》"戾"有"郎計［1 次］"、"力帝［1 次］"、"力計［20 次］"、"力細［1 次］"、"連弟［1 次］"等自切切语，混切"力制"仅一次。）

3.以祭切至 6 条 6 次：

渜，匹弊反。（P337）

浘,匹世反。(P352)

肆,以世反。(P227)

肆,以制反。(P1109)

肆,本又作肆,以制反。(P1146)

勚,字或作勑,與世反。郭音諡。字亦作肆。(P1601)

4. 以纸切祭 1 条 1 次：

蔽,必婢反。(P1210)(案:《释文》"蔽"有"必袂[3 次]"、"必制[1 次]"、"必世[13 次]"等自切切语,混切"必婢"仅一次。)

三、去声十四泰

"泰"韵反切混切情况如下：

1. 以泰切代 1 条 1 次：

欻,苦大反。(P749)(案:《释文》"欻"有"開代[1 次]"、"苦代[3 次]"、"苦愛[1 次]"等自切切语,混切"苦大反"仅一次。)

2. 以泰切队 1 条 1 次：

妹,末貝反。(P138)

3. 以泰切海 1 条 1 次：

殆,田賴反。(P1398)(案:《释文》"殆"有"大改[1 次]"、"唐在[1 次]"、"直改[1 次]"等自切切语,混切"田賴反"仅一次。)

四、十三佳、十二蟹、十五卦

"佳"韵系反切混切情况如下：

1. 以蟹切卦 1 条 1 次：

掛一,卦買反。(P125)(案:《释文》:"掛一,卦買反。別也。王肅音卦。""卦,俱賣反。"[3 次]"卦買反"当为《释文》读音之一,不当视为混切。)

2.以蟹切纸 2 条 2 次：

斯,所買反。(P610)(案:《释文》:"雞斯,所買反。劉霜綺反。下作纚同。"依《释文》此处"斯"与"纚"通。《释文》:"纚"音"色蟹反[2 次]"、"山買反[2 次]"、"所買反[5 次]"。此条不当视为混切。)

屣,所買反。(P1440)

3.以卦切夬 3 条 3 次：

敗,卑賣反。(P951)

敗,必賣反。(P1404)(案:《释文》"敗"字有"必邁[37 次]"、"補邁[4 次]"、"伯邁[1 次]"三条自切切语。仅有"卑賣[1 次]"、"必賣[1 次]"二条混切,比例很低。)

蠆,勅賣反。(P1403)(案:《释文》"蠆"字有"勅邁[8 次]"、"丑邁[2 次]"二条自切切语。仅有"勅賣[1 次]"一条混切,比例很低。)

4.以卦切蟹 1 条 1 次：

罷,皮賣反。(P573)(案:《释文》"罷"字有"皮買[3 次]"、"扶罵[1 次]"两条自切切语,仅有"皮賣"一次混切。)

五、十四皆、十三骇、十六怪

"皆"韵系反切混切情况如下：

1.以皆切佳 3 条 3 次：

差,初皆反。(P619)(案:《释文》"差"有"初佳[25 次]"、"楚佳[3 次]"自切切语,仅有"初皆"一次混切。)

柴,士皆反。(P146)

柴,仕皆反。(P1645)(案:《释文》"柴"字有"士佳"自切切语一次。)

2.以怪切卦 2 条 2 次：

責,侧介反。(P918)

債,侧界反。(P176)

3.以怪切夬 2 条 2 次：

嘬,初怪反。(P644)

餲,於介反。(P1633)(案:《释文》"餲"有"乌邁"一次自切切语。)

六、去声十七夬

"夬"韵反切混切情况如下：

1.以夬切怪 4 条 5 次：

介,古邁反。(P1422、P1424)

芥,古邁反。(P1167)

芥,吉邁反。(P1408)

甇,户快反。(P1191)

2.以夬切泰 1 条 1 次：

狭,古快反。(P276)

七、十五灰、十四贿、十八队

"灰"韵系反切混切情况如下：

1.以贿切海 4 条 9 次：

倍,步罪反。(P133、P842、P863、P1161、P1339)

倍,蒲悔反。(P1365)

倍,蒲罪反。(P390、P1397)(案:倍《广韵》为海韵,《释文》"倍"作"倍数,背叛,背弃"等意义时,反切为"步内[1 次]、步罪[5次]、蒲悔[1 次]、蒲罪[2 次]"或"音佩[8 次]",当为《释文》读法,不当视为混切。)

崔,千罪反。(P1445)(案《释文》:"崔乎,千罪反。徐息罪反。郭且雷反。向云動貌,簡文云速貌。"《集韵》"取猥切","动貌"。不当视为混切。)

2. 以队切泰 2 条 2 次:

駾,徒對反。(P352)

繪事,胡對反。本又作繢,同畫文也。(P1354)

3. 以支切咍 1 条 1 次:

來,力知反。(P960)(案:《左传·宣公二年》:"城者讴曰:'睅其目,皤其腹,弃甲而复。于思于思,弃甲复来。'"《释文》:"來,力知反。又如字。以協上韻。""来"音"力知反"为协韵,不当视为混切。)

八、十六咍、十五海、十九代

"咍"韵系反切混切情况如下:

1. 以咍切灰 1 条 1 次:

肧,字又作胚,同普才反。又匹尤反。(P1594)

2. 以海切咍 1 条 1 次:

唉,哀在反。徐烏來反。李音熙。(P1522)

(案:此条有多音,不当视为混切。)

3. 以代切海 1 条 1 次:

詒,吐代反。郭音怡。李音臺。(P1509)(案:此条有多音,《集韵》"懈倦貌"音"唐来切"为其中一音。不当视为混切。)

4. 以代切咍 2 条 2 次:

異材,才再反。又如字。(P781)(案:此条有多音,不当视为混切。)

剴,古愛反。劉古哀反。(P475)(案:《释文》:"剴微,古愛反。又古哀反。一音祈。"[P313]字有多音,不当视为混切。)

5.以代切队 1 条 1 次:

刉,古代反。又古對反。一音其既反。[P787](案:《释文》:"爲刉,音機。字書云劃也。一曰斷也。或古愛反。又公内反。"[P498]"凡刉,音機。劉音奇。"[P518]字有多音,不当视为混切。)

6.以代切之 1 条 1 次:

誒,於代反。郭音熙。《説文》云:"可惡之辭也。"李呼該反。一音哀。(P1509)(案:此条有多音,不当视为混切。)

从蟹摄个韵部的混切情况看,各韵部自切的比例极高,虽然有一些和其他韵部混切的情况,但只是极少数,不影响我们对蟹摄各韵部韵母的归纳。结合以上情况,我们将本摄韵母归纳如下:

1.齐开四[ɛi]

2.齐合四[uɛi]

3.祭开三[iɛi]

4.祭合三[iuɛi]

5.泰开一[ɑi]

6.泰合一[uɑi]

7.佳开二[ai]

8.佳合二[uai]

9.皆开二[ɐi]

10.皆合二[uɐi]

11.夬开二[æi]

12.夬合二[uæi]

13.灰合一[uɒi]

14.咍开一[ɒi]

15.废开三[iɐi]

16.废合三[iuɐi]

第六节　臻摄韵母讨论

本摄中,"真"韵系和"臻、欣、谆"三韵系均有混切的情况出现,为了弄清其间的关系,我们对这几个韵系分别进行详细探讨。

一、"真"韵系与"臻"韵系

《释文》"臻"韵字作被切字共有反切13条43次,均用"真"韵开口字作反切下字。"栉"韵字作被切字共有反切9条17次,其中16次用"质"韵开口字作反切下字,以"栉"切"栉"的反切仅1条1次:櫛,侧瑟反。(P404)下面是"臻"韵用"真"韵作反切下字的例子:

1.以真切臻13条43次:

溱,侧巾反。(P252、P254、P307、P929、P931、P942、P990、P1111)

莘(莘),所巾反。(P1510)

牲,所巾反。(P379)

詵(莘),所巾反。(P209)

駪,所巾反。(P288)

莘,所巾反。(P336、P349、P890、P894、P897、P904、P979、P1216、P1257、P1287、P1545)

蓁,侧巾反。(P209)

榛,侧巾反。(P234、P278、P353、P436、P655、P660、P726、P736、P803、P901)

榛,侧人反。(P447)

榛,士巾反。(P334)

榛,莊巾反。(P604)

榛(蓁),侧巾反。(P228)

臻,侧巾反。(P380、P542、P1595、P1607)

2.以质切栉 8 条 16 次:

櫛,侧筆反。(P1581)

櫛,侧乙反。(P231、P642、P730、P742、P922、P1020)

櫛,莊乙反。(P561、P604、P608、P622、P1559)

柳,侧筆反。(P534)

柳(櫛),莊密反。(P546)

扰(櫛柳),莊筆反。(P1529)

瑟(琴),所乙反。(P353)

以上材料证明,《释文》"臻"韵系不独立存在,而是包含在"真"韵系开口韵中的。因而我们将"真开口、臻"韵母合并,"质开口、栉"韵母合并是没有任何问题的。

二、"真"韵系与"欣"韵系

1.以真切欣 6 条 7 次("真"韵总切数 81 条 157 次):

芹,其巾反。(P409、P803)

筋,居銀反。(P1169)

昕,許巾反。(P225)

衣,依注衣作殷,於巾反。(P820)

殷，本又作慇，同於巾反。（P229）

慇，於巾反。（P377）

慇，於斤反。（P1621）

2.以欣切真 2 条 3 次（"欣"韵总切数 11 条 16 次）：

言，魚斤反。注同。和敬貌。（P743）

沂，魚斤反。（P540、P727）（案：《释文》"沂"又"魚巾反［1次］"。）

3.以隐切轸 12 条 12 次（"隐"韵总切数 16 条 16 次）：

瞖，眉謹反。（P191）

敏，密謹反。（P360）

敏，亡謹反。（P1637）

潣，亡謹反。（P1195）

閔，密謹反。（P211）

閔，亡謹反。（P905）

閔（愍），密謹反。（P236）

閔（愍），武謹反。（P850）

簡（簋），密謹反。（P1675）

眹，直謹反。（P398）

隕，韻謹反。（P240）（案：《释文》"隕"有"于敏［28次］"、"云敏［3次］"、"于閔［2次］"三条自切切语。）

殞，韻謹反。（P351）（案：《释文》"殞"有"于敏"［2次］一条自切切语。）

4.以震切焮 4 条 6 次（"震"韵总切数 77 条 215 次）：

斤，紀覲反。（P395）

靳，居覲反。（P850、P896、P1160）

靳（靷），居覲反。（P268）

隱,於刃反。(P676)(案:《释文》"隱"有"於靳"[4 次]一条自
切切语。)

5.以焮切震 13 条 49 次("焮"韵总切数 20 条 60 次):

陳,直近反。(P1229)

陳,直靳反。(P864)(案:《释文》"陳"有"直覲[54 次]"、"直
刃[6 次]"、"直慎[1 次]"、"直震[1 次]"四条自切切语。)

櫬,初靳反。(P779、P1683)(案:《释文》"櫬"有"初覲[3 次]"
一条自切切语。)

僅,巨靳反。(P1280)

僅,其靳反。(P364、P1204、P1207、P1228、P1294、P1493、
P1541)(案:《释文》"僅"有"渠吝[1 次]"一条自切切语。)

饉,巨靳反。(P1641)

饉,其靳反。(P312、P380、P424、P1066、P1374)(案:《释文》
"饉"有"渠吝[1 次]"一条自切切语。)

墐,其靳反。(P699)

覲,巨靳反。(P1277)

覲,其靳反。(P599、P653、P807、P875、P1111、P1326)

憖,魚靳反。(P1097、P1322、P1322)(案:《释文》"憖"有"魚覲
[10 次]"一条自切切语。)

衅(釁),許靳反。(P776)

釁,許靳反。(P304、P482、P700、P787、P897、P913、P970、
P1002、P1010、P1033、P1067、P1104、P1151、P1156、P1205、
P1271、P1297、P1397、P1712)(案:《释文》"釁"有"虚覲[1 次]"、
"許覲[12 次]"二条自切切语。)

櫬(齓),楚靳反。(P1661)

6.以质切迄 6 条 8 次("质"韵总切数 108 条 241 次):

訖,斤密反。(P159)

訖,居乙反。(P140、P804)

仡,魚乙反。(P357、P1239)

汔,許一反。(P369)

汔,許乙反。(P1123)(案:《释文》"汔"有"許訖[1 次]"一条自切切语。)

迄,許乙反。(P362)(案:《释文》"迄"有"許乞[2 次]"、"許訖[2 次]"二条自切切语。)

7.以迄切质 1 条 1 次("迄"韵总切数 9 条 18 次):

袭,陳乞反,(P443)(案:《释文》"袭"有"陳乙[1 次]"一条自切切语。)

《释文》"欣"韵系与真"韵系混切的情况非常严重,"欣"韵系反切下字混切的情况如下:"欣"韵字作反切下字的反切有 11 条 16 次,其中以欣切真 2 条 3 次,分别占 18.2％和 18.8％。"隐"韵字作反切下字的总切数 16 条 16 次,其中以隐切轸 12 条 12 次,各占 75％。"焮"韵字总切数 20 条 60 次,其中以焮切震 13 条 49 次,分别占 65％和 81.7％。"迄"韵字总切数 9 条 18 次,其中以迄切质 1 条 1 次,分别占 11.1％和 5.6％。

从"欣"韵系和"真"韵系的混切情况看,将两韵系合并也是没有问题的。

三、"真"韵系与"谆"韵系

"真"韵系与"谆"韵系也有一些混切,但同时又有一些自己的特点。

1.以谆切真 18 条 36 次:

麇,京倫反。(P436)

麇,九倫反。(P949、P950、P953、P955、P1045、P1054、P1065、P1080、P1093、P1139、P1155、P1183、P1189、P1304)

麇,俱倫反。(P543)

麢,九倫反。(P727、P1067)

麢,九淪反。(P737)

麢(麇),九倫反。(P1131)

麢(麇麢),九倫反。(P736、P1268)

麢(麢麇),俱倫反。(P218)

麚(麇麢),九倫反。(P1706)

麚(麇麢),居倫反。(P429)

麚(麇),俱倫反。(P301)

麚,京倫反。(P432)

麚,俱倫反。(P212、P763)

困,起倫反。(P677)

困,丘倫反。(P261、P281、P698)

困,去倫反。(P846)(案:《释文》"困"有"丘貧反"一条切语[仅1次],反切下字"貧"为"真"韵唇音字。)

頵,憂倫反。(P940)

頵,於倫反。(P1315)

上述各字《广韵》入真部,而《集韵》入谆部。周祖谟先生《广韵校本》"困、頵"等字下说:"困,去伦切,切三同。案伦字在谆韵,切韵真谆未分,广韵分之,此纽亦宜入谆韵。"[1]"(頵),於伦切。切三同。案伦字在谆韵,切韵真谆未分,广韵分之,此纽宜入

─────────

[1]周祖谟《广韵校本》第672页,中华书局,2011年。

谆韵。"①

2.以准切轸 2 条 2 次：

黽（僶），莫尹反。（P225）

黽，民允反。（P312）（案：《释文》"黽"有"彌忍反"一条切语［仅 1 次］，反切下字"忍"为"真"韵字，被切字"黽"则为唇音。）

"黽僶"两字《广韵》"武尽切"，入轸韵。《集韵》"弭尽切"，入准韵。从实际情况看，《释文》上述"谆"、"准"韵系的诸字不应看为混切。

3.以质切术 13 条 15 次：

橘，均筆反。（P1642）

橘，均必反。（P156、P1436）

橘，均栗反。（P243）

繘，均必反。（P608、P791）

聿，于必反。（P348）

聿，尹必反。（P828）

聿，尹吉反。（P1334）

矞，尹必反。（P949）

矞（獝），况必反。（P717）

驈［鴥］，唯必反。（P299）

驈［鴥］，惟必反。（P303）

鷸，尹必反。（P686）

鷸（鸐），尹必反。（P1484）

以上各反切中，反切下字除"栗吉"外均为唇音字。

由于上述"谆"、"准"的例子不属混切，这样"真"、"谆"两韵

①周祖谟《广韵校本》第 673 页，中华书局，2011 年。

系混切主要反映在入声上。"真"、"谆"两韵系虽然有混切,但例子很少,且平上去入四声分配很不规律,很难判断两韵系韵母是否合并。基于两韵系的实际状况,我们认为"真"、"谆"两韵系独立比较符合《释文》陆氏音的特点。但有一点可以肯定,那就是一部分字的读音已经开始合并;或者说,两韵系的韵母已有合并的苗头。

四、"文"韵系、"痕"韵系、"魂"韵系

"文"、"痕"、"魂"三韵系混切的情况极少,并且多有问题,现将其混切情况分析如下:

1.弅,符云反。(P1522)

案:《广韵》"房吻切"。《集韵》"父吻切","隐弅,丘高起皃"。又"符分切",《释文》:"隱弅,符云反。又音紛。又符紛反。李云:'隱出弅起丘貌。'""弅"字有多音,不当视为混切。

2.巽,孙問反。(P116)

案:"巽"为"恩"韵,"问"在"问"韵。"问"字疑误。《释文》:"以巽,音遜。鄭云當作遜。"(P78)《释文》"遜"有"徒巽、大困、徒頓、徒困、徒遜"等反切,"巽"与"困、頓、遜"均在"恩"韵。黄焯、黄坤尧皆未出校,法伟堂:"问乃闷之譌。"①可证"问"乃误字。

3.蚡,扶問反。(P1412)

案:《经典释文·尔雅音义·释兽》:"蚡,字亦作蚠,扶粉、扶云二反。"(P1710)"蚡"《广韵》"房吻切",《集韵》"符分切",又"父吻切"、"符问切"。法伟堂:"问疑误,他皆读上声,据《释兽》则问

---

① (清)法伟堂著,邵荣芬编校《法伟堂经典释文校记遗稿》第 56 页,华东师范大学出版社,2010 年。

当作闻。"①

4. 悶,亡本反。又音門。(P1427)

案:《集韵·魂韵》"谟奔切","闷然,不觉皃。"《集韵·混韵》又"母本切","闷然,混然也。""闷"字有多音,此处不当视为混切。

通过分析,我们发现《释文》"文"、"痕"、"魂"三韵系分用划然,独立成韵没有任何问题。结合"臻摄"的具体状况,我们将本摄各韵母归纳如下:

1. 真开三(臻欣)[ien];质开三(栉迄)[iet]

2. 真合三[iuen];质合三[iuet]

3. 谆合三[iuɛn];术合三[iuɛt]

4. 文合三[iuən];物合三[iuət]

5. 魂合一[uən];没合一[uət]

6. 痕开一[ən]

第七节　山摄韵母讨论

一、"元"韵系

"元"韵系各韵独立。但"元"韵系为切下字的切语中,有几处很容易被看成混切,现分析如下:

1. 捷,其言反。(P340)

案:《广韵》"捷"音"渠焉切",属"仙"韵。《释文》:"末捷,其言

————————

① (清)法伟堂著,邵荣芬编校《法伟堂经典释文校记遗稿》第 705 页,华东师范大学出版社,2010 年。

反。又音虔。又渠偃反。一音其蹇反。"（P340）"虔，其然反。"（P197）"虔"属"仙"韵。说明《释文》"捷"字有多音，不当视为混切。

2. 偃，於建反。（P431、P1043）

案：《释文》"偃"有上声和去声两读，去声时和"堰"构成通假字。《周礼注疏·天官冢宰上》："廞人掌以时廞为梁。"郑注："《月令》季冬命渔师为梁。郑司农云：'梁，水偃也。偃水为关空，以笱承其空。《诗》曰：敝笱在梁。'"孔疏："郑司农'梁，水偃也。偃水为关空，以笱承其空'者，谓偃水两畔，中央通水为关孔。笱者，苇簿。以簿承其关孔。鱼过者，以簿承取之。"①《释文》："水偃，於建反。徐本作匽，一返反。"《左传·襄公二十五年》："规偃猪。"杜预注："偃猪，下湿之地。规度其受水多少。"孔疏："偃猪，谓偃水为猪，故为下湿之地。规度其地受水多少，得使田中之水注之。"②《释文》："规偃，於建反。一音如字。"（P1043）

3. 紇，恨没反。（P1354）又恨發反（10 次）。"没"属"没"部，"发"属"月部"。

案：《释文》："梁紇，恨没反。又恨發反。"（P1354）"臧紇，恨發反。刘胡没反。沈胡謁反。"（P520）"臧紇，恨發反。徐胡切反。沈胡謁反。"（P650）"梁紇，恨發反。徐胡切反。又胡没反。"（P657）"紇"字有"恨發"、"恨没"、"胡没"、"胡切"、"胡謁"等音，不当视为混切。

4. 齕，恨没反。（P644）又恨發反。（P1463）

案：《释文》："齕之，恨没反。徐胡切反。"（P644）"齕，李音紇，恨發反。齿斷也。徐胡勿反。郭又胡突反。"（P1461）"齕，恨發

---

① 阮元《十三经注疏》第 663 页，中华书局，1980 年。
② 阮元《十三经注疏》第 1986 页，中华书局，1980 年。

反。又胡切反。"(P1463)"恨没反"与"胡突反"音同，可证"齕"字多音，不当视为混切。

　　5. 孽，魚謁反。(P1619)又魚竭反。(P239)

　　案：《广韵》"竭"字"渠列切"又"其谒切"。既属"月"部，又属"薛"部。《释文》则"竭"属"薛"部。《释文》："孽孽，魚竭反。徐五謁反。"(P239)"桀桀，居竭反。徐又居謁反。"(P257)这两条切语中，首音和徐氏又音读音不同。第一条反切中，首音切上字"鱼"和徐氏切上字"五"同属"疑母"。第二条切语中，首音和徐氏音切上字相同。读音不同的反切，如果切上字声母相同，那么切下字韵母必不相同。有此可证"竭"、"谒"不属于同一个韵部。此外，《释文》一些多反的切语也说明"月"、"薛"有别，如"揭，其列、其謁二反"(P1446)。根据《释文》陆氏音系实际，"竭"属"薛"部。

　　通过以上分析，我们发现，《释文》"元"韵系各韵部是独立的，不与其他临近韵部混切。因而确定其韵母的情况也是没有问题的。

二、"寒"韵系和"桓"韵系

　　"寒""桓"两韵系之间多有混切，下面是混切的具体情况：

　　1. 以寒切桓 38 条 68 次，被切字均为唇音：

　　般，蒲安反。(P1596)

　　般，步干反。(P498、PP511、P844)

　　般，薄寒反。(P405)

　　般(盤)，步干反。(P897、P1010、P1280、P1660)

　　弁，步干反。(P315)

　　弁，步寒反。(P1271)

　　樊，步丹反。(P383、P385)

　　樊，步干反。(P299、P600、P488)

樊,畔干反。(P473、P528)

樊(繁),步丹反。(P655)

繁,步干反。(P478、P615、P720、P723、P979、P1191)

瞒,莫干反。(P935、P950、P1185)

鞔,亡安反。(P1633)

鞔,莫干反。(P480、P488、P539)

曼,莫干反。(P540、P1571)

漫,莫干反。(P1714)

潘,普安反。(P1152)

潘,判丹反。(P920)

潘,判干反。(P952)

潘,浦干反。(P1305)

潘,普干反。(P674、P1100、P1237)

槃,畔干反。(P564)

槃,薄寒反。(P237)

槃(盤),步干反。(P1623)

盤,步丹反。(P653)

盤,步干反。(P813、P852、P1179)

盤,畔干反。(P541)

盤(盤),蒲安反。(P1686)

盤(槃般磐),步干反。(P141、P160、P166、P790、P1369)

盤(盤鑿),步丹反。(P1155)

磐,步丹反。(P103)

磐,畔干反。(P113)

磐(盤槃),步干反。(P77)

縏(槃),步干反。(P731)

蟠,步丹反。(P771)

鼙,步干反。(P80、P443、P488、P569、P740、P882、P900)

鼙,薄寒反。(P340)

胖,步丹反。(P851)

2.以翰切换 5 条 7 次,被切字均为唇音:

槾(鏝),末旦反。(P1358)

漫,末旦反。(P144、P1576)

缦,末旦反。(P766、P1419)

缦,武旦反。(P985)

谩,末旦反。(P1486)

3.以换切翰 4 条 4 次,切下字均为唇音字:

幹,古半反。(P835)

扞,胡半反。(P767)

汗,下半反。(P643)

翰,寒半反。(P1593)

4.以曷切末 12 条 15 次,被切字均为唇音字:

拔,步葛反。(P773)

茇,蒲曷反。(P215)

胈,步葛反。(P1581)

軷,步葛反。(P384、P700)

末,亡遏反。(P820)

末,亡葛反。(P1323)

末,武葛反。(P1107)

末,莫曷反。(P671、P678)

末,亡曷反。(P709、P824)

秣,莫葛反。(P211)

味,武葛反。(P614)

味[沫],亡曷反。(P665)

5.以末切曷 10 条 16 次,切下字均为唇音字:

怛,旦末反。(P257、P781、P785)

達,他末反。(P253、P360)

達,大末反。(P1627)

憚[怛],丹末反。(P417、P1554)

遏,烏末反。(P176)

閼,安末反。(P898)

曷,何末反。(P167、P168、P1603)

曷,寒末反。(P243)

糲,蘭末反。(P392)

汰,他末反。(P963)

以桓切寒、以旱切缓、以缓切旱的用例缺。两韵系之间混切的例子中,要么被切字为唇音,要么反切下字为唇音,均与唇音字有关。《释文》唇音字开合不分,因而"寒"、"桓"唇音可以混切。"寒"为开口,"桓"为合口,两者韵母不同。但这么多的混切足以证明,两类韵母的主要元音是相同的。

三、"删"韵系和"山"韵系

"删"韵系和"山"韵系之间有个别混切的情况,主要如下:

1.以删切山 3 条 3 次:

鰥,古颜反。(P1072)(案:《释文》此条通志堂本作"古頑反",宋本作"古颜反"。)

菅,古颜反。(P254)

顄,苦颜反。又楷田反。李又古慳反。又户弔反。(P549)

2. 以山切删 2 条 2 次：

般,百閒反。(P686)

斑,伯山反。本又作頒,音同。(P672)

3. 以潸切产 3 条 7 次：

棧,士板反。(P346、P455、P538、P615、P1464)

棧,仕板反。(P1685)

虥,仕版反。(P386)

4. 以产切潸 1 条 1 次：

版,字亦作蝂,甫簡反。(P1689)

5. 以黠切鎋 2 条 3 次：

刮,古八反。(P534、P751)

刮,古滑反。(P659)

由于"删"、"山"两韵系之间混切的例证很少,很难证明两韵系之间的关系。基于这种情况,我们暂时认为"删"、"山"两韵系各自独立。至于混切诸字,可能是两韵开始出现合并的趋势,也可能是存在异读。

四、"先"韵系和"仙"韵系

"先""仙"两韵系之间也存在着某些混切的例子,主要情况如下：

1. 以先切仙 3 条 4 次：

便,毗肩反。舊扶面反。(P1456)(案:法伟堂:"便、肩不同部,下文《天地》篇作婢面反,徐扶面反,此亦当同。此乃便巧之便,非便嬖之便也。肩当作面,《秋水》篇同。"[1])

---

[1] (清)法伟堂著,邵荣芬编校《法伟堂经典释文校记遗稿》第 727 页,华东师范大学出版社,2010 年。

蹎,悉田反。（P1450）

悁,烏玄反。（P275、P550）

2.以仙切先 2 条 2 次：

研,倪延反。（P353）（案:法伟堂:"延字殆误,研、延不同部,《广韵》五坚切。"①）

蠲,吉缘反。（P198）（案:法伟堂:"吉缘他皆作古玄。"②）

3.以狝切铣 1 条 2 次：

萹,匹善反。顧補殄、匹縣二反。（P236、P1665）

4.以霰切线 2 条 2 次：

箭,節見反。（P719）（案:法伟堂:"見字误,陆非线、霰不分,殆随手掇拾,未细检耳。《郊特牲》羡,才箭反,又辞见反,误与此同,非箭、羡可入霰也。"③《释文》"箭""子贱反[2 次]",又作"羡"的反切下字 2 次[才箭、徐箭],均入线韵。"節見反"疑为后人窜改所致。）

莚,餘見反。本今作延。（P1677）（法伟堂:"餘見当作餘战。"④《释文》"莚""以戰反"[3 次],"餘見反"后人掺入的可能性不可排除。）

---

①（清）法伟堂著,邵荣芬编校《法伟堂经典释文校记遗稿》第 176 页,华东师范大学出版社,2010 年。

②（清）法伟堂著,邵荣芬编校《法伟堂经典释文校记遗稿》第 97 页,华东师范大学出版社,2010 年,华东师范大学出版社,2010 年。

③（清）法伟堂著,邵荣芬编校《法伟堂经典释文校记遗稿》第 359 页,华东师范大学出版社,2010 年。

④（清）法伟堂著,邵荣芬编校《法伟堂经典释文校记遗稿》第 838 页,华东师范大学出版社,2010 年。

5.以屑切薛2条2次：

虌，本又作薛，悉結反。一音素葛反。（P1465）

橑，素結反。（P537）

"先"、"仙"两韵系混切例证极少，其中不少可能存在问题。由于混切所占比例极低，不能证明"先"、"仙"两韵系是否合并。还有一些又音或所附徐刘诸氏音证明先仙有别：

编，必連反。《字林》布千反。（P1451）

编，必連反。《字林》、《聲類》皆布千反。（P1203）

编，必連反。《字林》、《聲類》、《韻集》皆布千反。（P1279）

编，薄殄反。《字林》、《聲類》、《韻集》並布千反。（P398）

编，卑緜反。又方千反。（P1639）

编，必綿反。又必連反。一音方千反。（P439）

编，必緜反。一音篇。（P1237）

编，必緜反。又甫連反。（P823）

编，必連反。又布千反。（P940）

编，必連反。又甫千反。（P584）

编，必仙反。又布千反。（P1195）

编，必然反。又必千反。（P1140）

编，步典反。又必先反。（P443）

扁，邊顯反。又必淺反。（P343）

褊，必淺反。一音必殄反。（P875）

貶，彼檢反。《字林》方犯反。（P647、P868）

卞，皮彦反。徐扶變反。（P195）

弁，皮彦反。徐扶變反。（P180、P194）

縵，武半反。又武諫反。（P1578）

縵，武旦反。又莫半反。（P985）

藩,方元反。一本甫煩反。（P333）

孽,魚列反。又五割反。（P1251）

孽,魚列反。又五葛反。（P357）

孽,魚謁反。又五葛反。（P1619）

斂,力檢反。又音廉。或音慮點反。（P1156）

斂,力驗反。又力撿反。（P700）

结合以上情况,我们也暂时认为"先"、"仙"两韵系是相互独立的。根据"山"摄各韵系的情况,我们得出了本摄内的韵母状况：

1.元$_{开三}$[iɐn]；月$_{开三}$[iɐt]

2.元$_{合三}$[iuɐn]；月$_{合三}$[iuɐt]

3.寒$_{开一}$[ɑn]；曷$_{开一}$[ɑt]

4.桓$_{合一}$[uɑn]；末$_{合一}$[uɑt]

5.删$_{开二}$[an]；鎋$_{开二}$[at]

6.删$_{合二}$[uan]；鎋$_{合二}$[uat]

7.山$_{开二}$[æn]；黠$_{开二}$[æt]

8.山$_{合二}$[uæn]；黠$_{合二}$[uæt]

9.先$_{开四}$[ɛn]；屑$_{开四}$[ɛt]

10.先$_{合四}$[uɛn]；屑$_{合四}$[uɛt]

11.仙$_{开三}$[iæn]；薛$_{开三}$[uæt]

12.仙$_{合三}$[iuæn]；薛$_{合三}$[iuæt]

第八节　效摄韵母讨论

"效"摄四韵系中,"肴""豪"两韵系独立,"萧""宵"两韵系则有少量混切的情况。主要情况如下：

1. 以萧切宵 4 条 4 次：

摽，敷蕭反。（P1180）（案：《释文》："摽，敷蕭反。又普交反。擊也。"[P1180]"蕭"属萧韵，"交"属宵韵。"摽"为多音字，可不视为混切。）

莜，祁堯反。或巨遶反。（P1667）

翹，祁堯反。（P900）（案：《释文》："翹，祁遥反。沈其堯反。"[P211]"祁"、"其"同为群母，沈之"其堯反"即陆之"祁堯反"。"翹"字有多音，可不视为混切。）

要，於堯反。（P951）（案：《释文》"要"多"一傜"、"一遥[80次]"、"於遥[23次]"、"於宵"等切，均为以宵切宵。以萧切宵的仅此一处。）

2. 以宵切萧 1 条 1 次：

雕，丁腰反。（P1635）（案："雕"《释文》有"丁條、丁遼、都挑"等反切，均属萧部。"丁腰"以宵切萧仅一次）

3. 以筱切小 2 条 3 次：

趙，徒了反。（P404）（案：王力先生《〈经典释文〉反切考》认为"赵，徒了反"为以筱切小的例子。《集韵》"赵""直绍切"，又"徒了切"，意思不同。"赵"当为多音，不当视为混切。）

燎，力皎反（P381、P1611）（案：王力先生《〈经典释文〉反切考》认为"燎，力皎反"为以筱切小的例子。《释文》："燎，力皎反。又力照反。"[P381]"燎，力皎反。又力召、力弔二反。"[P1612]"燎，音了。又力弔、力召二反。"[P343]"力小反"仅一处，"燎，力召反。又力弔反。《说文》作尞，一云'柴祭天也'，又云'燎放火也'。《字林》同。尞音力召反，燎音力小反。"（P354）此处疑有误，或有又读。）

4. 以小切筱 2 条 10 次：

萩，子小反。（P1235）

漱，子 小 反。（P899、P905、P922、P1001、P1008、P1070、P1075、P1099、P1106）（案：王力先生《〈经典释文〉反切考》认为"漱，子小反"为以小切筱的例子。《释文》有些多音字却表明"小"、"筱"有别的。如"糾兮，其趙反。又其小反。一音其了反。"[P274]"撓，而小反。又而了反。"[P1482]"漱，子小反。徐子鳥反。"[P1001]"漱，子小反。徐子鳥反。"[P1008]"漱，子小反。徐音椒。又子鳥反。"[P1106]上述反切中，"小"属小韵，"鳥、了"属筱韵，说明"小"、"筱"有别。"萩，子小反"和"漱，子小反"两条切语存在异读，不当视为混切。）

王力先生《〈经典释文〉反切考》认为"爎，力弔反"为以笑切啸的例子。据我们考察，王先生此例不确。《释文》："爎，力召反。又力弔反。"[P274、P354、P441、P722]"爎，力妙反。又力弔反。"[P729]"爎，力妙反。徐力弔反。"[P724]"爎，音了。又力弔、力召二反。"[P343]"爎，力皎反。又力召、力弔二反。"[P1612]以上材料均证明"爎"有多音，"力召反、力照反、力妙反"和"力弔反"属于异读。

我们认为，虽然"萧"、"宵"之间有少量混切，但这些例子多数又靠不住，不能作为"萧"、"宵"合并的证据。

《释文》有个别反切属于"肴"、"豪"与其他韵互切的情况，但这些反切应该属于异读，而不应看成混。例子如下：

1. 槊，色交反。（P535）（案：《释文》："槊，音萧。又色交反。又音朔。李又所咸反。"[P535]"槊，色交反。又音萧。劉音朔。"[P535]"槊"属宵韵，"交"属肴韵。）

2. 約，於妙反。（P513、P516、P518、P520）

約，烏孝反。（P537）

約，因妙反。(P726)(案:《广韵》"約","於笑切","笑"韵。
《释文》"妙"、"孝"为"效"韵，应该是《释文》特有的读音，和《广韵》
不同。)

3.搜，素羔反。(P1560)(案:《集韵》"先彫切","萧"韵。《释
文》:"搜，本又作叟，同素口反。又素刀反。又音萧。"[P1559]
"搜，素羔反。又悉遘反。又邀遘反。"[P1560]字有多音。)

4.熬，五報反。(P799)(案:此条疑有误。法伟堂:"熬，《注
疏》本作敖，考他无借熬为敖者，此条恐是刻误，非陆氏旧也。卢、
阮皆不言与经异文，何也。"①《十三经注疏·礼记注疏·祭义》:
"退立而不如受命，敖也。"附《音义》:"敖也，五報反。"②)

　　基于以上分析，我们主张"效"摄四韵系各自独立。本摄四韵
系所含韵母如下:

1.萧开四[ɛu]

2.宵开三[iæu]

3.肴开二[au]

4.豪开一[ɑu]

第九节　果摄韵母讨论

"歌"、"戈"韵系有较多的混切的情况，混切用例如下:

1.以歌切戈 24 条 34 次，非唇音被切字只有"沙莎献(莎)"三

---

①(清)法伟堂著，邵荣芬编校《法伟堂经典释文校记遗稿》第 399 页，华东师
　范大学出版社，2010 年。
②阮元《十三经注疏》第 1594 页，中华书局，1980 年。

个,4 条 5 次,其余皆唇音字:

陂,普河反。(P1654)

番,布何反。(P1618)

繁,步河反。(P1152)

摩,末多反。(P972)

摩,莫何反。(P649、P835)

摩,莫河反。(P1602)

摩(磨),末多反。(P1351)

摩(磨),末何反。(P121、P851)

摩(磨),末河反。(P771)

磨,末多反。(P1385)

磨(摩),莫何反。(P237)

劘,莫何反。(P751)

嶓,蒲多反。(P873)

嶓,步何反。(P960)

颇,破多反。(P190、P662、P1267)

颇,普多反。(P178、P1073、P1162)

颇,破何反。(P1331)

颇,普何反。(P1120)

颇,破河反。(P824、P1331)

颇,普河反。(P1099、P1107、P1110)

沙,素何反。(P751)

沙,素河反。(P412、P584)

莎,素何反。(P471)

獻[莎],素何反。(P730)(案:"獻"《释文》"素何"、"素多"、"素河"等反语,属"歌"韵。《礼记·郊特牲》:"汁献涗于醆酒。"

郑注："谓沛枙朁以醭酒也。献，读当为莎，齐语声之误也。"《释文》："獻，依注爲莎，素何反。下注同。"[P730]这里是为"莎"字注音。）

2.以戈切歌1条1次：

蛾，我波反。(P238)

3.以朁切果10条23次，皆唇音字：

跛，波可反。(P515、P977、P1311)

跛，布可反。(P1242、P1257、P1311)

頗，破可反。(P1177、P1350)

跛，彼我反。(P687、P865、P1513)

跛，波我反。(P82、P113、P649、P1091)

跛，布我反。(P1607)

簸，波我反。(P163、P322、P362)

播，波左反。(P148)

播，彼我反。(P710、P1146)

播，彼左反。(P717)(案：法伟堂认为"播"读去声与《广韵》不合，他对"波左"、"波我"等都出了校语。《释文》："播，波左反。[P148]"法伟堂："左当作佐。"①《释文》："播，波我反。"[P710]法伟堂："我盖饿之误，《广韵》播读去声。"②《释文》："播，彼左反。[P717]"法伟堂："伟案：播字《释文》本有上、去二读，未便为非。

---

①（清）法伟堂著，邵荣芬编校《法伟堂经典释文校记遗稿》第72页，华东师范大学出版社，2010年。

②（清）法伟堂著，邵荣芬编校《法伟堂经典释文校记遗稿》第354页，华东师范大学出版社，2010年。

《广韵》只读去声,疑左作佐是。"①我们认为法氏之说或不确。
《释文》:"播,補賀反。又如字。"[P966]"播,波佐反。又波可反。"
[P1080]"播,甫佐反。又彼我反。"[P1490]"播"字有上[哿]、去
[过]两读。《集韵》上声入果韵。《广韵》、《集韵》"歌"韵系平、上、
去三声皆不配唇音声母,《释文》"播"之上声亦当属果韵。"彼我、
彼左、波左"三条反切当属以哿切果。)

4. 以箇切过 9 条 12 次,被切字除"佗"外均为唇音字:

佗,吐賀反。(P316)

播,波餓反。(P167)

播,補賀反。(P966、P1042)

播,彼佐反。(P774、P1389)

播,波佐反。(P258、P1080)

播,甫佐反。(P1490)

磨,末佐反。(P1583)

磨,莫佐反。(P1635)

磨,木佐反。(P156)

另有几条反切存在问题,容易引起误解,特分析如下:

1. 儺,乃可反。(P241、P276)

案:《广韵》诺何切,歌韵,平声。《释文》:"儺,乃可反。《説
文》:'云行有節也。'"(P241)"儺,乃可反。猗儺,柔也。"(P276)读
上声,"哿"韵。与《广韵》不同。《集韵》"儺"有"乃可切"一读。

2. 隋,徒禾反。(P285)

---

① (清)法伟堂著,邵荣芬编校《法伟堂经典释文校记遗稿》第 358 页,华东师
范大学出版社,2010 年。

案:《释文》:"隋,徒禾反。何湯果反。孔形狭而長也。" (P285)法伟堂:"徒禾音无徵,禾疑果之误。《周颂·般》隋,吐果反,又同果反,是也。"①

3. 峻,子和反。(P1403)

案:《广韵》臧回切。《释文》:"之合而全作,全如字。河上作峻,子和反。本一作朘,《说文》子和反,又子壘反,云赤子陰也。字垂反。"(P1403)"峻"字有多音。

两韵系混切的用例绝大多数为唇音字,少数几个非唇音,其反切上字均为合口。中古音戈韵有一等和三等,而《释文》则只有一等韵,而没有三等韵。邵荣芬先生认为"这是因为《释文》只释古经传,未涉及后起字之故"。我们依照《释文》原貌,认为陆氏音系中"歌、戈"韵系没有三等韵而只有一等韵。两韵系所含韵母如下:

1.歌开一[ɑ]

2.戈合一[uɑ]

第十节　梗摄韵母讨论

从《释文》反切看,梗摄各韵系混切的情况比较复杂。为了更清楚地说明问题,我们将混切的反切分等分析如下:

一、"庚开二"和"耕"韵系

1.以庚开二切耕开二 3 条 3 次:

绠[绠],侧庚反。(P606)

---

①(清)法伟堂著,邵荣芬编校《法伟堂经典释文校记遗稿》第 142 页,华东师范大学出版社,2010 年。

争,賾衡反。（P1353）

罃,於庚反。（P917）

2.以耕_{开二}切庚_{开二}1条1次：

閍,補耕反。（P1629）

3.以陌_{开二}切麦_{开二}3条3次：

笧,初格反。（P700）

革,更百反。（P1223）

核,幸格反。（P1434）

4.以麦_{开二}切陌_{开二}1条1次：

梀（榇）,山厄反。（P1684）

5.以麦_{合二}切陌_{合二}1条1次：

騞,呼獲反。（P1427）

二、"庚_{开三}"和"耕"韵系

1.以耕_{开二}切庚_{开三}3条3次：

亨,普伻反。（P714）

亨,普萌反。（P859）

觵,古宏反。（P701）

2.以梗_{开三}切耿_{开二}1条1次：

併,薄冷反。（P469、P474、P479）

3.以耿_{开二}切梗_{开三}1条1次：

睂,色耿反。（P747）

三、"庚_{开三}"和"清"韵系

1.以梗_{开三}切静_{开三}3条8次：

志,勅景反。（P992、P1042、P1077、P1131）

騁,勑景反。（P972、P995、P1025）

呈（逞）,勑景反。（P924）

2. 以静_{开三}切梗_{开三} 17 条 39 次：

炳,兵领反。（P110）

省,生领反。（P107）

省,色领反。（P260、P820）

省,所领反。（P666、P756、P858）

眚,生领反。（P80、P91、P112、P119、P134、P452、P1011）

眚（省）,所领反。（P182）

渻,生领反。（P1061）

景,京领反。（P421）

儆,京领反。（P995、P999）

儆,敬领反。（P971）

儆,居领反。（P149、P164、P1009）

儆（敬）,京领反。（P493）

警,京领反。（P96、P427、P525、P639、P751、P766）

警,居领反。（P374、P560、P705、P896、P1023）

警（敬）,居领反。（P255）

竟［境］,居领反。（P802、P1411）

景,於领反。（P1511）

3. 以劲_{开三}切映_{开三} 2 条 2 次：

秉（柄）,兵政反。（P451）

4. 以陌_{开三}切昔_{开三} 3 条 3 次：

擿,直戟反。（P233）

擿（擲）,直戟反。（P1710）

躑（躑躅）,直戟反。（P106）

四、"庚开二"韵系和"青"韵系

1.以梗开二切迥开四 4 条 4 次：

並，白猛反。（P218）

並，薄杏反。（P1060）

頂，丁冷反。（P311）

鼎，丁冷反。（P110）

2.以迥合四切耿开二 2 条 2 次：

耿，工迥反。（P191）

耿，公迥反。（P822）（案：疑有异读。）

五、"耕"韵系和"清"韵系

1.以耕开二切清开三 1 条 1 次：
嬰，於耕反。（P1262）

2.以麦开二切昔开三 1 条 1 次：
辟，補麥反。（P792）

3.昔开三切麦开二 1 条 1 次：
薜，方奭反。（P1661）（案：此条疑误。）

六、"清"韵系和"青"韵系

1.以清合三切青合四 2 条 2 次：
坰，古坐反。（P1651）

扃，古營反。（P610）（法伟堂："營諧，当作螢。"①）

---

①（清）法伟堂著，邵荣芬编校《法伟堂经典释文校记遗稿》第 304 页，华东师范大学出版社，2010 年。

2.以青开四切清开三 5 条 12 次：

杓,他丁反。(P1001)

杓,勑丁反。(P1246)

杓,丑丁反。(P1314)

菁,子丁反。(P156、P297、P597、P718、P910、P944、P1111、P1294)

菁,作寧反。(P436)

3.以青合四切清合三 1 条 1 次：

嫈,岐肩反。(P177)

4.以青开四切清合三 1 条 1 次(下字为唇音)：

鎣(瑩),烏暝反。(P1703)

5.以锡开四切昔开三 5 条 5 次：

辟[璧],必覓反。(P1644)

辟,步曆反。(P627)

辟,步歷反。(P1169)

辟,蒲歷反。(P900)

璧,并歷反。(P1404)

　　从混切的情况看,"庚二"和"耕"关系相对密切,平、入声都有混切。"庚三"和"耕"也有一些混切。"庚三"和"清"混切的例子更多,上、去、入声均有混切。"清"和"青"的混切主要是平、入声。混切的分布在声母上并不均衡。邵先生《〈经典释文〉音系》将"庚二"和"耕"合为一类,将"庚三"和"清"合为一类,我们认为有一定的道理。但梗摄混切分布很复杂,很难划清其间的界限。我们斟酌以后,认为还是将梗摄各韵系暂时独立,其间的混切情况说明,各韵系之间的变化正在进行,但还不足以将相关韵系合并。

　　"庚"韵系的情况非常复杂,和本摄内其余三韵系均有混切。由于《释文》音义书的特点,"庚"韵系的系联结果也比较复杂。开口韵的二等和三等出现较多,系联比较整齐。而合口韵出现的字数较少,且合口二、三等分布不均,因而对我们归纳韵母带来一些麻烦。我们对庚韵系所有的反切的开合等第分析了一遍,发现系联的韵类开口二三等韵四声具备,合口二等分布在平、入声韵中,合口三等韵则分布在上、去声韵中,并且出现的次数极少,有一些还和唇音有关,需要根据综合条件定类其开合。庚韵系韵类和开合等第的对应如下:

表 5—12—1:庚韵系韵类和开合等第的对应表

韵类　等呼 韵部	开口二等	开口三等	合口二等	合口三等
庚	庚类	京类	横类	
梗	猛类	景类		永类
映	孟类	命类		柄类
陌	百类	逆类	虢类	

　　根据语言规律,我们将庚韵系阳声韵合口也定为二等和三等两类,入声和《广韵》同,没有合口三等。

　　梗摄还有一些反切,要么有误,要么有异读,很容易被认为是混切,详细分析如下:

　　1. 赓,古孟反。(P1607)
　　　　赓,加孟反。(P153)

　　案:《广韵》"古行切",《释文》:"赓,加孟反。刘皆行反。《说文》以爲古續字。"(P153)"赓,古孟反。沈孙音庚。《说文》以爲古文續。"(P1607)字有平、去两读。

2.鲠,古孟反。(P597)

案:《释文》:"鲠人,本又作哽,古猛反。《字林》云鲠鱼骨也。又下孟反。"(P736)法伟堂:"(又下孟反)下卢改为工,是。"①"鲠,工杏反。《说文》云鱼骨也。《字林》工孟反。"(P1693)说明"鲠"字有上、去两读。

3.及杏,户孟反。(P1130)

案:"户孟反"疑"户猛反"之误。

4.迸,北孟反。(P854)

案:《释文》:"迸诸,北孟反。又逼静反。静,音争鬭之争。"(P854)说明"迸"有多音。

5.之應,於敬反。(P1331)

案:法伟堂:"敬当作证。"②

6.莫,亡伯反。(P774)

案:此条切语以陌$_{开二}$切铎$_{开一}$,疑为异读。

7.生,所幸反。(P1389)

案:疑有异读。

8.稱,尺征反。(P123)

案:法伟堂:"征当作徵。"③

9.潁,京領反。(P762)

案:《释文》:"于潁,古迥反。沈又古顷反。光也。"(P324)"潁,

---

①(清)法伟堂著,邵荣芬编校《法伟堂经典释文校记遗稿》第 367 页,华东师范大学出版社,2010 年。

②(清)法伟堂著,邵荣芬编校《法伟堂经典释文校记遗稿》第 665 页,华东师范大学出版社,2010 年。

③(清)法伟堂著,邵荣芬编校《法伟堂经典释文校记遗稿》第 60 页,华东师范大学出版社,2010 年。

京領反。注同警枕也。又坰迥反。"（P762）"頃"属静开三，"沈又古頃反"即"京領反"，"又坰迥反"即"古迥反"。"穎"字有两读。

10. 辟，必領反。（1534）

案：《庄子·庚桑楚》："至礼有不人，至义不物，至知不谋，至仁无亲，至信辟金。"《释文》："辟金，必領反。除也。又婢亦反。"（P1534）依音当为"屏"，二字通假。

11. 鼚，遣政反（P1135）

案：《释文》："鼚，遣政反。又音罄。又苦頂反。一足行也。字林丘貞反。"（P1135）《广韵》"苦定切"，和《释文》"又音罄"音同。字有多音，而非混切。

12. 迎，魚正反。（P566）

案：法伟堂："魚正卢改为敬，是。"①

13. 右媵，羊政反。（P890）

案：此条切语以劲$_{开三}$切證$_{开三}$，疑有异读。

14. 甸［乘］，繩正反。（P445）

案："繩正反"当为"繩證反"，法伟堂、黄焯、黄坤尧三家皆有校正。

15. 刺，七赤反。（P1611）

案：法伟堂："赤疑亦之譌，他处多作七亦。"②

16. 併，步丁反。（P1658）

---

① （清）法伟堂著，邵荣芬编校《法伟堂经典释文校记遗稿》第 282 页，华东师范大学出版社，2010 年。

② （清）法伟堂著，邵荣芬编校《法伟堂经典释文校记遗稿》第 805 页，华东师范大学出版社，2010 年。

案:法伟堂:"他皆作步顶反,无读平声者。"①

17. 併,必顶反。(P1615)

案:法伟堂:"必误,他皆步顶反。"②

18. 省,西顶反。(P772)

案:法伟堂:"省、顶不同部,顶疑颖之误。"③

19. 授颖,役顶反。(P762)

案:法伟堂:"迥部无喻纽,顶盖领之譌,见《尚书·归禾序》。"④

20. 綮,苦挺反。(P1428)

案:《释文》:"綮,苦挺反。崔向徐並音啓。李乌係反。又一音磬。"(P1428)《广韵》"苦定切"未收"綮"字,《集韵》"诘定切",即《释文》之"又一音磬"。说明《释文》"苦挺反"为又读。

21. 磬[磬],口挺反。(P775)

案:《释文》"石聲磬,依注音磬,口挺反。一音口定反。"(P775)字有异读,不是混切。

22. 挺,徒佞反。(P1489)

案:《释文》:"霆,音廷。又音挺,徒佞反。電也。"(P1489)"於挺,勑顶反。注同。或徒令反。"(P555)"徒佞反"即"徒令反",是

---

① (清)法伟堂著,邵荣芬编校《法伟堂经典释文校记遗稿》第 828 页,华东师范大学出版社,2010 年。

② (清)法伟堂著,邵荣芬编校《法伟堂经典释文校记遗稿》第 807 页,华东师范大学出版社,2010 年。

③ (清)法伟堂著,邵荣芬编校《法伟堂经典释文校记遗稿》第 358 页,华东师范大学出版社,2010 年。

④ (清)法伟堂著,邵荣芬编校《法伟堂经典释文校记遗稿》第 380 页,华东师范大学出版社,2010 年。

"挺"有去声径韵一读。

经过认真思考,我们暂且采取比较保守的态度,认为梗摄各韵系各自独立,将本摄韵母归纳如下:

1. 庚_{开二}[aŋ];陌_{开二}[ak]
2. 庚_{合二}[uaŋ];陌_{合二}[uak]
3. 庚_{开三}[iaŋ];陌_{开三}[iak]
4. 庚_{合三}[iuaŋ];
5. 耕_{开二}[ɐŋ];麦_{开二}[ɐk]
6. 耕_{合二}[uɐŋ];麦_{合二}[uɐk]
7. 清_{开三}[iæŋ];昔_{开三}[iæk]
8. 清_{合三}[iuæŋ];昔_{合三}[iuæk]
9. 青_{开四}[ɛŋ];锡_{开四}[ɛk]
10. 青_{合四}[uɛŋ];锡_{合四}[uɛk]

第十一节　流摄韵母讨论

本摄中,"尤"与"侯","尤"与"幽"均有互切的情况。具体如下:

一、"尤"韵系与"侯"韵系

1. 以尤切侯 1 条 1 次:

褒,薄谋反。(P186)(案:"褒"《释文》又"保毛反""保刀反""補毛反"。)

2. 以侯切尤 26 条 50 次:

矛,莫侯反。(P622)

矛,亡侯反。(P308、P699、P1169、P1178、P1290)

蝥(蝥),木侯反。(P733)

蝥,莫侯反。(P879、P992)

蝥,亡侯反。(P1147)

髳,茂侯反。(P175)

蟊,莫侯反。(P378)

蟊(蜉),亡侯反。(P1692)

蟊(蜉),莫侯反。(P329)

繆,莫侯反。(P283、P757、P1530)

繆,亡侯反。(P264、P1534、P1547)

牟,莫侯反。(P511、P516、P664、P1226)

牟,木侯反。(P732)

牟,亡侯反。(P687、P775、P874、P890、P959、P1046、P1082、P1102、P1128、P1275)

牟,武侯反。(P1201)

侔,莫侯反。(P555)

侔,亡侯反。(P537)

侔(桙),莫侯反。(P556)

眸,茂侯反。(P1492)

眸,莫侯反。(P359)

谋,莫浮反。(P1596)

谋,亡侯反。(P1603)

鍪,莫侯反。(P169、P848、P923)

鍪,亡侯反。(P761、P938)

蝥,莫侯反。(P645)

鈝(矛),亡侯反。(P1330)

二、"尤"韵系与"幽"韵系

1. 以尤切幽 1 条 1 次：

彪，甫休反。（P466）（案：《释文》多"彼虬反"、"彼蚪反"。）

2. 混切：以幽切尤 5 条 27 次：

休，虚虬反。（P83、P84、P91、P297、P313）

休，許虬反。（P262、P1236）

休，虚蚪反。（P285、P417、P563、P1614）

休，許蚪反。（P370、P388、P400、P401、P806、P854、P933、P948、P962、P1011、P1017、P1051、P1072、P1186、P1092）

飍，力幽反。（P1398）

3. 以宥切幼 1 条 1 次：

幼，伊秀反。（P1706）

4. 以幼切宥 1 条 1 次：

飍，力謬反。（P1144）

本摄还有个别反切，或有讹误，或有又读，并列于下：

1. 陬，侧留反。（P526、P1038）

案：《释文》："陬縣，側留反。又子侯反。韋昭音諏。"（P1038）是"陬"有两读。

2. 郛，芳浮反。（P1306）

案："郛"为虞韵，"浮"为尤韵。《释文》"郛"多"芳夫反"、"芳扶反"。"芳浮反"疑为后人妄改。

3. 趣，久反。（P499）

案：《释文》："將趣，莊久反。劉祖侯反。杜七柱反。"（P499）《集韵》有"侧九切"一读。

4.枢,其久反。(P192、P663、P675、P753、P1103)

案:《广韵》未有上声一读,《集韵》有。《释文》又"其又反"、"其救反"、"求又反",读去声。《释文》或有上声一读,或"久"为"又"之误。

流摄中,"尤韵"明母字全部用"侯"韵反切下字作切,说明明母尤韵的字《释文》全部归入侯韵。

"尤""幽"也有一些混切,说明两韵之间个别字读音已开始趋同,但不足以证明"尤、幽"已经合并。《释文》有些反切恰证明"尤""幽"两者有别,如:

璆(幽),其樛(幽)反。又其休(尤)反。(P385)

璆(幽),其樛反。又音求(尤)。(P1650)

烰(尤),吕郭并音浮(尤)。又符彪(幽)反。詩作浮。(P1621)

觩(幽),巨樛(幽)反。(P478)

觩(幽),徐音虯(尤)。又巨彪(幽)反。一音巨秋(尤)反。(P994)

上述例证中,"璆"《广韵》"巨鸠切",尤部;又"渠幽切",幽部。《释文》亦有两读,一入尤部,一入幽部。"觩"《广韵》为幽部,"烰"《广韵》为尤部,《释文》两字均有异读,其又音与首音韵部不同。

此外,《释文》多反也证明"尤""幽"有别,如"休其,許收、許虯二反。美也。"(P689)"收"属尤韵,"虯"属幽韵。以上材料足以证明"尤""幽"两部韵母之间存在差异。

流摄包含韵母归纳如下:

1.尤开三[iəu]

2.侯开一[əu]

3.幽开三[iɛu]

第十二节　咸摄韵母讨论

咸摄各韵部较为复杂,现分别讨论如下:

一、"覃"韵系与"谈"韵系

《广韵》"覃、谈"韵系均属一等,《释文》有少数"覃、谈"混切者,例子及详细分析如下:

1.勘切阚1条1次:

澹,徒绀反。(P1398)

2.以敢切感3条3次:

糁,三敢反。(P735)(案:法伟堂:"《广韵》糁、敢不同部,上文西感反是也。"[1])

坎,口敢反。(P785)

坎,苦敢反。(P1039)(案:《释文》:"坎用,苦感反。徐又苦敢反。后同。"[P653]徐之又音说明"感、敢"不同部,《释文》"坎"字有异读,"苦敢反、口敢反"为异读之读音。)

3.以合切盍1条1次:

臈,力合反。(P701、P726、P745)

4.以盍切合3条3次:

踏,徒臈反。(P1713)

嚃,子盍反。(P1491)(案:《释文》:"嚃,子盍反。郭子合反。司马云齧也。"[P1491]"盍"属盍韵,"合"属合韵,又音说明"盍、

---

① (清)法伟堂著,邵荣芬编校《法伟堂经典释文校记遗稿》第367页,华东师范大学出版社,2010年。

合"不同部。"子盍反"当为又读,不是混切。)

蛤,古盍反。(P544)(案:法伟堂:"古盍盖误,当作古合,《地官·序官》作古合。"①)

"覃"韵系还有和本摄其他韵系混切的例子,如:

1.雂,古含反。(P1124)(案:《集韵》姑南切一读,《广韵》无。《释文》"古含反"可能为又读。)

2.頜,乌納反。(P898)(案:《释文》:"頜氏,乌納反。又苦荅反。"[P898]"乌納反"当为《释文》读音。)

去掉有问题的例子以后,"覃、谈"两韵系混切的例子极少,不能证明两韵系的合并的证据。因此我们认为,"覃、谈"相互独立。

二、"盐"韵系与"添"韵系

"盐、添"两韵系也有个别反切混切,但多数可能都有问题,现列出并分析如下:

1.以盐切添2条2次:

甜,大廉反。(P1677)(法伟堂:"廉、甜不同部,廉当作兼。"②)

佔,勑沾反。(P766)(案:此条反切下字有"張廉切"、"他兼切"两条反切,分属"盐、添"两韵,可以不视为混切。)

2.以叶切怗2条2次:

燮,蘇接反。(P349)(案:《释文》"燮"音"蘇頰、昔協、素協、息

---

① (清)法伟堂著,邵荣芬编校《法伟堂经典释文校记遗稿》第271页,华东师范大学出版社,2010年。

② (清)法伟堂著,邵荣芬编校《法伟堂经典释文校记遗稿》第838页,华东师范大学出版社,2010年。

协、悉悏"等切,均属怗韵。法伟堂:"《广韵》燮、接不同部。"①"蘇接反"或为又读,或有误。)

傑,虚涉反。(P743)(案:法伟堂:"虚涉疑误,《广韵》此义收帖,呼牒切。"②)

3.以忝切琰1条4次:

㝐,烏簟反。(P155、P356、P553、P1685)(案:《释文》:"厭,讀爲黶,烏斬反。徐又烏簟反。"[P851]"斬"属琰韵,"簟"属忝韵,说明"琰、忝"有别。《释文》"㝐"出现四次,皆"烏簟反",说明《释文》"㝐"当读入忝韵。)

4.以桥切琰1条1次:

棪,餘念反。(P1683)(案:"棪"属琰韵,"念"属桥韵。"棪,餘念反"疑误。法伟堂:"念不知何字之误,……当作餘冉反。"③)

5.以桥切艳1条1次:

壍,七念反。(P1556)(案:"念"属桥韵,"壍"属艳韵。《释文》"壍,七豔反"5次。"七念反"疑误。)

6.以怗切叶1条1次:

輒,丁協反。(P1511)(案:《释文》"輒"多为叶韵之字作反切下字,如"獵,力輒"、"躐,力輒"、"鬣,力輒"、"饁,于輒"、"聶,女輒"等。《集韵》"輒""陟涉切",又"的協切"。《释文》"輒,丁協反"当为又读。)

---

①(清)法伟堂著,邵荣芬编校《法伟堂经典释文校记遗稿》第174页,华东师范大学出版社,2010年。

②(清)法伟堂著,邵荣芬编校《法伟堂经典释文校记遗稿》第371页,华东师范大学出版社,2010年。

③(清)法伟堂著,邵荣芬编校《法伟堂经典释文校记遗稿》第841页,华东师范大学出版社,2010年。

　　盐韵系和其他韵系的个别反切疑似混切,但仔细分析,他们均属又读,不是混切:

　　1.以叶切缉1条3次:

　　腊,直辄反。(P728、P729、P800)

　　案:《广韵》"直立切",缉韵;《释文》三次皆"直辄反",叶韵。两者韵母不同,当为《释文》之音。

　　2.以叶切狎1条1次:

　　壓,於葉反。(P196)

　　案:《释文》:"壓,於葉反。又於甲反。又於黶反。"(P196)"晨壓,於甲反。徐於辄反。"(P996)"天壓,於甲反。又於辄反。"(P1080)"以壓,於甲反。又於涉反。"(P1290)"於葉反、於辄反、於涉反"音同,说明"壓"为多音。

　　盐、添两韵系除以上几条疑似混切的反切之外,再无混切,因而两韵系之间也是分用划然、相对独立的。

　　三、"咸"韵系与"衔"韵系

　　《释文》咸、衔两韵系混切的例子较多,现列举如下:

　　1.以咸切衔5条10次:

　　巉,士杉反。(P1654)

　　芟,色咸反。(P140)

　　芟,所咸反。(P721)

　　縿,所咸反。(P801)

　　監,古咸反。(P576、P573、P578、P582、P586、P589)

　　2.以衔切咸3条3次:

　　儳,仕衔反。(P923)

掺,所衔反。(P259)

嵁,苦巖反。(P1474)

3.以陷切鉴 2 条 2 次:

监,工陷反。(P184)

监,古陷反。(P185)

4.以狎切洽 2 条 4 次:

狭,户甲反。(P666、P687、P1609)

袷(洽),胡甲反。(P398)

从混切的情况看,似乎可以将咸、衔合并,但《释文》又有一些材料说明两者之间存有差异:

《尔雅音义》:"櫼,初衔、仕杉二反。"(P1644)被切字"櫼"为咸韵,反切下字"衔"属衔韵,"杉"属咸韵。又《尔雅音义》:"巉,士杉反。又士咸反。"(P1654)"士杉反"和"士咸反"读音完全相同,当有一条有误。法伟堂:"《广韵》杉、咸同部,杉盖衫之譌,否则陆收杉於衔也。"①

上述两条切语中,第一条反切由于反切上字声母不同,第二条可能存在问题,可以不作为"咸、衔"不同的例子。但下一条切语的又音却明确显示"咸、衔"有别。《庄子音义》:"嵁,苦巖反。一音苦咸反。又苦嚴反。"(P1474)这条反切中,被切字"嵁"属咸韵,注音的三条反切中,"巖"属衔韵、"咸"属咸韵、"嚴"属严韵。证明"咸、衔"确实有差异。

由于咸、衔两韵系混切用例不少,且声母分布较多,因而邵荣芬先生主张将二者合为一韵。我们认为合并有一定道理,但将其

---

① (清)法伟堂著,邵荣芬编校《法伟堂经典释文校记遗稿》第 826 页,华东师范大学出版社 2010 年。

合并却又忽视了其间的差异。从混切的分布看,两韵系混切主要分布在平声韵"咸、衔"两韵中,其余几个声调的韵则比较少见,分布极不均衡。我们猜测,可能两韵系的合并有可能先从平声开始的,但这种合并远远没有完成。因而我们主张仍将两韵系分立。

四、"咸、衔"韵系和"谈"韵系

"咸、衔"两韵系和"谈"韵系也有一些混切的情况,讨论如下:

(一)"谈""咸"韵系

1. 以敢切赚2条2次:

掺,所览反。(P250)

减,古揽反。(P332)(案:《释文》:"遵大路掺,所览反。徐所斩反。擥也。"[P250]被切字"掺"属赚韵,切语"所览反"切下字"览"属敢韵,徐之"所斩反"切下字"斩"属赚韵,首音和所附徐邈之音不同,说明"敢、赚"不同部。《释文》:"减,古揽反。"[P332]法伟堂:"减、揽不同部。"①)

《释文》中,"减"字多次作切下字,其被切字均为赚韵字。并且《释文》中"减"作为被切字有"古斩、古湛、佳斩"等切语,切下字也都是赚韵字。"古揽反"用其他韵部的字作切下字的混切仅此一处,很有可能为后人窜入。这两条切语不能作为"谈、咸"有关系的证据。

---

①(清)法伟堂著,邵荣芬编校《法伟堂经典释文校记遗稿》第165页,华东师范大学出版社2010年。

（二）"谈""衔"韵系

"谈""衔"两韵系之间也有一些混切，列示如下：

1.以敢切槛 4 条 8 次：

槛，胡览反。（P246、P391）

槛，户览反。（P522、P1384、P1484、P1707）

槛，衔览反。（P337）

滥，胡览反。（P1656）

2.以阚切鉴 10 条 17 次：

監，古暂反。（P1354）

監，工暂反。（P164、P184）

監（鑑），古暂反。（P904）

監（鉴），甲暂反。（P220）

鑑，古暂反。（P727、P1053、P1142、P1155、P1440、P1450）

鑑，工暂反。（P900）

鉴，古暂反。（P88）

監，古蹔反。（P322、P680）

鑑（監），胡暂反。（P435）

鬺［甕］，户暂反。（P1010）

从混切情况看，这些切语的被切字均和"監"字有关，"槛鑑滥"用"監"作声符，"鉴鬺"和"鑑"为异体字。这些切语的读音显然和"監"字的读音归属有关。我们考察了《释文》所有"監"的切语直音材料，发现"監"字的情况较为复杂。平声和《广韵》同入衔韵，为"工衔反、古衔反、古咸反（衔、咸混切）"。去声《广韵》入鉴韵，《释文》"古懺反"，以鉴切鉴仅有一次。而"古陷反、古蹔反、古暂反"等以阚切鉴的切语则有多条次。我们推测，很有可能当是

"監"字以及所关联的其他字在《释文》中读为谈韵系读音,或存在异读。"監"字系的情况不能作为"谈"、"衔"韵系合并与否的证据。

五、严、凡韵系

《释文》严、凡两韵系之间以及和本摄其他韵系之间有一些混切的情况,情况较为复杂。"严、凡"两韵系中,平声去入四声出现的比例很不协调。下面详细分析:

(一)"严"韵系

1."严"韵系平声"严"韵字作被切字(或被注音字)有以下几条:

嚴,如字。又魚檢反。注同。馬作儼。(P188)

嚴,如字。威也。(P298)

嚴,毛魚檢反。鄭如字。(P388)

嚴,如字。又音儼。(P454)

嚴,魚檢反。本亦作儼,同矜莊皃。(P635)

嚴,魚檢反。本亦作儼,同。(P669)

嚴,魚檢反。本又作儼。(P1206)

嚴,魚檢反。又如字。(P1498)

嚴,五銜反。本又作巖。(P871)

上述各例中,"如字"是"嚴"字本来的读音,"魚檢反"是为"儼"作的读音,"五銜反"是为"巖"作的读音,"嚴"和"儼"、"巖"分别构成通假字的关系。

"严"韵字作反切下字只在首音后所附音切中出现。如:

黔,其廉(鹽)反。王肅其嚴(嚴)反。(P134)

箭,其炎(盐)反。李其嚴(嚴)反。(P502)

淹,於廉(盐)反。徐於嚴(嚴)反。(P1044)

2.上声"俨"韵字无反切下字,只有作被切字的例子,均为以琰切俨,共 5 条 12 次:

儼,魚儉反。(P1602)

嚴[儼],魚檢反。(P1498)

儼,魚檢反。(P177、P799、P1391、P1396)

儼(嚴曠),魚檢反。(P221、P275、P1389)

嚴(儼),魚檢反。(P635、P669、P1206)

两韵系之间的几条混切中,被切字只有严韵系中上声"俨"韵的"儼曠"两字,反切下字均为"琰"韵字。但平去入声却丝毫不混,并且有不少反切说明"盐、严"存在区别:

黔(盐),其廉(盐)反。王肅其嚴(嚴)反。(P134)

黔(盐),其廉(盐)反。徐渠嚴(嚴)反。(P677)

黔(盐),其廉(盐)反。徐又其嚴(嚴)反。(P800)

鍼(盐),其炎(盐)反。李其嚴(嚴)反。(P502)

淹(盐),於廉(盐)反。徐於嚴(嚴)反。(P1044)

鉗(盐),李巨炎(盐)反。又其嚴(嚴)反。(P1469)

鉗(盐),其炎(盐)反。徐其嚴(嚴)反。(P1518)

嶔(咸),苦巖(銜)反。一音苦咸(咸)反。又苦嚴(嚴)反。(P1474)

以上几条反切,首音与其后所附又音以及徐刘诸氏音反切上字相同,反切下字则分属不同韵部,正说明"严、盐"之间存在差异。至于"俨"字用"琰"韵作反切下字的问题,据我们猜测,很有可能是因为上声"俨"韵字数极少,不易寻反切下字而借用"琰"韵的。

3.《释文》去声"酽"韵无字。

4.入声"业"韵的切语均为以严切严,不与它韵相混。

(二)"凡"韵系

1."凡"韵系平声"凡"韵无反切,只有几条直音:

氾,音凡。(P927、P936、P984、P986、P1047、P1127、P1136)

汎,音凡。(P877、P1011)

2.上声"范"也只有几条直音出现:

範,音范。(P177)

軓,舊軌美反。謂車軓頭也。依傳意宜音犯。案:《説文》云"軌,車轍也。從車九聲",軌美反。"軓,車軾前也。從車凡聲",音犯。車軓頭所謂軓也。相亂故具論之。(P225)

蜩范,上音條,蜩,蟬也。下音犯,范,蠡也。(P736)

范,音犯。(P763)

範,音犯。字或作范,同。(P1596)

3.去声"梵"韵有 14 条 38 次反切和一条直音。反切中出现的被切字有"帆氾汎泛欠"等,反切下字为"劍劒",均为以梵切梵。直音为:"氾,音泛。"(P834)也是以梵音梵。

4.入声"乏"韵只有一条直音:"灋,音法。"(P517)

在严、凡两韵系的关系上,邵荣芬先生主张两韵系合并,他认为:"严、凡两韵系平声有一个混切,即'氾,扶严反'(19,4 上)。这大概是严、凡两韵系读音没有区别的迹象。此两韵系的字音又呈互补关系,即严韵系只有平、入声非唇音字,而凡韵系四声虽然齐备,但平、入声只有唇音字。可见此两韵系应当合并。……在严、凡互补的情况下,即使'扶严反'是因为凡韵没有常用字而向严韵借来作切的，严、凡两韵系仍然可以合并，只不过它们的音值可能像'切韵'一样也有某种差别罢了。"①

我们认为虽然《释文》严、凡两韵系四声注音不平衡，但因此将两韵系合并有些牵强。邵先生认为"氾,扶严反"是混切，我们查看了《释文》，发现"氾,扶严反"并非陆氏之音，而是所录徐邈之音。《释文》"氾,扶严反"共有3次，俱录于后：

于氾,徐扶嚴反。(P1083)

于氾,徐扶嚴反。(P1083)

于氾,音凡。徐扶嚴反。(P1047)

第三条注音中，"音凡"为陆氏首音，"扶嚴反"则是徐邈之音，两者应属又读的关系，不宜视为相同。我们又考查了严、凡两韵系的直音，发现二者并不相混。由于缺乏将两韵系合并的足够证据，因而我们主张暂将两韵系分立。

凡韵系与盐韵系混切有两条：

封,彼劍反。(P677)

斂,力劍反。(P783)(案：法伟堂："阮校本劍作斂。案劍字右旁系改刻者，必其先亦作斂也。然斂字太僻，必误。《广韵》斂、劍不同部。"②)

由于混切少，并且可能有误。同时《释文》有几条反切说明凡、盐存在区别，一并列示如下：

炎(鹽),于沾(鹽)反。沈于凡(凡)反。(P329)

炎(鹽),于廉(鹽)、于凡(凡)二反。又音談。(P1418)

---

①邵荣芬《经典释文音系》第220页，台北学海出版社，1995年。

②(清)法伟堂著，邵荣芬编校《法伟堂经典释文校记遗稿》第391页，华东师范大学出版社，2010年。

揜（琰），本又作掩（琰），於撿（琰）反。李於範（范）反。虞作弇（琰）。（P108）

以上几条反切中，首音与李、沈之音的差异，以及"二反"的两条语音均说明凡、盐也是不相混的。

本摄内各韵系之间还有一些混切，多数存在问题，一并分析如下：

1.魘，於减反。（P1093、P1163、P1185）

魘，於斩反。（P995、P1011、P1023、P1109、P1245、P1314）

厭［魘］，乌斩反。（P851）

案：《广韵》"魘""於琰切"，《集韵》又"乙减切"。《释文》"魘"作被切字10次，切下字均为赚韵字。显然这些反切不当视为混切，而是《释文》"魘"字实际属于赚韵。

2.挟，子洽反。（P301）

案：《释文》："既挟，子洽反。又子協反。又户頰反。"（P301）法伟堂："洽误，《斯干》篇作沓。然则洽乃合之误。"[1]

3.挟，子沓反。（P305）

案：《释文》："挟弓，子沓反。又子恊反。又音恊。"（P305）"既挟，子協反。又子合反。"（P364）"沓"为合韵，"恊協"为帖韵。说明"挟"字有多音。

根据本摄内各韵系之间关系的探讨，我们归纳出本摄包含的韵母如下：

---

[1]（清）法伟堂著，邵荣芬编校《法伟堂经典释文校记遗稿》第150页，华东师范大学出版社，2010年。

1. 覃开一[ɒm];合开一[ɒp]

2. 谈开一[ɑm];盍开一[ɑp]

3. 盐开三[iæm];叶开三[iæp]

4. 添开四[ɛm];帖开四[ɛp]

5. 咸开二[ɐm];洽开二[ɐp]

6. 衔开二[am];狎开二[ap]

7. 严开三[iɐm];业开三[iɐp]

8. 凡合三[muɐm];乏合三[iuɐp]

第十三节　小结

通过对《释文》反切韵类及韵母的讨论,我们将《释文》陆氏音系的韵母系统定为 87 类 134 个,现将其韵母表及其拟音列示如下:

表 5—17—1:《经典释文》陆氏音系韵母表

1.东开一[oŋ]	屋开一[ok]
2.东开三[ioŋ]	屋开三[iok]
3.冬合一[uŋ]	沃合一[uk]
4.钟合三[iuŋ]	烛合三[iuk]
5.江开二[ɔŋ]	烛开二[ɔk]
6.支开三[ie]	
7.支合三[iue]	
8.脂(之)开三[i]	
9.脂合三[iui]	

续表

10. 微开三[iəi]	
11. 微合三[iuəi]	
12. 鱼开三[io]	
13. 虞合三[iu]	
14. 模合一[u]	
15. 齐开四[ɛi]	
16. 齐合四[uɛi]	
17. 祭开三[iɛi]	
18. 祭合三[iuɛi]	
19. 泰开一[ɑi]	
20. 泰合一[uɑi]	
21. 佳开二[ai]	
22. 佳合二[uai]	
23. 皆开二[ɐi]	
24. 皆合二[uɐi]	
25. 夬开二[æi]	
26. 夬合二[uæi]	
27. 灰合一[uɒi]	
28. 咍开一[ɒi]	
29. 废开三[iɐi]	
30. 废合三[iuɐi]	
31. 真开三(臻欣)[ien]	真合三[iuen]

32. 质$_{开三}$(栉迄)[iet]	质$_{合三}$[iuet]
33. 谆$_{合三}$[iuən]	术$_{合三}$[iuet]
34. 文$_{合三}$[iuən]	物$_{合三}$[iuət]
35. 魂$_{合一}$[uən]	没$_{合一}$[uət]
36. 痕$_{开一}$[ən]	
37. 元$_{开三}$[iɐn]	月$_{开三}$[iɐt]
38. 元$_{合三}$[iuɐn]	月$_{合三}$[iuɐt]
39. 寒$_{开一}$[ɑn]	曷$_{开一}$[ɑt]
40. 桓$_{合一}$[uɑn]	末$_{合一}$[uɑt]
41. 删$_{开二}$[an]	鎋$_{开二}$[at]
42. 删$_{合二}$[uan]	鎋$_{合二}$[uat]
43. 山$_{开二}$[æn]	黠$_{开二}$[æt]
44. 山$_{合二}$[uæn]	黠$_{合二}$[uæt]
45. 先$_{开四}$[ɛn]	屑$_{开四}$[ɛt]
46. 先$_{合四}$[uɛn]	屑$_{合四}$[uɛt]
47. 仙$_{开三}$[iæn]	薛$_{开三}$[uæt]
48. 仙$_{合三}$[iuæn]	薛$_{合三}$[iuæt]
49. 萧$_{开四}$[ɛu]	
50. 宵$_{开三}$[iæu]	
51. 肴$_{开二}$[au]	
52. 豪$_{开一}$[ɑu]	
53. 歌$_{开一}$[ɑ]	

续表

54. 戈$_{合一}$[uɑ]	
55. 麻$_{开二}$[a]	
56. 麻$_{合二}$[ua]	
57. 麻$_{开三}$[ia]	
58. 阳$_{开三}$[iɑŋ]	药$_{开三}$[iɑk]
59. 阳$_{合三}$[iuɑŋ]	药$_{合三}$[iuɑk]
60. 唐$_{开一}$[ɑŋ]	铎$_{开一}$[ɑk]
61. 唐$_{合一}$[uɑŋ]	铎$_{合一}$[uɑk]
62. 庚$_{开二}$[aŋ]	陌$_{开二}$[ak]
63. 庚$_{合二}$[uaŋ]	陌$_{合二}$[uak]
64. 庚$_{开三}$[iaŋ]	陌$_{开三}$[iak]
65. 庚$_{合三}$[iuaŋ]	
66. 耕$_{开二}$[ɐŋ]	麦$_{开二}$[ɐk]
67. 耕$_{合二}$[uɐŋ]	麦$_{合二}$[uɐk]
68. 清$_{开三}$[iæŋ]	昔$_{开三}$[iæk]
69. 清$_{合三}$[iuæŋ]	昔$_{合三}$[iuæk]
70. 青$_{开四}$[ɛŋ]	锡$_{开四}$[ɛk]
71. 青$_{合四}$[uɛŋ]	锡$_{合四}$[uɛk]
72. 蒸$_{开三}$[ieŋ]	职$_{开三}$[iek]
73.	职$_{合三}$[iuek]
74. 登$_{开一}$[əŋ]	德$_{开一}$[uəŋ]
75. 登$_{合一}$[ək]	德$_{合一}$[uək]

76. 尤_{开三}[iəu]	
77. 侯_{开一}[əu]	
78. 幽_{开三}[iɛu]	
79. 侵_{开三}[iem]	缉_{开三}[iep]
80. 覃_{开一}[ɒm]	合_{开一}[ɒp]
81. 谈_{开一}[ɑm]	盍_{开一}[ɑp]
82. 盐_{开三}[iæm]	叶_{开三}[iæp]
83. 添_{开四}[ɛm]	帖_{开四}[ɛp]
84. 咸_{开二}[ɐm]	洽_{开二}[ɐp]
85. 衔_{开二}[am]	狎_{开二}[ap]
86. 严_{开三}[iɐm]	业_{开三}[iɐp]
87. 凡_{合三}[iuɐm]	乏_{合三}[iuɐp]

补充说明：

江摄、假摄、宕摄、曾摄、侵摄等五摄系联结果单纯，韵母无需专门讨论，各摄所包含的韵母直接归纳，并将韵母及其拟音放到韵母表中。

第六章　声调系统

第一节　《释文》的调类和四声相承

关于中古时期的声调,在南朝的齐梁年间,沈重、周颙等人发现了汉字的四声,并将四声运用到诗歌创作中,有了"四声八病"的要求和永明体诗歌的发展。四声的发现促进了汉语诗歌的发展和汉语音韵学的发展。其后的《玉篇》、《切韵》等都有"平、上、去、入"四个调类,我们考察的《释文》陆氏音系也是"平、上、去、入"四个调类。虽然《释文》未明确说明其语音系统为四声,但在《释文》注文中却有明确的证据说明陆氏音系确有四声。如《尔雅音义·释乐》:"倂,步顶反。又并之去声。"(P1639)再如《毛诗音义·采薇》:"瘱,《说文》方血反。又邊之入聲。《埤倉》云:'弓末反戾也。'"(P292)以上两例明确说明"去声、入声",虽没有出现"平声、上声",我们仍然可以推断出《释文》应当有"平、上、去、入"四声无疑。我们的系联结果也证明陆氏音系具有"平、上、去、入"四个调类。

《切韵》体系的韵书有"平、上、去、入"四个调类,其阳声韵和阴声韵各只有平、上、去三种调类,入声韵则只有入声一种调类。所谓四声相承,是指阳声韵的"平、上、去"三声与"入"声相配合。

而阴声韵则只有平上去三个调类。清代小学家戴震据此考订出《广韵》的四声配合表。这一结论对《释文》同样适用,据我们的考察,《释文》陆氏音系也是四声相承,阳声韵三声和入声相配,并且具有"对转"关系。《释文》中的例子虽然不多,但上文的两例就完全能说明问题。《尔雅音义》中"併,步頂反。又并之去聲"说明上声和去声是相配的;《毛诗音义》"彎,《説文》方血反。又邊之入聲"则说明阳声韵和入声韵是相配的。《释文》陆氏音系的四声相配规律在我们系联的韵类以及归纳的韵母中都有充分的证据,这里不再赘述。

第二节　《释文》陆氏音系声调的特点

从中古音到现代音的演变中,声调的变化主要表现在"平分阴阳、浊上变去、入派三(四)声"等方面。但据我们考察,《释文》陆氏音系中,平声尚未分阴阳、全浊上声也没有变为去声、入声更没有分化。《释文》入声没有分化的证据很多,如入声韵类和韵母都是独立的。我们本节主要考察《释文》平、上两个调类。

一、平声尚未分阴阳

中古的平声到现代汉语普通话中分化为阴平和阳平两类,分化条件是声母的清浊,清声母的中古平声字现代变为阴平,浊声母的则变为阳平,这种变化在《中原音韵》中就已经体现出来了。而据我们的考察,《释文》陆氏音系的平声尚未分化,证据就是《释文》中的大量平声切语。这些切语中,被切字和反切下字存在着阴平和阳平的互切,也就是清声母和浊声母之间的互切。如:

1. 被切字为清声母而反切下字为浊声母或清浊声母均有者:

椿(清)：丑倫(浊)反

筋(清)：居勤(浊)反

殷(清)：於勤(浊)反

分(清)：方云(浊)反

紛(清)：芳云(浊)反

坤(清)：困魂(浊)反

囷(清)：起倫(浊)反

逡(清)：七巡(浊)反

熏(清)：許云(浊)反

邠(清)：彼貧(浊)反、筆貧(浊)反

豳(清)：筆巾(清)反、彼貧(浊)反

置(清)：昌鍾(清)反、昌容(浊)反

淳(清)：章均(清)反、章純(浊)反

從(清)：七凶(清)反、七容(浊)反

惇(清)：都温(清)反、丁門(浊)反

蜂(清)：孚恭(清)反、孚逢(浊)反

豐(清)：芳弓(清)反、敷馮(浊)反

髡(清)：苦昆(清)反、苦存(浊)反

蠭(清)：芳恭(清)反、芳逢(浊)反

洵(清)：蘇遵(清)反、私旬(浊)反

詢(清)：思遵(清)反、思巡(浊)反

傭(清)：勑恭(清)反、勑龍(浊)反

雍(清)：於恭(清)反、於容(浊)反

噰(清)：於恭(清)反、於容(浊)反

鍾(清)：章凶(清)反、章容(浊)反

2.被切字为浊声母而反切下字为清声母或清浊声母均有者：

蕲(浊):巨斤(清)反

芹(浊):巨斤(清)反

彤(浊):徒冬(清)反

沖(浊):直弓(清)反、直隆(浊)反

蟲(浊):直弓(清)反、直隆(浊)反

醇(浊):市春(清)反、常倫(浊)反

鶉(浊):順春(清)反、順倫(浊)反

叢(浊):才东(清)反、徂洪(浊)反

縫(浊):扶恭(清)反、符龍(浊)反

渾(浊):户昆(清)反、户門(浊)反

麟(浊):吕辛(清)反、力仁(浊)反

隆(浊):力躬(清)反、吕弓(浊)反

崘(浊):路昆(清)反、力門(浊)反

緡(浊):亡巾(清)反、亡貧(浊)反

盆(浊):蒲奔(清)反、蒲門(浊)反

芃(浊):蒲东(清)反、薄紅(浊)反

蓬(浊):步东(清)反、步紅(浊)反

嬪(浊):毗真(清)反、毗人(浊)反

蘋(浊):符申(清)反、毗人(浊)反

紉(浊):女巾(清)反、女陳(浊)反

融(浊):羊弓(清)反、餘戎(浊)反

豚(浊):徒尊(清)反、徒門(浊)反

臀(浊):徒敦(清)反、徒門(浊)反

循(浊):似遵(清)反、似倫(浊)反

馴(浊):似遵(清)反、似倫(浊)反

顒(浊):魚恭(清)反、玉容(浊)反

重（浊）：直恭（清）反、直龍（浊）反

以上例子中，被切字为清声母（后变为阴平），而反切下字属于浊声母（后变为阳平）；或者被切字为浊声母，而反切下字为清声母，还有不少例子同一个被切字声母或清或浊，其不同的切语中，反切下字则为清、浊两类。这些同音异切的例子，证明了《释文》中的平声尚未分化。

二、全浊上声尚未变为去声

"浊上变去"是中古上声字中的全浊声母字在现代普通话中多数都读成了去声。这个变化至少在唐代末年已经开始，北宋以后，这种变化的趋势更为明显。到了现代普通话中，绝大部分全浊上声字都变成了去声（只有少数例外）。而中古声母为清声母以及次浊声母的上声字仍读上声。我们考察了《释文》的上声切语，发现没有证据表明其上声发生了变化。具体证据见下：

1.被切字为清声母而反切下字为全浊声母或清浊声母均有者：

虎（清）：呼户（全浊）反

簡（清）：古限（全浊）反

凱（清）：開在（全浊）反

愷（清）：開在（全浊）反

愷（清）：苦亥（全浊）反

楷（清）：苦駭（全浊）反

踥（清）：缺氏（全浊）反

坦（清）：他但（全浊）反

闡（清）：昌善（全浊）反

忿（清）：芳粉（清）反、芳吻（次浊）反

采(清)：蒼改(清)反、七在(全浊)反

剗(清)：初産(清)反、初限(全浊)反

緫(清)：子孔(清)反、作動(全浊)反

倲(清)：丁孔(清)反、都動(全浊)反

醢(清)：呼改(清)反、呼在(全浊)反

罕(清)：呼坦(清)反、呼旱(全浊)反

數(清)：色主(清)反、色柱(全浊)反

鮮(清)：仙淺(清)反、仙善(全浊)反

解(清)：古買(次浊)反、居蟹(全浊)反

灑(清)：色買(次浊)反、色蟹(全浊)反

比(清)：必爾(次浊)反、并是(全浊)反

弛(清)：尸纸(清)反、尸爾(次浊)反、尸是(全浊)反

侈(清)：昌纸(清)反、昌爾(次浊)反、昌是(全浊)反

睹(清)：丁古(清)反、都魯(次浊)反、都杜(全浊)反

枲(清)：絲子(清)反、絲里(次浊)反、絲似(全浊)反

2. 被切字为次浊声母而反切下字为清声母、全浊声母或清浊声母均有者：

鹵(次浊)：力古(清)反、力杜(全浊)反

縷(次浊)：力主(清)反、力柱(全浊)反

沔(次浊)：亡淺(清)反、面善(全浊)反

衍(次浊)：以淺(清)反、以善(全浊)反

芈(次浊)：面爾(次浊)反、亡氏(全浊)反

弭(次浊)：面爾(次浊)反、亡婢(全浊)反

敉(次浊)：亡爾(次浊)反、亡婢(全浊)反

洱(次浊)：彌爾(次浊)反、亡婢(全浊)反

湎(次浊)：緜鮮(清)反、莫衍(次浊)反、面善(全浊)反

3. 被切字为全浊声母而反切下字为清声母者：

怠(全浊)：大改(清)反

杜(全浊)：徒土(清)反

斷(全浊)：大管(清)反

沌(全浊)：徒損(清)反

憤(全浊)：房粉(清)反

跪(全浊)：其委(清)反

駭(全浊)：胡楷(清)反

渾(全浊)：胡本(清)反

混(全浊)：胡本(清)反

技(全浊)：其綺(清)反

踐(全浊)：賤淺(清)反

拒(全浊)：其許(清)反

秬(全浊)：其許(清)反

視(全浊)：常旨(清)反

項(全浊)：胡講(清)反

鉉(全浊)：胡犬(清)反

4. 被切字为全浊声母而反切下字为次浊声母者：

紿(全浊)：徒乃(次浊)反

解(全浊)：胡買(次浊)反

窘(全浊)：求殞(次浊)反

巨(全浊)：其吕(次浊)反

炬(全浊)：其吕(次浊)反

距(全浊)：具吕(次浊)反

莙(全浊)：其隕(次浊)反

菌(全浊)：其隕(次浊)反

箘(全浊):求隕(次浊)反

牝(全浊):頻忍(次浊)反

兕(全浊):徐履(次浊)反

蟹(全浊):胡買(次浊)反

辨(全浊):皮勉(次浊)反

臏(全浊):頻忍(次浊)反

陳(全浊):直忍(次浊)反

杼(全浊):直吕(次浊)反

竚(全浊):直吕(次浊)反

紵(全浊):直吕(次浊)反

羜(全浊):直吕(次浊)反

5.被切字为全浊声母而反切下字清浊声母均有者:

蜯(全浊):步講(清)反、蒲項(全浊)反

簿(全浊):步古(清)反、步户(全浊)反

殆(全浊):大改(清)反、唐在(全浊)反

鍵(全浊):其展(清)反、其輦(次浊)反

餞(全浊):賤淺(清)反、賤衍(次浊)反

聚(全浊):似主(清)反、才柱(全浊)反

窶(全浊):其矩(清)反、其禹(次浊)反

脤(全浊):上軫(清)反、上忍(次浊)反

腎(全浊):市軫(清)反、時忍(次浊)反

蜃(全浊):常軫(清)反、常忍(次浊)反

峙(全浊):直紀(清)反、直里(次浊)反

撰(全浊):仕轉(清)反、仕勉(次浊)反

豸(全浊):丈爾(次浊)反、直氏(全浊)反

上述例证中,无论被切字为清声母上声、次浊声母上声,还是

全浊声母上声者，其反切下字均可以是清声母上声，也可以是全
浊或次浊声母上声。以上例证充分说明，《释文》中全浊声母的上
声字尚未变为去声，上声尚未分化。

第七章 《经典释文》声韵配合表

按照我们前面的探讨,我们归纳出了《释文》陆氏音系的声母、韵母和声调系统,经过我们考察,在《释文》出现的反切中,声母的清浊、韵母的开合等第、声调的调类和以《广韵》及《韵镜》所代表中古音系有着极大的共同点。

1.声母方面

《释文》陆氏音系 39 个声母,相拼的韵母的等各不相同,声母也具有了"等"的色彩。《释文》39 声母相拼的韵母等的情况如下:

可以和一二三四等韵母相拼的声母有:帮滂並明见溪疑影晓泥来

可以和一二四等韵母相拼的声母有:匣

可以和一三四等韵母相拼的声母有:精清从心

可以和一四等韵母相拼的声母有:端透定

可以和二三等韵母相拼的声母有:知彻澄娘庄初崇生

可以和三等韵母相拼的声母有:非敷奉群章昌船书禅云以日

2.韵母方面

《释文》陆氏音系有 88 类 134 个韵母,韵母的开合以及等第可以参看韵母表。

3.声调方面

《释文》有平上去入四个调类,其中阴声韵和阳声韵各有平上去三个调类,入声韵只有入声一个调类。

　　根据《释文》的具体情况,我们制定了《释文》陆氏音系的声韵配合表,通过配合表展示出陆氏音系的具体面貌。配合表中,没有标示的字为《释文》的被切字,加波浪线　　　的字为反切下字,加双横线　　　的字为直音注音字,黑体字为多音字或《释文》特有的读音。由于《释文》的特点,应当有而《释文》没有出现的字(音节)不予标出。

声母＼韵母声调	东开一			屋开一	东开三			屋开三	冬合一		沃合一	钟合三			烛合三
	平	上	去	入	平	上	去	入	平	去	入	平	上	去	入
帮		搴		蹼											
滂				撲											
並	蓬			暴											
明(微)	蒙	蠓		木		瞢		目							
非					枫		諷	幅				犎		封	
敷					豊		瞜	覆				蜂	捧		瞡
奉					逢		缝	復				缝			缝
端	東	蝀	凍	督					冬		督				
透	通			禿						統					
定	同	桐	洞	櫝					彤		毒			銅	
泥															
知					衷		中	築					冢		橢
彻							仲	畜				偅	寵		

续表

声母＼声调＼韵母	东开一			屋开一	东开三			屋开三	冬合一		沃合一	钟合三			烛合三
声调	平	上	去	入	平	上	去	入	平	去	入	平	上	去	入
澄					蟲	仲		軸				重	重	重	躅
娘								忸				醲			
精	翪	總	緵	鏃				蹴	宗	綜		從		縱	
清		聰		瘲								樅			促
从（邪）	叢								琮			從		從	俗
心	騥		送	楤	嵩			夙		宋		蜙	竦		
庄															
初															
崇（俟）					崇										属
生								肅							
章					蟓		衆	柷				鍾	腫	種	屬
昌					充			俶				憧			觸
船															贖
书								未				舂			
禅								淑						尰	贖
见	公		贛	谷	宫		貢	掬			梏	恭	拱	供	挶
溪	空	孔	控	哭	穹			麹			酷	銎	恐	恐	
群												邛		共	局
疑												顒			玉

续表

韵母　声调　声母	东开一			屋开一	东开三			屋开三	冬合一		沃合一	钟合三			烛合三
	平	上	去	入	平	上	去	入	平	去	入	平	上	去	入
影	蝀	滃	甕					郁			沃	雍	擁	灘	
晓	烘						毃	畜				訩	兇		頊
匣	红			斛	熊						鹄				
云															
以					融			鷸				容	踊	用	欲
来	籠	籠	弄	蔍	隆			六			瀑	蘢	隴		录
日								衄				茸	冗		辱

韵母　声调　声母	江开二			觉开二	支开三			支合三			脂（之）开三			脂合三		
	平	上	去	入	平	上	去	平	上	去	平	上	去	平	上	去
帮	邦			駁	陂	俾	賁				悲	比	畀			
滂				璞	披	庀	譬					嚭				
並		蚌		雹	裨	被	被				毗	圮	敝			
明（微）	厖			邈	彌	弭					楣	美	媚			
非																
敷																
奉																
端																懟

续表

声母＼韵母·声调	江开二			觉开二	支开三			支合三			脂(之)开三			脂合三		
	平	上	去	入	平	上	去	平	上	去	平	上	去	平	上	去
透																
定													地			
泥																
知			戀	卓	知		智				胝	黹	致	追		
彻				蟵		褫					絺	袣				
澄	橦			濯	踟	豸		錘		縋	遲	峙	稚	椎		墜
娘				搦							尼					
精					訾	呰	積	厜		胔	滋	秭	恣	崔	佳	醉
清					雌	此	刺						恘		越	翠
从(邪)					疵		漬	隨			茨	兕	飤			悴
心					斯	徙	賜		髓		緦	枲	笥	綏		祟
庄				穙							菑	苐	裁			
初	窗			摵	差			衰					厠			
崇(俟)				淙							漦	俟				
生				數		縰						使		榱		帥
章					栀	只	寘		捶	惴	祇	底	摯	錐		
昌						侈		炊		吹	鴟		熾	推		出
船						舓							謚			
书					施	弛	翅				尸	屎	弑		水	

声母＼韵母声调	江开二			觉开二	支开三			支合三			脂(之)开三			脂合三		
	平	上	去	入	平	上	去	平	上	去	平	上	去	平	上	去
禅					提	是	跢	垂	菙	睡	時	視	嗜	誰		
见	江	講	降	較	羈	掎	寄	媯	詭		肌	几	冀	龜	軌	媿
溪	栙			確	踦	綺	跂	窺	跬			鵙	芑	巋		唏
群					岐	技	芰		跪		耆	跽	曁	夔	揆	饋
疑				嶽	宜	錡	義	危	頠		疑	儗	劓			
影				握	猗	倚	縊	逶	委	恚	噎	醫	饐			
晓	降	項	巷	嚳	犧		戲	麾	燬	毁	嘻	喜	齂		睢	
匣																
云								爲	蔿	爲		矣		帷	洧	位
以					匜	迆	易	壝	狷		夷	以	肆	唯		遺
来					驪	邐	詈	羸	蔂	累	犂	履	荔	纍	壘	類
日						爾			緌	繠	而	餌	貳	蕤		

声母＼韵母声调	微开三			微合三			鱼开三			虞合三			模合一			齐开四		
	平	上	去	平	上	去	平	上	去	平	上	去	平	上	去	平	上	去
帮													逋	圃	布			嬖
滂													鋪	浦	怖	批		媲
並													蒲	簿	哺	鼙	陛	薜

续表

声母 ＼ 韵母	微开三			微合三			鱼开三			虞合三			模合一			齐开四		
声调	平	上	去	平	上	去	平	上	去	平	上	去	平	上	去	平	上	去
明（微）				微	亹	未				巫	侮	婺	模		暮		麛	米
非				非	匪	誹				夫	撫	傅						
敷				妃	棐	費				敷	拊	赴						
奉				肥		扉				鼜	腐	鮒						
端													闍	堵	蠹	隄	底	柢
透														土	兔	梯	涕	替
定													荼	杜	度	题	悌	禘
泥													奴	弩	怒	泥	禰	泥
知							猪	褚	著	株	柱	駐						
彻							樗		絮	貙								
澄							蹰	杼	箸	廚		住						
娘							挐	女	女	繻								
精							苴	苴	苴	娵			足	租	组	蹟	济	霁
清							疽	取	狙	趋		娶		粗	错	萋		妻
从（邪）							徐		狙	聚	聚		徂		悴	齐	荠	嚌
心							胥	湑	絮	须					愬	犀	洗	细
庄							菹	俎	詛									
初								摴	芻									
崇（俟）							鉏	齞	助	雛								

续表

	微开三			微合三			鱼开三			虞合三			模合一			齐开四		
声母＼韵母声调	平	上	去	平	上	去	平	上	去	平	上	去	平	上	去	平	上	去
生							蔬	所	数		数	戍						
章							諸	渚	庶	朱	主	注						
昌								杵	處	樞								
船								杼										
书							書	癙	庶	輸								
禅										茱	竪	樹						
见	饑	幾	既	歸	鬼	貴	居	莒	倨	拘	矩	屨	辜	古	故	稽		薊
溪		豈	氣				袪	去	去	區		驅	刳	苦	袴	谿	启	契
群	旂		機				蓲	拒	遽	瞿	懅	具						
疑	沂		毅	巍	魏		魚	語	御	虞	麌	遇	吾	五	忤	郳	掜	睨
影	依	扆	衣	威		蔚	於		飫	紆	傴	嫗	烏	隖	惡	繄		瑿
晓	晞	狶	餼	揮	烜	卉	虛	許		吁	姁	酗	呼	虎	謼	醯		
匣													瑚	戶	瓠	睳	徯	繫
云				韋	偉	緯				于	雨	芋						
以							余	予	豫	渝	庾	裕						
来							廬	旅	勴	婁	僂	屢	盧	魯	賂	黎	禮	戾
日							如	汝	茹	儒	乳	孺						

声母＼韵母声调	齐合四 平	齐合四 上	齐合四 去	祭开三 去	祭合三 去	泰开一 去	泰合一 去	佳开二 平	佳开二 上	佳开二 去	佳合二 平	佳合二 上	佳合二 去	皆开二 平	皆开二 上	皆开二 去
帮				蔽		贝										拜
滂						沛										
並				敝		旆		廬	罷	稗				排		
明（微）					袂				買	賣				埋		鞣
非																
敷																
奉																
端						帶	役									
透						泰	税									
定						汰	兑									
泥																
知					缀											
彻																
澄					彘				廌							
娘																
精					祭	最										
清					脆											
从（邪）					彗	蕞										
心					歲											
庄													债	齋		祭

续表

声母＼韵母声调	齐合四			祭开三	祭合三	泰开一	泰合一	佳开二			佳合二			皆开二		
	平	上	去	去	去	去	去	平	上	去	平	上	去	平	上	去
初								差			差					
崇（俟）								柴			疵			儕		
生				殺				灑	洒							殺
章				晢	贅											
昌				掣	毳											
船																
书				世	税											
禅				筮												
见	圭			劂	蹶	勾	澮	佳	解	解	娲		卦	嗜		介
溪	奎			揭		愒				喫					楷	
群																
疑	危			藝		艾	外	涯		疷					騃	
影				瘞		蔼	薈			隘	蛙					噫
晓	鄌	嘒					喙									
匣		惠				害	襘		蟹	邂		黿	畫	諧	駭	械
云					衛											
以				裔	銳											
来				厲		賴										
日					汭											

声母 ＼ 韵母	皆合二			夬开二	夬合二	灰合一			咍开一			废开三	废合三	真开三		
声调	平	上	去	去	去	平	上	去	平	上	去	去	去	平	上	去
帮			败			杯	菶								稟	殯
滂						阫	配									
並			憊			陪	邶							嬪	牝	
明（微）					迈	枚	浼	昧						旻	泯	
非												废				
敷												肺				
奉													吠			憤
端						堆	對				戴					
透						推	退		胎		態					
定						頹		队	駘	殆		逮				
泥							餒	内		乃	耐					
知																
彻				蠆										辴		疢
澄														陳	紖	陳
娘															紉	
精								捘	栽		再				盡	進
清						衰	漼	倅	猜	采	菜					親
从（邪）						摧	罪		才	在	载			秦		燼
心						縗			鰓		塞			辛		信
庄														臻		

续表

声母 ＼ 韵母·声调	皆合二 平	皆合二 上	皆合二 去	夬开二 去	夬合二 去	灰合一 平	灰合一 上	灰合一 去	咍开一 平	咍开一 上	咍开一 去	废开三 去	废合三 去	真开三 平	真开三 上	真开三 去
初															亂	櫬
崇（俟）																蜃
生													莘			
章														真	軫	震
昌									苣					瞋		
船																
书														申	矧	
禅														臣		慎
见		怪			夬	瑰		憒	胲	改	溉			巾	謹	靳
溪		蒯			快	悝	硊	塊	開	愷	愒			螼		敳
群														芹		覲
疑		聵				嵬			敳		閡	刈		㕧		愁
影			餲				猥		哀	唉	愛		穢	慇	隱	㥯
晓						虺	賄		頦		醢		噲	欣		釁
匣	懷		壞		話	回	瘣	潰	孩	亥	劾					
云																
以														寅	引	胤
来						罍	磊	耒	來		賚			麟		吝
日														人	忍	仞

声母 ＼ 韵母	质开三	真合三			质合三	谆合三			術合三	文合三			物合三	魂合一		
声调	入	平	上	去	入	平	上	去	入	平	上	去	入	平	上	去
帮	畢													奔	本	
滂	匹															噴
並	邲													盆	坌	
明（微）	密									文	刎	問	物	門	懣	悶
非										分	粉	奮	紱			
敷										紛	忿	濆	祓			
奉										汾	憤	分	佛			
端														惇		頓
透															黗	
定														豚	盾	遯
泥																
知	窒					屯			窋							
彻	抶					輴			黜							
澄	秩								术							
娘	昵															
精	堲					遵		餕	卒					樽	僔	
清	七					逡									刌	寸
从（邪）	疾					循	徇							蹲	鱒	鐏
心	膝					洵	隼	浚	恤			巽		飧	損	遜
庄	櫛															

续表

韵母 声母	质开三	真合三			质合三	谆合三			术合三	文合三			物合三	魂合一		
声调	入	平	上	去	入	平	上	去	入	平	上	去	入	平	上	去
初																
崇(俟)																
生	瑟								率							
章	質					諄	準									
昌	叱					春	蠢									
船	實					脣	楯	順	述							
书	失							舜								
禅						醇										
见	訖	麇				鈞			橘			捃	屈	昆	衮	
溪	詰	困	麇			困						詘		坤	梱	困
群	姑		菌										掘			
疑														梱		
影	一		顒							緼	薀	愠	鬱	温		
晓	肸								矞	熏		訓	欻	昏		鼲
匣														渾	混	慁
云		筠	磒							云		運				
以	溢				汨	匀	允		聿							
来	慄					倫			律					崙		論
日	日					稕		閏								

声母＼韵母＼声调	没合一	痕开一			元开三			月开三	元合三			月合三	寒开一			曷开一
	入	平	上	去	平	上	去	入	平	上	去	入	平	上	去	入
帮																
滂	朏															
並	勃															
明（微）	殁								橢	挽	萬	韤				
非								發	蕃	阪	販					
敷									幡		娩					
奉								伐	繁	飯	飰					
端	咄												丹	亶	旦	怛
透		吞											灘	坦	炭	撻
定	突												壇	袒	憚	達
泥	訥												難		難	
知																
彻																
澄																
娘																
精	卒														贊	
清	卒												餐		粲	
从（邪）	捽												戔	瓚		
心	卹													散	散	撒
庄																

声母＼韵母＼声调	没合一	痕开一			元开三			月开三	元合三			月合三	寒开一			曷开一
	入	平	上	去	平	上	去	入	平	上	去	入	平	上	去	入
初																
崇(俟)																
生																
章																
昌																
船																
书																
禅																
见	汩	根		艮	犍	寋	建	羯				蕨	干	秆	幹	割
溪	窟		垦							綣			刊		衎	渴
群							楗	揭	圈			掘				
疑	杌		限		言				䥏	阮	愿	月			豻	钀
影		恩			鄢	偃	堰		冤	婉	怨	噦	安		按	遏
晓	忽						宪	歇	谖	咺	楥	狘		罕	嘆	猲
匣	纥	䫀	很	恨									寒	旱	翰	曷
云									爰	远	远	曰				
以																
来													蘭		爛	剌
日																

声母＼韵母	桓合一			末合一	删开二			黠开二	删合二			黠合二	山开二			鎋开二
声调	平	上	去	入	平	上	去	入	平	上	去	入	平	上	去	入
帮		半		撥	班	板		八					斑			
滂	潘		判		扳	昄										盼
并	盤		叛	拔				拔								辦
明（微）	瞞		漫	末	蠻		慢									袙
非																
敷																
奉																
端	端	短	鍛	掇												
透	湍	畽	褖	脱												獺
定	摶	斷	椴	鮵												
泥		煗	渜													
知																
彻																
澄															綻	
娘								赧				貀				
精	鑽	纘														
清	攛		爨	撮												
从（邪）	欑														栈	
心	酸	篹	筭													
庄								札							琖	

续表

声母 ＼ 韵母·声调	桓合一			末合一	删开二			黠开二	删合二			黠合二	山开二			鎋开二
	平	上	去	入	平	上	去	入	平	上	去	入	平	上	去	入
初								察			篡			刬		
崇（俟）														輚		
生					删		汕	殺					山	産		
章																
昌																
船																
书																
禅																
见	官	管	冠	括	菅		澗	夏	關		慣		艱	簡	間	
溪		款		闊			顧	劼								楬
群																
疑		輐	玩		顔							亃		眼		
影	莞		腕				晏	軋		綰			殷			
晓	讙		喚	豁												瞎
匣	完	緩	换	活	倝		骭	黠	環	睆	擐	滑	閑	限	莧	轄
云																
以																
来	欒	卵	亂	捋												
日																

声母＼韵母・声调	山合二			鎋合二	先开四			屑开四	先合四			屑合四	仙开三		
	平	上	去	入	平	上	去	入	平	上	去	入	平	上	去
帮					邊	扁	徧	繘					編	褊	變
滂								嫳					偏		猵
並					駢	編		蹩					便	辯	弁
明（微）					眠	丏	眄	蔑					綿	湎	面
非															
敷															
奉															
端					顛	典	殿	窒							
透					天	腆	瑱	鐵							
定					闐	殄	甸	迭							
泥					年		晛	涅							
知				鷄									驙	輾	襢
彻													梴	蕆	
澄													廛		
娘														蹍	
精					箋		薦	節					煎	翦	箭
清					千		倩	竊					遷	淺	
从（邪）							荐	截					次	餞	羡
心					先	銑	霰	屑					鮮	獮	線
庄															

续表

声母＼韵母	山合二			鎋合二	先开四			屑开四	先合四			屑合四	仙开三		
声调	平	上	去	入	平	上	去	入	平	上	去	入	平	上	去
初															
崇（俟）															
生															
章													斿	樿	戰
昌														闡	
船															
书													羶		扇
禅													澶	善	禪
见	鰥			刮	肩	繭	見	結	蠲	畎	罥	抉	甄	寋	
溪					牽	蜸		掔		犬		闋	愆	繾	遣
群													乾	鍵	
疑	頑			刖	研	趼	齞						齴	諺	
影					燕	蝘	宴	噎	蜎			抉	焉	偃	
晓						顯	羂				絢	決			
匣			幻	姡	賢	俔	見	纈	玄	鉉	眩	袺			
云															
以													延	衍	莚
来					憐		鍊						漣	璉	
日													然	橪	

声母＼韵母	薛开三	仙合三			薛合三	萧开四			宵开三			肴开二			豪开一		
声调	入	平	上	去	入	平	上	去	平	上	去	平	上	去	平	上	去
帮	别								鑣	表		包	飽	豹	襃	保	報
滂									漂	縹	剽	泡					
並									瓢	摽		庖	鮑		袍		暴
明（微）	滅								貓	眇	廟	茅	卯		旄		冒
非																	
敷																	
奉																	
端						彫	鳥	釣							切	倒	到
透						挑	朓	覜							滔		
定						苕	窕	掉							陶	稻	蹈
泥							褭	溺							猱	腦	臑
知	哲		轉	轉	綴				朝				嘲	罩			
彻	徹								超				熌				
澄	轍	傳	篆	傳					朝	旐	召			櫂			
娘												譊	撓	淖			
精	蠿				蕝				焦	湫	醮				糟	藻	躁
清			悛		縓				幨	悄	陗				操	懆	造
从（邪）			全		絕				憔	糾	誚				曹	造	鑿
心	泄	宣	選	選	雪	蕭	篠	嘯	宵	小	笑				騷	嫂	埽
庄												翼	爪				

声母 ＼ 韵母声调	薛开三	仙合三			薛合三	萧开四			宵开三			肴开二			豪开一		
	入	平	上	去	入	平	上	去	平	上	去	平	上	去	平	上	去
初												抄					
崇（俟）			撰	饌								巢					
生					刷							筲		稍			
章	折		顓	劆	挩				招	沼	照						
昌	川		喘	竁	歠				弨								
船	舌																
书	設				说				燒	少	少						
禅	折	遄	鄟						韶	紹	邵						
见	孑	蠲	卷	眷		徼	皦	叫	憍	矯	橋	交	絞	覺	皐	藁	部
溪	揭	圈			缺				窅			敲	巧	巧	尻	考	槁
群	桀	權	蜎	倦					喬								
疑	孼					堯		澆				樂			敖		傲
影	蜎					么	窈	窔	要	夭	要	坳				夭	奥
晓		儇	蠉		威	膮	曉		枵					孝	蒿	好	好
匣								苟				肴	骱	效	豪	皓	號
云			圓	瑗					鴞								
以		鳶	兗	緣	说				摇	鷕	燿						
来	裂	攣	臠	戀	埒	僚	了	撩			燎				牢	潦	勞
日	熱		挪	軟	爇				蕘	擾	繞						

声母＼韵母声调	歌开一 平	歌开一 上	歌开一 去	戈合一 平	戈合一 上	戈合一 去	麻开二 平	麻开二 上	麻开二 去	麻合二 平	麻合二 上	麻合二 去	麻开三 平	麻开三 上	麻开三 去	阳开三 平	阳开三 上	阳开三 去
帮				波	跛	播	巴	把	霸									
滂				颇				皅	怕									
並				皤			杷											
明(微)				摩		磨	麻	馬	禡									
非																		
敷																		
奉																		
端	多	亸	䯻															
透	他				妥	唾												
定	佗	拕	大	惰	隋	惰												
泥	那				捼													
知							吒	檛								粮	長	張
彻								土	詫							倀		悵
澄																場	丈	長
娘																孃		釀
精		左	佐	峻		挫							嗟		借	漿	蔣	將
清	磋	瑳		差	脞	莝								且		蹡		蹡
从(邪)	瘥			痤		坐							邪		藉	戕	象	匠
心	娑			莎	瑣									寫		襄	想	相
庄							樝	鮓	詐	髽						莊		壯

续表

声母 ＼ 韵母·声调	歌开一 平	歌开一 上	歌开一 去	戈合一 平	戈合一 上	戈合一 去	麻开二 平	麻开二 上	麻开二 去	麻合二 平	麻合二 上	麻合二 去	麻开三 平	麻开三 上	麻开三 去	阳开三 平	阳开三 上	阳开三 去
初							差									創		創
崇（俟）								槎	蜡							牀		狀
生							沙									霜	爽	
章													遮	者	炙	璋	掌	障
昌													車	哆			敞	倡
船													蛇		射			
书													奢	捨	舍	殇		向
禅														社		常	上	償
见	柯	哿	个	戈	果	過	家	假	稼	瓜	寡					疆	繦	
溪		可		科	顆	課			骼	夸		跨				羌		
群																彊	彊	弶
疑	俄	我	餓	訛		卧	牙	雅	訝		瓦						卬	
影	阿	猗		逶			鸦		亞	窊						央	鞅	快
晓	呵			呼	火		虓			花		化				香	享	鄉
匣	何	荷	賀	和	夥	和	瑕	夏	下	華	踝	華						
云																		
以									也				邪	野	夜	颺	痒	漾
来	蘿			贏	蓏											涼	兩	亮
日																攘	壤	讓

声母＼韵母	药开三	阳合三			药合三	唐开一			铎开一	唐合一			铎合一	庚开二		
声调	入	平	上	去	入	平	上	去	入	平	上	去	入	平	上	去
帮						彭		谤	博					祊		榜
滂						滂			膊					烹		
並						旁		傍	亳					彭		
明（微）		亡	冈	忘		芒	莽		莫					盲	猛	孟
非		方	放	舫												
敷		芳	纺	访												
奉		鲂		防	缚											
端						当	谠	当								
透						汤	傥	盪	柝							
定						堂	荡		鐸							
泥						囊	曩		诺							
知	著															
彻	娝													睁		
澄	著													棖		
娘																
精	爵					臧		葬	柞							
清	鹊					仓	蒼		错							
从（邪）	嚼					藏	奘	藏	酢							
心	削					桑	颡	丧	索							
庄	斲															

续表

声母＼韵母·声调	药开三	阳合三			药合三	唐开一			铎开一	唐合一			铎合一	庚开二		
	入	平	上	去	入	平	上	去	入	平	上	去	入	平	上	去
初														鎗		
崇（俟）																
生														生		
章	缴															
昌	绰															
船																
书	铄															
禅	勺			尚												
见	脚			誑	矍	岡			各	光	廣	廣	郭	庚	梗	更
溪	却	筐				康		亢	恪			曠	廓	坑		
群	蹻	狂		迋	狂											
疑	瘧						卬		鄂							
影	约		枉			鸯		益	恶			尪				
晓	謔		怳	睍	愯				壑	荒			藿	亨		
匣						行	沆	行	涸	皇			穫	衡	杏	行
云		王	往	王												
以	躍															
来	略					郎	朗	浪	洛							
日	若															

声母 \ 韵母声调	陌开二	庚合二			陌合二	庚开三			陌开三	庚合三			耕开二			麦开二
	入	平	上	去	入	平	上	去	入	平	上	去	平	上	去	入
帮	伯						秉	柄					拼		迸	擘
滂	魄												怦			
並	白						苹	病								檴
明（微）	貘						皿	命					萌	黾		麥
非																
敷																
奉																
端																
透																
定																
泥																
知	磔												丁			謫
彻	坼															
澄	宅												橙			**謫**
娘																
精																
清																
从（邪）																
心																
庄	笮												绷	静		嘖

续表

声母	陌开二	庚合二			陌合二	庚开三			陌开三	庚合三			耕开二			麦开二
	入	平	上	去	入	平	上	去	入	平	上	去	平	上	去	入
初	栅															笧
崇(俟)																赜
生	索						省									愬
章																
昌																
船																
书																
禅																
见	格	觵	獷		虢	京	景	敬	戟		憬		耕	耿		革
溪	客					卿			郤				鏗			
群						黥		競	劇							
疑	額							迎	逆							
影	啞					英	影						罃			軶
晓	赫				湱				虩							
匣	格	喤	卝	横									莖	倖		核
云										榮	永	禜				
以																
来																
日																

韵母 / 声调＼声母	耕合二			麦合二	清开三			昔开三	清合三			昔合三	青开四			锡开四
	平	上	去	入	平	上	去	入	平	上	去	入	平	上	去	入
帮					屏	并		辟			緅				鞞	壁
滂							聘	僻					甹			霹
並								辟					屏	併		甓
明（微）					名								冥	茗	暝	幂
非																
敷																
奉																
端													丁	顶	颋	嫡
透													聽	珽	侹	惕
定													霆	挺	定	滌
泥													鸋		寗	溺
知					贞											
彻					赬	騁										
澄					裎			擿								
娘																
精					精	井		积					菁			績
清						請	清	刺								戚
从（邪）					情	靖	阱	瘠								寂
心						省	性	舄				驛	星	醒		析
庄																

续表

声母＼韵母	耕合二			麦合二	清开三			昔开三	清合三			昔合三	青开四			锡开四
声调	平	上	去	入	平	上	去	入	平	上	去	入	平	上	去	入
初																
崇(俟)																
生																
章					征	整	政	炙								
昌								斥								
船								射								
书								奭								
禅						盛	盛	石								
见				緘		頸	勁						經	到	徑	激
溪							輕		傾	頃		趯	罄		磬	
群				勍			悙									
疑																鶂
影	泓				嫈	癭		益	縈							
晓													馨			
匣	紘			畫									形	滓	脛	覡
云																
以					贏	郢	媵	易	營	潁						
来					令	領	令								泠	櫟
日																

声母 ＼ 韵母 声调	青合四			锡合四	蒸开三			职开三	职合三	登开一			德开一	登合	德合一
声母	平	上	去	入	平	上	去	入	入	平	上	去	入	平	入
帮					冰			偪		崩		塴	北		
滂								副							
並					馮			愎		朋			踣		
明（微）													黙		
非															
敷															
奉															
端										登	等	鐙	得		
透													慝		
定										滕		鄧	特		
泥								匿		能					
知					徵			陟							
彻								敕							
澄					懲										
娘															
精					䳲		甑	堲		增			則		
清															
从（邪）					繒					曾		贈	賊		
心								息					塞		
庄								仄							

声母 ＼ 韵母/声调	青合四			锡合四	蒸开三			职开三	职合三	登开一			德开一	登合	德合一
	平	上	去	入	平	上	去	入	入	平	上	去	入	平	入
初								恻							
崇（俟）								崱							
生								嗇							
章					蒸	拯	證	職							
昌					稱		稱								
船					繩		乘	食							
书						升	勝	飾							
禅							承	植							
见	扃	颎		湨	矜			亟			緪			肱	
溪		颍		闃							肯		克		
群								極							
疑					凝			嶷							
影			瑩		膺		應	億							
晓				殈		興	興	盍	洫					薨	
匣	熒	迥												軐	惑
云									棫						
以					蠅		媵	弋							
来					凌		凌	力		棱			扐		
日					仍		扔								

声母＼韵母声调	尤开三			侯开一			幽开三			侵开三			缉开三	覃开一		
	平	上	去	平	上	去	平	上	去	平	上	去	入	平	上	去
帮							彪			稟			鵖			
滂					剖						品					
並				裒	踣									鵧		
明（微）	謀				牡	瞀			謬							
非	不	否	富													
敷		紑	覆													
奉	浮	阜	復													
端				兜	斗									耽		
透				偷	黈									探	醓	黮
定				頭		豆								覃	禫	澹
泥				羺	穀	槈								南		
知	輈	肘	晝							碪			縶			
彻	瘳	丑								琛	踸		闟			
澄	稠	紂	胄							沈	朕	鴆	蟄			
娘		紐	鍒							紝		賃				
精	遒	酒		陬	走	奏						浸		鐕	寁	
清	秋				趣	湊					寝	沁	缉	參	慘	
从（邪）	酋	愀	袖							尋	蕈		隰	蠶	歜	
心	脩	糔	繡	漱	藪	嗽				心					糝	
庄	騶	掫	縐							簪		譖	戠			

续表

声母 ＼ 韵母 声调	尤开三			侯开一			幽开三			侵开三			缉开三	覃开一		
	平	上	去	平	上	去	平	上	去	平	上	去	入	平	上	去
初		篘								參						
崇(侯)	愁					骤				岑						
生	搜	溲	瘦							參		渗	澀			
章	周	帚	祝							箴	枕	枕	汁			
昌	犨	醜	臭								瀋					
船																
书	收	首	狩								審	深	濕			
禅	醻	受	售							忱	甚		十			
见	鳩	韭	廐	鉤	狗	構	樛		糾	金	錦	禁	汲		感	紺
溪	丘	糗		彄	口	寇				衾			泣	龕	坎	
群	球	咎	枢						觩	芩		紟	及			
疑	牛			齵	耦					吟			岌		顉	
影	優	㥯		區	嘔	漚	幽	黝	幼	瘖	飲	廕	揖	鵪	陪	暗
晓	休	朽	嗅		呴	詬				歘			吸			
匣				侯	厚	候								函	頷	憾
云	尤	有	宥													
以	由	牖	柚										熠			
来	蹓	柳	霤	蔞	簍	鏤	鏐			林	廩	臨	立	綝		
日	蹂	糅	肉							任	飪	任	入			

声母＼韵母声调	合开一	谈开一			盍开一	盐开三			叶开三	添开四			帖开四	咸开二		
	入	平	上	去	入	平	上	去	入	平	上	去	入	平	上	去
帮							贬	窆								
滂																
並																
明（微）																
非																
敷																
奉																
端	苔	擔	紞	擔						坫	點	坫				
透	漯	珊	菼		榻						忝		帖			
定	沓	澹	啗	淡	蹋					恬	簟		牒			
泥	納	聃								鮎		念	惗			
知						霑			輒							
彻						覘	諂									
澄														湛		
娘						黏			聶							
精	帀					殲			楫			僭	挟			
清						僉		塹	妾							
从（邪）	雜			暫		潜	漸		捷							
心		三			三	憸							燮			
庄															斬	

续表

韵母／声调　声母	合开一 入	谈开一 平	上	去	盍开一 入	盐开三 平	上	去	叶开三 入	添开四 平	上	去	帖开四 入	咸开二 平	上	去
初																
崇（俟）													讒			
生																
章						詹			熠							
昌						裧										
船																
书						苫	陕		葉							
禅							贍		涉							
见	蛤	甘	敢				檢			兼			頰	緘	减	
溪		闞	槛							谦	慊		箧			
群						鍼	俭									
疑						隒	驗						嵒			
影	唈					淹	掩	厭	厭						黯	
晓		蚶	㰤	憨			險									
匣		郃	酣		盍					嫌	鼸		協	咸	减	陷
云						炎		餡								
以						檐	琰	豔	擖							
来	拉	藍	㩜	濫	臘	廉	斂	殮	獵	溓						
日						袡	染	染								

声母 \ 韵母声调	洽开二	衔开二			狎开二	严开三			业开三	凡合三			乏合三
	入	平	上	去	入	平	上	去	入	平	上	去	入
帮													
滂													
並													
明（微）													
非													法
敷												汎	
奉										凡	範	帆	
端													
透													
定													
泥													
知													
彻													
澄													
娘													
精													
清													
从（邪）													
心													
庄													

续表

声母＼韵母声调	洽开二 入	衔开二 平	衔开二 上	衔开二 去	狎开二 入	严开三 平	严开三 上	严开三 去	业开三 入	凡合三 平	凡合三 上	凡合三 去	乏合三 入
初	扱			懴									
崇（俟）		巉											
生	歃	芟			霎								
章													
昌													
船													
书													
禅													
见	夾	監		監	甲				劫			劍	
溪			嵁						怯			欠	
群									跲				
疑		巖				嚴	儼	釅	業				
影					壓								
晓					嗑				脅				
匣	狭	衔		槛	狎								
云													
以													
来													
日													

第八章　余论

第一节　《释文》陆氏音中的类隔切
是一种异读现象

在上文中,我们认为陆氏唇音中非、敷、奉和帮、滂、並已经分化,但是陆氏唇音中为什么还有那么多的类隔切呢? 冯蒸先生曾研究过魏晋六朝的反切,认为当时的类隔切是一种异读现象①。受冯先生的说法的启发,我们认为:陆氏音中的类隔切在当时也是一种异读现象。

语言具有很强的稳固性,但也不是一成不变的。其发展演变有着自己的规律。作为语言要素之一的语音系统也是如此,其发展演变是缓慢的、渐进的,不可能由甲类直接地、突然地全部变成乙类,中间必须有一个相当长的时期处于从甲到乙的变化中。这种变化可能发生在同一方言内的不同区域里,也可能发生在同一区域里的不同人群中。在同一方言内的不同区域里,可能某些区域已发生变化,而其他区域正在变化或尚未变化。在同一区域

---

① 冯蒸《魏晋时期"类隔"反切研究》,《魏晋南北朝汉语研究》第 300 页,山东教育出版社,1992 年。

里的不同人群中，可能在一部分人群中已发生变化，而其他人群正在变化或尚未变化。在这种情况下，处于演变过程中的某些字既可读为甲音，亦可读为乙音。甲乙两套读音是并存的，不论读哪种音，在当时都不影响交际。

以唇音声母为例：普通话中的 f 是由古代的双唇音帮、滂、並的一部分演化而来的。唇音声母的发展演变如下①：

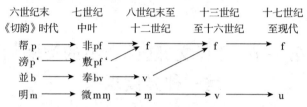

六世纪末 《切韵》时代	七世纪 中叶	八世纪末至 十二世纪	十三世纪 至十六世纪	十七世纪 至现代
帮 p	非 pf	f	f	f
滂 p'	敷 pf'			
並 b	奉 bv	v		
明 m	微 mɱ	ɱ	v	u

从表中可以看出，从古代的"帮 p、滂 p'、並 b"发展到今天的"f"经历了一个"pf、pf'、bv"的过程。那么由"p、p'、b"到"pf、pf'、bv"的变化过程是不是一夜之间完成的？是不是由"p、p'、b"的一部分一下子毫无保留地完全变成了"pf、pf'、bv"，中间没有任何过渡阶段呢？我们认为，从"p、p'、b"（一部分）发展为"pf、pf'、bv"，中途需要一个相当长的过渡期。在过渡期内，二者同时存在，相互竞争。后来演变为"pf、pf'、bv"声母的一些字，既可以读为"p、p'、b"的声母，也可以读为"pf、pf'、bv"声母，属于一种异读现象。后来，"pf、pf'、bv"逐渐占据优势并最终战胜了"p、p'、b"声母，于是这一部分的声母都变成了"pf、pf'、bv"声母。同样，由"pf、pf'、bv"声母发展到"f"，也需要很长的异读阶段。

研究离散式音变的一种理论——"词汇扩散理论"给了我们很大的启发。"词汇扩散理论"（Lexical diffusion theory）是由王

①杨剑桥《汉语现代音韵学》第 145 页，复旦大学出版社，1996 年。

士元(William S-Y Wang)为代表的美籍华裔语言学家创立的一种音变理论。王士元 1969 年发表在美国《语言》(Language)杂志上的《相互竞争的变化产生剩余》(Competing Changes as a Cause of Residue)一文中提出该理论。该理论主要研究音变在词汇中的扩散,它认为:语音的变化是突然的、离散的,但这种突然的变化在词汇中的扩散却是逐渐的、连续的。开始的时候可能只在某些词中有变化,而随着时间的推移,首先在少数词中发生的变化逐渐扩散到所有有关的其他词,而不是像青年语法学派所说的那样,是"所有在相同关系中发生了语音变化的词"都突然地、没有任何例外地同时受到这种变化的影响。这种渐变的、连续的扩散方式可以用下表来表示:

	未变	变化中	已变
W_1			$\overline{W}_1$
W_2		$W_2 \sim \overline{W}_2$	
W_3		$W_3 \sim \overline{W}_3$	
W_4	W_4		
…			

　　W 代表一个词,$\overline{w}$表示已经完成变化的词。表中的 W_1 已经完成了变化。W_2 和 W_3 还处于变化的过程中,所以有时候可以念未变时的语音形式,有时候可以念已经完成变化的语音形式。W_4 表示还没有变化①。

　　在一般的典型音变中,词的变化进度是不一致的,有些词变得较快,有些词变得较慢,所以在音变过程中,总可以把词分成未变、变化中、已变三类。而处于变化中的一些词,有时可念未变时

①徐通锵《历史语言学》第 251—252 页,商务印书馆,1991 年。

的语音形式(原有读音),有时可念已经完成变化的语音形式(新的读音)。因而该理论主张:有很大一部分的音变是通过"异读"来进行的。认为任何时候,在音变的开始和完成之间,总有一个阶段,其特征是存在着一些自由变读,使得人们能在异读中进行选择。而这些异读,在同一音系中都得到承认。

这种异读的情况在现代方言中也有反映,以笔者家乡话山东省曹县西北片方言为例。本方言片属于河南开封方言与山东菏泽方言的交界地区,主要集中在曹县西北三个乡镇:庄寨镇、桃源乡和大寨乡。方言片内存在较多的差异。这种差异既表现在同一个字邻村间不同的发音,又表现在同村间老年人与青年人的不同上。如:

1.同一个字邻村间存在异读,而不影响交际

某些具体的音节上,相邻的不同村庄往往存在差异,这种差异在声韵调三方面都有不同程度的表现。如:

"酸算蒜"在西北片多数方言中读为[suan35],而在个别村子中则读为[ɕyan35];

"靴"字在本方言中有[ɕyo35]和[ɕye35]两种读音,东部的一些村庄多读为[ɕyo35],西部的一些村庄多读为[ɕye35]。

"娘"字用作对母亲的称呼时多读为[niaŋ35],西部村庄多读为[niaŋ51]。

这样的例子还有不少。这种不同村子间对同一个字的不同读音(有时同一个村子里也有这种差异),属于一种异读现象,但这种异读并不影响人们的交流。

2.同村间老年人与青年人的不同

在本方言片内,除了不同村庄的语言差异外,还存在着同一村庄中不同年龄层次、不同教育背景人群读音的差异。如:

中古果摄合口韵的某些字在本方言片中多存在异读。如"课颗科"等字,老年人今仍多读为合口呼[kuo]。而年轻人则比较复杂,多数读为开口呼[kɣ],少数仍读合口呼[kuo]。

"恋"字中古为来母线韵,属合口三等韵。本方言片中,老年人读为[luan51]。而年青人则多读为[lian51],少数人读为[luan51]。

"皆"韵的"介芥疥界戒"等字,老年人多读为[tɕiai]或[tɕiæ],青年人多读为[tɕiæ],只有少数读为[tɕiai]。

尤其是"皆"韵字的读音异读情况复杂。首先在老年人中,有些读音仍为旧读(如介[tɕiai]),而大多数字则存在异读(如芥疥界戒[tɕiai/tɕiæ]),表明语音正在变化。年轻人中则多数语音已经完成变化(如介芥疥[tɕiæ]),还有的仍存在异读,并且已经接近完成变化。比如"界"字,只有本地一个村庄"界牌"的名称保留旧读,读为[tɕiai213],其他均读为[tɕiæ213]。"戒"字的读音也多为[tɕiæ213],只有极少数人读为[tɕiai213],变化也接近完成。

对"词汇扩散理论"有了一个大体的了解之后,我们再来看《释文》陆氏音的一些情况。

《释文》的又音中,标准音与又音的反切上字分属两套声母的被切字表明,该字既可以用分化后的声母注音,又可用分化前的声母注音。其又音的反切上字既可以读分化前的读音,又可以读分化后的读音,无论读哪种读音,都能得到人们的认可。

《释文》陆氏音的反切中,除了明、微、崇、俟等少数几个声母外,多数声母的反切中音和切的数量均远远大于类隔切的数量,具体数据可参看本文第二章表 2—2—1 及各声类系联的说明。假如某一类声母的类隔切数量少是属于偶然的用字问题的话,那么绝大多数声母的类隔切都很少就绝非偶然的用字问题了。这种类隔切极少的状况只能有一个合理的解释,那就是这些类隔切的反切上字(只是少数)存在异读。

陆氏音中,假如一个字有多条切语,并且其中有音和切也有类隔切的话,陆氏在注音时往往多用音和切而极少用类隔切。如:

冯　　皮冰反　37 次

　　　　皮凌反　1 次(音和切 38 次)

　　　　符冰反　2 次

　　　　扶冰反　1 次(类隔切 3 次)

辟　　婢亦反　60 次

　　　　蒲历反　3 次

　　　　步历反　2 次(音和切 65 次)

　　　　扶亦反　7 次(类隔切 7 次)

以上情况说明,在当时这些类隔切存在异读,这些字可能处于变化的过程中(很可能已经接近完成),人们即可读原来的读音,又可读新的读音。但是这种类隔切的情况只是少数。

陆氏在辑录徐刘诸氏音的反切时,有时将其标于首位(均标明姓氏),并且这些音切多为类隔切,例如:

驳　　字林方卓反

芾　　徐甫至反

漂　　徐敷妙反

辟　　刘芳益反

　　　　刘房益反

比　　徐方履反

　　　　徐扶志反

陆氏将徐刘诸氏音的反切标于首位,表明这些被切字在当时还有轻唇一读。

　　以上各种情况表明:陆氏唇音中非、敷、奉已经和帮、滂、并分化开来,但在当时仍然有一些字存在异读。唇音某些被切字在当时还存在着部分异读。这部分既可以用分化后的声母注音,也可以用分化前的声母注音。不惟唇音,舌音、牙喉音的几个声母也属于这种情况。正是由于情况比较复杂,所以《释文》中才会出现一定数量的类隔切。

　　正是因为部分字存在异读是当时语音的实际情况,所以对于重视"会理合时"原则的陆德明来说,将部分异读收入音内并"标之于首"是完全有必要的,也是很科学的。

第二节　和《广韵》比较看《释文》陆氏音系的性质

一、《释文》音系各种说法的分析

　　关于《释文》所代表的语音系统,目前主要有以下几种说法:1.长安音,代表人物王力;2.金陵音,代表人物林焘、邵荣芬;3.读书音,代表人物蒋希文、万献初;4.吴音,代表人物周祖谟。

　　关于《释文》音系的性质的看法,各家可谓见仁见智,但我们看来,各家说法均难免有失偏颇。

　　"长安音"说认为《释文》音系是一个地方的语音,这个长安音到底是以长安音为基础的通语语音还是长安方音,没有进行区分。这样无形中抹杀了通语和方言的差别,不利于探讨语音的实际性质。此外,王力先生将《释文》的不同反切看成一个层面,没有对陆氏"标之于首"的音切和所收的汉魏六朝等其他音切进行区分,难免影响到其结论的准确性。

　　"金陵音"说认为《释文》音是南方的标准音,认为当时汉语有两个标准音系统。这一点显然是受到了颜之推"南染吴越,北杂夷虏"以及"金陵与洛下"说法的影响。这种说法认为"金陵音"与"洛阳音"是两套并行的标准音系统,只看到了"北音"和"南音"的区别,从而忽视了二者的联系。

　　"读书音"的说法其实没有根据,因为读书音是建立在通语基础上的,不可能是无源之水、无本之木。而通语应当是以某地的语音为基础的,这种说法显然是为了避开代表地点的矛盾。但这种说法忽视了通语所应采取的基础语音的问题。

　　"吴音"之说更不可靠,虽然陆德明没有到过北方,但并不能肯定陆德明就不了解通语语音。音韵学上在谈到某地语音不纯时,往往斥其"夹杂吴音",显然在通语看来,吴音是不标准的。从《释文·序录》可以看出,陆德明在编撰《经典释文》时制订了一套自己的辑音原则,试图建立起一个标准的正音规范。难以想象,要建立规范语音系统的陆德明,会以自己的方言,也就是大家普遍"歧视"的吴音作为标准语音系统。另外,从陆德明历仕陈、隋、唐三代并获封爵禄的情况看,如果《释文》音系是吴音,他能否得到三代的爵禄,就是需要考虑的了。其次,陆法言的《切韵》与《释文》有很多相同的切语,唐代张参撰《五经文字》,推崇"陆氏释文,自南徂北,偏通众家之学,分析音训,特为详举"①。宋代《集韵》大部分又音取自《释文》,《康熙字典》又秉承了《集韵》的又音,《四库全书》对《释文》褒赞有加,这些都说明《释文》音系绝不可能是吴音。

　　王力先生《〈经典释文〉反切考》一文也对"吴音"之说提出了

---

① (唐)张参《五经文字》第 4 页,中华书局,1985 年。

批评:"陆德明是吴县人,有人怀疑《经典释文》用的是吴音。这个论据是不能成立的。卢文弨在《重雕经典释文缘起》中说:'陆氏虽吴产,而其所汇辑前人之音,则不尽吴产也。'陆氏自己说:'方言差别,固自不同。河北江南,最为巨异。或失在浮清,或精于沈浊。书之去取,冀祛兹弊。'他岂有采用吴音的道理? 况且他大量引用六朝注释家的反切,更不能认为是吴音了。"①

一般认为,金陵音是晋南渡的士族带去而形成的。周祖谟《切韵的性质和它的音系基础》一文中说:

> 陈寅恪先生曾说东晋以后南朝士族所说都是洛阳旧音(见《东晋南朝之吴语》),又说《切韵》的语音系统不是当时某一地行用的方言,《切韵》所悬之标准音是东晋南渡以前洛阳京畿旧音之系统(见《从史实论切韵》)。这里面包括两方面的事情。从南朝与东晋南渡以前北方文化的关系来说,东晋南渡以后,士族仍保持有北方旧日的读书音,南方士族也浸染而操北语,这是历史事实。《切韵》音系与东晋南渡以前洛阳音有联系这也与语言发展的事实相合。洛阳在东汉、魏、晋是全国政治文化的中心,东晋南渡以后的金陵在学术文化方面承接洛阳之旧,来南的高门大姓,风范、语言累世相传,不坠故常,这也是完全可能的。②

据我们考察,金陵音和洛阳音原本就具有相同的基础语音系统,后受到"南北通塞"的影响而有了一定的区别,但并不能改变二者均属于当时汉民族通语的性质。我们可以通过《释文》和

---

① 王力《〈经典释文〉反切考》,《音韵学研究》第一辑第 23 页,中华书局,1984 年。
② 周祖谟《切韵的性质和它的音系基础》,《文字音韵训诂论集》第 173—174 页,北京大学出版社,2000 年。

《切韵》的对比说明问题。

二、《释文》陆氏音系和《广韵》音系具有同一个基础语音系统

《经典释文》作于"癸卯"年,即陈后主至德元年,隋文帝开皇三年(583)。陆法言的《切韵》成书于隋仁寿元年(601)。《释文》比《切韵》早了十几年,两者属于同一时期的著作。两书都有大量的反切反映当时的语音状况,因而对比两书的反切,基本可以看出二者所遵承的标准音的联系及区别。可惜《切韵》已成残卷,但其音系保留在《广韵》之中,可以通过《广韵》探知《切韵》的情况。

(一)从《经典释文》反切和《广韵》反切对比看二者的联系和区别

为了于探讨《释文》陆氏音系的性质,我们对《释文》中"标之于首"的反切进行了穷尽式的考察,共提取陆氏反切 12411 条39950 次,并逐一和《广韵》的反切进行了对比,发现二者的反切存在如下情形:

1. 二者反切上下字声韵不同的反切

这些反切和《广韵》相比,或反切上字不同类,或反切下字不同类,或上下字皆不同类。这一类反切是《释文》和《广韵》有重要区别的反切,包含《释文》与《广韵》读音不同的反切以及《释文》有而《广韵》没有的字的反切等。

2. 二者反切上下字声韵相同的反切

这类反切又分为四种情况:①反切上下字全同;②上字相同而下字不同;③上字不同而下字相同;④上下字皆不同。下面是各类反切的数据:

表 8—2—1　　《经典释文》和《广韵》反切对比表

数量 类型	切语		切次	
	数量	百分比	数量	百分比
与《广韵》相同者	10048	80.96	34123	85.41
与《广韵》不同者	2363	19.04	5827	14.59
合　计	12411	100	39950	100

从上表可以看出，我们提取的《经典释文》陆氏 12411 条 39950 次反切中，绝大多数和《广韵》反切声韵相同。从切语的角度看，《释文》陆氏反切 12711 条，其中与《广韵》反切声韵相同者有 10048 条，占总数的 80.96%；与《广韵》声韵不同者有 2363 条，占 19.04%。从切次的角度看，《释文》陆氏反切共有 39950 次，其中与《广韵》反切声韵相同者 34123 次，占总数的 85.41%；与《广韵》反切声韵不同者有 5827 次，占 14.59%。

我们又对《释文》和《广韵》声韵相同的反切进行了统计，统计结果见下表：

表 8—2—2　　《经典释文》和《广韵》声韵相同的反切细表

数量 类型	切语		切次	
	数量	百分比	数量	百分比
上下字全同	1778	17.69	9013	26.41
上字同下字异	2060	20.50	7765	22.76
下字同上字异	2590	25.78	7461	21.87
上下字皆不同	3620	36.03	9884	28.96
合　计	10048	100	34123	100

从上表可以看出，两书声韵相同的反切中，反切上下字用字完全相同的反切有 1778 条 9013 次，放到《释文》全部陆氏反切中看，分别占到了《释文》反切总量的 14.33％（1778÷12411）和 22.56％（9013÷39950），比例相当高。反切上字相同而反切下字不同（声韵相同）的反切 2060 条 7765 次，占《释文》反切总量的 16.60％和 22.87％；反切下字相同而反切上字不同（声韵相同）的反切 2590 条 7461 次，占《释文》反切总量的 20.87％和 18.68％；反切上下字都不同（声韵相同）的反切 3620 条 9884 次，占《释文》反切总量的 29.17％和 24.74％。

我们考察了两者不同的反切，多是《释文》有此读音而《广韵》所无的。这些有的可能是陆德明保存古读的书音，有的是一字的异读，有的可能是带有方音性质的读音，还有一些是《广韵》没有收录的字的读音。由于两部书的不同性质，造成这些不同的反切注音也是难免的。

通过对《释文》和《广韵》反切的比较，我们可以看出两者具有极强的相同性。虽然有着相当比例的声韵不同的反切，但不影响我们初步得出这样的结论：《释文》陆氏音系和《切韵》（《广韵》）音系属于同一个标准音系统，或者说是二者具有相同的基础语音系统。

(二)从《释文》陆氏音系和《广韵》音系相比看二者的联系和
　　区别

《释文》虽非韵书，但音义书的性质决定了它的注音释义特点，书中的大量反切揭示了陆氏所秉承的标准音系统。我们探讨了《释文》陆氏音的声韵调系统，《释文》陆氏音系共有声母 39 个。这 39 个声母和《广韵》37 个声母比较起来，差别主要表现在：①

《释文》陆氏音系轻唇音非敷奉支持独立,明微尚未分化;而《广韵》轻重唇音尚未分化。②《释文》陆氏音系云母支持独立,而《广韵》则云母归于匣母。③《释文》陆氏音系从邪不分、崇俟不分,《广韵》则从邪分立、崇俟分立。两书的声母系统比较起来,仍然是共性大于差异。

经过考察,我们总结出《释文》陆氏音系的韵母系统共 87 类 134 个,和《广韵》音系比较,《释文》陆氏音系韵母方面主要有两点:①脂之合并;②真臻欣(开口)三韵不分,质栉迄(开口)不分。其余各摄虽有混切的情况,但不足以说明韵部的合并以及韵母的变化。

声调方面,《释文》陆氏音系具有"平、上、去、入"四个调类,这和《广韵》是一致的。

通过两书声韵调系统的对比,我们可以看出:《释文》陆氏音系和《广韵》音系虽然存在着一些差异,但整体上仍然是一致的,充分说明二者是属于同一个基础语音系统的。其基础语音系统正是长期以来在长安及洛阳一带的方言基础上形成的雅言系统。至于其差异,原因可能是由于两者审音标准存在差异,也说明《释文》陆氏音系带有一定的"吴音"性质。颜之推《颜氏家训·音辞篇》云:"其谬失轻微者,则南人以钱为涎,以石为射,以贱为羡,以是为舐。"①颜文中,"钱贱"属"从"母,"涎羡"属"邪"母,这段话说明南人"从、邪"不分。《释文》陆氏音系也是"从、邪"不分的,正说明陆氏音系带有吴音的某种性质。

---

① 王利器《颜氏家训集解》第 530 页,中华书局,1993 年。

三、汉语通语具有极强的继承性和一贯性

综观关于《释文》音系的各种说法,旁观音韵学关于《切韵》音系的见解,我们不难发现一个问题,那就是大家在讨论某一个音系的性质时,往往将音系的讨论局限在某一个具体的地方上,而忽略了通语的基本性质。

杨耐思先生在《汉民族共同语标准音问题试探》一文中提出:"现代汉语以前,汉民族共同语的标准不是以一个地点方言为基础的。""各个地方有各个地方的方言土语,还有一种超方言的各个地方共同交际用的通语。""我们不能把汉语跟使用拼音文字的语言在这点上等量齐观,竭力去寻找汉民族共同语标准音在各个历史时期的单一的基础方言或地点方言。"①

我们基本同意杨先生的观点,认为通语语音是超越方言的交际"方言",它的标准音不是"单一地点的方言"。但和杨先生不同的是,我们认为通语的标准音是以某一地(往往是帝都)的方音为基础方言(标准音),同时吸收其他地区的方言甚至历史语音而"制定"的,不可能是"一时一地"的读音。现代汉语普通话是以北京语音为标准音,但并不是完全按照北京方音制定汉字读音的,不少字音是依据其他方言确定或者依照中古反切折合的。

以往谈论通语的语音标准,往往忽略一个现实,就是定都某地,标准音就是该地的方言。实际上,通语是上层人员使用的语言,它虽源自民间的方言,但又超越方言,影响方言。通语在其形成之初,应当是以某一地(一般是帝都)的方言为基础,有效吸收

---

① 杨耐思《汉民族共同语标准音问题试探》,中国音韵学会会刊《音韵学研究通讯》总第 27 期,2010 年。

其他方言或者古语的成分而形成的一套交际层面的语言系统,相当于一种跨方言的交际方言,它存在于人们的交际层面,而不存在于某一个特定的现实的地点。通语形成之后,又带有较强的稳定性和较强的影响力。在通语和方言在关系上,可以想象,通语对地域方言产生的影响更大,而地域民间方言对通语产生的影响较小。

　　中国历史上,操雅言或通语的人多为统治者及士大夫阶层,这些阶层不会随着朝代的更迭而发生大的变化,交流层面的通语也是历代传播的,不可能随着朝代更迭、帝都变化而发生变化。也就是说,不可能定都长安,通语用长安音;定都洛下,就改为洛阳音;定都金陵、开封、北京,就随之改为金陵音、开封音、北京音。不可否认的是,通语不是一成不变的,它会随着社会发展,受到其他强势方言的影响,尤其是受到帝都方言的影响而发生一些变化。但这种变化是逐渐的、小范围的。以普通话为例,现代的普通话语音系统就是从《广韵》代表的中古音系统发展变化而来的,《中原音韵》的语音系统正是其变化的中间阶段。现代普通话的声母、韵母、声调系统和《中原音韵》都有着很大的联系,这说明现代的普通话其实就是由历史上的雅言、通语、官话逐渐过渡发展而来的。中华民国时期,确定国家交流层面的用语是“国语”,但并不是以当时的首都南京话为标准音,而是继续使用流传已久的官话系统作为标准音,就是一个典型的证据。

附录:《经典释文》校勘记

说明:带 * 号者为黄焯《经典释文汇校》所无内容,括号内的数字为上海古籍出版社 1985 年出版的宋元递修本(简称宋本)页码。

卷二校勘

就燥,蘇早、先皁(通志堂本作皁,汇校作草)二反。(75)

閉,必(通志堂本作心,误)計反。字林方結反。(76)

爲其,胡(通志堂本作于)僞反。(76)

亶(通志堂本作遭)如,張連反。(77)

阨(通志堂本作厄),於革反。又於賣反。(78)

* 獨遠,于萬(通志堂本作万)反。(78)

蒸,職膺(通志堂本作膺)反。(81)

苞(通志堂本作包),本又作包(通志堂本作苞)必交反。下卦同音薄交反。(83)

* 不謟(通志堂本作諂,是),勑檢反。(83)

* 冥,覓(通志堂本作覓)經反。又亡定反。鄭讀爲鳴。(86)

不累,力(通志堂本作劣)僞反。(87)

而不薦,王又作虋,同賤■(通志堂本作練)反。王肅本作而■(通志堂本作覲)薦。(87)

＊省方,悉非(通志堂本作井,是)反。(88)

者狹,下(通志堂本作户)夾反。(88)

械,户(通志堂本作口,误)戒反。(89)

其分,苻(通志堂本作扶)問反。(89)

＊説,吐恬(通志堂本作活,是)反。(93)

脢,武抔(通志堂本作杯,是)反。又音每。王肅又音天。
(97)

＊今(通志堂本作令,是)物,力呈反。(98)

＊餘绵(通志堂本作緼,是),紆粉反。(98)

＊以遠,袁方(通志堂本作万,是)反。(98)

則難,乃旦反。(宋本无此条)(99)

詭,久(通志堂本作女,误)委反。(102)

＊不爲,于遥(通志堂本作傜,是)反。(104)

莫以(通志堂本作和,是),胡卧反。(104)

萃,在季(通志堂本作李,误)反。(106)

折足,示(通志堂本作之)舌反。(111)

卒以,寸忽厄(通志堂本作反)。(116)

道長,丁長(通志堂本作丈,是)反。(117)

上六弗遇,玉(通志堂本作王,误)付反。(119)

而玩,玉(通志堂本作五,附音同)亂反。(122)

形詰,去吉反。(通志堂本作也,误)(123)

貞觀,官焕(通志堂本作换)反。又音官。(127)

紂,直又(新校作久)反。(131)

蟹,户賣(依汇校作買)反。(134)

卷三校勘

＊年過,右(通志堂本作古,是)卧反。(141)

滔,吐(通志堂本作土)刀反。(144)

＊很,佷(通志堂本作恨,是)懇反。(144)

女于,惡(通志堂本作而,误)據反。(145)

底(通志堂本作厎,是),之履反。(145)

饕,土(通志堂本作七,误)刀反。(147)

奄,於检(通志堂本作简)反。(149)

＊情(通志堂本作惰,是),徒卧反。(149)

懈,工(通志堂本作于,误)賣反。(149)

慝,他则(通志堂本作側)反。(150)

斋(通志堂本作齊),側皆反。(150)

號,户(通志堂本作亡,误)高反。(150)

撻,他木(通志堂本作末,附音同)反。又他達反。(152)

省,悉井(通志堂本作并)反。(153)

＊冀(通志堂本作冀),居器反。(153)

壤,■(通志堂本作汝。汇校作入,或作若)丈反。(154)

底(依匯校作厎),之履反。史記音(依匯校作作)致。(155)

喬,其娇(通志堂本作驕)反。徐音驕。(155)

夢,云(通志堂本作亡,是)弄反。一音武仲反。徐莫公反。(156)

＊磨,木(通志堂本作末)佐反。(156)

遏,烏曷(通志堂本作葛)反。(157)

數,色住(通志堂本作主,误)反。(158)

＊差,初佳(通志堂本作佳,误)反。又初賣反。(159)

＊忸,丈(通志堂本作女,是)六反。(160)

遒,生(通志堂本作在,是)■(通志堂本作由)反。(161)

契,息列(通志堂本作例,误)反。(161)

穀,工六(通志堂本作木,附音同)反。(166)

＊少,詩黑(通志堂本作照,是)反。(171)

涯,五佳反。又五(通志堂本作冝,是)佳(通志堂本作佳,是)反。(171)

耄(通志堂本作耄),字又作旄,莫報反。(171)

卷四校勘

匱,其魏(当依汇校作媿)反。(173)

爲立,上于嬀(通志堂本作僞,是)反。(173)

徇,以(当依汇校作似)俊反。(174)

辟,次(通志堂本作必,是)亦反。(174)

巳債(通志堂本作責),上音以。下側界反。(176)

儼,魚检(通志堂本作简,误)反。(177)

楺(通志堂本作揉,误),如酉反。(177)

燮,息恊(通志堂本作協)反。(178)

別,方(通志堂本作彼)列反。(178)

不易,羊隻(通志堂本作質,误)反。(179)

鴞,于娇(通志堂本作驕)反。(180)

差,初佳(通志堂本作佳,误)反。又初賣反。(184)

恬,田兼(通志堂本作廉)反。(184)

膌,枉(通志堂本作在,误)略反。徐烏郭反。又一郭反。(185)

逖,他歷(通志堂本作力,误)反。(187)

諺,五旦(通志堂本作魚變,汇校云谚当为嗲)反。(188)

南宫括,工(通志堂本作土,误)活反。(189)

＊懈,佳(通志堂本作佳,误)賣反。(192)

處,昌慮(通志堂本作吕,是)反。(192)

＊垢,工口反(宋作■)。(193)

＊鬣,力輒反(通志堂本作又,误)。(195)

度,徒(通志堂本作待)洛反。舊作待路反。(196)

更,古行(通志堂本作衡)反。(196)

施,始豉(通志堂本作銳,误)反。(196)

長,誅(通志堂本作丁)丈反。(197)

倍差,測(通志堂本作側,误)加反。(198)

并,必政(通志堂本作致,误)反。(199)

兜,丁(通志堂本作子,误)侯反。(200)

＊榦,二(通志堂本作工,是)翰反。(200)

啻,失(通志堂本作始)豉反。(201)

卷五校勘

歎之,本亦作嘆,汤(通志堂本作傷,误)贊反。(204)

百乘,繩■(通志堂本作證)反。(213)

＊酒漿,于(通志堂本作子)詳反。(214)

＊摽有梅,婢卜(通志堂本作小,是)反。徐符表反。(217)

復入,扶福(通志堂本作富)反。(218)

彼苴,則(通志堂本作側)劣、側刷二反。(220)

不忮,之跂(通志堂本作跛,误)反。韋昭音洎。(224)

褎如,本亦作裒,由(通志堂本作申,误)救反。又在秀反。
(227)

有畀,必(通志堂本作如,误)寐反。(228)

遠父,于■(通志堂本作萬)反。(228)

踟,直(通志堂本作真,误)知反。(230)

愬伋,先(通志堂本作蘇,依汇校作蘇)路反。(231)

*熒澤,迴(通志堂本作廻,误)丁反。(234)

*隈也,烏迴(通志堂本作廻,误)反。(236)

*萹(通志堂本作篇,误)竹,本亦作扁,匹善反。又音篇。郭匹殄反。一音布典反。竹音如字。又勑六反。韓詩作筑,音同。(236)

之軸,毛音迪(通志堂本作廸,误)。鄭直六反。(238)

*碩人嬖妾,補惠(通志堂本作意,是)反。(238)

驟諫,竹(新校作士)救反。服虔云數也。(247)

别色,披(通志堂本作彼,是)列反。(250)

疐,市(新校作市)坎反。速也。(250)

茅,皃(通志堂本作貌)交反。又音妹。(252)

*彼姝,亦(通志堂本作赤,是)朱反。(256)

*褊(通志堂本作徧,是)也,必淺反。(259)

*纠纠(通志堂本作糾糾,误),吉黝反。沈居酉反。(259)

汾沮洳,……沮音子(通志堂本作予,误)預反。(260)

*謗君,愽(通志堂本作博)浪反。(260)

休休,許虬(通志堂本作虯)反。(262)

粼粼(通志堂本作粼粼,误),利(通志堂本作刋,误)新反。(263)

梱,口(通志堂本作户,误)本反。(265)

*顙,柔(通志堂本作桑,是)黨反。(267)

*媚子,眉異(通志堂本作冀)反。(267)

卷六校勘

＊東門之枌，苻（通志堂本作符）云反。（271）

亞會，欺冀（通志堂本作冀）反。（271）

娑，案（通志堂本作桑，是）何反。（272）

以褮（通志堂本作褮，误），子公反。（272）

邛（通志堂本作卬，误）有，其恭反。（273）

＊怚（通志堂本作惕，误）惕，吐歷反。（274）

＊澤陂，陂（通志堂本作彼，是）皮反。（274）

見君，贤（通志堂本作實，误）遍反。（275）

＊以上，味（通志堂本作時，是）掌反。（278）

叔苴，士（通志堂本作七，是）餘反。（281）

＊冲（通志堂本作沖，是）沖，直弓反。（282）

鶪，乃下（通志堂本作丁，是）反。郭音甯。（282）

之瓣，盧遍反。又白莧反。沈薄閑反。（285）

九罭（通志堂本作罝，误；附音或字无点），本亦作罭，于逼反。（285）

緵（通志堂本作緵，误），子弄反。又子公反。字又作總。（285）

荓，本又作萍，薄丁反。江東謂之藻，藻音瓟（当依汇校作瓢），扶遥反。（287）

＊芩，其令（通志堂本作今，是）反。又其炎反。（287）

鼶，本又作鼶（通志堂本作鼶，是），力輒反。（287）

彀（通志堂本作彀，是）謹，起角反。（288）

且湛，苕（通志堂本作啓，误）南反。（289）

＊柿（通志堂本作柿，误）貌，孚廢反。又側几反。（290）

＊则沛(通志堂本作沛,是),子禮反。(290)

遠,于万(通志堂本作萬)反。亦如字。(290)

汲汲,匕(通志堂本作己,是)及反。(291)

三捷,息暫(通志堂本作暫,误)反。又如字。(292)

＊不暴,蒲下(通志堂本作卜,是)反。(294)

遲,直巽(通志堂本作冀)反。(295)

又復,扶久(通志堂本作又,是)反。(295)

＊飲御,於鳥(通志堂本作鳩,是)反。(298)

＊出頃,苦穎(通志堂本作穎)反。(300)

＊詢病,呼亘(通志堂本作豆,是)反。(305)

＊挾弓,子沓(通志堂本作沓,是)反。又子協(通志堂本作協)反。又音協(通志堂本作協)。(305)

號呼,好路(通志堂本作火故)反。(309)

爾載,才再(通志堂本作冉,误)反。(310)

遠,于万(通志堂本作萬)反。(310)

小菀(通志堂本作宛,误),於阮反。(314)

場,大(依汇校为丈)良反。(314)

隫,丁(当依汇校为于)敏反。(315)

＊有潅,千(通志堂本作于,误)罪反。(316)

此憮(通志堂本作憮,误),火吳反。(317)

予忖,本又作寸,同七捐(通志堂本作損,是)反。(317)

躍躍,他歷反(詳汇校。案:此条仅见于《釋文》)。(317)

＊將恐,亡(通志堂本作丘,是)勇反。(320)

契契,苦(通志堂本作芳,误)計反。徐苦結反。(321)

何鼓,何(通志堂本作胡)可反。又音河。(322)

四月國構,古又(通志堂本作豆)反。(322)

叫（通志堂本作叫，是），本又作嚻，古弔反。（323）

僭，七心（通志堂本作念，是）反。（325）

＊畀我，必寐（通志堂本作寐，是）反。（327）

賸，字亦作貳，（依汇校作貳），徒得反。（329）

士珦（字当作珋，附音正作珋），力計反。（330）

不憮（通志堂本作憮，误），火吴反。（331）

＊無恐，立（通志堂本作丘，是）勇反。（332）

遠，于万（通志堂本作萬）反。（333）

＊檻泉，銜覽（通志堂本作覽）反。徐下斬反。（337）

＊爲瘉，羊主（通志堂本作朱，是）反。（338）

瀌瀌，符娇（通志堂本作驕）反。徐符彪反。又方苗反。（339）

菀結，於勿（当依汇校作粉）反。徐音鬱。又於阮反。（340）

末捷，其（通志堂本作莫，误）言反。又音虞。又渠偃反。一音其塞反。（340）

于狩，尺（新校作尸）救反。（341）

漦，士（通志堂本作七，误）其反。又只（通志堂本作尸，亦误。当依汇校作尺）醫反。（342）

＊浸彼，于（通志堂本作子，是）鴆反。（342）

妖大，古卯反。本又作姣，妖（通志堂本作姣，依汇校当作一），音於驕反。（342）

＊歗歌，音肅（通志堂本作嘯）。本亦作嘯。（342）

雍（通志堂本作饔，误），於恭反。（344）

卷七校勘

＊趣（通志堂本作趣，误）之，七喻反。（352）

省，昔丼（通志堂本作井，是）反。（356）

＊衝,吕(通志堂本作昌,是)容反。(357)

植者,恃(通志堂本作特)職反。(358)

鼉,徒何(通志堂本作河)反。沈又音檀。(358)

靈沼,之邵(新校作绍)反。池也。(358)

眸子,莫佳(當依匯校作侯)反。(359)

有相,■(通志堂本作息)亮反。(361)

＊恒之,古节(通志堂本作鄧,是)反。本又作亘。(362)

是穧,■(通志堂本作户)郭反。(362)

＊持(通志堂本作抒,是),食汝反。(362)

馨,呼■(通志堂本作丁)反。(362)

如堵,丁(通志堂本作寸,误)古反。(363)

壺(通志堂本作壹,误),苦本反。(364)

梱(通志堂本作捆,误),苦本反。(364)

怵(當作忕)於,市制反。又時設反。(374)

灑也,色蟹(通志堂本作懈,误)反。(374)

幼少,時(新校作诗)照反。下同。(376)

井牧,手又反。又如字(本条依校勘记为收之音)。(382)

苴,七加(通志堂本作如,误)反。(391)

沔(通志堂本作岍,附音作沔,依《尚书·禹贡》作岍),口田
反。又口見反。(394)

震疊,徒協(通志堂本作恊)反。(395)

＊時夏,尸(通志堂本作户,是)雅反。(395)

圉,魚古(當依匯校作呂)反。(398)

賣餳,久(通志堂本作夕,是)清反。又音唐。(398)

傳相,直專(通志堂本作奪,误)反。(405)

＊亟,欺冀(通志堂本作冀)反。(405)

虆（通志堂本作蘦，误），牋練（通志堂本作鍊）反。本又作薦，同。（414）

＊䍡（通志堂本作䍤，误），子東反。（414）

約軝（通志堂本作軹，误），祁支反。（415）

有娀（通志堂本作娥，误），息忠反。（415）

卷八校勘

掌幕，武博（通志堂本作博）反。（422）

皐，古罪字（通志堂本作反，误）。（423）

極（通志堂本作殛），紀力反。（424）

荷（通志堂本作呵）其，呼何反。又音何。（428）

庖人六畜，許又（通志堂本作六）反。（429）

醫（依汇校当为毉），於美反。徐於計反。（429）

焫（当依汇校作焫），如悦反。（431）

蜃，上（通志堂本作市）軫反。（432）

共廬，簿（通志堂本作薄）佳反。徐又父幸反。（432）

戠，昨（通志堂本作胙，误）再反。（434）

＊毳，充芮（通志堂本作芮，是）反。（435）

＊褔（通志堂本作福，误），皮逼反。本又作煏（通志堂本作偪，误），同。（435）

軆（通志堂本作軆，是），芳弓反。徐又芳勇反。或郎第反。（435）

橐，當路（通志堂本作洛，是）反。（437）

酳，士（通志堂本作七，误）靳反。劉侯吝反。又音胤。（440）

其犉（通志堂本作犉），而純反。一音而專反。（445）

槀，注音犒（通志堂本作稿，误），同苦報反。（446）

玃(通志堂本作臄,玃,蟦之俗体),勑冝反。(447)

土深,尺(新校作尸)鳩反。(447)

爲羨,钱(通志堂本作淺,误)面反。(449)

*蘱(通志堂本作藣,是),桃報反。劉音毒。(449)

*橦(通志堂本作幢,误)也,直江反。(449)

而僃(通志堂本作埬,误),補鄧反。(449)

則荷(通志堂本作呵,误),呼何反。又音何。(451)

以豸,直氏(通志堂本作氐,误)反。(451)

肥腯,徒忽(通志堂本作忍,误)反。(451)

*蘸,扶亡(通志堂本作云,是)反。(451)

且卻(通志堂本作郤,误),起略反。(451)

*鼇,干(通志堂本作千,是)歷反。(452)

槁(通志堂本作犒,误)牛,苦報反。(452)

*四疈,戾(通志堂本作房,是)甫反。(453)

賒(通志堂本作賖,是),傷虵反。(455)

*上旌,皆(通志堂本作時,是)掌反。(455)

氓(通志堂本作畞,误),亡耕反。(458)

僃(通志堂本作埬,误),補鄧反。(458)

*及蜃,古(通志堂本作市,是)軫反。(459)

作畚,苻(通志堂本作符)粉反。(460)

卄人,華(通志堂本作革,误)猛反。又虢猛反。劉侯猛反。沈工猛反。(461)

*眛(通志堂本作眜,是),莫戒反。又音味。(464)

*彪,甫休(通志堂本作休,是)反。(466)

享(通志堂本作亨,是)牲,普庚反。劉普孟反。(468)

之訋(通志堂本作昭),常遙反。(467)

＊獮，恩（通志堂本作思，是）淺反。（469）

用摡（通志堂本作概，误），古愛反。（470）

雞人用黝，於纠（通志堂本作紏，误）反。（470）

＊射隼，食亦反。下亦尹反荀（通志堂本作下荀尹反）。（470）

爲賮（通志堂本作齏，误），子兮反。（471）

柔礝（通志堂本作㬷，误），本或作儒（通志堂本作懦），又作
擩，同如兖反。（471）

袳（通志堂本作侈，是）之，昌氏反。（474）

亦併，薄冷（通志堂本作令，误）反。（474）

能禅（通志堂本作弹，误），時戰反。（475）

大蜡，士（通志堂本作七，误）嫁反。（476）

作跦，倉付（通志堂本作注，误）反。（477）

＊小胥䰜（通志堂本作觿，误），古横反。本或作觥，同。（478）

＊長也，音（通志堂本作直，是）亮反。（480）

捇（通志堂本作撲），時設反。劉音舌。（481）

礨，力胃（通志堂本作胄，误）反。又如字。（482）

卑（通志堂本作裨，是），婢支反。（483）

哀动（通志堂本作恸，误），徒弄反。（484）

揎，於至（通志堂本作立，误）反。即今之揖。（484）

復梯（通志堂本作梯，误），他兮反。（485）

南僞（通志堂本作譌，附音同），五和反。（487）

王匿（通志堂本作慝，是），吐得反。（487）

爲幓（通志堂本作縿，误），所銜反。又所廉反。（488）

嫠頷，户（通志堂本作尺，误）感反。（488）

犬禖（新校作禖），莫歷反。（489）

敝（通志堂本作弊，误）車，婢世反。（490）

卷九校勘

有分,苻(通志堂本作符)問反。(495)

享衸,餘共(通志堂本作若,是)反。(496)

奠竁,昌绢(通志堂本作鋭)反。(498)

豻侯,五日(通志堂本作旦,是)反。劉音鴈。(500)

衣綮(通志堂本作絮),女居反。字又作袽。(502)

*藏,才张(通志堂本作浪)反。沈如字。(506)

韝,古(通志堂本作苦,误)侯反。(507)

鈇椹,方苻(通志堂本作符)反。(510)

薙氏,李(通志堂本作字,是)或作雉,同他計反。徐庭計反。(514)

惸(通志堂本作惸)獨,其營反。(516)

牟(通志堂本作眸)子,莫侯反。劉無不反。(516)

不愉(通志堂本作偷),他侯反。徐吐豆反。(517)

而辟,椱(通志堂本作概,皆误。当依汇校作婢。)亦反。劉苻(通志堂本作符)益反。一音匹亦反。沈音避。(517)

老秏(通志堂本作耄),本又作旄,同亡報反。(520)

*惷(通志堂本作惷,是)愚,勑江反。又貞巷反。劉癡用反。(520)

罰贖(通志堂本作贖,是),常戍反。一音蜀。(521)

司烜氏夫遂,方苻(通志堂本作符)反。或云司農音苻(通志堂本作符)。(524)

墳燭,苻(通志堂本作符)云反。(524)

明竁,昌绢(通志堂本作鋭,误)反。(524)

刊陽,苦干(通志堂本作于,误)反。(525)

别史，彼烈（通志堂本作列）反。（527）

繩（当依汇校作絠），音孕，以證反。（525）

謹者，呼九（注疏作丸，是）反。（527）

陶丘，徒力（通志堂本作刀，是）反。（529）

爲誚，思叙（通志堂本作敘）反。（529）

手把（通志堂本作杷，误），必馬反。（531）

販，甫万（通志堂本作萬）反。（533）

不齵，五溝（通志堂本作構，误）反。一音隅。（536）

椴（通志堂本作掇，误）也，素結反。（537）

　＊是搏，徒（附音为徒字，是）丸反。李又丈轉反。（537）

齊馬，則（通志堂本作側）皆反。（539）

冶氏鋋（通志堂本作鋌，是），徒頂反。（540）

刾（通志堂本作刺，是），七賜反。（540）

鞞人，況万（通志堂本作方，误）反。衆家並音運。（543）

魁，苦迴（通志堂本作廻）反。（544）

　＊用龍（郑注：郑司农云全纯色也龙当为尨），莫江反。（545）

而摇，本又作搖（通志堂本作撘），羊招（通志堂本作昭）反。（547）

狠（通志堂本作豤），苦很反。（547）

則垺，芳苻（通志堂本作符）反。又普回反。（548）

蚣，思（通志堂本作息）容反。（548）

貜（通志堂本作攫，是），俱縛反。舊居碧反。李又九夫反。（549）

刾（通志堂本作刺，是），七賜反。（550）

桷理，才苦（通志堂本作若，误）反。又七奴反。（554）

戚（通志堂本作慼）於，子六反。李又音促。又且六反。

（554）

　　衣絮（通志堂本作絮，误），本亦作帤，周易作袽，皆女居反。

（555）

　　中裨（通志堂本作裨），苻（通志堂本作符）支反。又音卑。

（555）

　　足掔（孙星衍以为当为掔），鳴（通志堂本作烏，是）喚反。

（555）

　　梱（通志堂本作捆，误）復，苦本反。（557）

卷十校勘

　　＊同箧，苦协（通志堂本作協）反。（561）

　　著頍，丁（通志堂本作陟）略反。（561）

　　以翣（通志堂本作翣，误），土刀反。（561）

　　以軓（通志堂本作軌，当作軓），九于反。又音俱。抱也。
（561）

　　爲檐（通志堂本作襜，误），以占反。（561）

　　袗玄，之刃（當依彙校作忍，是）反。劉之慎反。一音真。
（561）

　　嚌，才谓（通志堂本作計，汇校云谓为詣之误）反。（563）

　　休，虚虯（当为虯）反。（563）

　　納采，亡（當爲七）在反。（564）

　　飯必，扶俛（通志堂本作晚）反。（565）

　　＊穎，苦迥（通志堂本作逈，是）反。劉音古熒反。（566）

　　＊孝養，予（通志堂本作子，误）亮反。（568）

　　子爲，一（通志堂本作于，是）偽反。（568）

　　謂卒，七（通志堂本作寸）忽反。（568）

毋上,辟(通志堂本作時,是)掌反。(570)

比及,比利反(通志堂本作毗志反)。(570)

＊卷耳,力(力定为九之误)轉反。劉居晚反。(573)

＊射韝,占(通志堂本作古,是)侯反。劉苦侯反。(576)

相工,息亮(通志堂本作幹,误)反。(576)

踣(依汇校作踣)弓,蒲比(依汇校作北)反。(577)

＊將指,于正(通志堂本作子匠,是)反。(579)

薰,許云反。(此切语通志堂本无。通志堂本作"襦,如朱反。")(579)

歧(通志堂本作岐,误)蹄,巨支反。一音支。(580)

關雎,七如(通志堂本作徐)反。(582)

不腆,它(通志堂本作他)典反。(582)

＊説決,上(通志堂本作土,是)活反。又始鋭反。劉詩悦反。(586)

＊稍屬,之王(通志堂本作玉,是)反。(587)

＊易校,以鼓(通志堂本作皷,是)反。(587)

狗蔽,庄(通志堂本作壯)吏反。(588)

和,户卧(通志堂本作卧)反。(589)

薪蒸(通志堂本作蒸),章凌(通志堂本作凌)反。(589)

＊壇,大是(通志堂本作丹,是)反。(590)

＊放而,方往(通志堂本作徃)反。(591)

＊枲從,才(通志堂本作才,是)用反。(594)。

＊轢之,力秋(通志堂本作狄,是)反。(595)

卷,去院(通志堂本作阮)反。(595)

爲難(通志堂本作離,误),乃旦反。(595)

腴(通志堂本作腴),羊朱反。(597)

訝者,五嫁反(通志堂本作同,误)。(599)

＊寢苦(通志堂本作苦,是),失古(通志堂本作占,是)反。(601)

＊歊,冒(通志堂本作昌,是)悦反。(601)

所傳,太(通志堂本作丈,依汇校作大)專反。(602)

胖(通志堂本作胖)合,普半反。(603)

＊寊爲,呼(通志堂本作于,是)偏反。(606)

＊緣之,況(通志堂本作説,是)絹反。(607)

用楯(通志堂本作輴),勅倫反。(611)

厭於,一涉反(通志堂本作及,误)。(611)

爇(当依汇校作爇)燋,人(通志堂本作之,误)悦反。(612)

之楯(通志堂本作輴),勅倫反。(613)

絛絲,佗(通志堂本作他)刀反。(613)

＊成斷,丁魚(通志堂本作陟角。案:宋本鱼当为角之误)反。(614)

＊壙,苦見(通志堂本作晃,是)反。又音曠。(614)

脾肶(从汇校作胒),尺之反。(615)

篓(通志堂本作婪,是),所甲反。(615)

則梧(黄云当作捂),五故反。(615)

＊離也,方(通志堂本作力,是)智反。(616)

人諦(通志堂本作啼),大兮反。(616)

＊牀策(通志堂本作第,是),側几反。(616)

如軶(通志堂本作軛),於革反。(617)

瑱塞,佗(通志堂本作他)殿反。(617)

素勺,上(通志堂本作土,误)灼反。(618)

淳户,章(通志堂本作之)純反。(621)

擩，人悦（通志堂本作韋帨）反。劉而玄反。又而誰反。（621）

＊有篆，六（通志堂本作大，是）轉反。（622）

猶養，予（通志堂本作才，误）亮反。（622）

鬐，巨（通志堂本作渠）之反。（622）

摡（通志堂本作溉）之，古愛反。（625）

刊其，若（汇校：卢本改作苦，是）干反。（625）

抽扃，古螢（通志堂本作焭）反。（625）

饌于，扶（新校作仕）轉反。又如字。（627）

圜而，于（通志堂本作音）宣反。（628）

＊贏（通志堂本作嬴，是），力禾反。（630）

＊猶養，予（通志堂本作子，误）亮反。（631）

氾埽，芳劔反。下素（通志堂本作索）到反。（632）

＊鱵（通志堂本作鱴，是），芳中反。（632）

與腹（通志堂本作腶，是），丁亂反。（633）

挩手，由（当依汇校作申）銳反。注紛帨，音同。（633）

曉，呼彤（通志堂本作許堯）反。（633）

爲挩（通志堂本作揲），之石反。劉音與摭同。（633）

卷十一校勘

＊差退，初佳（通志堂本作佳，误）反。徐初宜反。（638）

爲卒，才（新校作七）忽反。（638）

不拒，其許（通志堂本作庶，误）反。（639）

漱裳，悉便（通志堂本作俟，亦误，当依汇校为侯）反。（642）

於梱，本又作閫，芳（当为苦）本反。（642）

判妻，普叛（通志堂本作叛，是）反。（642）

＊犬齫，本亦作噬，帝（通志堂本作常，是）世反。（646）

＊衰麻,七雪(通志堂本作雷,是)反。(647)

心狼(作很,汇校云宋本作狠,从汇校),胡墾反。(647)

車綏,耳佳(通志堂本作佳,误)反。(647)

＊五巂,本又作雟,惠老(通志堂本作圭,是)反。(649)

＊搔,表(通志堂本作素,是)刀反。(649)

＊書䞓,芳作(通志堂本作仲,是)反。(651)

＊其行,百(通志堂本作下,是)孟反。(653)

＊度其,侍(当为待)各反。(654)

適子,多曆(通志堂本作歷)反。(656)

孫蔑,忙(通志堂本作亡)結反。(656)

＊不憤(通志堂本作墳,是),扶云反。(656)。

＊不綏,本又作綏,同耳佳(通志堂本作佳,是)反。(657)

爲帬,莫歷(通志堂本作曆)反。(658)

＊錫衰,上悉歷反。下士(通志堂本作七,是)雷反。(660)

之奠,田见(通志堂本作練)反。(661)

＊哭嫂,悉豆(通志堂本作早,是)反。(661)

＊税,本又作說,同他污(通志堂本作活,是)反。徐又始(通志堂本作如,误)銳反。(662)

夾之,本又作狹(通志堂本作挾,是),古洽反。(662)

如攝(通志堂本作福),所甲反。又所洽反。(663)

蛗(通志堂本作嘽,误),昌之反。(664)

公叔木,音式樹反。又音朱。徐之樹反。(《礼记・檀弓上》:"公叔木有同母异父之昆弟死问于子游。"郑玄注:"木当为朱,《春秋》作戍。")(665)

＊陵躐,力轻反(通志堂本作力輒反,为躐之音)。(665)

＊袂(通志堂本作袂,是)口,面世反。(667)

＊被（通志堂本作被，是）之，皮寄反。（667）

周币，本又作逆（通志堂本作迊，是），同子合反。（667）

＊蕺墢，才宫（通志堂本作官，是）反。（668）

潘氏，苦（当依汇校作普）干反。（674）

＊強之，箕（通志堂本作其，是）丈反。（675）

＊拂槐（通志堂本作枢，是），芳勿反。下其久反。（675）

＊頓也，徒固（通志堂本作困，是）反。本亦作鈍。（676）

有綏，耳佳（当依汇校作佳）反。（679）

十日，人（通志堂本作又，误）一反。（679）

大綏，依注音綏，耳佳（当依汇校作佳）反。（682）

三推，出佳（通志堂本作佳，误）反。又吐回反。（689）

焱（当依阮校作猋）風，必遥反。徐芳遥反。本又作飄。（690）

＊陂池，陂（通志堂本作彼，是）宜反。（691）。

＊箭幹，古曰（通志堂本作旦，是）反。（692）

＊凡鞣，如力（通志堂本作九，是）反。（692）

癠（通志堂本作磔，是），竹栢（宋本作伯，是）反。（693）

蟬始，市（新校作式）志反。（695）

＊犬（通志堂本作夭，是），烏老反。（702）

＊祛（通志堂本作祛，附音同），丘魚反。（642）

＊爲，■（通志堂本作于）僞反。（643）

底，丁礼（通志堂本作禮）反。（646）

＊任，■（通志堂本作而）金反。（647）

乘，■■反（宋本不清，通志堂本作繩證反）。（659）

＊不衣（衣字宋本脱，通志堂本有），於既反。（663）

令，力政■（通志堂本作反）。（667）

委，紆僞反（宋本此三字重出）。（698）

説,始鋭反(宋本此三字脱)。(699)

卷十二校勘

大胥,如字。又音泰。胥,息徐(通志堂本作余)反。又息吕反。(710)

播詩,彼(通志堂本作波)我反。(710)

＊指畫,牙(通志堂本作乎,是)麥反。(710)

少傅,詩召(通志堂本作照)反。(711)

擯(通志堂本作償,是)于,必刃反。本亦作擯,注同。(711)。

無匱,其魏(通志堂本作媿)反。(713)

＊蕢,依注音由(通志堂本作甴,是),苦對反。又苦怪反。(714)

＊傳書,文(通志堂本作丈,是)專反。(716)

卅人,華(当依汇校作革)猛反。又瓜猛反。徐古猛反。

胎,土(通志堂本作七,误)才反。(719)

誠毃,字又作毄(通志堂本作慤,是),苦角反。(721)

而槀(通志堂本作稾),字又作藁(通志堂本作藳),古老反。(722)

＊薦盍,烏限(通志堂本作浪,是)反。(722)

＊屬屬,之玉(通志堂本作六)反。(722)

褻(通志堂本作薆,误),息列反。(723)

婁嘆,力注(通志堂本作住)反。本又作屨。(724)

＊干盾,本亦作盾(通志堂本作楯,是),純尹反。又音尹。(724)

＊過,古似(通志堂本作卧,是)反。(724)

＊索(通志堂本作索,是)室,色百反。(724)

＊其餉，如（通志堂本作始，是）尚反。（726）

＊以蓄，尹（通志堂本作丑，是）六反。又許六反。（726）

蠃（通志堂本作蠃，是），力戈反。（727）

＊稾，又作稾（通志堂本作稾，是），古老反。（727）

＊不琢（通志堂本作琢，误），依注爲文（通志堂本作丈，是）轉反。（727）。

俎寄（当作奇），居宜反。（727）

＊斷（通志堂本作斷），丁亂反。（727）

其綏，耳佳（当为佳）反。（727）

敝，本亦作敝（通志堂本作弊，是），婢世反。徐又房列反。（727）

＊見蔓（通志堂本作篡，是），初患反。（728）

＊爲腊（通志堂本作腊），直輒（通志堂本作輒）反。（728）

脅，力雕（通志堂本作彫）反。（729）

＊腊，直輕（通志堂本作輒，是）反。（729）

冠綏，耳佳（当为佳）反。（730）

＊使令，力星（通志堂本作呈，是）反。（731）

＊刀鞞（通志堂本作鞞，是），必頂反。（731）

＊不傳，文（通志堂本作丈，是）專反。（732）

＊不嘯，依注音吐（通志堂本作叱，是），尺失反。（733）

＊謂傳，文（通志堂本作丈，是）專反。（734）

膏臊，索（通志堂本作素）刀反。（735）

＊贍（通志堂本作贍，是），丁敢反。（736）

＊奥，於大（通志堂本作六，是）反。（737）

肌（当依汇校作肌），昌私反。（737）

磨爲，九淪（通志堂本作倫）反。（737）

＊庮(通志堂本作庲,是)食,字又作庋,九委反。或居彼反。本亦作處。(737)

絞,古(通志堂本作户,误)交反。(738)

＊皽,章菩(通志堂本作善,是)反。(738)

＊鉅,音臣(通志堂本作巨,是),其據反。(738)

穰,如羊(通志堂本作羊如,误)反。(738)

＊請肄,本又作肆(通志堂本作肆,是),同以二反。(741)

珽,他项(通志堂本作頂,是)反。(742)

＊去垢,右(通志堂本作古,是)口反。(742)

＊珽,他預(通志堂本作頂,是)反。本又作珵,音呈。(743)

綏,本又作莪,耳佳(当依汇校作佳)反。(744)

＊絞衣,尺(通志堂本作户,是)交反。(745)

＊大蜡,注(通志堂本作仕,注疏同)嫁反。(745)

再命褘衣,依注音鞠(通志堂本作鞠),居六反。又曲六反。(746)

＊趨,十(通志堂本作七,是)須反。本又作趣。(747)

有衝(通志堂本作衝),昌容反。(747)

＊肆束,音肆(通志堂本作肆,是),以四反。(747)

＊忖也,本又作刊(通志堂本作刌,是),寸本反。徐子本反。(747)

杯圈,起懽(通志堂本作權,是)反。(748)

欬(通志堂本作咳,误),苦大反。(749)

詻詻,五格(通志堂本作恪,误)反。(749)

＊藩服,本又作蕃,万(通志堂本作方,是)元反。(750)

＊二斿,本又作斿,万(通志堂本作力,是)求反。(750)

之綏,依注爲緌,耳佳(当依汇校作佳)反。(752)

＊黄，讀爲由（通志堂本作由，是），苦對反。（752）

＊簀，本又作荀（通志堂本作筍，是），恤尹反。（752）

禿，土（通志堂本作上，误）木反。（753）

綏，耳佳（当依汇校作佳）反。（753）

＊所傳，丈（通志堂本作大）專反。（754）

＊汜（按：当为氾）配，芳劍反。（756）

不贍（通志堂本作瞻，误），本又作儋，食艷（通志堂本作豔）反。（757）

＊作樺（通志堂本作褌，是），詐（通志堂本作許，是）韋反。（757）

＊闔，初（通志堂本作胡，是）臘反。又音合。（759）

＊汜（当为氾）埽，芳劍反。（759）

説屨，旺（通志堂本作吐，是）活反。本亦作脱。（759）

潁（通志堂本作穎，误），京領反。又坰迥（通志堂本作迴，误）反。（762）

＊授穎（通志堂本作穎），役頂反。（762）

＊主詡，況（通志堂本作況）矩反。（762）

＊謾，況（通志堂本作況）煩反。（762）

＊襪（通志堂本作襪，是）者，其記反。（763）

薤（通志堂本作薤，是），户戒反。（763）

嬬于，本又作儒（通志堂本作懦，当依汇校作揣），而專反。又而悦反。徐耳誰反。（764）

未薾（当依汇校作蓺），人悦反。（764）

卷十三校勘

＊鼓箧，苦協（通志堂本作協）反。（766）

＊瑟底(通志堂本作底,是),都禮反。(769)

＊強者,箕(通志堂本作其,是)良反。(770)

＊慢,本又作慢(通志堂本作僈,是),莫课(通志堂本作諫,是)反。(771)

＊挍(通志堂本作狡,是)憒,本又作交,占(通志堂本作古,是)卯反。又音郊。(772)

＊省,西項(通志堂本作頂,是)反。(772)

興道,上許寧(通志堂本作甯,是)反。下音導。(772)

懸穢,字又作穢(通志堂本作薉,当依汇校作濊),紆廢反。徐烏會反。(772)

＊迭相,大浩(通志堂本作結,是)反。(772)

＊不殰,呼闌(通志堂本作闋,是)反。范音溢。徐況逼反。一音況狄反。(773)

＊祝(通志堂本作柷,是),習(通志堂本作昌,是)六反。(775)

歌遲(通志堂本作遲),直巽(通志堂本作冀)反。(775)

＊萇弘,其(通志堂本作直,是)良反。(775)

＊夾振,古治(通志堂本作洽,是)反。(776)

貍首,側由反(通志堂本作力之反,是)。(777)

＊説劍,此(通志堂本作吐,是)活反。(777)

猶捷,本亦作插,初合(通志堂本作洽,是)反。徐采協反。(777)

＊左轂,土(通志堂本作工,是)木反。(778)

其綏,依注作緌,耳佳(当依汇校作佳)反。(778)

蕡斾(通志堂本作斾),上千見反。下步具(通志堂本作貝,是)反。(779)

＊而著,丁咯(通志堂本作略,是)反。(780)

袸（通志堂本作揄）絞，户交反。（780）

＊鍚衰，思曆（通志堂本作歷）反。（781）

＊繆（宋本脱）當，所銜反。又音早。（781）

＊刊，苦于（通志堂本作干，是）反。（781）

＊既穎，口迥（通志堂本作迥，是）反。徐孔穎反。沈苦頂反。（783）

＊釋襌，大惑（通志堂本作感，是）反。（784）

＊冐（通志堂本作冒，是）者，莫報反。（784）

掞形，於險（通志堂本作撿）反。（785）

＊問遺，干（通志堂本作于，是）季反。（785）

啼，徒奚（通志堂本作兮）反。本又作諦。（785）

＊要経，……下六（通志堂本作大，是）結反。（786）

不屏（通志堂本作屝，是），本又作箄（通志堂本作菲，是），扶味反。（786）

飲烝，之丞（通志堂本作承）反。（787）

＊卑（通志堂本作界）所，必利反。又婢支反。（788）

＊人衵，天（通志堂本作大）旱反。（789）

＊士併，步預（通志堂本作頂，是）反。（790）

憮用，好（通志堂本作荒）胡反。（791）

＊適室，下（通志堂本作丁，是）歷反。（791）

＊之強，其文（通志堂本作丈，是）反。（792）

＊爲，于偽反（通志堂本作又，误）。（793）

韜尸，本又作殳（通志堂本作芟，误），吐刀反。（793）

＊夾階，古俗（通志堂本作洽，是）反。（794）

＊加偪，依注讀爲惟（通志堂本作帷），位悲反（通志堂本脱反字）。（795）

蕭蔉（通志堂本作婁），所甲反。（795）

戴綏，依注爲綾，音蕤，耳佳（当依汇校作佳）反。（795）

相近，依注讀爲攘（通志堂本作禳，是），如羊反。下音巨依
反。（796）

＊昭穆，土（通志堂本作上，是）遥反。（797）

休（当为怵），勅律反。（798）

惕，他曆（通志堂本作歷）反。（798）

屈到，居（通志堂本作屈，误）勿反。（798）

＊揩（通志堂本作措，是）諸，七路反。（800）

＊以封（通志堂本作刲，是），洗（通志堂本作苦，是）圭反。
（800）

＊魄也，普曰（通志堂本作白，是）反。（800）

有報，依注音裦（通志堂本作襃，是），保毛反。（801）

＊頃步，讀爲跬，缺婤（通志堂本作婢，是）反。又丘弭反。
（802）

＊不併，步頃（通志堂本作頂，是）反。徐扶頃（通志堂本作
頂，是）反。（802）

＊而長，下（通志堂本作丁，是）丈反。（802）

神祇，祈（通志堂本作祁）之反。（803）

蚳，丈（通志堂本作文，误）之反。（803）

＊遠罪，于万（通志堂本作萬）反。（807）

＊傳於，文（通志堂本作丈，是）專反。（810）

＊畜，許（通志堂本作計，误）六反。注同。毛詩作勗。（812）

＊饋達（通志堂本作遺，是），于季反。下遺民同。（814）

＊遠，于万（通志堂本作萬）反。（815）

卷十四校勘

*遠色,于方(通志堂本作萬案:依本卷通例當作万)反。
(821)

*耿耿,公迥(通志堂本作迥,是)反。又公頂反。舊音孔頂
反。(822)

懇誠,苦(通志堂本作口)很反。(824)

*禓襲,思曆(通志堂本作歷)反。下音習。(825)

*遠恥,于万(通志堂本作萬)反。(825)

*以遠,于万(通志堂本作萬)反。(825)

*而遠,于万(通志堂本作萬)反。(828)

不傳,文(通志堂本作丈,是)專反。(828)

*以遠,于方(通志堂本作萬。案:依本卷通例當作万)反。
(829)

*上好,呼朝(通志堂本作報,是)反。(831)

*貪侈,昌氏(通志堂本作式)反。又式氏反。(832)

之卬(通志堂本作印,誤,當依匯校作邛),其恭反。(832)

*折(通志堂本作衍,是)字,延善反。(832)

尹言(通志堂本作吉),音誥,出注,■(宋本脱,通志堂本作
羔)報反。(834)

*天見,天依注音先,西甲(通志堂本作田,是)反。(834)

焦肺,方(當依匯校作芳)廢反。(837)

成壙,古(依匯校作苦)晃反。(838)

齊衰(通志堂本作衰齊),上音咨。下七雷反。(839)

*遠嫌,于万(通志堂本作萬)反。(839)

*服苴,士(通志堂本作七,是)余反。(840)

＊枉(通志堂本作柱,是),知矩反。一音張炷反。(841)

＊鳴疏(通志堂本作號,是),音豪,户羔反。(842)

蹢,本又作鄭(通志堂本作躑,是),直亦反。徐治革反。(842)

＊税屨,本亦作脱,上(宋本当为土字之误,通志堂本作吐)活反。(844)

請投,七井(通志堂本作并,误)反。(844)

勝飲,上尺(当依汇校作尸)證反。(845)

壺頸,吉井(通志堂本作并,误)反。又九領反。徐其聲反。(846)

毋憮(当依汇校作憮),好吾反。(846)

＊遽,其攄(通志堂本作據,是)反。(847)

＊以遠,于万(通志堂本作萬)反。(847)

＊不遠,于万(通志堂本作萬)反。又如字。(849)

志行,丁子(通志堂本作下孟,是)反。(850)

＊赫,許臣(通志堂本作百,是)反。(851)

＊盤,步干(通志堂本作十,误)反。(852)

＊耆欲,時也(通志堂本作志,是)反。(852)

＊能遠,于万(通志堂本作萬)反。(854)

拂人,拂(通志堂本作扶,是)弗反。(854)

＊則遠,于万(通志堂本作萬)反。(857)

積,子■及(通志堂本作子賜反)。(863)

享,許而(通志堂本作兩,是)反。本又作饗。(863)

卷十五校勘

＊厴,於黶■(通志堂本作於黶反)。(867)

＊之祚,十(通志堂本作才,是)路反。(869)

孙滑，干（通志堂本作于，是）八反。又平（通志堂本作乎，是）八反。（872）

＊氏羌（当依汇校作羌），邵（通志堂本作郤，是）良反。（872）

印段，因忍（通志堂本作刃，是）反。（873）

耄矣，至（当依汇校作毛）报反。（875）

＊将卑，子而（通志堂本作匝，是）反。（875）

二嫡，都（通志堂本作丁）历反。（875）

＊可僕（通志堂本作撲，是），普卜反。（877）

＊爲援，千（通志堂本作于，是）眷反。（877）

＊龥，許氣■（通志堂本作許氣反）。（879）

取郜，吉（通志堂本作古）报反。（882）

馬膺，於移（通志堂本作稜，当依汇校作陵）反。（883）

＊馬額，顏洛（通志堂本作客，注疏同）反。（883）

檜（通志堂本作擔），古外反。又古活反。（885）

＊隨張，音（通志堂本作豬，是）亮反。一音如字。（885）

施父，色豉反。下音甫。（887）

交綏，荀佳（通志堂本作佳，误）反。（887）

＊絞，古卯■（通志堂本作古卯反）。（888）

＊不解，尸（通志堂本作户，是）買反。（889）

檀伯，徒干（通志堂本作丹）反。（890）

＊傳十七年疆事，居良（通志堂本作艮，误）反。（890）

鄑，子斯（通志堂本作靳）反。（891）

楠，郎蕩反。木名。又莫昆反。又武元反。（此条依汇校：楠，郎蕩反。横，莫元反。又武元反。从段氏说。此两条切语只作参考，不计入总数。）

召忽，時（通志堂本作詩，误）照反。（894）。

管召,時(通志堂本作詩,误)照反。(894)。

其轍,宜(宋本作直)列反。(895)

＊過譚,古未(通志堂本作禾,是)反。(895)

經十一年郡,子斯(通志堂本作靳)反。(895)

＊堵敖,……下玉(通志堂本作五,是)羔反。(897)

＊公子閼,安未(通志堂本作末,是)反。(898)

＊多麋(通志堂本作麇,是),亡悲反。(898)

＊強諫,其文(通志堂本作丈,是)反。(899)

＊去盛,是(通志堂本作起,是)吕反。(899)

那處,那又作明(通志堂本作明),同乃多反。(899)

＊編,必縣又(通志堂本作反,是)。一音步典反。(899)

鑑,上(当依汇校作工)暫反。(900)

＊惡其,烏咯(通志堂本作路,是)反。(900)

楚復,法(通志堂本作扶,是)又反。(901)

卜偕(通志堂本作偕,是),子念反。(901)

經二十七年于洮,他(通志堂本作徒)刀反。(902)

＊自爲,于溈(通志堂本作僞,是)反。(902)

入桔,反(通志堂本作及,是)結反。(903)

＊爲斾,蒲见(通志堂本作貝,是)反。(903)

譜(通志堂本作譜,是),賁鳩反。(903)

鬪穀(当依汇校作穀),奴走反。(904)

＊欲爲,子(通志堂本作于,是)僞反。(904)

可厭,一(通志堂本作於)塩(通志堂本作鹽)反。(905)

＊能遠,于万(通志堂本作萬)反。(907)

＊遠災,于万(通志堂本作萬)反。(907)

徼(通志堂本作徼)福,古堯反。(910)

遂譖，■■■（宋本脱此三字，通志堂本作侧鸠反）。（910）

＊爲二公子，丁（通志堂本作于，是）僞反。（911）

＊焉用慎，將（通志堂本作於，是）虔反。（911）

童亂（通志堂本作亂），初問反。又恥問反。（912）

輿槻，於（当依汇校作初）覲反。棺也。（912）

殤，式长（通志堂本作羊）反。（913）

無猜，士（通志堂本作七，是）才反。（914）

馮，皮氷（通志堂本作冰）反。（914）

復相，息亮反（通志堂本扶又反，为復字注音）。（917）

卷十六校勘

錯逆，士（通志堂本作七，是）各反。（919）

而妻，士（通志堂本作七，是）計反。（920）

＊入滑，于天（通志堂本作八，是）反。（921）

魏犨，尺由（通志堂本作油）反。（924）

＊常棣，丈（通志堂本作大，是）計反。字林大内反。（927）

＊鷸冠，尹橘（通志堂本作橘，是）反。（928）

膰焉，苻（通志堂本作符）衰反。（928）

柩，其又（通志堂本作久）反。（928）

攢（通志堂本作攅，誤）茅，才官反。（928）

＊乃降，注（通志堂本作户，是）江反。（929）

傳二十六年玆丕（通志堂本作丕），普悲反。（929）

＊於蔫，千（通志堂本作于，是）委反。（930）

＊將中，子面（通志堂本作匠，是）反。（931）

＊中行，户明（通志堂本作剛，注疏同）反。（931）

＊小子愁，魚觀（通志堂本作觀，是）反。（931）

元咺,況脆(通志堂本作晚,是)反。(931)

＊兜懼,凶男(通志堂本作勇,是)反。(931)

＊有莘,所中(通志堂本作巾,是)反。(933)

陳于,直覲(通志堂本作靳)反。(933)

＊剛愎,及(通志堂本作皮,是)逼反。(934)

甯渝(通志堂本作俞,注疏同),羊朱反。(934)

泄冶,息列(通志堂本作例,誤)反。下音也。(935)

先蔑,亡(通志堂本作立,誤)結反。(935)

＊向戌(通志堂本作戍),式亭(通志堂本作亮)反。(936)

夜縋,丈(通志堂本作文,誤)僞反。(936)

陪(通志堂本作倍)鄰,蒲回反。(936)

封疆,居长(通志堂本作良)反。(936)

＊菹(通志堂本作葅),莊居反。(937)

三行,戶郎(通志堂本作郭,誤)反。(937)

＊所妻,七司(通志堂本作計)反。(939)

＊饐之,于轉(通志堂本作輒,是)反。字林于劫反。(939)

＊奠芮,如説(通志堂本作鋭)反。(939)

＊嘗祶,天(通志堂本作大,是)計反。(940)

鞠(通志堂本作鞫)居,九六反。(942)

故蚩(通志堂本作嗤),尺之反。(942)

＊死處,目(通志堂本作昌,是)慮反。(942)

娶,七注(通志堂本作住)反。(943)

＊公子燮,息恊(通志堂本作協)反。(944)

＊元(通志堂本作亢,是)爽,苦浪反。(945)

＊必杼(通志堂本作抒,是),直呂反。又時呂反。(946)

＊士縠,戶太(通志堂本作木,是)反。(948)

執幣傲，本又作傲（通志堂本作敖，是），五報反。（949）

＊馴乘，时（通志堂本作繩）證反。（950）

弗徇（通志堂本作狥，誤），似俊反。（950）

＊于裴，方屓（通志堂本作尾）反。又非尾反。（951）

不度，特（通志堂本作待）洛反。（952）

＊騐（通志堂本作騥，是），仕救反。（953）

子爕，昔（通志堂本作普，誤）協反。（953）

＊乃掘，其卧（通志堂本作勿，注疏同）反。又其月反。（957）

扑箽（通志堂本作箁，注疏同），市燅反。又之燅反。（957）

＊季佗，從（通志堂本作徒，是）何反。（957）

＊帝嚳，苦蠹（通志堂本作毒）反。（957）

＊不隕，下（通志堂本作于，是）敏反。（958）

謂鮌（通志堂本作鯀），古木（通志堂本作本，是）反。（958）

＊侈，昌氏、尸氏一（通志堂本作二，是）反。（959）

彌明，面支（通志堂本作皮）反。（961）

汰，他末（通志堂本作來，誤）反。（963）。

＊鞝，涉（通志堂本作陟，是）留反。（963）

楚疆（通志堂本作彊），其良反。（965）

卷十七校勘

跋履，蒲失（通志堂本作末，是）反。（992）

浮（通志堂本作俘，是）我，芳夫反。（992）

師悝，苦（通志堂本作普，誤）回反。（1016）

＊伍參，士（通志堂本作七，是）南反。（971）

少宰，詩召（通志堂本作照）反。（971）

爲詔，勑检（通志堂本作撿）反。（972）

*摩，未（通志堂本作末，是）多反。（972）

*智井，乌九（通志堂本作丸，是）反。字林云井无水也，一皮反。（974）

躓而，陟史（通志堂本作史，误）反。徐丁四反。（976）

*爍乎，素恊（通志堂本作協）反。（977）

僭而，子（通志堂本作呼，误）念反。（977）

*以徵，如字。……本又作懲，直升及（通志堂本作反）。（977）

*欲要，■（通志堂本作一）遥反。（978）

*齊難，乃且（通志堂本作旦，是）反。（978）

鞠（通志堂本作鞠）居，居六反。（979）

*诰（通志堂本作誥，是），起吉反。（979）

*釋感，胡遥（通志堂本作暗，是）反。本又作憾。（979）

*左并，必致（通志堂本作政，是）反。徐方聘（通志堂本作聘，是）反。（980）

*戎行，下部（通志堂本作郎，是）反。（980）

*炭，吐曰（通志堂本作旦，是）反。（982）

適郢，以井（通志堂本作并，误）反。又以政反。（982）

*皆強，其文（通志堂本作丈，是）反。（983）

*淫慝，池（通志堂本作他，是）得反。（983）

*俘，芳大（通志堂本作夫，是）反。（984）

*泠敦，力下（通志堂本作丁，是）反。（984）

*傳八年餞之，餞（通志堂本作錢，是）淺反。……字林子扇反。（987）

绿衣，如字。本又作禄（当依汇校作褖），吐亂反。（988）

*管（通志堂本作菅，是），古顔反。（989）

　　＊不娉，本亦作聘，匹改（通志堂本作政，是）反。（990）

　　＊隊，其（通志堂本作直，是）類反。（991）

　　之聚，才喻才偷反（通志堂本作才喻反。宋本才喻二字衍，依汇校应为才偷反）。（992）

　　迓，本又作訝，五稼（通志堂本作嫁）反。（993）

　　子相，息亮（通志堂本作浪）反。（994）

　　＊士燮，息恊（通志堂本作協）反。（994）

　　少司寇，詩召（通志堂本作照）反。（994）

　　＊聘（通志堂本作騁，是）而，勑景反。（995）

　　陂，彼庇（通志堂本作宜，注疏同）反。（995）

　　笮其，側直（新校作百）反。（996）

　　范匄，本又作丏（当依汇校作丏），古害反。（996）

　　＊若袴，苦比（通志堂本作故，是）反。（997）

　　＊而屬，童（通志堂本作章，是）玉反。（997）

　　＊杜溷，户昏（通志堂本作昬）反。又户本反。（997）

　　日曰（通志堂本作臣，是），人實反。（998）

　　坏隤，……下徒曰（通志堂本作回，是）反。（998）

　　晉難，乃旦（通志堂本作且，誤）反。（999）

　　儆蒲（通志堂本作備，是），京領反。（999）

　　狸（通志堂本作貍），力之反。（999）

　　＊崔杼，直吕■（通志堂本作直吕反）。（1000）

　　＊結衪，西（通志堂本作而，是）甚反。徐而鳩反。（1001）

　　＊士蔿，下（通志堂本作于，是）委反。（1002）

　　經二年伯瞷，古因（通志堂本作困，当依汇校作困）反。徐又胡忖反。（1003）

　　＊丞（春秋左传正义作烝，今从之），之承反。（1003）

單子,音苦(通志堂本作善,是)。(1004)

＊經八年公子燮,悉恊(通志堂本作協)反。(1009)

於眛(通志堂本作昧),竹又反。徐丁(通志堂本作下,誤)遘反。(1010)

缶(通志堂本作缶),方九反。(1010)(案:缶缶异体字。)

士雁,苦(通志堂本作苦,誤)田反。(1011)

于亳,蒲洛(通志堂本作各)反。徐扶各反。(1015)

少主,詩召(通志堂本作照)反。(1017)

公爽,诗(通志堂本作許,誤)亦反。(1019)

＊之麇(通志堂本作麛,是),亡悲反。本或作湄。(1019)

＊有嬖,心(通志堂本作必,是)計反。(1019)

＊知愈,差(通志堂本作羊,是)主反。(1020)

＊道(通志堂本作迺,是)人,在由反。徐又在幽反。又子由反。(1021)

＊要而,一遇(通志堂本作遙,是)反。(1021)

險阨,於卖(通志堂本作革,誤)反。(1021)

溴(通志堂本作渼),古歷(通志堂本作闃)反。(1022)

娶於,七位(通志堂本作住,是)反。(1022)。

公監,古(通志堂本作工)銜反。(1022)

卷十八校勘

經十六年溴(通志堂本作渼,是)梁,古闃反。徐公壁反。(1023)

＊傳十六年彪也,彼蚪(通志堂本作蚪,是)反。(1023)

比及(通志堂本作執,是),必利反。(1024)

＊勾在,占(通志堂本作古,是)害反。(1024)

必聘（通志堂本作騁，是），勑領反。（1025）

＊執扑，普十（通志堂本作卜，是）反。（1025）

屨，也（当依汇校作九）具反。（1025）

＊枕由（通志堂本作由，是），苦對反。一音苦怪反。（1025）

＊塹防，士（通志堂本作七，是）豔反。（1026）

乃脱，勑活（通志堂本作括）反。一音他外反。（1026）

旗識（通志堂本作幟，误），申志反。一音赤志反。（1026）

葰（通志堂本作𦡳，当依汇校作𦡳）聲，子公反。（1029）

＊公子燮，悉移（通志堂本作協，是）反。（1029）

＊呼於，大（通志堂本作火，是）故反。（1030）

西郛，芳夫（通志堂本作扶）反。（1028）

叔羆（通志堂本作罷），彼皮反。（1031）

黑肱（通志堂本作肱，是），古弘反。（1033）。

＊屈建，君（通志堂本作居）勿反。（1033）

游販（通志堂本作販），普（通志堂本作呼）板反。（1033）

立少，詩召（通志堂本作照）反。（1034）

無解，徒（当依汇校作佳，是）賣反。（1034）

＊疾疢，恥刀（通志堂本作刃，是）反。（1036）

皆踞，■（通志堂本作俱，汇校云或作居）慮反。（1038）

𦡳（通志堂本作𦡳，误）蒾，子公反。（1039）

藜（通志堂本作藜），力私反。（1039）

揫，側柳（通志堂本作留）反。徐又子俱反。一音作侯反。字林同音子侯反。服本作諏，子須反。（1040）

𦡳（通志堂本作𦡳，误）蒾，子公反。（1040）

＊枕尸，之■（通志堂本作鳩）反。（1040）

復逐，附（通志堂本作扶）又反。（1042）

＊而輕,遺(通志堂本作遣,是)政反。(1043)

＊匪解,住(通志堂本作佳,是)賣反。(1043)

＊經二十六年君翦,四(通志堂本作匹,是)妙反。(1043)

＊暴骨,蒲十(通志堂本作卜,是)反。徐扶沃反。(1044)

頷(通志堂本作頜,是)之,本又作頜(依匯校当为頷),五感反。(1044)

歃用,口(通志堂本作古,误)感反。(1046)

之蠥(通志堂本作蠱,误),本又作蠱,丁故反。(1048)

既遘(通志堂本作覯),古豆反。(1049)

＊旡(通志堂本作无,是)咎,音無。本亦作無。(1050)

＊過此,古木(通志堂本作禾,是)反。又古卧反。(1051)

＊之休,許蚪(通志堂本作虬,是)反。(1051)

＊慶集(通志堂本作雧,注疏同),户結反。(1052)

説(通志堂本作税)服,吐活反。一音如字。(1053)

＊殺吴子,中(通志堂本作申,是)志反。(1054)

＊仲孫羯,居褐(通志堂本作謁,是)反。(1054)

＊郄敖,古治(当为洽,通志堂本作交)反。(1054)

＊印也,一又(通志堂本作刃,是)反。(1054)

＊啓跣(通志堂本作跪,是),其委反。(1054)

＊子皙,星■(通志堂本作本歷)反。(1057)

傷(通志堂本作本侫,是)夫,乃定反。(1057)。

＊耆酒,市志市志(宋本衍市志两字,通志堂本是)反。(1058)

＊數里,所士(通志堂本作主,是)反。(1063)

屈狐庸,君(通志堂本作居)勿反。狐音胡。(1063)

＊行諝(通志堂本作僭,是),子念反。(1065)

耕鉏,住(当依匯校作仕)居反。(1066)

＊特缉，七人（通志堂本作入，是）反。（1066）

小旻，亡斤（通志堂本作巾，依汇校从通本）反。（1066）

＊而婉，绿（通志堂本作紃，是）阮反。（1066）

＊潰齐，徒本（通志堂本作木，是）反。（1066）

＊而爲，千（通志堂本作于，是）僞反。（1066）

＊於幕，武博（通志堂本作博）反。（1067）

＊我悦（通志堂本作悦，是），始鋭反。（1067）

鰥寡，古颜（通志堂本作頑）反。（1072）

＊介休，音界。下許料（通志堂本作虯，是）反。（1072）

在衰，七回（通志堂本作雷）反。本亦作縗。（1074）

讒鼎，士（通志堂本作壬，误）咸反。（1075）

怠解，佳（通志堂本作佳，误）賣反。（1075）

猪（通志堂本作豬），陟魚反。（1043）

邵（通志堂本作召）南，上照反。（1072）

卷十九校勘

＊以媚，眉冀（通志堂本作冀）反。（1081）

日趺（通志堂本作昳），田（通志堂本作由）結反。（1082）

＊以釁，詐（通志堂本作許，是）覲反。（1085）

岻（通志堂本作坻，依汇校作岻）箕，直夷反。（1085）

＊俾，必尔（通志堂本作爾）反。（1086）

公孫晳（通志堂本作晢，是），星歷反。徐思益反。（1087）

於軫，之刃（新校作忍）反。（1088）

大屈，君（通志堂本作居）勿反。（1089）

而區（通志堂本作傴，是），紆甫（通志堂本作羽）反。（1091）

＊使羈（通志堂本作羇），居宜反。（1091）

＊怨遠,于万(通志堂本作萬)反。(1092)

癈(通志堂本作廢,误)疾,甫肺反。(1092)

＊魅,本又作彪,武冀(通志堂本作冀)反。(1094)

屏周,必井(通志堂本作并,误)反。(1094)

宾滑,乎(通志堂本作呼,误)八反。又于八反。(1094)

＊有緒(通志堂本作緒),武巾反。(1097)

＊而堊,欺冀(通志堂本作冀)反。(1097)

之簋,本又作蓲(通志堂本作造,误),初又反。(1097)

而堋(通志堂本作堋,误),北鄧反。徐甫贈反。禮家作窆,彼驗反。(1098)

遇坤,困(通志堂本作苦)門反。(1100)

通稱,又(当依汇校作尺)證反。(1100)

＊潘子,普于(通志堂本作干,是)反。(1100)

＊遠我,于万(通志堂本作萬)反。(1101)

＊夏,户非(通志堂本作雅,是)反。(1103)

＊無厭,於鹽(通志堂本作鹽)反。(1104)

＊人齊,便(通志堂本作側,是)皆反。本又作齋。(1104)

＊皆遠,于万(通志堂本作萬)反。(1104)

＊又遠,于万(通志堂本作萬)反。(1104)

郰故,工(通志堂本作亡,误)杏反。(1105)

＊一篋,苦協(通志堂本作協)反。(1105)

＊先盟,悉屬(通志堂本作薦,是)反。(1106)

之稱,人(当依汇校作尺)證反。(1107)

公子鐸,待(通志堂本作符,误)洛反。(1107)

＊不遠,于万(通志堂本作萬)反。(1108)

＊而遠,于方(当为万之是,通志堂本作萬)反。又如字。

（1108）

　　下邳，被（通志堂本作普）悲反。（1109）

　　静黙（通志堂本作黙），亡北反。本或作嘿，同。（1109）

　　＊放紛，芳亡（通志堂本作云，是）反。（1110）

　　＊我無强，其文（通志堂本作丈，是）反。又其良反。（1110）

　　＊皆叱（通志堂本作昵，是），女乙反。（1111）

　　＊長鬛，力輒（通志堂本作輙，是）反。（1113）

　　其柩，巨又（通志堂本作久）反。（1114）

　　葉，始涉■（通志堂本作反）。（1116）

　　＊吾遠，于万（通志堂本作萬）反。（1118）

　　遄臺，市（通志堂本作七，误）專反。（1121）

　　＊禨（通志堂本作禨），子工反。（1122）

　　＊不槬（通志堂本作槬，是），户化反。（1123）

　　＊亟言，欺冀（通志堂本作冀）反。（1123）

　　則關，烏環（通志堂本作還）反。本又作彎。（1124）

　　省臧，悉井（通志堂本作并）反。又所景反。（1125）

　　略行，下（通志堂本作丁，误）孟反。（1126）

　　禨（通志堂本作禨），子工反。（1126）

　　將爲，壬（通志堂本作于，是）偽反。（1131）

　　＊麋（通志堂本作麋，是），亡悲反。（1131）

　　禨（通志堂本作禨），子公反。（1133）

　　＊謀■（通志堂本作去），起吕反。（1133）

　　于毚，直例（通志堂本作制）反。（1136）

　　＊矯誣，居音（通志堂本作表，是）反。（1137）

　　中，丁（通志堂本作下，误）仲反。下中手同。（1137）

　　＊遠晉，于万（通志堂本作萬）反。（1137）

卷二十校勘

＊哑,欺冀(通志堂本作冀)反。(1139)

沙汭,如説(通志堂本作鋭)反。(1139)

炙,音(通志堂本作者,是)夜反。(1140)

好甲,乎(通志堂本作呼,是)報反。(1140)

炮之,步(通志堂本作陟,误)交反。又彭交反。(1140)

＊妾縢,蠅(通志堂本作繩,误)證反。又時證反。(1142)

貪惏,力耽(通志堂本作就)反。方言云楚人謂貪爲惏。(1142)

無魇,本亦作厭,於塩(通志堂本作鹽)反。(1142)

＊長叔,丁文(通志堂本作丈,是)反。(1142)

＊王此,于沉(通志堂本作況,是)反。(1143)

＊厭,於鹽(通志堂本作鹽)反。又於豔反。(1143)

＊之檟,徒本(通志堂本作木,是)反。(1144)

＊哑肆,欺冀(通志堂本作冀)反。(1146)

之難,乃但(通志堂本作旦,是)反。(1147)

贏而,本又作贏(通志堂本作裸,依汇校当作贏),力果反。(1147)

＊親眤(通志堂本作昵,是),女乙反。(1147)

＊大咎,其久(通志堂本作九)反。(1149)

＊哑言,起冀(通志堂本作冀)反。(1149)

＊壞隤(通志堂本作隤,是),……下徒回反。(1149)

以歊(通志堂本作歊,是),苦孝反。又苦學反。……(1150)

＊嘖有,社(通志堂本作仕)責反。一音賾。(1151)

＊數,所■(通志堂本作主)反。(1151)

＊少,計(通志堂本作詩,是)照反。(1152)

疆以,君(通志堂本作居)良反。(1152)

＊長,丁文(通志堂本作丈,是)反。(1152)

＊蔡蔡叔,土(通志堂本作上,是)素達反。下蔡叔如字。
(1152)

難而,所(通志堂本作乃,是)旦反。(1153)

季芈,面爾(通志堂本作彌,误)反。(1153)

＊涉睢(当为雎),七餘反。(1153)

爲,■(通志堂本作于)僞反。(1154)

＊申包,必友(通志堂本作交,是)反。(1154)

＊荐數也,所氣(通志堂本作角,是)反。(1154)

＊草茅,舊作茆,曰(通志堂本作亡,是)交反。今本名(通志
堂本作多,是)作莽,莫蕩反。(1154)

＊時從,求(通志堂本作才,是)用反。(1154)

堂谿,芳(当依汇校作苦,是)兮反。(1155)

＊父歜,音(通志堂本作昌,是)欲反。(1155)

成曰(通志堂本作臼,是),具(通志堂本作其)九反。(1155)

謀殺,式(通志堂本作申)志反。(1155)

＊遠丈,于万(通志堂本作萬)反。(1155)

＊盤,盤又作鏊,步丹及(通志堂本作反,是)。又蒲官反。
(1155)

＊爲戍,子(通志堂本作于,是)僞反。(1156)

＊傳七年甲(通志堂本作中,是)貳,丁仲反。(1156)

＊頰,古恊(通志堂本作協)反。(1157)

＊乃呼,大(通志堂本作火,是)故反。(1157)

捘衛,子计(通志堂本作對,是)反。(1158)

＊爲周報,子(通志堂本作于,是)僞反。(1158)

禘于,本(通志堂本作大,是)計反。(1158)

*咋爲(通志堂本作謂,是),仕许(通志堂本作詐,是)反。(1158)

夾之,五(当依汇校作古)洽反。(1158)

必娶,七注(通志堂本作住)反。(1159)

致禭,諸告(通志堂本作志,当依汇校作若)反。(1160)

*媚,武奠(通志堂本作冀)反。(1160)

*向魋,大同(通志堂本作回,是)反。(1160)

*富獵,力輒(通志堂本作輒,是)反。(1161)

*尾鬣,力輒(通志堂本作輒,是)反。(1161)

*而寘,之鼓(通志堂本作豉,是)反。(1163)

經十四年趙黶,於咸(通志堂本作減,是)反。(1163)

盍以,胡(通志堂本作户)臘反。(1164)

自颈(通志堂本作剄),古頂反。(1164)

闔廬,户攦(通志堂本作臘,是)反。(1164)

*食處,昌(通志堂本作昌,是)慮反。(1164)

*替(通志堂本作替,是)也,他計反。(1164)

出降,户工(通志堂本作江)反。(1165)

*椒,子■(通志堂本作消)反。(1165)

寒促(当依汇校作浞),仕棍(通志堂本作捉,是)反。(1166)

少康,詩召(通志堂本作照)反。(1166)

*于鐵,天(通志堂本作尺,误)結反。(1168)

*皆陳,直鞅(通志堂本作覲,是)反。立女,音汝。(1168)

衰(通志堂本作衰,是),七雷反。(1168)

樸馬,普角(通志堂本作卜)反。(1169)

*百乘,组(通志堂本作繩,是)證反。(1169)

＊牖下，羊丸（通志堂本作九，是）反。（1169）

＊踣，蒲比（通志堂本作北，是）反。（1169）

＊吐也，他悛（通志堂本作露，是）反。（1170）

＊傳三年司鐸，行（通志堂本作待，是）洛反。（1170）

＊校人，尸（通志堂本作户，是）教反。（1170）

＊乘馬，細（通志堂本作繩，是）證反。（1170）

＊變難，乃目（通志堂本作旦，是）反。（1170）

亳社，步各（通志堂本作洛）反。（1171）

＊公孫盱，況干（通志堂本作于，是）反。（1171）

販（通志堂本作販，是），普版反。字林匹姦反。（1171）

＊于徂，茬（通志堂本作莊，是）加反。（1172）

＊爲祟，音（通志堂本作息，是）遂反。（1173）

雎（通志堂本作睢，誤），七餘反。（1173）

＊闋止，若（通志堂本作苦，是）暫反。（1173）

＊鄒縣，則（通志堂本作側，是）留反。（1174）

＊及闇，尺菩（通志堂本作善，是）反。（1175）

與斃，裨（通志堂本作婢）世反。（1175）

＊於幕庭，亡愽（通志堂本作博）反。（1176）

＊無丕，音（通志堂本作普，是）悲反。（1177）

水兹（通志堂本作滋，誤），音玄。本亦作滋（通志堂本作兹，誤），子絲反。（1175）

蒐乘，所留（通志堂本作求）反。（1177）

＊能黙，本亦作嘿，亡比（通志堂本作北，是）反。（1178）

問遺，惟（通志堂本作唯）季反。（1178）

＊新箧，苦恊（通志堂本作協）反。（1178）

＊之語（通志堂本作誥，是），古報反。（1179）

＊之難,乃豆(通志堂本作旦,是)反。(1179)

子狂(通志堂本作狅,误),其廷(通志堂本作迁,是)反。(1182)

＊要我,於□妙又反遥反(通志堂本作:於妙反。又一遥反。)(1182)

而遺,惟(通志堂本作唯)季反。(1182)

＊難以,及(通志堂本作乃,是)旦反。(1183)

襚媚,诗(通志堂本作諸,是)若反。(1184)

斸纓,丁(通志堂本作下,误)管反。(1185)

＊之休,許虯(通志堂本作蚪,是)反。(1186)

＊使諜,徒協(通志堂本作協)反。(1186)

＊威惕,柂(通志堂本作佗,是)歷反。(1186)

以徇,以(通志堂本作似,是)俊反。(1187)

＊而長,丁文(通志堂本作丈,是)反。(1187)

＊幄幕,武博(通志堂本作博)反。(1187)

＊衡流,華耆(通志堂本作盲,是)反。又如字。(1188)

＊吕姜髦,太(通志堂本作大,是)計反。又庭計反。(1189)

平公敬(通志堂本作敫,误),如字。一本作驚,五報反。又五刀反。(1189)

＊傳二十年廩丘,刀(通志堂本作力,是)甚反。(1190)

屈肘,斤(当依汇校作竹,是)九反。(1192)

諜以,息(通志堂本作素)報反。(1192)

欲令,力桯(通志堂本作呈,是)反。(1192)

涿聚,中角中角(宋本衍中角二字)反。(1194)

＊不俊(通志堂本作悛,是),七全反。(1195)

＊慭知伯,其巽(通志堂本作冀)反。(1195)

卷二十一校勘

祠，嗣絲■(通志堂本作反)。(1209)

＊譖公，側熄(通志堂本作鳩，误)反。加誣曰譖。(1212)

譚，人(当依汇校作徒)南反。(1216)

斷脩，丁(通志堂本作一，误)亂反。注同。本又作腶，音同。鍛脯加薑桂曰脩。(1219)

帖(通志堂本作怗)，他協反。(1225)

＊能降，户注(通志堂本作江，是)反。(1231)

不瑑，大博(通志堂本作轉，是)反。(1232)

干戚，午(当依汇校作千)寂反。(1233)

漱(通志堂本作潄，误)，素候反。(1238)

＊曰彤(春秋公羊传注疏宣八年作肜，是)，羊弓反。(1240)

二年伯睔，古困(通志堂本作囷，误)反。(1246)

＊爲叔，于俱(通志堂本作僞，是)反。(1247)

負箠，章蘩(通志堂本作蘂，是)反。本又作捶。(1260)

馬捶，章蘩(通志堂本作蘂，是)反。(1263)

卻(通志堂本作郤，误)反，去略反。本又作却。(1263)

卻(通志堂本作郤，误)難，起略反。(1263)

強(通志堂本作彊)與，其丈反。(1264)

＊見者，賢僞(通志堂本作徧，是)反。(1266)

＊侠轂，……下古大(通志堂本作木，是)反。(1266)

見，賢徧(通志堂本作偏，误)反。(1211)

勞，力報反(通志堂本作本，误)。(1244)

＊宫佗，大河(宋本脱反字，通志堂本有)。(1255)

爲，于■(通志堂本作僞)反。(1258)

卷二十二校勘

積思,息(通志堂本作直,误)吏反。(1273)

＊則泥(通志堂本作泥,是),乃計反。(1284)

＊鍛(通志堂本作鍜,当作鍛)脩,丁亂反。(1289)

甸師,扶(当依汇校作徒)徧反。(1299)

救台,土(通志堂本作工,误)來反。又音臺。(1300)

＊以語之,魯(春秋谷梁传注疏文六年作鱼)慮反。(1303)

苟比,毗志(汇校云:景宋本作至。案作至是也)反。或如字。(1305)

＊于沓,徒答(通志堂本作荅)反。(1305)

其郵,芳浮(通志堂本作俘)反。(1306)

＊当復,扶又反(通志堂本作又,误)。(1307)

不冠,工亂(通志堂本作瓯)反。(1308)

良夫跛,波(通志堂本作戒,误)可反。(1311)

＊士爕,素恊(通志堂本作協)反。(1312)

＊復,扶又音(通志堂本作反,是)。(1313)

粗,莊如(当依汇校作加)反。(1316)

＊君剽,西(通志堂本作匹,是)妙反。(1318)

＊侯衍,苦日(通志堂本作旦,是)反。本作衍。(1318)

十一年子瘝,在戈(通志堂本作禾)反。(1322)

醜行,丁(通志堂本作下,是)孟反。(1322)

北宮佗,大(通志堂本作太,误)河反。(1322)

惡也,烏路(依汇校作洛)反。(1325)

召陵,時(通志堂本作詩,误)照反。(1326)

撻,七(通志堂本作宋作上,当依汇校作土)達反。(1327)

屬,章(通志堂本作意,误)欲反。(1328)

于牵,去(通志堂本作云,误)賢反。(1328)

剏膭(通志堂本作瞶,误),苦怪反。下五怪反。(1329)

鈗,本有(通志堂本作又,是)作矛,亡侯反。(1330)

十一年轅頗,破何(通志堂本作河)反。(1331)

卷二十三校勘

＊兢,棘(通志堂本作棘,是)冰反。(1335)

君者無上非侮,亡甫(通志堂本作肖,误)反。(1343)

＊慈愛恭敬敢問子從父之令,力故(通志堂本作政,是)反。(1344)

卷二十四校勘

＊之對(通志堂本作封,是),甫用反。又如字。(1350)

枉,紆枉(当依汇校作往)反。(1352)

先生饌,上(新校作士)眷反。馬云飲食也。鄭作餕,音俊,食餘曰餕。(1352)

木鐸,直洛(通志堂本作略)反。(1355)

縲,力(通志堂本作尤,误)追反。(1357)

＊捐(通志堂本作捐)其,悦全反。(1359)

便僻(通志堂本作辟),婢亦反。(1359)

聞韶,士(新校作上)昭反。注同。(1363)

召,七(当依汇校作上)照反。(1366)

麚(校勘记作麀),米佰(通志堂本作傌,是)反。(1370)

人儺,乃(通志堂本作户,误)多反。魯讀爲獻,今從古。(1371)

＊雖狎，户申（通志堂本作甲，是）反。（1371）

賦稅，如（当依汇校作始）銳反。（1372）

屢空，力從反。（1373）此条不详，不录。

＊棘（通志堂本作棘，是），紀力反。（1375）

＊媚，武冀（通志堂本作冀）反。（1386）

桑，子（无可据正）郎反。鄭云秦大夫。（1360）

寡尤，下（当依汇校作于）求反。（1352）

卷二十五校勘

橐，乃（依汇校作他）各反。（1394）

不昧，梅（通志堂本作悔，误）對反。（1396）

裕（《诸子集成·老子音义》为裕），羊注反。（1399）

摸（依汇校作模），莫胡反。（1399）

長，中（通志堂本作丁）丈反。（1400）

中，中（通志堂本作丁）仲反。（1400）

＊抑，於■（通志堂本作力）反。（1401）

昧，梅（通志堂本作悔，误）對反。（1401）

藏，才良（通志堂本作浪）反。（1402）

獘（通志堂本作弊，误），婢庇（通志堂本作庶，误）反。（1402）

餌，■■■（通志堂本作如止反）。（1402）

毒，徒篤反。今作育，■（依汇校作余）熟反。（1402）

卒，子戍（新校作戌）反。（1402）

＊攫，俱縛（通志堂本作縛，是）反。（1403）

＊令，力正（通志堂本作征）反。（1403）

長，張■（通志堂本作丈）反。（1404）

卷二十六校勘

腾躍，曲(当依汇校作由)若反。(1411)

＊絮，■(通志堂本作胥)慮反。(1415)

槁木，枯(通志堂本作古，误)老反。注同。(1417)

佳(通志堂本作佳，误)，醉癸反。徐子唯反。郭祖罪反。李
諸鬼反。李頤云畏佳山阜貌。(1417)

＊莫適(通志堂本作適，是)，丁歷反。(1418)

＊復通，抹(通志堂本作扶，是)又反。(1421)

＊怵(当为怵)心，勅律反。(1425)

模(通志堂本作摸)格，莫胡反。(1435)

疵，■(宋本缺，通志堂本作似)移反。(1435)

＊中地，丁中(《诸子集成・庄子集解》作仲)反。……(1440)

傳國，大(通志堂本作丈)專反。(1441)

而睡，■(通志堂本作垂)臂反。(1443)

則治，■(通志堂本作直)吏反。(1444)

崔乎，千(通志堂本作于，误)罪反。徐息罪反。郭且雷反。
(1445)

＊鏋(通志堂本作鏋，是)，以嗟反。(1450)

大鑪，力(通志堂本作劣)奴反。(1450)

鍛(当为鍛)，丁亂反。(1453)

涉海鑿，待(当依汇校作在)洛反。下同。郭粗鶴反。(1455)

＊怵(当为怵)心，勅律反。(1456)

＊无朕(通志堂本作朕，是)，直忍反。(1457)

卷二十七校勘

＊呴,汎(通志堂本作況,是)於反。李況付反。(1461)

无吞,敦(新校作敕)恩反。又音天。(1465)

＊郷之,本又作向,亦作曏,同許亮(通志堂本作亮,是)反。(1467)

＊来(通志堂本作耒,是),力對反。徐力猥反。郭吕匱反。(1467)

＊鑠,失(通志堂本作朱,误)灼反。崔云不消壞也。向音爠。(1469)

＊解,苦嶰(通志堂本作懈,是)反。(1470)

＊焉,於■(通志堂本作虔)反。(1474)

＊雲將,子近(通志堂本作匠,是)反。(1476)

挫,作卧(两本皆脱反字)。(1478)

＊官施,始文(通志堂本作支,是)反。又始智反。(1482)

＊素王,注(通志堂本作往,是)況反。(1484)

言傳,大(通志堂本作丈)專反。(1487)

＊鮒魚,本亦作鮒,同彫叫(通志堂本作叶,误)反。(1493)

＊褚小,褚(通志堂本作豬,是)許反。(1503)

＊豚(通志堂本作豚,是),音直轉反。又敕轉反。(1509)

而不下則使人善怒下而不上則使人善忘,忘(新校作亡)尚反。(1510)

＊怕(《诸子集成·庄子集解》作泊)然,步各反。(1514)

＊儻,刺(通志堂本作敕,是)蕩反。(1515)

泊,步洛(通志堂本作各)反。(1515)

＊贏(通志堂本作贏,是),本又作贏,同力果反。(1520)

*過郤(通志堂本作卻,误),去逆反。本亦作隙。(1524)

*在第(通志堂本作苐,是),大西反。本又作梯(通志堂本作稊,是)。(1524)

卷二十八校勘

侗,本又作洞(通志堂本作侗,是),大董反。又音慟。向敕動反。(1531)

*不掜,五懽(通志堂本作禮,是)反。向音藝。(1531)

*於岑,士(通志堂本作七,误)金反。徐在林反。又語審反。謂崖岸也。(1540)

*壓,本亦作厴,同乃愶(通志堂本作協)反。郭於琰反。又敕頰反。(1555)

*儡,律非(通志堂本作悲,附音同)反。舊魚鬼反。又魚威反。(1555)

*不僻,四(通志堂本作匹,是)亦反。(1557)

*善卷,眷(通志堂本作卷,误)勉反。居阮反。又音眷。(1560)

攫,俱碧反。俱缚二反(通志堂本作俱縛反或,当依汇校作俱碧、俱缚二反)又史虢反。(1561)

愀,七小反。徐在九反。又七了反。二(通志堂本作子,当依汇校作又七了、子了二反)了反。又資酉反。李音秋。又遥反。(1563)

*王脱,一本作説,同土(通志堂本作士,误)活反。(1571)

很,胡墾(通志堂本作懇)反。(1574)

窘,其(通志堂本作與,误)隕反。又巨韻反。(1577)

圾(通志堂本作汲,误),魚及反。又五臘反。(1577)

＊吡,四(通志堂本作匹,是)爾反。又芳爾反。(1578)

鍜(当为锻)之,丁亂反。謂槌破之。(1579)

＊倚人,本或作畸,同絶(通志堂本作紀,是)宜反。(1590)

卷二十九校勘

胚(通志堂本作胚,误),字又作衃,同普才反。又四(匹)尤反。……(1594)

篲,字又作彗,似説(通志堂本作税)反。又囚醉反。一音息遂反。(1594)

＊告,古篤(通志堂本作蔦)反。(1597)

迥,户■(宋本脱,通志堂本作頂)反。(1598)

＊篤,丁幸(通志堂本作毒,是)反。(1599)

劬,土(土字误,无可据正)于反。(1601)

訛,字又作吪,亦作譌,同五戍(新校作戈)反。(1603)

婢(通志堂本作埤,是),避支反。又音椑。(1603)

＊騷,蘚(通志堂本作蘇,是)刀反。(1605)

摸,亡各、亡(通志堂本作樓,误)胡二反。(1607)

＊臻,則(新校作側)巾反。(1607)

佻,他堯(通志堂本作雕)反。郭唐(通志堂本作唐,误)了反。(1610)

稱,赤(通志堂本作尺)證反。(1611)

籭(通志堂本作籭,误),皮佳反。本又作簰。(1612)

寇,苦候(通志堂本作侯,误)反。(1613)

囂,五(通志堂本作丘,误)刀反。又許嬌反。(1613)

黹(当依汇校作黹),致恥反。(1616)

＊障,知(新校作之)亮反。説文云隔也。又界也,蔽也,亦作

郭。(1616)

洸洸,古(通志堂本作女)皇反。舍人本作儥。(1618)

佗佗,本或作它,面(通志堂本作音,是)徒河反。謝羊兒反。(1619)

＊邈邈,亡魚(通志堂本作角,是)反。(1620)

竭,本又作竭(通志堂本作■),巨列反。(1622)

刺,字又作諫(通志堂本作誅,误),同七賜反。(1622)

盡力,咨(通志堂本作苦,误)忍反。(1622)

＊契契,若声(通志堂本作苦結,是)反。詩云契契,字又作苦許(通志堂本作計,是)反。(1622)

饌,化(通志堂本作乳,当依汇校作仕)戀反。(1623)

搏,連(当依汇校作逋)莫反。郭音付。(1624)

簾,本或作簾,同巨魚(通志堂本作原,误)反。(1624)

扆,於豈(通志堂本作宜,当依汇校作豈)反。郭音依。又意尾反。(1626)

埤,課移反。(吴云:课字定偽,无可据正。黄云:课或便婢之伪。)(1628)

＊椽,直專(宋本不清)反。(1628)

篏,文(当依汇校作丈)知反。(1629)

廚,本或作蹰,文(当依汇校作丈)誅反。(1629)

甀,力解(通志堂本作竹,当依汇校作斛)反。(1629)

走,祖(通志堂本作徂,误)口反。(1630)

褑,子(当依汇校作于)眷反。(1633)

削(通志堂本作斬,误),本或作屑,同七各反。(1635)

繻,詩(当依汇校作許)云反。(1636)

犁,郭(当依汇校作郎)奚反。(1638)

塞,先比(通志堂本作北,是)反。(1642)

＊飍,口故(通志堂本作海,是)反。又作凯。(1642)

＊夏曰,尸(通志堂本作户,是)雅反。(1645)

綢(依汇校为韬),他刀反。(1646)

＊旄,亡(通志堂本作云,误)襃反。(1646)

華,乎(通志堂本作户)花反。又户化反。(1650)

斤(当依《尔雅注疏》作斥)山,昌亦反。又昌夜反。(1650)

驢,本或作虚,又作貙,同許伯(新校作俱)反。(1650)

岑,吉(新校作士)金反。字林才心反。(1654)

汾,又(当依汇校作方)云反。(1656)

澔,字(当依汇校作呼)五反。(1657)

＊愷,若(通志堂本作苦,是)在反。(1596)

卷三十校勘

■(通志堂本作薊),古帝反。(1661)

■(通志堂本作菣),本亦作蓳,去刃反。讀者或作苦見反。(1662)

啗,本亦作啖,又作噉,皆■(通志堂本作徒)覽反。(1662)

彫,一(当依汇校作丁)遼反。(1662)

＊藋,予(通志堂本作子,误)若反。(1664)

虋,本或作蕡,符下(通志堂本作刃,是)反。或扶沸反。(1671)

＊菁,古曰(通志堂本作田,是)反。(1673)

茠,李(通志堂本作本)或作薅,火羔反。……(1674)

蕈,亂(当依汇校作辝)荏反。案今人呼菌爲蕈……(1675)

＊莞,古九(通志堂本作丸)反。(1676)

卬(通志堂本作印),巨恭反。(1676)

别,碑(通志堂本作彼)列反。(1676)

萇,且(新校作直)良反。本今作長。(1677)

㮅,勅(通志堂本作初,误)亮反。(1679)

釋木第十四,之(当依汇校作亡)卜反。(1679)

＊榴(通志堂本作榴,是),地(当依汇校作他)刀反。郭又他皓反。(1679)

椴(当依汇校作椴),徒亂反。(1679)

皮厚,尸(当依汇校作户)豆反。又如字。(1680)

卵(卵的异体),力管反。(1682)

樱,乞(当依汇校作乙)耕反。(1682)

枹,逋蒡(当依汇校作荂)反。(1683)

＊梇,餘■(通志堂本作念)反。(1683)

＊扮,苻(通志堂本作符)云反。(1684)

＊棘(当作棘),居力反。(1685)

檜,古活(通志堂本作外,误)反。又古(通志堂本作苦,误)外反。(1685)

蠽,苻(通志堂本作敷,误)非反。孫甫尾反。(1686)

＊棘(当作棘),居力反。(1691)

果,工大(当依汇校作火)反。本又作蜾,又作蝸。(1691)

＊豸,文(通志堂本作丈,是)爾反。……(1692)

＊鰕,户如(通志堂本作加,是)反。(1693)

＊鯞,音(通志堂本作章,是)酉反。本或作帚。(1694)

鮒,苻(通志堂本作符)付反。廣雅云鰿也,音積。字林子狄反。(1694)

鲂,苻(通志堂本作符)云反。又苻(通志堂本作符)粉反。顧孚粉反。(1694)

＊姞（通志堂本作蛞，是），古節反。又音吉。或五結反。（1694）

＊袂（通志堂本作䇷，是），大結反。（1696）

𦝣，字又作騰，又作螣，並同徒登反。（1696）

＊叢，木（通志堂本作才，是）空反。（1697）

紫（通志堂本作觜，是），子髓反。字或作觜。（1699）

＊鴘，皮及（通志堂本作反，误）反。郭北及（通志堂本作反，误）反。字林房立反。又音伏。（1701）

寸（当依汇校作数寸），所主反。（1703）

䫨（通志堂本作䫨），徒忽反。（1704）

梟，力（当依汇校作九）堯反。（1709）

㖞，杜（通志堂本作社，误）奚反。作啼同。（1710）

駮，力（当依汇校作方）角反。山海經云可以禦兵。（1712）

牺（依汇校作犄），傅蓋反。（1716）

𪊽，直例（通志堂本作列，误）反。（1717）

＊■（宋本脱，通志堂本作溝），古侯反。（1717）

释文卷五宋本脱而通志堂本有的音切（这些音切本文未用）

錞，徒對反。舊徒猥反。一音敦。　鐏，徂寸反。又子遜反。　札，側八反。　厖，莫江反。　鞕，勑亮反。　鏤，魯豆反。　膺，於澄反。　閟，悲位反。本一作閣。鄭注周禮云音悲位反。徐邊患反。一音必結反。　緄，古本反。　縢，直登反。　緤，息列反。　厭，於鹽反。　秩，陳乙反。　兼，古恬反。　被，皮寄反。　緊，於奚反。　遡，蘇路反。　宛，紆阮反。本亦作苑。　易，以豉反。　姜，本亦作淒，七奚反。　陳，魚簡反。又音簡。　躋，本又作隮，子西反。

坻,直尸反。　　榴,吐刀反。　　枏,如鹽反。　　朝,直遥反。
禓,星歷反。　　渥,於角反。韓詩作洿,音撻各反。　　淳,之
純反。又如字。　　漬,辭賜反。　　將,七羊反。　　行,户郎
反。　　鍼,其廉反。徐又音針。　　從,才容反。　　惴,之瑞
反。　　壙,苦晃反。　　殲,子廉反。又息廉反。　　愬,蘇路
反。　　禦,魚吕反。　　鴥,説文作鴪,尹橘反。字林於寂反。
鸇,之然反。説文止仙反。字林尸先反。　　駛,所吏反。
櫟,盧狄反。　　駮,邦角反。　　好,呼報反。　　攻,古弄反。
又如字。　　亟,欺冀反。　　袍,包毛反。　　襺,古顯反。本
亦作繭。　　長,直亮反。又如字。

参考文献

一、专著

[1]鲍明伟.唐代诗文韵部研究[M].江苏:江苏古籍出版社,1990.

[2]曹先擢、李青梅.《广韵》反切今读手册[M].北京:语文出版社,2005.

[3]陈澧著,罗伟豪点校.切韵考[M].广东:广东高等教育出版社,2004.

[4]丁声树.古今字音对照手册[M].北京:中华书局,1981.

[5]范新干.东晋刘昌宗音研究[M].湖北:湖北辞书出版社,2002.

[6]郭锡良.汉字古音手册[M].北京:北京大学出版社,1986.

[7]汉语大字典编辑委员会.汉语大字典[M].四川:四川辞书出版社;湖北:湖北辞书出版社,1993.

[8]胡安顺.音韵学通论[M].北京:中华书局,2003.

[9]黄焯.经典释文汇校[M].北京:中华书局,2006.

[10]黄淬伯.唐代关中方言音系[M].江苏:江苏古籍出版社,1998.

[11]黄坤尧、邓仕梁.新校索引经典释文[M].台湾:学海出版社,1988.

[12]黄坤尧.音义阐微[M].上海:上海古籍出版社,1997.

[13]简启贤.《字林》音注研究[M].四川:巴蜀书社,2003.

[14]李葆嘉.广韵反切今音手册[M].上海:上海辞书出版社,1997.

[15]李恕豪.中国古代语言学简史[M].四川:巴蜀书社,2003.

[16]陆德明.经典释文[M].北京:中华书局,1983.

[17]陆德明.经典释文[M].上海:上海古籍出版社,1985.

[18]陆德明.日藏宋本庄子音义(黄华珍编校)[M].上海:上海古籍出版社,1996.

[19]罗常培.经典释文音切考[M].北京:中华书局,2012.

[20]邵荣芬.《经典释文》音系[M].台北:学海出版社,1995.

[21]沈建民.《经典释文》音切研究[M].北京:中华书局,2007.

[22]万献初.《经典释文》音切类目研究[M].北京:商务印书馆,2004.

[23]王力.汉语语音史[M].北京:中国社会科学出版社,1985.

[24]王利器.颜氏家训集解[M].北京:中华书局,1993.

[25]吴承仕.经典释文序录疏证[M].北京:中华书局,1984.

[26]吴承仕.经籍旧音序录、经籍旧音辨证[M].北京:中华书局,1986.

[27]徐通锵.历史语言学[M].北京:商务印书馆,1991.

[28]严修.二十世纪的古汉语研究[M].太原:书海出版社,2001.

[29]杨剑桥.汉语现代音韵学[M].上海:复旦大学出版社,1996.

[30]周祖谟.广韵校本[M].北京:中华书局,1960.

[31](周)老子.老子(《诸子集成》本)[M].上海:上海书店出版社,1986.

[32](周)庄周.庄子(《诸子集成》本)[M].上海:上海书店出版社,1986.

[33](唐)张参.五经文字[M].北京:中华书局 1985.

[34](清)永瑢等.四库全书总目[M].北京:中华书局,1965.

[35](清)阮元.十三经注疏[M].北京:中华书局,1980.

[36](清)法伟堂著,邵荣芬编校.法伟堂经典释文校记遗稿[M].
　　上海:华东师范大学出版社,2010.

二、论文

[1]丁忱.论黄焯先生《经典释文》的研究及其成就[J].古汉语研
　　究,1996,3:81—85.

[2]多洛肯.《经典释文》成书时间考[J].枣庄师专学报,2000,17
　　(3):105—106.

[3]范新干.东晋刘昌宗音切发覆[J].华中师范大学学报(人文社
　　会科学版),2004,43(4):99—103.

[4]方孝岳.论《经典释文》的音切和版本[J].中山大学学报,
　　1979,3:51—55.

[5]冯蒸.魏晋时期"类隔"反切研究.程湘清.魏晋南北朝汉语研
　　究[C].山东:山东教育出版社.1992:300—332

[6]黄亚平.试论《经典释文》的"正音"性质[J].语文研究,2004,
　　1:26—29.

[7]蒋希文.经典释文音切的性质[J].中国语文,1989,3:216—
　　219.又见《汉语音韵方言论文集》[C],贵阳:贵州人民出版
　　社,2005.

[8]蒋希文.徐邈反切的韵类.中国音韵学会.《音韵学研究》第三
　　辑[C].北京:中华书局,1994:316—350.

[9]李新魁.汉语音韵学研究概况及展望.李新魁.李新魁语言学
　　论文集[C].北京:中华书局,1994:459—493.

[10]林焘.经典释文异文之分析.林焘.林焘语言学论文集[C].北
　　京:商务印书馆,2001:349—460.

[11]林焘.陆德明的《经典释文》.林焘.林焘语言学论文集[C].北

京:商务印书馆,2001:337—348.

[12]刘兴均.从徐邈音看"古无轻唇音"[J].黔南民族师专学报(哲社版),1995,4:61—67.

[13]陆志韦.古反切是怎样构造的[J].中国语文,1963,5:349—385.

[14]吕琨荧.论陆德明的《经典释文》[J].冀东学刊,1994,2:42—46.

[15]罗常培.《经典释文》和原本《玉篇》反切中的匣、于两纽.罗常培.罗常培语言学论文集[C].北京:商务印书馆,2004:156—162.

[16]罗常培.经典释文中徐邈音辨.北京市语言学会.罗常培纪念论文集[C].北京:商务印书馆,1984:28—33.

[17]罗常培.我是怎样走向语言学研究之路的.北京市语言学会.罗常培纪念论文集[C].北京:商务印书馆,1984:428—433.

[18]盘晓愚.《经典释文》中刘昌宗反切声类考[J].贵州大学学报(社会科学版),1999,2:72—80.

[19]裘燮君.《经典释文》中"从、邪""船、禅"两读考[J].徐州师范大学学报(哲学社会科学版),2003,29(2):71—75.

[20]邵荣芬.《经典释文反切研究》内容述要[J].汉字文化,1990,2:61.

[21]邵荣芬.经典释文的重音音切[J].中国语文,1989,6:440—446.

[22]邵荣芬.略说《经典释文》音切中的标准音.《古汉语研究论文集》[C],北京:北京出版社,1982:1—9.

[23]沈建民.试论异读——从《经典释文》音切看汉字的异读[J].语言研究,2002,3:105—111.

[24]时建国.《经典释文》直音的性质[J].古汉语研究,2005,1:

24—28.

[25]孙玉文.经典释文成书年代新考[J].中国语文,1998,4：309—312.

[26]孙玉文.论"辟"的音义[J].南昌大学学报(人社版),2003,34(1):123—128.

[27]孙玉文.论"差"的音义[J].湖北大学学报(哲学社会科学版),2002,29(1):69—75.

[28]孙玉文.论"朝"的变声构词[J].湛江师范学院学报,2002,23(4):1—9.

[29]万献初."二音、三音"与"二反、三反"[J].古汉语研究,2004,3:8—12.

[30]万献初.《经典释文》"某某之某"研究[J].语言研究,2002,2：100—107.

[31]万献初.《经典释文》研究综论[J].古籍整理研究学刊,2005,1:20—27.

[32]万献初.《经典释文》音切类目研究的基本结论[J].语言研究,2003,4:72—77.

[33]王弘治.《经典释文》成书年代释疑[J].语言研究,2004,2：105—106.

[34]王力.《经典释文》反切考[C].《音韵学研究》第一辑,北京:中华书局,1984:23—77.

[35]寻仲臣、张文敏.《经典释文》的反切应是从邪分立[J].古汉语研究,1999,2:16—17.

[36]寻仲臣.论中古船禅二母的分合演变[J].古汉语研究,1994,2:13—18.

[37]杨耐思.汉民族共同语标准音问题试探.中国音韵学会会刊

《音韵学研究通讯》总第 27 期,2010.

[38]张洁.支、脂、之、微韵在语音史上的重整与合并.张渭毅主编.汉声(下)[C].北京:中国文史出版社,2011:463.

[39]张民权.宋儒《诗经》音释与《经典释文》版本考订[J].古籍整理研究学刊,2003,6:64—69.

[40]张文轩.论"叶韵"和"破读"的关系[J].兰州大学学报,1984,4:111—118.

[41]张文轩.试析陆德明的"叶韵"[J].兰州大学学报,1983,1:121—129

[42]赵克刚.《经典释文》郑玄音声母系统研究[J].古汉语研究,1989,3:1—7.

[43]赵少咸.如何读经典释文[J].四川大学学报,1959,5:1—10.

[44]周祖谟.万象名义中之原本玉篇音系.周祖谟.问学集[C].北京:中华书局,1966:270—403.

[45]周祖谟.魏晋音与齐梁音.周祖谟.文字音韵训诂论集[C].北京:北京大学出版社,2002:61—85.

[46]周祖谟.切韵的性质和它的音系基础.周祖谟.文字音韵训诂论集[C].北京:北京大学出版社,2002:173—174.

[47]周祖谟.万象名义中之原本玉篇音系.周祖谟.问学集[C].北京:中华书局,1966:369—370.

[48]李秀芹.《经典释文》中的舌音初探[D].陕西:陕西师范大学,2001.